清代民国四川分驻佐杂及其辖区地理研究

陈俊宇 著

中国社会科学出版社

图书在版编目(CIP)数据

清代民国四川分驻佐杂及其辖区地理研究/陈俊宇著.—北京：中国社会科学出版社，2023.10
ISBN 978-7-5227-2354-9

Ⅰ.①清⋯ Ⅱ.①陈⋯ Ⅲ.①官制—研究—四川—清代—民国 Ⅳ.①D691.42

中国国家版本馆CIP数据核字(2023)第144931号

出 版 人	赵剑英
选题策划	宋燕鹏
责任编辑	金 燕　石志杭
责任校对	王佳玉
责任印制	李寡寡

出　　版	中国社会科学出版社
社　　址	北京鼓楼西大街甲158号
邮　　编	100720
网　　址	http://www.csspw.cn
发 行 部	010-84083685
门 市 部	010-84029450
经　　销	新华书店及其他书店
印　　刷	北京明恒达印务有限公司
装　　订	廊坊市广阳区广增装订厂
版　　次	2023年10月第1版
印　　次	2023年10月第1次印刷
开　　本	710×1000　1/16
印　　张	22
字　　数	293千字
定　　价	118.00元

凡购买中国社会科学出版社图书，如有质量问题请与本社营销中心联系调换
电话：010-84083683
版权所有　侵权必究

目　　录

绪　论 …………………………………………………………（1）

第一章　清代四川的佐杂分驻 ………………………………（21）
　第一节　佐杂设置与分驻概况 ………………………………（21）
　第二节　分驻佐杂的类型及时空分布 ………………………（38）
　本章小结 ………………………………………………………（89）

第二章　民国四川的县佐分驻 ………………………………（92）
　第一节　民国县佐与清代分驻佐杂的异同 …………………（92）
　第二节　民国四川分知事与县佐的时空分布 ………………（96）
　本章小结 ………………………………………………………（136）

第三章　清代民国四川分驻佐杂辖区的具体划分 …………（138）
　第一节　佐贰官辖区 …………………………………………（138）
　第二节　杂职官辖区 …………………………………………（169）
　第三节　首领官辖区 …………………………………………（200）
　第四节　其他县佐辖区 ………………………………………（206）
　本章小结 ………………………………………………………（217）

第四章　清代民国四川分驻佐杂辖区升正式政区 ……………… （219）
　第一节　清代四川分驻佐杂辖区升府级政区 ……………… （219）
　第二节　清代四川府属分驻佐杂辖区升县级政区 ………… （226）
　第三节　清代四川县属分驻佐杂辖区升县级政区 ………… （241）
　第四节　民国初年四川分驻佐杂辖区升县级政区 ………… （255）
　第五节　民国中期四川县佐辖区升县级政区 ……………… （265）
　本章小结 …………………………………………………… （278）

第五章　分驻佐杂的影响因素及其辖区形成后的影响 ………… （280）
　第一节　分驻佐杂的影响因素 ……………………………… （280）
　第二节　分驻佐杂辖区形成后的影响 ……………………… （293）
　本章小结 …………………………………………………… （304）

结　语 ……………………………………………………………… （306）

附　图 ……………………………………………………………… （312）

参考文献 …………………………………………………………… （322）

后　记 ……………………………………………………………… （345）

绪　　论

一　选题缘起与概念界定

（一）选题缘起

清代民国时期，在县级政区之下曾大量存在一种被称为"分州"或者"分县"的特殊辖区。这种特殊辖区由分驻佐杂官员管理，除了"分州""分县"这两种典型外，还有"分府""分厅"等相似的类型，并且其中有一部分后来因此升为了县级或更高级政区。分驻佐杂辖区在清代民国四川的分布情况如何，它们在政区演变的过程中扮演了怎样的角色，值得去做进一步的研究。因此，从学理层面而言，现有的政区研究以复原政区沿革变迁的成果为多，对变迁过程中国家上层与地方的互动、背后的推动因子以及变迁前后的相关反应的研究还不够深入。探寻历史上政区演变的多种形式，有助于消除思维固化，去更好地认识政区变化的复杂性。同时，相对于拥有较丰富成果的县级及县级以上政区的研究，县级以下的研究还亟待加强。由于类型的复杂和资料的琐碎分散，对县级以下政区进行研究具有相当的难度，因此这类研究成果的问世将有较高的学术价值。

政区地理研究向来就是历史地理学研究中的重要组成部分，研究历史政区的演变及其产生的相关利弊，对现实有很强的借鉴意义。政区的变化与人们的生活有重大关联，因此，一向为人们所关注。根据现行的《中华人民共和国宪法》第一章第三十条规定，我国现有的行政区域划分为省、县、乡三级，其中省一级包括省、自治区、直辖市；县一级包括自治州、县、自治县、市；直辖市和较大的市分为区、县。而现实情况远比宪法规定的要复杂，尤其是县级政区，在县级以上、省级以下存在地级市这样的介于二级之间的行政区，近年又不断涌现出与政区混杂的经济区、功能区，如经济技术开发区、高新技术产业开发区、新区。这种复杂状况实际和历史时期的政区设置是一致的，就清代民国而言，清代主要是省、府（直隶州、直隶厅）、县（散州、散厅）三级制，但又曾存在大量的卫所、土司地方，以及道、设治委员辖地等准政区。民国前期北京国民政府实行省、道、县三级制，后期南京国民政府实行省、县二级制，但另外有市、设治局、管理局等特殊政区，民国二十一年（1932）后又陆续在省县之间添设有行政督察区，是以关于政区改革的言论长期存在，因此，从现实层面而言，在当下政区改革言论纷纭的背景下，分析历史时期政区变化的过程、因素和效果，能够对具体不同的政区改革办法的适宜与否、利弊大小等有更好的认识。同时，关注历史时期乡里制之外的另一种县辖政区，了解近代基层区划和当代县级以下政区的发展渊源，也将对当代政区建设有一定的借鉴作用。

（二）概念界定

本书拟以分驻佐杂辖区为中心，梳理清代民国县级及县辖政区的演变，探寻背后的因子及影响，以期对当代政区改革有所借鉴和建议。以区域研究的形式，对清代民国四川地区的分驻佐杂及其辖区的分布和演变情况进行研究，希望能以小见大，并在今后将这种范式推广到其他省域。在这里有必要先做一些概念界定。

1. 分驻佐杂

本书的分驻佐杂是对清代地方府、州（直隶州、散州）、厅（直隶厅、散厅）、县各级政区下与正印官不同城的佐贰官、杂职官、首领官三种僚属官以及民国县级政区下分知事、县佐的统称。

清代对地方僚属官的认知区分有个变化过程。在康熙、雍正《大清会典》中，府首领官有经历、知事、照磨、检校，州首领官为吏目，县首领官为典史，而府同知、通判与知府俱列于府正官下，州同知、判官与知州俱列于州正官下，县丞、主簿与知县同列于县正官下。① 乾隆《钦定大清会典》延续这种并列，"府有知府、同知、通判以倡州县，州有知州、同知、判官，县有知县有丞有主簿，各治其土田、户口、赋税、辞讼"，其余僚属官则笼统称"司府首领州县杂职则有经历、都事、理问、照磨、检校、知事、司狱、吏目、典史、驿丞、巡检、牐官、仓库大使，或司一事，或任差委"②。直到嘉庆《钦定大清会典》中才明确地将僚属官分为佐贰官、杂职官、首领官三种，"府佐贰为同知、通判，所管或理事，或理饷督粮监兑，或清军或总捕，或驿或茶或盐或马，或营田或水利，或江防或海防，或抚边抚夷抚番抚猺抚黎。州佐贰为州同、州判，县佐贰为县丞、主簿，所管或粮或捕或水利。凡府州县之佐贰，或同城，或分防，其杂职内之巡检，皆分防管捕，或兼管水利……府首领有经历、知事、照磨、检校，厅首领有经历、知事、照磨，州首领有吏目，县首领有典史。厅无司狱者即以首领兼司狱，州县首领即为管狱官，兼与巡检分管捕务"③。光绪《钦定大清会典》沿用了这种分法。

清代的地方佐杂官员大部分都是与知府、知州、知县等正印官同城，但同时也有一部分被派驻到关隘、场镇等地，辅助管理地方，这一类即本书定义的分驻佐杂。民国时期的分知事、县佐的性质与清代分驻佐杂相似，并且大多是直接由这些分驻佐杂改名而来，驻地并无变化，因此本书将其定义为民国的分驻佐杂。

值得一提的是，与分驻相似的还有另一种称谓——分防。分驻、分防皆是清代文献中出现的词语，既用于武官、军队，也用于文官，两个词语的意思是一样的。比如《清实录》中既有"铸给四川城口厅同知关

---

① 康熙《大清会典》卷5《吏部三·官制三·外官》；雍正《大清会典》卷5《吏部三·官制三·外官》。
② 乾隆《钦定大清会典》卷4《官制四·外官》。
③ 嘉庆《钦定大清会典》卷4《吏部·尚书侍郎执掌一》。

防并新设太平县知县、分驻高观寺场经历印信、训导条记"这类表述，也有"请将广南府经历移驻，催趱铜运，稽查村寨，酌增民壮六名以供役使，铸给广南府分防普厅塘经历印"这类表述。① 因此，学界也有分防、分防佐杂、分防制度等提法，均指代不与正印官同城的情况，与分驻并无二致。王泉伟认为，明清佐贰职权有一个从赞理到分职再到分防的趋向转变，"分职是指佐贰官分管州县的职能事务。用今日的制度来比附，分职佐贰官类似于州县中直属职能部门的负责人，分防佐贰官相当于各乡镇的乡镇长。这种比附不一定精确，但是指出这一区别是重要的"②。从这个角度来说，分防与分职更加对应，而分驻一词更能直观地表现出同城与不同城的区别。而且，不同城的佐杂中，有既管辖驻地并且还在驻地以外附近地方划出区域加以管辖者，也有仅仅管辖驻地而在驻地以外别无辖区者，这两种类型似乎应有所区别，分防似乎更加贴近前一种情况。更重要的是，有些与正印官同城的佐杂也有管辖区域，且与分驻佐杂各自分区管辖，互不重合，它的辖区也可称为分防区域。即分防有两重意思，既可以指驻地，也可以指辖区。因此本书使用分驻一词。

2. 佐杂辖区

佐杂分驻到地方之后，除了其驻地之外，往往还会划出附近固定的管辖范围，这种管辖区即本书定义的佐杂辖区。它又包括府佐杂辖区和县佐杂辖区两种级别。由于府佐杂级别的特殊性，其辖区需要加以判别。当府佐杂在其辖区内拥有全权的时候，实际就成了一种县级政区甚至府级政区，政区意义上的厅（散厅、直隶厅）就是由此而来。县佐杂辖区则成了一种县辖政区，而这种县辖政区又与传统时代长期存在的乡里制

---

① 《宣宗实录》卷40《道光二年八月下》，《清实录》第33册，中华书局1986年版，第718、719页；《高宗实录》卷893《乾隆三十六年九月下》，《清实录》第19册，中华书局1986年版，第989、990页。

② 王泉伟：《从分职到分防：明清州县佐贰官略论》，《四川师范大学学报》2015年第6期。

县辖政区不同,它类似于州县内的特别行政区,本书的县辖政区即指此而言。所谓"分州分县"就是这种县辖政区的典型,通常情况下,清代的"分州"指州同、州判的辖区,"分县"指县丞的辖区,但其实际类型不止于此。另一方面,以往的研究一般只将清代的佐贰官、首领官、杂职官辖区算作佐杂辖区。实际上,民国的分知事完全继承自分驻佐杂,在政府取消府、州、厅统一改县并在民国三年(1914)制定了《县佐官制》后,又统一改设为县佐,分知事、县佐所辖区域亦皆称作分县,算是清代佐杂辖区的一种延续。因此,对于佐杂辖区的内涵范围界定有必要予以扩大,应对其进行重新定义。本书认为凡是具有佐杂分辖性质的辖区,都应该算作佐杂辖区,除了清代佐杂的辖区外,还应包括民国分知事、县佐的辖区。需要强调的是,本书的佐杂辖区是专指分驻佐杂的辖区,同城佐杂的辖区不在研究范围内。

此外,关于本书研究对象的时空范围,时间上,从全国层面而言,清代民国的上下断限应是1644年到1949年,虽然清政府全面入主四川和四川全面解放的时间与之有微小差异,但出于整体的考量,仍以清入主中原的1644年到中华人民共和国成立的1949年为断限。需要特别说明的是,本书的主体内容时间范围是从四川开始请求大量增置分驻佐杂的雍正七年(1729)到四川县佐彻底裁撤完的民国二十五年(1936)。空间上,从清代到民国,四川的省域是有变化的,尤其民国三年成立省级政区——川边特别区之后,四川的省域有较大的缩减,因此本书并不固定以某个时间点的四川省域作为空间范围界定,而是根据它的变化而变化,时属四川则加以研究,分出四川后则不再述及。

二 国内外研究现状

(一)关于清代民国政区变迁的研究

政区地理研究是在传统沿革地理研究的基础上发展而来,是现代历史地理学的重要组成部分,从20世纪80年代后,由全国性、历时性的研究进一步深化、细化，逐渐转向以断代研究和区域研究为主。就断代而言，以周振鹤的《西汉政区地理》①为开创代表，顺着类似思路，此后断代政区地理研究成果不断涌现。其中，对清代民国政区沿革的基本梳理较有影响力的，关于清代的有牛平汉主编的《清代政区沿革综表》、林涓的《清代行政区划变迁研究》以及傅林祥的《清代地方行政制度专题研究》②，关于民国的有郑宝恒的《民国时期行政区划变迁述略（1912—1949）》《民国时期政区沿革》③。陈潮等编的《中国县市政区资料手册》《中国县市政区沿革手册》、张在普的《中国近现代政区沿革表》④则在以梳理新中国政区沿革为主的基础上，对历史时期政区变化有所回溯，前者主要追溯至民国元年（1912），后者则从嘉庆二十五年（1820）开始梳理。随着周振鹤主编的《中国行政区划通史·中华民国卷》《中国行政区划通史·清代卷》⑤相继问世，这一类的研究初步完成，这两部书通过传统政区地理研究的方法，兼顾纵向的政区沿革考证和横向的政区并存状况复原，基本解决了清代民国地方行政制度和正式政区的沿革变迁问题。

在政区变迁的复原研究基本解决之后，近年学界开始去关注政区变迁背后的事件过程、影响因子和后续反应，在承认政区具有一定的客观性的基本前提下，更加注重人为因素的作用。谢湜的《清代江南苏松常三府的分县和并县研究》、胡恒的《关于清代县的裁撤的考察——以山

---

① 周振鹤：《西汉政区地理》，人民出版社1987年版。
② 牛平汉主编：《清代政区沿革综表》，中国地图出版社1990年版；林涓：《清代行政区划变迁研究》，博士学位论文，复旦大学，2004年；傅林祥：《清代地方行政制度专题研究》，博士学位论文，复旦大学，2010年。
③ 郑宝恒：《民国时期行政区划变迁述略（1912—1949）》，《湖北大学学报》2000年第2期；郑宝恒：《民国时期政区沿革》，湖北教育出版社2000年版。
④ 陈潮、王锡光编：《中国县市政区资料手册》，地图出版社1986年版；陈潮、王锡光编：《中国县市政区沿革手册》，中国地图出版社1992年版；张在普：《中国近现代政区沿革表》，福建地图出版社1987年版。
⑤ 周振鹤主编，傅林祥等著：《中国行政区划通史·中华民国卷》，复旦大学出版社2007年版；周振鹤主编，傅林祥等著：《中国行政区划通史·清代卷》，复旦大学出版社2013年版。

西四县为中心》、程森的《雍正年间山西民众"闹县"与县级政区调整——以临晋分县为例》以及徐建平的《民国时期的政区调整与民意表达——以二十世纪二十年代江宁县反对废县运动为例》①就是这一类研究的代表作。他们都已注意避免僵化地套用开发式的逻辑，而是去细致考察政区演变的具体原因、过程，关注官方与民间的互动，还关注区划调整之后的地方行政运作与后续反应。近年马振犊主编的《民国行政区划研究》②也是侧重将政区变化与历史事件更加紧密结合，尽管该书中关于地名的错讹不少，但仍可算作这类研究的代表作。

就区域而言，单独研究四川的政区变迁的，以任乃强、蒲孝荣为代表。前者在民国时期就撰有大量关于西康地区历史地理的相关论著，其中尤以《西康图经·境域篇》③为主要代表作，中华人民共和国成立后又著有《四川州县建置沿革图说》④，以图文相辅的形式展现四川历代行政区划变迁，并附录四川州县建置沿革表。后者在20世纪七八十年代先后编著的《四川历代政区治地今释简表（初稿）》《四川政区沿革与治地今释》⑤，在梳理历代四川政区建置沿革的同时，还尽可能地去考证落实历史政区的治地与当今所在的位置。这些都是研究四川历史不可或缺的参考书。近年又有由李立国总主编的《中华人民共和国政区大典》陆续出版，其中刘涛、黄明全各自分编了《中华人民共和国政区大典·重庆市卷》《中华人民共和国政区大典·四川省卷》⑥，但严格来讲它们不算

---

① 谢湜：《清代江南苏松常三府的分县和并县研究》，载《历史地理》第22辑，上海人民出版社2007年版；胡恒：《关于清代县的裁撤的考察——以山西四县为中心》，《清史研究》2011年第2期；程森：《雍正年间山西民众"闹县"与县级政区调整——以临晋分县为例》，《清史研究》2014年第1期；徐建平：《民国时期的政区调整与民意表达——以二十世纪二十年代江宁县反对废县运动为例》，载《历史地理》第33辑，上海人民出版社2016年版。
② 马振犊主编：《民国行政区划研究》，金城出版社2020年版。
③ 任乃强：《西康图经·境域篇》，新亚细亚学会1933年版。
④ 任乃强、任新建：《四川州县建置沿革图说》，巴蜀书社2002年版。
⑤ 蒲孝荣：《四川历代政区治地今释简表（初稿）》，四川省哲学社会科学研究所1978年编印；蒲孝荣：《四川政区沿革与治地今释》，四川人民出版社1986年版。
⑥ 刘涛主编：《中华人民共和国政区大典·重庆市卷》，中国社会出版社2015年版；黄明全主编：《中华人民共和国政区大典·四川省卷》，中国社会出版社2016年版。

学术研究成果，而是类似于方志编纂，关于历史时期政区沿革的追述属于泛泛而谈。另外，在历史地图的编绘上，近年有蓝勇主编的《长江三峡历史地图集》《重庆历史地图集》、重庆市规划局等编著的《重庆历史地图集（第二卷）》、胡道修编著的《巴蜀历史政区地理研究》①，分别对三峡、重庆、巴蜀等不同地域范围的历史政区做了相应的还原研究，具有较强的参考意义。而用政治地理的视角和方法来研究四川历史时期政区变迁的成果，总体还比较缺乏，其中对于清代民国四川的相关研究，目前只有王开队的《边缘化地区的控制——十三至十八世纪之际云、贵、川三省交界地区政区设置与变迁研究》、刘娇艳的《清嘉庆二十五年至二十世纪末四川藏区的政区变迁》、彭晓丹的《晚清民国时期西康区域变迁研究》② 等少量关于川边地区的研究成果。

综合来看，以往关于清代民国政区变迁的研究中，就研究对象而言，以正式政区的变迁即县级及县级以上政区的变迁研究为多，对县级以下的非正式政区关注不够；就研究方法而言，以传统的政区地理研究为主，多考证政区演变结果，而对演变的具体过程、影响因素的结合等其他方面关注不够；在研究区域上，也有进一步开拓细化的空间。着力挖掘政区变化背后的人为因素，把政治过程与地理因素相结合，研究政治过程对地理区域变迁的影响，将政区地理研究进一步向政治地理研究推进，这毫无疑问将是今后相关研究的总趋势。

（二）制度史、社会史关于清代民国佐杂的研究

最早关于清代佐杂的研究成果主要集中在制度史领域，以官职制度

---

① 蓝勇主编：《长江三峡历史地图集》，星球地图出版社2015年版；蓝勇主编：《重庆历史地图集》，星球地图出版社2017年版；重庆市规划局、重庆市勘测院编著：《重庆历史地图集（第二卷）》，西安地图出版社2017年版；胡道修编著：《巴蜀历史政区地理研究》，重庆出版社2021年版。
② 王开队：《边缘化地区的控制——十三至十八世纪之际云、贵、川三省交界地区政区设置与变迁研究》，硕士学位论文，四川大学，2006年；刘娇艳：《清嘉庆二十五年至二十世纪末四川藏区的政区变迁》，硕士学位论文，云南大学，2011年；彭晓丹：《晚清民国时期西康区域变迁研究》，硕士学位论文，复旦大学，2012年。

和法律制度为主。官职制度方面，这类研究早期主要侧重在州县正印官，附带谈及佐杂官，而且他们对佐杂官的地位评价普遍不高。如瞿同祖的《清代地方政府》①（1962 年出版英文版，2003 年出版中文版），该书第一章第四节单独介绍了"佐杂官员的卑微"，强调佐杂官的数量少和地位轻，主要是为了证明地方政府的高度集权，即正印官的"一人政府"制，并借此以更好地理解正印官对幕僚的依赖。此后，郑秦的《清代县制研究》、柏桦的《明清州县官群体》、魏光奇的《有法与无法——清代的州县制度及其运作》②各有所扩充阐述，但大体上仍不出瞿同祖的论点，其称谓上有长官独任（职）[制]、主官负责制、正印官独任制之别，名异而实同，兼谈佐杂官都只是为了以其地位的低下和没有普遍设置来印证这种制度。其中，魏光奇注意到了佐杂的分防制度，但他定义的分防是包括了同城佐杂在内，因而他仍然认为"在正印官独任制下，佐杂权不如吏，往往无所事事"。从官职制度上对佐杂进行专门研究的，以魏光奇的学生申立增的《清代州县佐贰杂职研究》③为开拓，该文从制度史的角度就州县佐杂的设置、任用、职责、管理等方面进行了较为全面的分析，在对佐杂的地位评价上仍继承了其老师的观点。柏桦的学生王泉伟的《明代州县僚属与幕友研究》④则梳理了明代僚属官（该文中特指佐贰官与首领官）职能的转变，指出从明初确立主官责任制后，佐贰官职权逐渐被迫由赞理向分职再向分防转变，同时首领官职权也由赞理向巡捕转变，进而影响到清初佐杂制度的变化。除此之外，张振国的《清代地方佐杂官选任制度之变革》⑤利用档案资料对佐杂的官缺等级划分和选任制度的变革进行了简要的考察，认为清代和前代相比，对佐杂

---

① 瞿同祖著，范忠信等译：《清代地方政府》，法律出版社 2003 年版。
② 郑秦：《清代县制研究》，《清史研究》1996 年第 4 期；柏桦：《明清州县官群体》，天津人民出版社 2003 年版；魏光奇：《有法与无法——清代的州县制度及其运作》，商务印书馆 2010 年版。
③ 申立增：《清代州县佐贰杂职研究》，硕士学位论文，首都师范大学，2006 年。
④ 王泉伟：《明代州县僚属与幕友研究》，博士学位论文，南开大学，2014 年。
⑤ 张振国：《清代地方佐杂官选任制度之变革》，《历史档案》2008 年第 3 期。

官缺和基层治理更加重视和深化。鞠晓磊的《清代州县佐贰杂职官员惩戒研究》①则从官员惩戒制度的角度做了较为翔实的研究，并兼谈了佐杂官员的职能。随着研究的进一步细化，对佐杂也开始有分类研究，其中又以对巡检司的研究成果最为丰富，既有全国性的研究如张浩的《清代巡检制度研究》，也有区域性的研究如孙同霞的《明清山东巡检司制度考略》。②而对其他佐杂官职的研究则相对较少，有的官职还有些涉及的，如温艺的《清代县丞研究》、左平的《清代县丞初探——以〈清代南部县衙档案〉为中心》③是关于县丞的研究；又如左平的《从档案看清代前期典史衙门设置》、林勃的《清代典史研究——以〈南部档案〉为中心》④是关于典史的研究，再如黄忠鑫的《晚清贵州黎平府东南部的基层政治格局探微——光绪九年洪州吏目衙门碑考释》⑤是关于吏目的研究。州同、州判、主簿、经历、照磨等官职则还没有专门的研究成果。

而法律制度方面，学界重点关注的是佐杂的司法权限。早在20世纪80年代，台湾学者那思陆的《清代州县衙门审判制度》⑥就注意到了州县佐杂（该书称之为属官）有参与司法事务的事实，但只是很简单地提了一下，而且并未跳出早期制度史研究中认为佐杂形同虚设的认知。此后，吴吉远的《清代地方政府的司法职能研究》⑦对此稍有补充，认为佐杂有相应的司法责任，甚至提出了"迁出县城至重要市镇后的县丞，

---

① 鞠晓磊：《清代州县佐贰杂职官员惩戒研究》，硕士学位论文，西南大学，2016年。
② 张浩：《清代巡检制度研究》，硕士学位论文，东北师范大学，2007年；孙同霞：《明清山东巡检司制度考略》，硕士学位论文，曲阜师范大学，2008年。
③ 温艺：《清代县丞研究》，硕士学位论文，南昌大学，2009年；左平：《清代县丞初探——以〈清代南部县衙档案〉为中心》，《史学月刊》2011年第4期。
④ 左平、孔令帆：《从档案看清代前期典史衙门设置》，《四川档案》2007年第2期；林勃：《清代典史研究——以〈南部档案〉为中心》，硕士学位论文，西华师范大学，2018年。
⑤ 黄忠鑫：《晚清贵州黎平府东南部的基层政治格局探微——光绪九年洪州吏目衙门碑考释》，《原生态民族文化学刊》2019年第4期。
⑥ 那思陆：《清代州县衙门审判制度》，文史哲出版社1982年版。
⑦ 吴吉远：《清代地方政府的司法职能研究》，中国社会科学出版社1998年版。

即可独当一面,其职权也略等于一个小县知县"的观点,但总体思路仍是依据制度规定来强调主官的司法全权。李凤鸣的《清代州县官吏的司法责任》① 则在该文第四章单独研究"佐杂官的司法责任",依据《钦定吏部则例》《大清律例》等条文对佐杂的行政责任和刑事责任进行了梳理,并结合《刑案汇览》列了一些典型案例,但其思路主要侧重于研究佐杂在司法活动中因违法犯罪而承担的法律责任问题,因此,虽然注意到了佐杂权限在制度以外的变通,但总体认识仍是"职权很小"。

社会史领域的相关研究最初集中在佐杂与市镇管理之间的关系上。在 20 世纪 80 年代,林绍明的《明清年间江南市镇的行政管理》② 已注意到清代市镇管理体制存在的变化。此后,张研的《清代市镇管理初探》③ 进一步指出,官方以文官系统(佐杂)驻镇,与武官系统(汛弁)共同构筑了市镇的防卫体系,"并以之实现对市镇政权意义上的全面管理"。日本学者太田出的《清代江南三角洲地区的佐杂"分防"初探》④ 提出"行'分防'的佐杂实分管县域,角色犹如以市政为核所形成的此一空间的行政官,即'镇长'"的观点。任放的《明清长江中游市镇的管理机制》⑤ 将进驻市镇的佐杂列为官方机构,与乡村基层组织、介于官商之间的牙行及牙人并列,认为形成了多头的管理机制。于双远的《清代江南市镇空间管理模式初探》⑥ 认为佐杂分巡驻镇是官方在不改变原有的里社保甲系统的前提下的一种自我调整。张海英的《明清江南市镇的行政管理》⑦ 则将管理模式分为设立县级以下的官方机构(巡检)、设立府厅级官员驻镇管理(同知、通判)、委派县级副职加强管理(县

---

① 李凤鸣:《清代州县官吏的司法责任》,博士学位论文,中国政法大学,2006 年。
② 林绍明:《明清年间江南市镇的行政管理》,《华东师范大学学报》1987 年第 2 期。
③ 张研:《清代市镇管理初探》,《清史研究》1999 年第 1 期。
④ [日] 太田出:《清代江南三角洲地区的佐杂"分防"初探》,载《中国社会历史评论》第 2 卷,天津古籍出版社 2000 年版。
⑤ 任放:《明清长江中游市镇的管理机制》,《中国历史地理论丛》2003 年第 1 期。
⑥ 于双远:《清代江南市镇空间管理模式初探》,硕士学位论文,天津师范大学,2007 年。
⑦ 张海英:《明清江南市镇的行政管理》,《学术月刊》2008 年第 7 期。

丞、主簿）三种。以上诸人的表述略有差别，但都认为佐杂起到了市镇管理的作用。对于这类观点，赵思渊提出了不同看法，他的《明清时代江南巡检司体制与社会控制——以苏州府的考察为中心》《屏盗之迹、拯民之恫：明清苏州地区的巡检司》①两篇文章以明清驻扎在苏州市镇的巡检司为例，认为其驻扎市镇的现象只是出于建置成本的考虑，与是否成为市镇管理手段之间并没有必然关系，应将其视为市镇的重要防卫力量而非管理者。

近年来，学界对佐杂在社会治理和司法实践中的地位、作用有了更新的认识。尹章义的《新庄巡检之设置及其职权、功能——清代分守巡检之一个案研究》②以清代台湾府淡水同知所辖的新庄巡检为例，注意到该巡检接纳状词并予以处分的情况，认为"可视同第一级、初审的司法机关"。贺跃夫的《晚清县以下基层行政官署与乡村社会控制》③也认为州县以下的巡检和"少数设治于圩镇的县丞署"构成了清代乡村社会控制网中的一个承上启下的重要环节，"皇权对县以下基层社会的控制，并没有完全留给地方绅权与乡族。在清朝前期中期，位于州县衙门与乡村社会之间的巡检司等基层官署，在部分地区的乡村社会控制中发挥了重要作用"。吴佩林的《明断：清代佐贰杂职司法——以〈南部档案〉为中心》《万事胚胎于州县乎：〈南部档案〉所见清代县丞、巡检司法》④两篇内容几乎完全相同的文章通过对《南部档案》的梳理，注意到南部县佐杂在实际司法过程中所行使的断案职能，认为这并不是孤例，并基

---

① 赵思渊：《明清时代江南巡检司体制与社会控制——以苏州府的考察为中心》，硕士学位论文，华东师范大学，2009年；赵思渊：《屏盗之迹、拯民之恫：明清苏州地区的巡检司》，载《中国社会历史评论》第11卷，天津古籍出版社2010年版。

② 尹章义：《新庄巡检之设置及其职权、功能——清代分守巡检之一个案研究（上）》，《食货月刊》1981年第8期；尹章义：《新庄巡检之设置及其职权、功能——清代分守巡检之一个案研究（下）》，《食货月刊》1981年第9期。

③ 贺跃夫：《晚清县以下基层行政官署与乡村社会控制》，《中山大学学报》1995年第4期。

④ 吴佩林：《明断：清代佐贰杂职司法——以〈南部档案〉为中心》，《近代法评论》第1卷，法律出版社2008年版；吴佩林：《万事胚胎于州县乎：〈南部档案〉所见清代县丞、巡检司法》，《法制与社会发展》2009年第4期。

本照搬了贺跃夫的说法,"皇权对县以下基层社会的控制,也并没有完全留给保甲等地方基层组织和宗族组织,位于州县衙门和乡村社会之间的县丞、巡检等基层官员,在其管辖区也与知县一样具有司法裁断权,他们为维护地方秩序发挥了重要作用",进而得出"万事胚胎并非始于州县衙门,而是始于县以下的基层行政官署"的观点。茆巍的《万事胚胎始于州县乎?——从命案之代验再论清代佐杂审理权限》①认为吴佩林等人的研究"都存在着若干不具普适性的问题",且都没有触及"命案"这一司法权限中最核心的问题,该文指出,清代分驻佐杂逐步获得了命案代验权全权,此后,交正印官审转只不过是走流程,因此,司法始于佐杂的观点虽就全国而言还属武断,但在已设立分驻佐杂的地方是适用的。此后,王兆辉等的《清代州县佐贰官司法权探析》②认为在某些州县内部佐贰官扮演了真正的初审者角色,正印官成为复审者,形成了特殊的"复合初审"结构。丁天立的《"非正印者,不得受民词乎?"——清代州县佐杂官"滥受民词"现象刍议》③也认为在官方明确否定的前提下,部分佐杂官却在所辖区域内被赋予了相应的司法审断权力,使得基层司法在实践上出现了让步和松动。

(三) 历史地理学关于清代民国佐杂的研究

通过对制度史、社会史相关领域的研究,尤其是关于佐杂司法权限方面的研究,学界开始认识到传统地方社会除了自下而上的乡里制度、乡绅社会外,还有自上而下深入到乡镇的佐杂制度,并渐渐注意到分驻到城外地方的佐杂的辖区问题,以佐杂辖区为代表的行政机构驻地变动和辖区划定对基层社会变迁同样有很大影响,这有力地推动了历史地理学的相关研究。历史地理学相对于其他的历史学方向而言,最突出的地

---

① 茆巍:《万事胚胎始于州县乎?——从命案之代验再论清代佐杂审理权限》,《法制与社会发展》2011年第4期。
② 王兆辉、刘志松:《清代州县佐贰官司法权探析》,《西南大学学报》2014年第4期。
③ 丁天立:《"非正印者,不得受民词乎?"——清代州县佐杂官"滥受民词"现象刍议》,《中西法律传统》2017年第1期。

方就在于更加关注时空分布和人地互动。近二十年来，用历史地理学的视角和方法进行的研究开始不断增多，一方面是对之前制度史、社会史的相关研究做进一步探讨。关于市镇与社会治理方面，吴滔的《明清江南基层区划的传统与市镇变迁——以苏州地区为中心的考察》《清代江南市镇与农村关系的空间透视——以苏州地区为中心》① 认为商业聚落意义上的市镇范围和行政意义上的市镇范围并不一样，后者包括了市镇周边的乡村，只不过后来前者利用了后者来扩大自身的地域范围，同时巡检也并不都驻在市镇上，因此，将其作为市镇管理的重要领域来探讨恐失之偏颇。胡恒的《清代江南佐杂分防与市镇管理献疑——以苏松二府为例》② 也认为分驻在市镇和分驻在乡村的佐杂并没有本质不同，佐杂的分防区域与市镇区域并不构成必然的对应关系。而在司法权限方面，该文指出，承担民间细事审理权并不通用于所有佐杂，此类佐杂需在设立时单独奏请、单独授予，并通过案例的方式来加以援引，这是同样受理词讼有的佐杂会被嘉奖而有的却会受处分的原因。傅林祥的《清代州县佐杂官司法审理权探析》③ 也认为，佐杂审理案件并不完全都是违法僭越受理，其司法审理权不是依据法典条文，而是源于一些佐杂在移驻或新设时"经过督抚奏请、吏部等部门复议、皇帝允准后的"具体的公文，因此，才会出现一部分佐杂因违例审理案件被处分而同时又存在一部分佐杂长期都在审理案件这样矛盾的现象。

另一方面，历史地理学重点关注佐杂与政区演变的关系，包括高层政区和基层政区。高层政区方面最突出的成果就是对厅的研究。这方面的研究由吴正心的《清代厅制研究》和日本学者真水康树的《清代"直

---

① 吴滔：《明清江南基层区划的传统与市镇变迁——以苏州地区为中心的考察》，《历史研究》2006 年第 5 期；吴滔：《清代江南市镇与农村关系的空间透视——以苏州地区为中心》，上海古籍出版社 2010 年版。
② 胡恒：《清代江南佐杂分防与市镇管理献疑——以苏松二府为例》，刘昶等主编：《水乡江南：历史与文化论集》，上海古籍出版社 2014 年版。
③ 傅林祥：《清代州县佐杂官司法审理权探析》，《史学月刊》2019 年第 9 期。

隶厅"与"散厅"的"定制"化及其明代起源》① 率先抛出相关命题，二人在梳理清代厅的演变时都注意到了其在明代的渊源，后者还提出厅的定制化完成于乾隆三十年代中期。在此基础上，傅林祥的《清代抚民厅制度形成过程初探》② 运用现代的政区概念，给出三大必要条件作为非政区的厅和政区意义上的抚民厅的区分标准，将厅制的定型时间前推至乾隆十二年（1747）。陆韧的《清代直隶厅结构》③ 以对云南地区的探讨为引，认为直隶厅是在保留了土司制度等管理模式的民族地区为了完成行政体制向全国政区一体化演进而创设的过渡型政区，具有行政双结构的特点。席会东的《清代厅制初探》④ 认为不同地区厅设置的密集期不同，原因也有区别，"在西南地区，厅的设置是清政府加强对少数民族地区的控制过程；在西北地区，厅的设置是由军事系统向民政系统的转化过程。在东北地区，厅的设置则主要是移民和经济开发的过程"。胡恒的《厅制起源及其在清代的演变》⑤ 结合前人既有研究，对厅制在明代的起源和在清代的演变进行了较为翔实的总结，并兼论了厅政区与非政区的判别方法，"明乎清代厅的本质，则厅的判别理应以该同知、通判何时具有一地'刑名钱粮'专责为基本依据"，至此，学界对厅的理解有了较全面可靠的认识。此后，金如委的《清代政区"厅"探析》⑥ 在没有进行学术回顾的前提下谈厅的演变、特征与效果，已没什么新意。反倒是鲁靖康的《清代厅制再探——以新疆为例的考察》⑦ 谈到了与内地不同的特殊情况，如新疆的直隶厅实际皆隶属于道而不直隶于布政司，又如部分政区厅并未享有完整、独立、排他的治权，其所论颇有价值。

---

① 吴正心：《清代厅制研究》，硕士学位论文，中正大学，1995年；［日］真水康树：《清代"直隶厅"与"散厅"的"定制"化及其明代起源》，《北京大学学报》1996年第3期。
② 傅林祥：《清代抚民厅制度形成过程初探》，《中国历史地理论丛》2007年第1期。
③ 陆韧：《清代直隶厅结构》，《中国历史地理论丛》2010年第3期。
④ 席会东：《清代厅制初探》，张萍主编：《西北地区城乡市场结构演变的历史进程与环境基础》，三秦出版社2011年版。
⑤ 胡恒：《厅制起源及其在清代的演变》，《文史》2013年第2期。
⑥ 金如委：《清代政区"厅"探析》，《历史教学》（下半月刊）2018年第8期。
⑦ 鲁靖康：《清代厅制再探——以新疆为例的考察》，《西域研究》2019年第2期。

与此同时，关于基层政区方面的研究也颇有成果，傅林祥的《清代的次县级政权与辖区》首先提出了"次县级政权"的概念，后来他又在《古代上海地区的次县级行政机构》一文中有所修订，改称为"次县级行政机构"，此后，他的《清雍正年间的次县级行政机构及其职能探析》① 对次县级行政机构做了进一步阐述，提出管理区域、管理层级与对象、职能三条标准，并根据职能的大小分为分防、分理、分征三个等级，但他所指的对象既包括了分驻佐杂，也包括了同城佐杂。另外，陈业新的《清代皖北地区行政区划及其变迁》、鲁延召的《海防地理学视野下官富巡检司建置沿革研究——基于广东新安县的考察》② 等文也都注意到了佐杂因外驻而逐渐形成准一级政区的问题。这类研究的总趋势是将清代民国广泛存在的佐杂分辖官署视为县级衙门与乡村之间的基层政权，将其辖区视为县级政区以下的一种特殊政区，并产生了许多相关概念，如"次县级政区""县辖政区"等，试图探寻县以下政区的历史渊源。与历史地理学的此类观点相反，经济社会史出身的张研的《对清代州县佐贰、典史与巡检辖属之地的考察》《清代县级政权控制乡村的具体考察——以同治年间广宁知县杜凤治日记为中心》③ 等论著通过对以广东为重点的考察，以佐杂数量过少以及没有全面之责为由否定"县并非最低一级政权"的猜想，但她同时承认部分佐杂辖区或许隐藏着新政权架构的滥觞。此外，刘洋的《清代基层权力与社会管理研究》④ 也认为分防佐杂

---

① 傅林祥：《清代的次县级政权与辖区》，孙进己主编：《东北亚历史地理研究》，中州古籍出版社1994年版；傅林祥：《古代上海地区的次县级行政机构》，《上海市历史博物馆馆刊》第1辑，上海社会科学院出版社2002年版；傅林祥：《清雍正年间的次县级行政机构及其职能探析》，《清史研究》2011年第2期。

② 陈业新：《清代皖北地区行政区划及其变迁》，《清史研究》2010年第2期；鲁延召：《海防地理视野下官富巡检司建置沿革研究——基于广东新安县的考察》，《中国历史地理论丛》2014年第3期。

③ 张研：《对清代州县佐贰、典史与巡检辖属之地的考察》，《安徽史学》2009年第2期；张研：《清代县级政权控制乡村的具体考察——以同治年间广宁知县杜凤治日记为中心》，大象出版社2011年版。

④ 刘洋：《清代基层权力与社会管理研究》，博士学位论文，南开大学，2012年。

的辖区在清代并未形成县以下行政区划,因为佐杂的分防不具有普遍性,各地的司法行政情况也不尽一致。

在历史地理学对佐杂的研究中,目前以胡恒的研究成果最为集中丰富。他从硕士学位论文《清代巡检司地理研究》开始关注这方面的问题,此后,又陆续发表了《清代福建分征县丞与钱粮征收》《清代甘肃分征佐贰与州县分辖》《清代太湖厅建置沿革及其行政职能变迁考实》《"司"的设立与明清广东基层行政》① 等多篇相关论文,以其博士学位论文为蓝本出版的《皇权不下县?——清代县辖政区与基层社会治理》② 一书更是目前佐杂辖区研究的集大成者,建立起一定的研究范式,对学界此后的相关研究有很大的促进作用。概括而言,胡恒的研究在前人的研究基础上又有以下突破:第一,以往的研究所用资料以实录、政书、方志为主,简略的记载限制了更深入的判断,胡恒注重对档案资料的整理,尤其大量使用了中国第一历史档案馆的馆藏原始档案。第二,以往的研究宏观描述较多,结论大同小异,胡恒从全国视野加以关注,又进行有代表性的个案研究,兼顾了区域特色和比较视角,研究结论比较扎实有力。第三,注重古今结合、经世致用,胡恒在研究历史的同时也密切关注当下的政区建设及相关言论,积极总结历史经验以为当代改革服务。当然他的研究也仍有可探讨的余地,尤其是在概念上,胡恒使用"县辖政区"指代县级佐杂的分辖区,导致与乡里制县辖政区不能区别,因此不得不重新加以定义,这种做法还可商榷,或许应改用"县佐杂辖区"这个名词更为恰当。

近年来,历史地理学对佐杂的相关研究又有两个趋势。一是对以往

---

① 胡恒:《清代巡检司地理研究》,硕士学位论文,中国人民大学,2008 年;胡恒:《清代福建分征县丞与钱粮征收》,《中国社会经济史研究》2012 年第 2 期;胡恒:《清代甘肃分征佐贰与州县分辖》,《史学月刊》2013 年第 6 期;胡恒:《清代太湖厅建置沿革及其行政职能变迁考实》,《苏州大学学报》,2014 年第 5 期;胡恒:《"司"的设立与明清广东基层行政》,《清史研究》2015 年第 2 期。

② 胡恒:《皇权不下县?——清代县辖政区与基层社会治理》,北京师范大学出版社 2015 年版。

关注较少的区域进行研究，杜汇的《清代山西地区的佐杂分防与基层社会控制》、郭克文的《明清湖北地区府州分防佐贰分布研究》、廖望的《明清粤西州县佐杂的布局与辖区研究》①就是这类积极的尝试。杜文对山西分防佐杂的变迁和职能进行了初步梳理，并谈及相关官员群体，但在时空分布复原上只选取了几个时间节点，显得不够精细。郭文以分区域的形式，分别对鄂东、江汉平原、鄂北、鄂西北、鄂西南等几个地区的府（含直隶州）佐贰的分防情况进行了时空分布复原。廖文重点关注佐杂分防的辖区，并且得益于广东佐杂的辖区均有史料明确记载的这一特殊优势，进行了详细的地图复原。而就本书的研究区域而言，目前专门对四川地区佐杂进行研究的重要成果是罗雪梅的《明清四川同知通判研究》②，该文从设置过程、时空特征、职掌等方面进行了考述，并且对正印官意义上的同知通判和佐贰官意义上的同知通判进行了判别。二是学界也越来越注意到除了厅之外，佐杂在其他类型的政区变迁过程中有时也起到了重要作用，尤其是在边地土司区域。其中，关于四川地区的研究，如杨伟兵等的《资控驭而重地方：清代四川总督对九姓土司政治地理的整合》、董嘉瑜的《改土归流与区划调整——以清代酉阳直隶州为例》③，他们都注意到了在改土归流和州县政区变迁的过程中佐杂辖区的过渡地位，进而结合这种变化形式对相关政区的演变进行了较为详细的考述。这一类的研究方法可以进一步应用到更多的区域。

总体而言，关于清代民国佐杂及其辖区的研究还存在以下不足，可加以进一步研究：从时间上，研究清代的多而研究民国的少，关于民国县佐的研究又基本都是在研究政治制度或政区演变时稍有提及，如魏光

---

① 杜汇：《清代山西地区的佐杂分防与基层社会控制》，硕士学位论文，山西大学，2013年；郭克文：《明清湖北地区府州分防佐贰分布研究》，硕士学位论文，暨南大学，2016年；廖望：《明清粤西州县佐杂的布局与辖区研究》，硕士学位论文，暨南大学，2020年。
② 罗雪梅：《明清四川同知通判研究》，硕士学位论文，复旦大学，2019年。
③ 杨伟兵、董嘉瑜：《资控驭而重地方：清代四川总督对九姓土司政治地理的整合》，《历史地理》第36辑，上海人民出版社2017年版；董嘉瑜：《改土归流与区划调整——以清代酉阳直隶州为例》，《云南大学学报》2019年第5期。

奇的《官治与自治——20世纪上半期的中国县制》[①]和傅林祥、郑宝恒合著的《中国行政区划通史·中华民国卷》。清代的佐杂及其辖区在民国有怎样的变化，民国的县佐与清代的佐杂有何差异，都不明确。从空间上看，以往的相关研究中关于清代的以江南、华南居多，关于民国的以对新疆的关注较多，其他区域的研究则比较分散。单就四川而言，因清代《南部档案》的存在，因此，目前对清代南部县的研究比较多，而对省内其他地区的研究较少。另外，郑宝恒的《民国时期政区沿革》和《中国行政区划通史·中华民国卷》关于四川的部分都只是在县后简单附列有县佐名称，并没有前后变化，故在数量和具体时空分布上都存有问题。从层级上看，县佐杂辖区的研究比较多，而府佐杂辖区（不含政区厅）的研究还需要拓展，佐杂辖区与正式政区的转换过程也可以进一步梳理。从研究方法上看，应加强运用政治学、社会学的研究方法，在考证政区沿革的基础上，更加细化地去发掘时人言论等文字材料，关注政区变迁背后的影响因子和变迁前后上下各阶层的反应。

就本书所需史料来说，关于清代民国四川佐杂的记载并不多，方志往往都只记载公署、职官，大多寥寥数语，关于佐杂辖区的记载尤为缺失，因此极其需要档案、实录、公报等官方资料中更具体的信息的补充。同时，因清代民国相关史料保存情况的不同，其研究难度也各有特点。清代是大一统王朝，资料比较完善，尤其是雍正中期以后佐杂的置废情况多有细载，因此，复原佐杂最基本的置废沿革和驻地分布问题不大。但史料中关于佐杂辖区的记载很少，且不同地区差别大，与广东佐杂几乎将全省所有州县以下的境域分辖完毕且各辖区基本都有具体明确记载这种极其特殊的情况相比，包括四川在内的其他大多省都缺乏这类记载，即使是胡恒的《皇权不下县？——清代县辖政区与基层社会治理》一书也仍不可避免地选择以几个典型的区域分章而论。因此，在完成最基本的置废沿革和驻地分布梳理之后，对辖区的尽可能复原是重点要解决的

[①] 魏光奇：《官治与自治——20世纪上半期的中国县制》，社会科学文献出版社2004年版。

问题。与清代相比，民国各省独立性较强，各地制度不一，并不是所有省都继承保留了佐杂制度。而且，民国时期战乱频仍，许多的官方档案资料都因故被毁或遗失，导致像还原不同地区县佐置废时间这种最基本的问题，解决起来都颇有难度，因此，对民国佐杂制度（从佐杂到分知事再到县佐）的前后变化和佐杂驻地分布的时空变迁的复原成了首要被解决的问题。

第一章

清代四川的佐杂分驻

第一节 佐杂设置与分驻概况

清初承明制，四川省有省—府—州—县四级制和省—府（直隶州）—县或省—府—州三级制两种行政层级。从雍正年间开始，府属州不再领县，原省—府—州—县四级制变为省—府—县（州）三级制。同时随着厅制的逐渐推广与制度化，全省最终确立起了省—府—县（州、厅）三级制或省—直隶州（直隶厅）—县三级制以及省—直隶厅二级制两种行政层级。

清初顺治九年（1652），四川全省的府级政区有8府、5军民府、6直隶州；县级政区有15州、112县。[①] 此后省域、各级政区屡经调整，至清末宣统三年（1911），全省的府级政区有16府、9直隶州、4直隶厅；县级政区有13州、121县、10厅。

一 佐杂设置概况

清前期对佐杂的概念比较笼统模糊，直到嘉庆《钦定大清会典》

[①] 《中国行政区划通史·清代卷》第427页虽引《明代卷》作"16州，111县"，而叙州府下又将《明代卷》的高州直接记作高县，《清代卷》实15州、112县。按，《明史》卷43《地理志四》云："高州，洪武五年降为县，属府。正德十三年四月复为州。"正德十三年高县改州之事仅见于此，清代各版《高县志》等方志皆不载此事。《明史》卷187《马昊传》云，正德末马昊请"改高县为高州，增高、珙、筠连田租"，此后引起当地动乱，嘉靖即位后将马昊削籍；卷192《郭楠传附王懋传》云，嘉靖时贬王懋为四川高县典史。则正德高县改高州的时间极短，其事本为不当，嘉靖时即已复为县，明末四川实15州、112县。

中，才明确地将僚属官分为佐贰官、杂职官、首领官三种。有清一代，佐杂设置的变化很频繁，且趋势差异明显，根据制度的变化，前后可分为裁撤、添设、改调和重新添设四个阶段。

（一）裁撤阶段（清初至雍正六年）

清初在沿袭明制的基础上，大量裁撤佐杂官员，尤其是县级政区的佐杂官。顺治三年（1646）四月，"辛丑，谕吏部，朝廷设官治民，而冗员反致病民。各府设推官一名，其挂衔别驻推官尽行裁革。大县设知县、县丞、典史各一员，小县设知县、典史各一员，一切主簿尽行裁革，原管职事，大县归并县丞，小县归并典史。其裁过推官、主簿，赴部改选。至各府同知、通判各赘员可裁者，通察具奏"①。随着清廷逐渐控制全川，这项政策也在川内逐步落实。以宜宾县为例，康熙《宜宾县志》卷二《秩官》云，在明代官制下，宜宾县设有"知县一员，县丞一员，主簿一员，典史一员，汶川驿驿丞一员，宣化驿驿丞一员，月波驿驿丞一员，向家坝巡检一员，横江巡检一员，儒学教谕一员，儒学训导二员"，而入清以后，"皇清裁县丞、主簿、各驿丞、巡检、教谕、训导十员，止留知县、典史、训导三员"。这一阶段川内佐杂被大量裁撤，但囿于史料，各地官员裁撤的具体时间、数量、过程多不可考。

（二）添设阶段（雍正七年至乾隆六年）

经过顺治至康熙年间的大规模整顿，川内佐杂所剩无多。雍正七年四月二十四日，四川布政使赵弘恩奏陈地方事宜三条，其中第二条称："臣查川省现在之一百一十四州县，除正印官外，仅有州同二员，吏目、典史共一百一十一员，巡检二员。是州同、典史、巡检既属缺少，而州判、县丞、主簿通省全未设立。巡防差遣，在在乏员。现今丈量等务，协办尤多掣肘。臣之愚昧，似应查明某州县应添某项佐杂，某处系属扼

---

① 《世祖实录》卷二五《顺治三年三月至四月》，《清实录》第3册，中华书局1985年版，第216页。议准将推官全部裁撤事在康熙六年七月甲寅，见《圣祖实录》卷23《康熙六年七月至八月》，《清实录》第4册，中华书局1985年版，第315页。

要，应设巡检或分驻州同、州判、县丞弹压巡缉，内有事简地方，则仍缓添设。"① 随即川内在次年大量添设了佐杂。这次集中大量添设，除了确实是因为当时川内佐杂太少，导致出现了赵弘恩所说的"巡防差遣，在在乏员。现今丈量等务，协办尤多掣肘"的情况。同时也是由于当时乌蒙、东川一带禄氏土司所率夷人的反复叛乱，急需添设佐杂差委，故又有"雍正八年，因乌蒙未靖，差使繁多，请设佐杂各员"② 的说法。

雍正十二年（1734），四川总督黄廷桂关于川省行盐事宜的疏称："查蜀省川北之射洪、蓬溪，旧名华池厂；南部、阆中，旧名福兴厂；川南之嘉定、犍为，旧名永通厂；富顺、荣县，旧名富义厂；川东之云阳，旧名云安厂。此五厂产盐最多，而川属产盐之三十二州县皆附此五厂之内。兵燹之后，旧制无存，建官位事无从查考。自圣朝休养生息以来，疆域弘开，生齿日繁，地方州县钱谷刑名各有专责，兼理盐务多有查察不及之处，自应照旧仍设厂员专司盐政。如川北井灶引盐最多之射洪县于各府中拣选同知一员驻扎，并附近潼川、中江、蓬溪、遂宁、乐至等五州县井盐听其总理，再于各州县佐杂内拣选人才廉干之员十员分地管理。又川北之南部县已于详请移驻等事案内移驻保宁同知专司盐务，其附近之阆中暨川东之蓬州、南充、西充四州县井盐应听总理。该厂事简，再拣委州县佐杂三员，足资分理。又川南之嘉定、犍为与川西之井研等三州县有地名马踏井，为三处井灶丛杂之所，最易影射滋弊，即于其地移驻府同知一员，居中总理。其附近之仁寿县及三州县散处井灶，再拣委州县佐杂五员，以资分理。又富顺、荣县井盐虽多，坐落一处，稽查尚易，应于该地驻府通判一员，并荣昌、隆昌、大足三县俱听总理，再拣委州县佐杂二员分司诸务。又川东之云阳县应驻府通判一员，并附近之万县、大宁、太平、开县四县井盐俱听总理。再拣委州县佐杂三员以

---

① 《四川布政使赵弘恩奏陈请特简州县杂职发川委用等地方事宜三条折》，中国第一历史档案馆编：《雍正朝汉文朱批奏折汇编》第15册，江苏古籍出版社1989年版，第151、152页。
② 《题为遵议川省请将潼川府新设通判移驻射洪县总理盐务等项事》，中国第一历史档案馆藏，档号：02-01-03-03300-003。

资分办。再如井灶坐落归一之简州、绵州、资州、忠州、彭水、盐源等六州县，各拣委廉干州县佐贰一员，足资办理。"① 雍正十三年（1735），湖北巡抚杨馝调署为四川巡抚，对黄廷桂原奏加以修改完善，再次向朝廷上奏，终于在乾隆元年（1736）三月壬子得到允准。②

（三）改调阶段（乾隆七年至光绪中）

清代自雍正中后期到乾隆初期大量增设官职后，佐杂员额趋于饱和，故乾隆年间对官缺制度进行了两次重要的改革。乾隆六年（1741）五月癸未，朝廷通过并颁布了新的官缺定制，"查设官分职原有定制，从前各省佐杂等官，各督抚有奏请添设改隶，责任转无专属。请嗣后倘各省需用人员，止准于通省内随时改调，不得奏增糜费"③。乾隆四十三年（1778）六月丁未，又进一步明确佐杂与州县之缺不得互易，"各省更改繁简各缺，应令各该督抚分别缺之大小。如丞倅牧令之缺，应请改繁者，即于丞倅牧令缺内改简互换。佐杂之缺即以佐杂内酌改，不准仍以州县以上之缺与佐杂互易"④。因此这个阶段新设佐杂基本都是从省内其他地方佐杂裁改，有的官职甚至前后历经多处改移。如雍正八年（1730）所设保县通化里县丞，在乾隆四十一年（1776）改为汶川县桃关县丞，乾隆五十四年（1789）又改为峨眉县太平堡主簿，嘉庆十三年（1534）又改为峨边厅沙坪经历。但要注意到的是，其间也还是有极少数的官职为完全新设，如嘉庆六年（1527）所设平武大印山主簿，由于当时"通省实无闲缺可裁，惟有仰恳圣恩俯念地方情形今昔不同，准予添设以收实效"⑤，于是未按定制

---

① 《题为遵议川省请将潼川府新设通判移驻射洪县总理盐务等项事》，中国第一历史档案馆藏，档号：02-01-03-03300-003。
② 《高宗实录》卷15《乾隆元年三月下》，《清实录》第9册，中华书局1985年版，第410—411页。
③ 《高宗实录》卷143《乾隆六年五月下》，《清实录》第10册，中华书局1986年版，第1056页。
④ 《高宗实录》卷1059《乾隆四十三年六月下》，《清实录》第22册，中华书局1986年版，第155页。
⑤ （清）花沙纳编：《德壮果公（楞泰）年谱》，《近代中国史料丛刊》第22辑，第1852—1854页。

第一章 清代四川的佐杂分驻

改调而系完全新设。

(四) 重新添设阶段 (光绪末至宣统时)

光绪三十年 (1904) 五月乙巳,光绪皇帝谕曰:"凡京外各项差缺,有应行裁汰归并者,著各部院堂官及各省将军督抚破除情面,认真厘剔,奏明裁并,以节虚糜而昭核实。"① 四川总督锡良遂于该年九月初五奏称:"通省同、通各缺,除各直隶厅暨分驻边要夷疆各厅缺无庸议外,其与知府同城者,仅成都府同、通各一缺、夔州府通判一缺。查成都之都江堰有关合属民田,同知专管水利,未可议裁;通判仅司都督,拟即裁归该同知兼管。夔州通判仅司盐捕,应一并议裁。又有嘉定府管理盐务分驻四望关通判,事务较简,亦可裁归盐局兼管。其各项杂职,查有与州县同城之眉州直隶州州判一缺,成都、华阳县丞各一缺应裁。又驿递可责成州县,有绵州等处之驿丞三缺应裁。"因此,请将佐杂中的成都府督捕通判、夔州府通判、嘉定府四望关通判、眉州直隶州州判、成都县水利县丞、华阳县水利县丞、绵州魏城驿驿丞、剑州剑门驿驿丞、剑州武连驿驿丞九员裁汰,并于十月二十四日奉到朱批"政务处吏部议奏"②,即《清朝续文献通考》所云:"四川裁通判三员、州判一员、县丞二员、驿丞三员。"③ 但这套方案实际最终并未通过,所有九员佐杂均未裁撤。

从光绪末年开始,在川边地区添设大量官职,其中以新创的委员、理事为主,但也包括少部分的佐杂官。虽然没多久清政府就覆亡了,但这些新设佐杂官大多得到保留,以新的名号继续在民国时期存在。

二 分驻佐杂的渊源

分驻佐杂并非清代独有的制度。自秦朝在全国推广郡县制度以降,

---

① 《德宗实录》卷531《光绪三十年五月下》,《清实录》第59册,中华书局1987年版,第71、72页。
② 中国科学院历史研究所第三所主编:《锡良遗稿·奏稿》,中华书局1959年版,第433—434页。
③ 刘锦藻:《清朝续文献通考》卷135《职官考二十一》,商务印书馆1955年版,第8949页。

各级政区除了正印官外，一般都设有佐杂性质的官员辅助处理事务。从秦代至明代将近两千年的发展历程中，在国家中央集权加强的总体趋势下，地方上也呈现为正印官权力不断强化、佐杂地位不断下降的趋势，到明代形成具有明显正印官"独任"色彩的相关制度。而另一方面，在这长时段的历史过程中，佐杂不乏分驻的案例。早在两汉三国时期就有都尉分郡而治的情况。边郡之下往往置部都尉分辖郡地，主要是为应对民族问题，如蜀郡西部都尉（置二，一在旄牛主夷人，一在青衣主汉人）、广汉郡北部都尉（在阴平）。又有带有浓厚的军事治安色彩的关都尉，如巴郡江关都尉（在鱼复）。部都尉、关都尉名义上仍隶属于郡太守，但辖区实际上已相当于县级政区，其中领县的都尉辖区更相当于郡级政区，最后到晋朝时统一改为郡县。由此言之，分驻都尉辖区其实已基本具备政区要素，其发展过程类似于清代的厅级单位。而到了南北朝时期，县级政区下也已经有县尉分驻的案例了，如《水经注》卷三三《江水上》云："江水又东会南、北集渠……北水出新浦县北高梁山分溪，南流迳其县西，又南百里至朐忍县，南入于江，谓之北集渠口，别名班口，又曰分水口。朐忍尉治此。"① 但这类分驻到县城外的县尉或出于军事戍守目的，目前未见有关于其辖区的记载。

目前来看，与清代分驻佐杂较为类似的情形可追溯至宋代。宋代已经开始将佐杂下沉到县以下的基层组织上，县丞、县尉、主簿都有分驻到市镇的案例，但数量极少，并非常态化。② 另外，宋代虽然设有巡检，也驻在市镇等基层地方分管治安，但宋代的巡检是武职，与元明清的巡检有本质区别。自元代始，巡检才被改纳入文职系统。③ 明代将巡检制度加以继承并有所发展，万历《大明会典》云："洪武二十六年定，凡

---

① （北魏）郦道元著，王先谦校：《水经注》，巴蜀书社1985年版，第528、529页。
② 余蔚：《宋代的县级政区和县以下政区》，《历史地理》第21辑，上海人民出版社2006年版，第74、75页。
③ 吕进贵：《明代的巡检制度：地方治安基层组织及其运作》，明史研究小组2002年版，第1、2页。

天下要冲去处，设立巡检司，专一盘诘往来奸细及贩卖私盐犯人、逃军、逃囚、无引、面生可疑之人，须要常加提督。"① 崇祯《松江府志》卷二五《军屯》亦云："凡内郡要冲地，各设巡简司，主讥往来奸匿及私贩、禁盐、逃亡军民、罪囚并无引私越之人，仍□责以捕逮警逻之事。府境巡简司皆设于洪武初，后历有更置，盖其要阨之所有时变迁，故司署亦随时异宜耳。"明代又出现了关于巡检在驻地以外具体辖区的记载，称为"信地"，如万历《嘉定县志》卷一五《兵制》云："国初有四巡检司，曰顾迳、江湾、吴塘、刘家港。自刘家港割隶太仓，邑止三司，万历初复裁吴塘司，而以各守信地分属二司。初制，司设弓兵百人，后以渐汰至六十人，今每司止二十四名。江湾巡检司信地：南翔、江湾、大场、真如、安亭、黄渡、纪王、殷行、栅桥。顾迳巡检司信地：罗店、娄塘、月浦、杨行、广福、外冈、葛隆、新泾、徐行、青浦。"又如崇祯《松江府志》卷二五《军屯》云："每司设巡简一员，弓兵在腹里者例三十名，沿海沿江者加额，或至七十名。松境惟澱山司弓兵四十名，新泾等皆三十名。各分信地，每司以数镇属其官领之。"但王伟凯认为，明代负责管理基层的是里甲和老人，巡检司并不代辖村庄，"除了监视、盘查固定人口外，主要职责是对流动人口进行全面防控"②。胡恒同意其观点，同时还认为明代巡检仍有较重的军事色彩，划定辖区与民事关系不大，主要是出于官员考成和责任追究的目的，尤其出现在部分设巡检司数量较多的县，但他也注意到了"似乎明代末期，佐杂官开始具有了民事意义上的辖区"③。总体上来说，明代记载巡检在驻地之外有具体辖区的史料还比较少，目前仅见于江苏、广东的少部分方志。因此，还很难判定这是不是明代巡检的常态，明代的巡检是否大多数只有驻地而没有其他明确的、固定的分辖区，还有待更多的研究。

---

① 万历《大明会典》卷139《兵部二十二》。
② 王伟凯：《试论明代的巡检司》，《史学月刊》2006年第3期。
③ 胡恒：《皇权不下县？——清代县辖政区与基层社会治理》，北京师范大学出版社2015年版，第52—54、111—115页。

明代巡检开始对驻地外进行分辖,尽管是非制度性的、非普遍性的,但这对清代佐杂分驻有直接的影响。另外,王泉伟的《明代州县僚属与幕友研究》注意到了明代佐贰官、首领官的职能变化,该文指出明代佐贰官在职权上有从赞理到分职再到分防的趋势转变。但明代的佐贰分防主要是管河官这一类的职能分防,地理分防的案例相当少。在嘉靖年间开始由财政危机引发的大规模裁撤冗员的浪潮后,地理分驻意义上的佐贰分防才有所增多。① 明代地理分防方面,州县佐杂的案例很少,比较突出的是府佐杂即同知、通判的分驻分辖,形成了管粮厅、安边厅等具有早期厅级单位性质的佐杂辖区。如建武安边厅,万历年间讨平都蛮后,四川巡抚曾省吾认为:"照得都蛮既平,夷方尽为中土。但去府城数百里,据土司四面之中,势颇孤悬。又山川险阻,夷汉错杂,必得文官分理于下,方保无虞。但遽议郡县,则荒恶之区,所居未能成聚;附之邻近县分,则声势隔绝,未免仍复生奸。佥议谓设同知兼理兵民始为得策。及查叙州府先年原有通判一员驻扎嘉明镇督粮,后行裁革。今见奉明诏,查复成法,合无于该府添设安边同知一员,照依各省海防事例,钦颁关防,专驻新筑城内,管理兵饷、收放税粮、清理词讼、安抚民夷,上承兵道委用,下定武职贤否。庶边镇政刑俱有统纪,而钱粮出纳亦有责成矣。"② 这种分驻改设模式也对清代有重大影响。清代在顺治年间到康熙初年大量裁撤佐杂以后,治理乏员,便效仿巡检、同知、通判分驻模式,尝试将剩余佐杂也分驻到地方上,进行不同程度的管控。但一开始分驻的数量还比较少,分驻型佐杂在所有佐杂中的占比并不高,也不一定在驻地之外划分有具体辖区。真正在各级政区内划出区域,进行大规模、长时段、全类型、深层级的佐杂分驻分辖,尤其是县级政区下的佐杂分驻分辖,应该说是在清代中期才确立下来的。总体而言,清代佐杂分驻

---

① 王泉伟:《明代州县僚属与幕友研究》,博士学位论文,南开大学,2014年,第111—113页。
② 雍正《四川通志》卷18《边防下·经略平蛮善后疏》。

第一章 清代四川的佐杂分驻

最大的特点就是各类分驻佐杂全面下沉到基层组织上。

三 佐杂分驻概况

清代四川佐杂的分驻大致以乾隆二年（1737）为分界，乾隆二年之前剧烈变动，此后则单次规模较小，① 其中重要年份与佐杂总体设置情况一致。

（一）清初至乾隆元年

顺治康熙时，大量裁撤旧有分驻佐杂，同时也有极少数新的分驻。至雍正七年（1729）年初，全省分驻佐杂共剩一处分驻同知（重庆府黔江县）、一处分驻通判（叙州府建武）、二处分驻州同（雅州直隶州天全、泸州直隶州九姓长官司）、二处巡检（太平县明通、涪州武隆镇）。同年四月，雅州直隶州升府，裁雅州直隶州天全州同，改设天全州始阳镇州同，添设天全州碉门吏目。九月，添设打箭炉厅泸定桥巡检。十二月，添设清溪县泥头典史。

雍正八年（1730）三月，添设夔州府万县同知；叙州府建武通判移驻新镇；添设潼川直隶州葫芦溪州同；添设资州直隶州罗泉井、绵州直隶州丰谷井、忠州敦里八甲、巴州镇龙关四处分驻州判；添设巴县白市驿、渠县三汇镇、大竹县石桥铺、富顺县自流井、隆昌县双凤驿、永宁县赤水、平武县青川、荣县贡井、保县通化里九处分驻县丞；裁撤太平县明通巡检，添设邛州直隶州火井漕、泸州直隶州嘉明镇、达州直隶州麻柳场、简州龙泉驿、会理州苦竹坝、灌县白沙河、新都县弥牟镇、巴县木洞镇、铜梁县安居、南充县东观场、岳池县黎梓卫、南部县西河口、广元县百丈关、广元县朝天镇、昭化县白水、通江县檬坝关、宜宾县横江、宜宾县宣化驿、屏山县石角营、万县市郭里、云阳县云安厂、平武县中坝场、犍为县牛花溪、射洪县大庚渡、蓬溪县蓬莱镇、叙永厅古蔺

---

① 各佐杂分驻情况的文献出处皆分别详见后文，不在本节一一列出。

州等二十六处巡检。同年，盐源县同城典史移驻白盐井。

雍正九年（1731）二月，平武县中坝巡检改属江油县。十二月，添设松潘厅南坪巡检。

雍正十年（1732）八月，添设打箭炉厅泰宁巡检。

雍正十一年（1733）四月，宁远府厂务同知移驻七儿堡，添设冕宁县瓦尾县丞。六月，垫江县同城县丞移驻高滩场，梁山县同城县丞移驻沙河铺。十月，重庆府黔江同知改为黔彭厅同知；顺庆府同城通判移驻丰和场；西昌县同城县丞移驻礼州所。十一月，忠州敦里八甲州判改为忠州直隶州敦里八甲州判。

雍正十二年（1734）六月，保宁府同城同知移驻南部县。十一月，潼川直隶州葫芦溪州同升为潼川府葫芦溪通判。

雍正十三年（1735）七月，添设酉阳县龙潭县丞以及酉阳县龚滩、秀山县石堤二处巡检。

乾隆元年（1736）三月，夔州府万县同知移驻云安厂；叙州府新镇通判移驻邓井关，嘉定府同城通判移驻马踏井，潼川府葫芦溪通判移驻射洪县；裁嘉定直隶州同城州判，改设简州石桥井州判，忠州直隶州敦里八甲州判移驻䜪井；裁隆昌双凤驿县丞；裁南充县东观场、南部县西河口、昭化县白水、通江檬坝关、云阳县云安厂、犍为县牛花溪、射洪县大庾渡、蓬溪县蓬莱镇等八处巡检；裁岳池县黎梓卫巡检，改设忠州直隶州敦里八甲巡检；裁宜宾县横江巡检，改设兴文县建武巡检；添设彭水县郁山镇巡检。同年，裁打箭炉厅泰宁巡检。酉阳县升直隶州，黔彭厅同知移回重庆为重庆府同城同知，酉阳县龙潭镇县丞改为酉阳直隶州龙潭镇州同，酉阳县龚滩巡检改为酉阳直隶州龚滩巡检。

（二）乾隆二年至清末

乾隆五年（1740）闰六月，嘉定府马踏井通判移驻黄角井，潼川府射洪县通判移驻射洪县太和镇。

乾隆十年（1745）七月，冕宁县瓦尾县丞移驻冕山。

乾隆十四年（1749）三月，顺庆府丰和场通判移驻大溪口。

乾隆十七年（1752）十月，宁远府七儿堡同知改为杂谷直隶厅同知。

乾隆十九年（1754）闰四月，重庆府同城同知移驻江北。

乾隆二十年（1755）七月，添设蓬溪县蓬莱镇县丞，遂宁县同城县丞移驻梓潼宫；裁新都县弥牟镇巡检，改设华阳县太平场巡检，添设射洪县洋溪镇、巴州江口镇等二处巡检。十二月，裁灌县白沙河巡检，改设广元县神宣驿巡检。

乾隆二十二年（1757）四月，夔州府云安厂同知移驻石砫。

乾隆二十三年（1758）六月，裁宜宾县同城县丞，改设屏山县马边营县丞。九月，重庆府江北同知改为江北厅同知。

乾隆二十五年（1760）十二月，松潘厅南坪巡检改为松潘直隶厅南坪巡检。

乾隆二十六年（1761）五月，添设盐源县盐中县丞，添设雷波厅黄螂所、会理州迷易所、西昌县德昌所等三处巡检，添设越嶲厅大树堡经历。

乾隆二十七年（1762）九月，夔州府石砫同知改为石砫直隶厅同知；裁兴文县建武巡检，改设石砫直隶厅西界沱巡检，裁万县市郭里巡检。同月，以剑州剑门驿、剑州武连驿、绵州直隶州魏城驿等三处驿丞兼巡检衔。

乾隆二十九年（1764）九月，叙州府邓井关通判改为马边厅通判；裁屏山县马边营县丞，改设富顺县邓井关县丞；裁宜宾县宣化驿巡检。

乾隆三十二年（1767）十一月，添设南部县富村驿县丞，添设中江县胖子店巡检。

乾隆三十三年（1768），天全州碉门吏目成为同城吏目。

乾隆三十五年（1770）闰五月，绵州直隶州丰谷井州判移驻旧州城，绵州直隶州魏城驿驿丞兼巡检衔改属梓潼县。

乾隆四十一年（1776）四月，裁保县通化里县丞，改设汶川县桃关县丞。

乾隆四十七年（1782）九月，顺庆府同城同知移驻四合镇。

乾隆五十一年（1786）六月，添设南充县李渡场主簿。

乾隆五十二年（1787）二月，裁成都府同城经历，改设太平县城口主簿。

乾隆五十四年（1789），裁汶川县桃关县丞，改设峨眉县太平堡主簿，汶川县同城典史移驻桃关。

乾隆五十五年（1790）七月，裁泸州直隶州九姓长官司州同，改设崇庆州怀远镇州同。

乾隆五十六年（1791）六月，添设三台县葫芦溪县丞。

嘉庆六年（1801）十一月，顺庆府四合镇同知改为太平直隶厅同知；裁达州直隶州同城州同，改设涪州鹤游坪州同；绵州直隶州旧州城州判回驻丰谷井，梓潼县魏城驿驿丞兼巡检衔重新直属绵州直隶州；裁垫江县高滩场县丞，改设太平直隶厅城口经历；裁太平县城口主簿，改设东乡县南坝场主簿，添设平武县大印山主簿；达州直隶州麻柳场巡检改为达县麻柳场巡检。

嘉庆七年（1802），理番直隶厅同城照磨移驻新堡关。

嘉庆十三年（1808），保宁府南部同知改为叙州府马边厅同知；裁峨眉县太平堡主簿，改设峨边厅沙坪经历。

嘉庆十八年（1813），东乡县南坝场主簿移驻大成寨。

嘉庆二十一年（1816），添设盐源县阿所拉巡检。

嘉庆二十二年（1817），裁华阳县太平场巡检。

道光元年（1821）十月，裁太平直隶厅城口经历，改为城口厅高观寺场经历。

道光三年（1823），巴州镇龙关州判移驻江口镇；裁巴州江口镇巡检，改设太平县黄钟堡巡检。

道光四年（1824）十二月，南部县富村驿县丞移驻新镇坝；裁广元县朝天镇巡检，改设南部县富村驿巡检。

道光十二年（1832），裁顺庆府大溪口通判；裁天全州始阳镇州同；泸州直隶州同城州判移驻九姓乡，会理州苦竹坝巡检移驻洼乌场，裁铜梁县安居镇、射洪县洋溪镇等二处巡检。

同治中，酉阳直隶州同城州判移驻火石垭。

光绪二十九年（1903）十一月，打箭炉厅泸定桥巡检改为打箭炉直隶厅泸定桥巡检。

光绪三十四年（1908）六月，裁泸州直隶州九姓乡州判；裁叙永直隶厅古蔺州巡检，改设古蔺县两河口巡检。

宣统元年（1909）三月，叙州府同城经历移驻兴文旧城。十一月，添设宁远府普格经历，裁盐源县阿所拉巡检。同年，添设清溪县黄木厂巡检。

宣统二年（1910）三月，添设西昌县普威巡检。

宣统三年（1911）二月，打箭炉直隶厅泸定桥巡检改为康定府泸定桥巡检，添设稻成县贡噶岭县丞。

表1-1　　　　　　　　　清代四川分驻佐杂数量

类型	雍正六年	雍正十年	乾隆二年	乾隆三十年	嘉庆五年	道光十三年	宣统三年
同知	1	2	3	1	2	0	0
通判	1	1	4	3	3	2	2
州同	2	3	3	3	3	3	3
州判	0	4	5	5	5	6	6
县丞	0	9	12	16	17	16	17
主簿	0	0	0	0	3	3	3
巡检	2	30	24	27	28	26	27
驿丞兼巡检衔	0	0	0	3	3	3	3
经历	0	0	0	1	1	3	5
照磨	0	0	0	0	0	1	1
吏目	0	1	1	1	0	0	0
典史	0	2	2	2	3	3	3

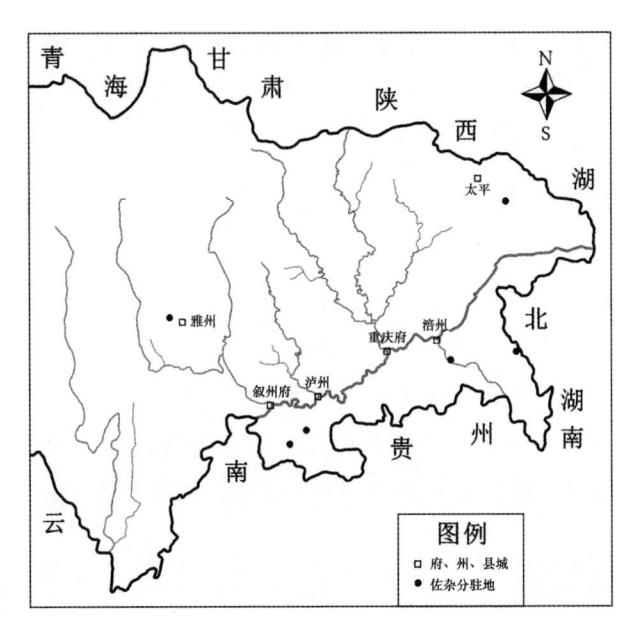

图 1-1 雍正六年（1728）四川分驻佐杂分布

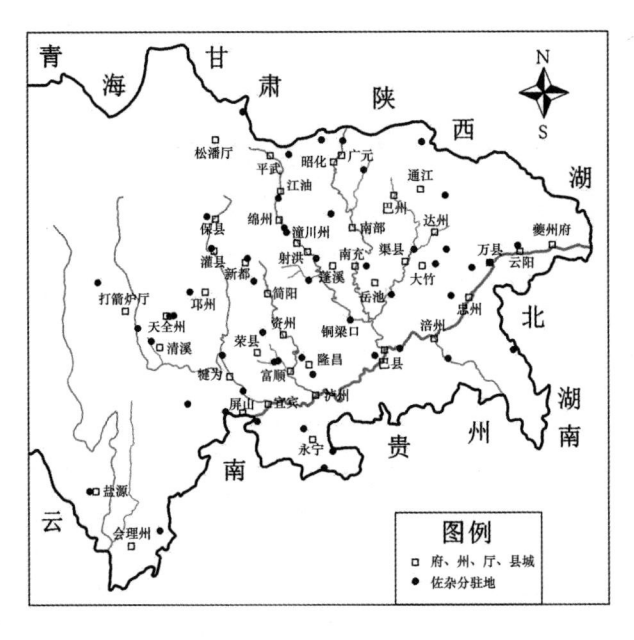

图 1-2 雍正十年（1732）四川分驻佐杂分布

第一章 清代四川的佐杂分驻

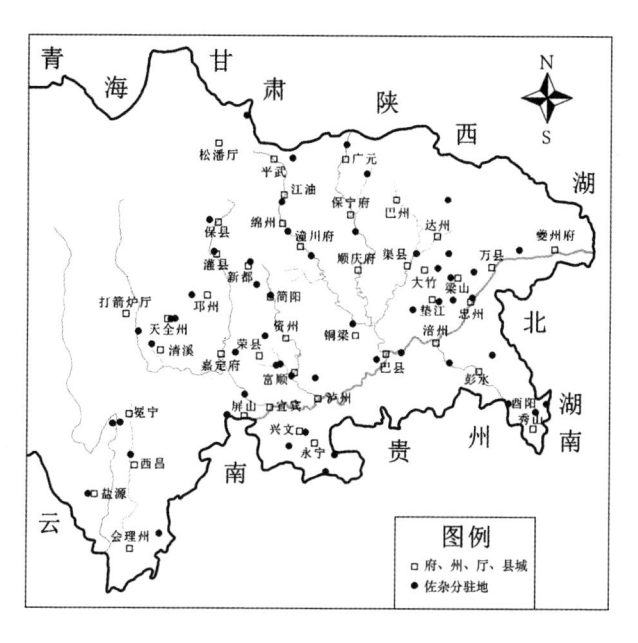

图1-3 乾隆二年（1737）四川分驻佐杂分布

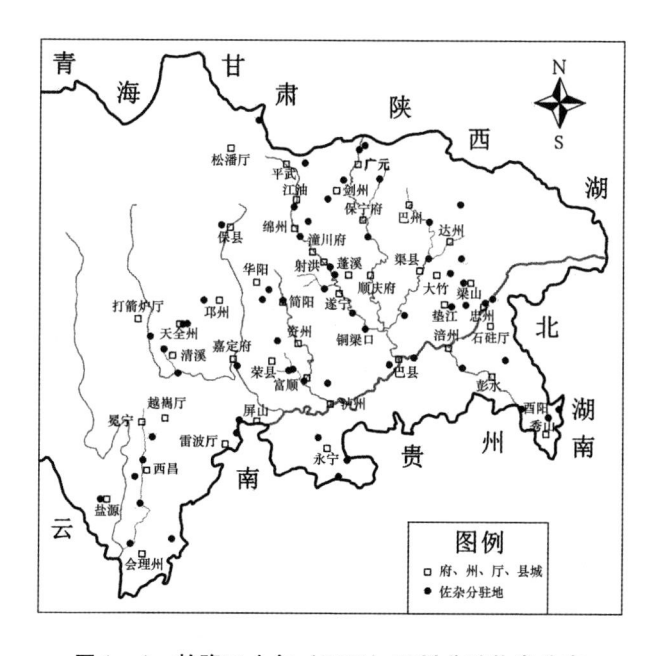

图1-4 乾隆三十年（1765）四川分驻佐杂分布

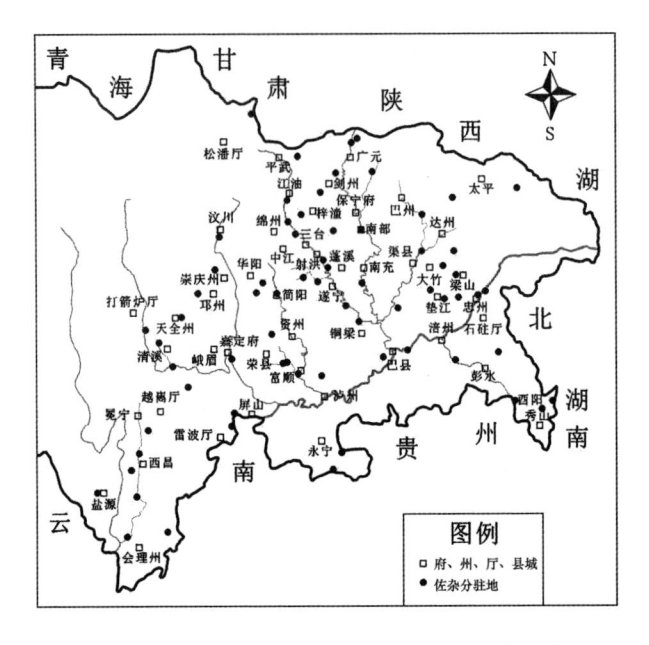

图1-5 嘉庆五年（1800）四川分驻佐杂分布

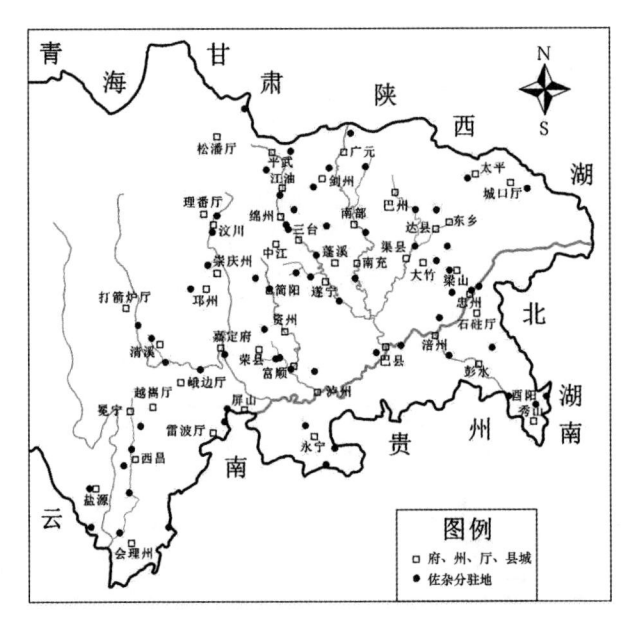

图1-6 道光十三年（1833）四川分驻佐杂分布

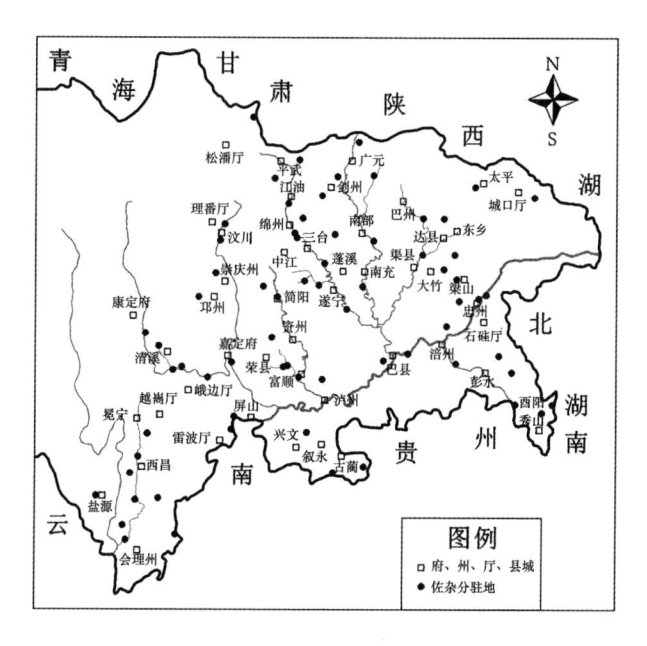

图1-7 宣统三年（1911）四川分驻佐杂分布

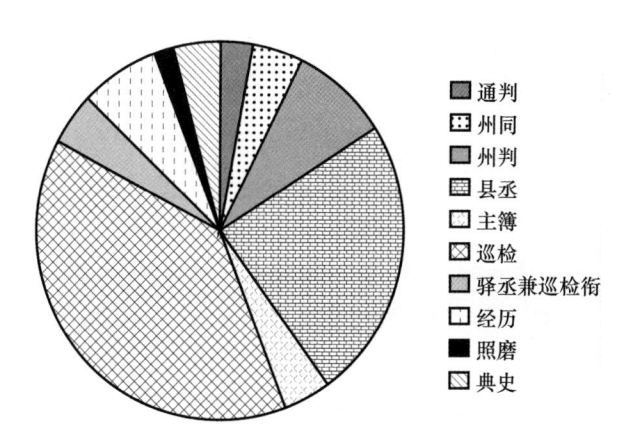

图1-8 宣统三年（1911）四川分驻佐杂类型比例

第二节　分驻佐杂的类型及时空分布

一　佐贰官分驻情况

清代川内的分驻佐贰官主要有同知、通判、州同、州判、县丞、主簿6种。其中同知、通判为府佐贰，州同、州判为直隶州或散州佐贰，县丞、主簿为县佐贰。厅不设佐贰官。

（一）同知

据罗雪梅统计，清初顺治四年（1647）全川有成都、保宁、顺庆、叙州建武、叙州叙永、马湖、重庆、夔州、龙安八府九员同知。[1] 顺治十五（1658）年十二月，裁保宁、顺庆、龙安三府同知。康熙初，裁马湖府同知。六年，裁叙州府建武同知。九年，裁重庆府同知。四十四年（1705）十二月，复设重庆府同知，裁夔州府同知。雍正七年（1729）九月，添设雅州府同知。八年（1730）三月，复设保宁、顺庆、夔州三府同知。同年，裁叙州府叙永同知，改为叙永直隶厅同知。九年（1731）十二月，复设龙安府同知，为松潘厅同知。十一年（1733）十月，添设宁远府七儿堡同知。乾隆十七年（1752）十月，裁宁远府七儿堡同知，改为杂谷直隶厅同知。二十五年（1760）十二月，裁龙安府松潘厅同知，改为松潘直隶厅同知。二十七年（1762），裁夔州府同知，改为石砫直隶厅同知。嘉庆六年（1801）十一月，裁顺庆府同知，改为太平直隶厅同知。嘉庆十三年（1808），裁保宁府同知，改为叙州府马边厅同知。道光元年（1821）十月，裁太平直隶厅同知，改为绥定府城口厅同知。十五年（1835）三月，裁绥定府城口厅同知，改为叙州府第二员同知，为越嶲厅同知。宣统元年（1909），裁叙永直隶厅同知。

---

[1]　罗雪梅：《明清四川同知通判研究》，硕士学位论文，复旦大学，2019年，第16—24页。

其中，重庆、夔州、宁远、保宁、顺庆5府同知曾有分驻，叙州府建武、叙永2同知辖区被视为早期的厅级政区，本节不叙。

重庆府同知，先驻黔江县（1726—1733），在今重庆市黔江区城东街道；后驻江北镇（1754—1758），在今重庆市江北区江北城街道。先后成为黔彭厅同知、江北厅同知，详见本书第四章第一节、第二节。

夔州府同知，先驻万县（1730—1736），在今重庆市万州区；后又先后驻云安厂（1736—1757）、石砫（1757—1762），分别在今重庆市云阳县云安镇、重庆市石柱土家族自治县驻地南宾街道。乾隆二十七年（1762）成为石砫直隶厅同知，详见本书第四章第一节。

宁远府同知，又称泸宁同知，驻七儿堡（1733—1752），在今四川凉山彝族自治州冕宁县锦屏镇。雍正八年（1730）所设宁远府厂务同知。雍正十一年（1733）平定儿斯一带叛乱后，四川总督黄廷桂于儿斯之七儿堡等地分设官兵，同时奏称："将弁止可约束兵目，而招徕抚辑惟于文员是赖。查宁远府厂务同知一员，今各厂既经封闭，则该同知即请移驻七儿堡，一切化导夷猓、安插汉番、听断词讼、支放粮饷诸事，责令专司，如遇命盗大案，照例由冕宁县审转招解该府。"① 该请于同年获准，四月甲戌，"移宁远府厂务同知驻扎七儿堡"②。

至乾隆十七年（1752），四川总督策楞奏称："查宁远府属泸宁同知向系专司厂务同知，因泸宁有官兵驻防，是以移驻七儿堡地方，听断词讼，兼以支放粮饷。今泸宁营现在议裁，粮饷已无庸支放，词讼甚少，且向来命盗案件原由冕宁县审转，可一并归于该县经理。而宁郡各厂又非该同知经理，此缺实属闲冗，应即将该同知移驻旧保县，改为理番同知。"③ 该请于同年获准，十月庚寅，"军机大臣议覆四川

---

① 雍正《四川通志》卷18《边防下》。
② 《世宗实录》卷130《雍正十一年四月》，《清实录》第8册，中华书局1985年版，第695页。
③ 《为酌定杂谷闹地方改土归流善后事宜事》，中国第一历史档案馆藏，档号：02-01-006-001190-0016。

总督策楞、提督岳钟琪……同知亦有泸宁一缺可以裁改，并照松潘同知之例，增设照磨一员，统于善后事宜内分别筹办……均应如所请"①。

保宁府同知，驻南部县（1734—1808），在今四川省南充市南部县南隆街道。雍正八年（1730）三月戊子，添设四川保宁府同知一员②，与知府同城。雍正十二年（1734）六月辛亥，"移四川保宁府同知驻南部县，铸给茶盐同知关防"③，而乾隆元年（1736）三月壬子又提到"移保宁府同知驻南部县"④。左平认为："清廷决定保宁府同知分驻南部县的时间为雍正十二年，而保宁府同知实际分驻南部县的时间为乾隆元年。"⑤ 此说可商榷。按，乾隆元年四川因盐务整顿而进行了大规模官职调整，涉及保宁府。雍正十二年黄廷桂原档云："又川北之南部县已于详诣移驻等事案内移驻保宁同知专司盐务，其附近之阆中暨川东之蓬州、南充、西充四州县井盐应听总理，再拣委州县佐杂三员足资分理。"雍正十三年（1735）杨馝原档又云："保宁府同知先已移驻南部，现在管理井盐……但查阆中止盐井三眼，蓬州止盐井一眼，为数无多。查原题内称井灶无多之资阳、内江等十县但在十井以内，无庸另设专员，仍令各该县照旧管理等语。今请将十井以内之阆中、蓬州各井盐俱照旧仍令各该州县管理。"⑥ 因此，《清实录》中乾隆元年三月壬子所谓"移保宁府同知驻南部县，添设南部、南充、西充盐场大使各一员，并阆中、蓬州井盐为所司"云云，重点是强调同知所司

---

① 《高宗实录》卷424《乾隆十七年十月上》，《清实录》第14册，中华书局1986年版，第546页。

② 《世宗实录》卷92《雍正八年三月》，《清实录》第8册，中华书局1985年版，第235页。

③ 《世宗实录》卷144《雍正十二年六月》，《清实录》第8册，中华书局1985年版，第801页。

④ 《高宗实录》卷15《乾隆元年三月下》，《清实录》第9册，中华书局1985年版，第410页。

⑤ 蔡东洲等：《清代南部县衙档案研究》，中华书局2012年版，第104页。该页内容为左平执笔。

⑥ 《题为遵议川省请将潼川府新设通判移驻射洪县总理盐务等项事》，中国第一历史档案馆藏，档号：02-01-03-03300-003。

范围的变化，并不是说同知在这个时候才分驻。该同知驻南部县城内，以县人李先复之子李绎入官房产一所作为衙署。① 嘉庆十三年（1808），因马边厅通判改为峨边厅通判，马边厅正印官拟改通判为同知，遂移保宁府同知改为马边厅同知，即档案中提到的"嘉庆十三年戡定马边、峨眉两处夷匪案内，将分驻南部同知裁撤，改为马边厅抚夷同知，该同知原管之南部盐务即归该县府经理督办"②。

顺庆府同知，驻大竹县四合镇（1782—1801），在今四川省达州市大竹县四合镇。顺庆府亦先于雍正八年（1730）三月戊子设同城同知。乾隆四十七年（1782），四川总督福康安奏称："查顺庆府大竹县所辖之扬通庙一带地方，离城一百三十余里，岭峻山崇，林深菁密，虽有乡场遇期市易，而铺民本少又俱散处零星，县汛既遥，鞭长莫及，实为匪匪藏奸之所。中有四合一镇，适当广安州及邻水、垫江、大竹县之间，因有四合名目，距各州县一二百里不等，疆圉各判，道路分歧，奸徒出没无常，若非设员专驻弹压稽查，实不足以资防稽查。顺庆府捕务向归通判管理，该倅分驻岳池县大溪口，相离较远，不能兼顾。惟同知一员与知府同城……应请即以该同知改驻四合镇，将顺庆府所属之广安、大竹、邻水三州县并忠州所属之垫江一县捕务拨归该同知督办，率令各该州县实力清厘，严加整顿，一应盗窃、奸拐、赌博、斗殴不法滋事均准就近查拿审讯，押发州县办理。"③ 该请于同年获准，九月乙卯，"吏部等部议覆四川总督福康安奏称，顺庆府大竹县所辖之四合镇，当广安、邻水、垫江、大竹之间，距各州县一二百里不等，道路分歧，奸徒最易出没。查顺庆府捕务向隶通判，该倅分驻岳池之大溪口，相离较远，不能兼顾。

---

① 《高宗实录》卷121《乾隆五年闰六月下》，《清实录》第10册，中华书局1985年版，第777页。
② 《奏请将富村驿县丞移驻新镇坝并广元朝天镇巡检移驻富村驿事》，中国第一历史档案馆藏，档号：04-01-12-0370-018。
③ 《题为遵议以川省顺庆府同知移驻四合镇等事》，中国第一历史档案馆藏，档号：清02-01-03-07501-002。

惟同知驻扎府城，事务实简。请以该同知改驻四合镇，将顺庆所属之广安、大竹、邻水三州县并忠州所属之垫江县捕务拨令督办……应如所请，从之"①。乾隆《大竹县志》卷三《督捕府》云："乾隆四十九年奉文建造衙署，移驻同知，辖广安、邻水、垫江、大竹四州县，仍号四合分府……徐日纪，浙江廪贡，乾隆四十九年任。"则署建成及首任分驻同知到任时间皆在乾隆四十九年（1784）。

至嘉庆六年（1801），参赞大臣德楞泰奏请将太平县升太平直隶厅，并称："顺庆府同知事务较简，请归并该府通判管理，即将顺庆同知改抵太平同知。"② 该请于同年获准，十一月己亥，"顺庆府同知归并该府通判管理，将缺改抵太平同知"③。

（二）通判

据罗雪梅统计，清初顺治四年（1647）全川有成都、保宁、顺庆、叙州、重庆、夔州、马湖七府通判。④ 康熙初，裁马湖府通判。雍正八年（1730）三月，添设宁远、雅州二府通判。雍正十二年（1734）十一月，添设嘉定、潼川二府通判。乾隆二十六年（1761）五月，裁宁远府通判，改为越巂厅通判；裁保宁府通判，改为叙州府第二员通判，为雷波厅通判。乾隆三十三年（1768）正月，裁雅州府通判。嘉庆十三年（1808），裁叙州府马边厅通判，改为嘉定府第二员通判，为峨边厅通判。道光十二年（1832）裁重庆、顺庆二府通判。十五年，裁宁远府越巂厅通判，改为绥定府城口厅通判。宣统元年（1909）十一月，添设宁远府盐边厅通判。

其中，叙州、顺庆、潼川、嘉定4府通判曾有分驻。

---

① 《高宗实录》卷1165《乾隆四十七年九月下》，《清实录》第23册，中华书局1986年版，第616页。
② （清）花沙纳编：《德壮果公（楞泰）年谱》，《近代中国史料丛刊》第22辑，第1854页。
③ 《仁宗实录》卷91《嘉庆六年十一月》，《清实录》第29册，中华书局1986年版，第211页。
④ 罗雪梅：《明清四川同知通判研究》，硕士学位论文，复旦大学，2019年，第16—24页。

叙州府通判，先驻建武城（1667—1730），今四川省宜宾市兴文县九丝城镇建武古城；后又先后驻屏山县新镇（1730—1736）、富顺县邓井关（1736—1764），分别在今四川省乐山市马边彝族自治县驻地民建镇、四川省自贡市沿滩区邓关街道。乾隆二十九年（1764）再次移驻马边（即新镇），设马边厅，详见本书第四章第三节。

顺庆府通判，先驻邻水县丰和场（1733—1749），在今四川省广安市邻水县丰禾镇；后驻岳池县大溪口（1749—1832），在今四川省广安市华蓥市溪口镇。顺庆府通判本与知府同城。雍正十一年（1733）三月十六日，四川总督黄廷桂奏称："顺庆府属之邻水县距府虽止二百八十里，其县治之邻山、怀远二乡又距县城百有余里，兼有丰和、兴仁、九龙、八角等场，居民丛杂，人颇刁悍，与重庆府属之长寿等处接壤，寔为要区。应请以顺庆府通判移驻该地适中之丰和场，俾其弹压化导不致乏员。"① 该请于同年获准，十月乙卯，"移顺庆府通判驻邻水县丰和场"②。

至乾隆十三年（1748），四川巡抚班第奏称："（华银山）地属重庆川北二镇，界连巴、合、邻、岳四州县，绵亘三百余里，深山密箐，奸匪潜集，偷挖硝磺，行凶不法，实属聚匪之渊薮、藏奸之巢穴。经前抚臣密饬查拿匪徒，究拟因该地系属四州县交界之所，山石逦迤，虽檄饬各属文武不时巡查，或官来则散，官去复聚，且可东逃西窜，终难尽绝根株，是以前督抚臣有请移驻员弁弹压之奏。今巴县之大蒌及木板凳、岳池之大溪口三处地方为华银山门户，实系紧要隘口，应以顺庆府属分驻丰和场之通判移驻大溪口，既可以防查此山之扼要，又可兼顾丰和场事务……凡附近华银山之四滩桥、高滩场、小米溪、罗渡溪等处客店居民、往来船只及山内

---

① 中国第一历史档案馆编：《雍正朝内阁六科史书·吏科》第 71 册，广西师范大学出版社 2002 年版，第 495 页。
② 《世宗实录》卷 136《雍正十一年十月》，《清实录》第 8 册，中华书局 1985 年版，第 742 页。

寺庙佃户并偷挖硝磺聚匪不法等事俱令文武关会。"① 该请于次年获准，三月乙亥，"吏部议准原署四川巡抚班第等疏称，四川巴县之大庵、木板凳、岳池县之大溪口三处，为华银山门户，易有潜匪出入，需员防范。应以顺庆府属分驻丰（利）[和]场通判移驻大溪口，仍兼管丰（利）[和]场"②。

道光十二年（1832），四川总督鄂山又奏称："顺庆府分驻大溪口通判应请裁汰也。乾隆十四年因界连巴县、合州、邻水、岳池四州县之华银山箐密山深、奸匪潜集，大溪口为华银山门户，设立通判以资巡缉。近来生聚日多，荒山遍垦成熟，匪类无处潜藏，所有缉捕事宜各州县均能按照所管地界查缉，毋须专设通判分驻。"③ 道光《岳池县志》卷一四《公署》亦云："顺庆府通判署，在县治东南一百二十里大溪口，乾隆十六年移驻，十七年修建。至道光十二年奉文裁。"④ 光绪《岳池县志》卷二《公署》所载略同。是该通判于道光十二年裁汰。

嘉定府通判，先驻犍为县马踏井（1736—1740），在今四川省乐山市井研县马踏镇；后驻犍为县黄角井（1740—1911），即四望关，在今四川省乐山市五通桥区。雍正十二年（1734）十一月癸巳，嘉定直隶州升府，设同城通判。⑤ 整理川省行盐事宜时，"嘉定、犍为与川西之

---

① 《为核议川陕总督请核估丰和场通判移驻大溪口等处应建衙署营房等项需用工料银两事》，中国第一历史档案馆藏，档号：02－01－008－000831－0011。
② 《高宗实录》卷121《乾隆十四年三月下》，《清实录》第13册，中华书局1986年版，第645页。
③ 《呈四川省裁改移驻正杂教职各缺清单》，中国第一历史档案馆藏，档号：03－2628－108。该清单的责任人、时间本俱无考，但从另一份档案中可以明确此系道光十二年四川总督鄂山所奏，鄂山在该档中称顺庆府分驻大溪口通判应裁汰，并有"所有遵旨裁汰冗员并酌量移改缘由理合缮折具奏并开具清单恭呈御览"一语，时间为道光十二年九月二十四日，见《奏为体察重庆等府州县情形分别裁汰改移闲员事》，中国第一历史档案馆藏，档号：04－01－01－0734－006。
④ 方志与实录所载设置时间常有小差，早一两年者应为先行设置而后经朝廷允准，晚一两年者应为实际到任时间，两种材料所载其实不冲突，本书皆以实录所载时间为准，后不重复注释。
⑤ 《世宗实录》卷149《雍正十二年十一月》，《清实录》第8册，中华书局1985年版，第850页。

井研三州县有地名马踏井,为井灶丛集之所,应移驻同知一缺,居中总理。查嘉定州已改府治,设有通判一员,合无即以新设之通判移驻犍为县属马踏井地方,将乐山、犍为、井研等三州县井盐听其总理"①。乾隆元年(1736)三月壬子从之,"移嘉定府通判驻犍为县马踏井"②。乾隆五年(1740)闰六月丙辰,"嘉定府通判原议驻马踏井。今附近马踏井之井灶寥寥,地非扼要,请移驻井灶繁多之太和县场黄角井"③。黄角井即四望关,嘉庆《四川通志》卷二九《关隘三》云:"黄角井,在(乐山)县东南四十里,旧名四望关,盐捕通判驻此。"但乾隆五年所准改驻黄角井之事似乎迟迟未施行。如嘉庆《犍为县志》卷二《沿革》、卷三《公署》分别云:"嘉定府分驻四望关通判一员。雍正十二年因盐务章程未备案内,以通判驻马踏井太和场,居中总理嘉定、犍为并川西井研等州县盐务督捕事务,乾隆元年铸给嘉定府分驻马踏井通判关防。嗣于十八年详请改驻四望关,凡出厂引盐船只到关,听其验引截角盘吊放行。""通判署,县北七十里四望关,乾隆十八年修建。"嘉庆《嘉定府志》卷九《公署》、卷二三《文职三》亦皆分别云:"通判署,分驻在犍为县四望关,乾隆十八年修建。""嘉定府通判,前于雍正十二年驻马踏井太和场,居中总理嘉定、犍为并川西井研等州县盐务督捕事务,乾隆十八年详改驻四望关。"则乾隆十八年(1753)通判才正式移驻四望关。

光绪三十年(1904),上谕各省奏明应行裁汰差缺,四川总督锡良遵旨酌裁川省各缺,提出"嘉定府管理盐务分驻四望关通判,事务较

---

① 《题为遵议川省请将潼川府新设通判移驻射洪县总理盐务等项事》,中国第一历史档案馆藏,档号:02-01-03-03300-003。
② 《高宗实录》卷15《乾隆元年三月下》,《清实录》第9册,中华书局1985年版,第410页。
③ 《高宗实录》卷121《乾隆五年闰六月下》,《清实录》第10册,中华书局1985年版,第777、778页。

简，亦可裁归盐局兼管"①。但该方案并未获准。次年十一月，锡良仍奏称嘉定府四望关通判劳衡芝于任内病逝（三十一年三月到任，同年九月初八日在任病故），并请以袁启琨接任。② 民国《犍为县志》卷五《职官题名表》在光绪三十年（1904）后还记有董从本、袁启琨、潘榕、希凌阿四任通判，分别于光绪三十年、三十一年（1905）、三十二年（1906），宣统二年（1910）上任（董、袁之间遗漏了劳衡芝）。到清末宣统三年（1911）仍有嘉定府分驻黄角井通判。③

潼川府通判，先驻葫芦溪（1734—1736），在今四川省绵阳市三台县芦溪镇；后驻射洪县（1736—1740），在今四川省遂宁市射洪市金华镇；后驻射洪县太和镇（1740—1911），在今四川省遂宁市射洪市驻地太和街道。潼川府与嘉定府一样于雍正十二年（1734）由直隶州改设为府，将原州同改设通判，但又稍有不同。嘉定直隶州州同本是同城州同，故其最初改设的仍是同城通判；而潼川直隶州州同本驻葫芦溪，故改为通判后应仍驻葫芦溪。但该通判又于乾隆元年（1736）三月壬子"移潼川府通判驻射洪县"④。原本是想从省内各府选一名同知移驻前往，"将川北井灶最多之射洪县应移驻同知一员，并附近潼川、中江、蓬溪、遂宁、乐至等五州县盐井听其总理"，但"通查各府如成都府同知移驻灌县，专司水利；重庆府同知分驻黔江；叙州府同知分驻永宁；龙安府同知分驻松潘；宁远府同知分驻七儿堡；雅州府同知分驻西炉；保宁府同知先已移驻南部，现在管理井盐；顺庆府同知因该府属之邻水、大竹等县均系深山密菁、奸匪易藏，该同知有督捕稽查之责。以上各员职任均属紧要，毋庸置议"，不得已才改驻通判，"查

---

① 中国科学院历史研究所第三所主编：《锡良遗稿·奏稿》，中华书局1959年版，第433页。
② 中国社科院近代史所编：《近代史所藏清代名人稿本抄本（第三辑）》第54册，大象出版社2017年版，第283、517—519页。
③ 内阁印铸局编：《宣统三年冬季职官录》，《近代中国史料丛刊》第29辑，第1198页。
④ 《高宗实录》卷15《乾隆元年三月下》，《清实录》第9册，中华书局1985年版，第410页。

潼川已改府治，设有通判一员，合无即以新设之通判移驻射洪县城，将附近之三台、中江、蓬溪、遂宁、乐至等五县井盐俱听其总理"①。通判署"原议驻射洪县"，但因"城内并无官基，亦无民地可买"，遂于乾隆五年（1740）闰六月丙辰"请于县属之太和镇场灶适中之地建署，其地基自行捐买粮民梁谷瑢祖遗地"②，在射洪县东南四十里。

（三）州同

州同亦有同城州同和分驻州同两种，又因所属州本身的级别不同分为直隶州州同和散州州同两种。但由于直隶州州同一般只分辖直隶州亲辖地，不分辖直隶州所辖的其他县，因此和散州州同并没有本质的区别。

雍正四年（1726）九月添设泸州直隶州、雅州直隶州二州州同。雍正七年（1729）四月，裁雅州直隶州州同，改设天全州州同。雍正八年（1730）三月，添设嘉定直隶州、潼川直隶州、达州直隶州、重庆府合州四州州同。雍正十二年（1734）十一月，嘉定直隶州、潼川直隶州升府，二州州同裁。乾隆元年（1736），添设酉阳直隶州州同。乾隆七年（1742）八月，裁合州州同。乾隆五十五年（1790）七月，裁泸州直隶州州同，改设崇庆州州同。嘉庆六年（1801）十一月，裁达州直隶州州同，改设涪州州同。道光十二年（1832），裁天全州州同。

其中，雅州、泸州、潼川、酉阳4直隶州及天全、崇庆、涪州3散州州同曾有分驻。

1. 直隶州州同

雅州直隶州州同，驻天全（1726—1729），在今四川省雅安市天全县驻地城厢镇。原为经历，乾隆《雅州府志》卷二《建置沿革》云：

---

① 《题为遵议川省请将潼川府新设通判移驻射洪县总理盐务等项事》，中国第一历史档案馆藏，档号：02-01-03-03300-003。
② 《高宗实录》卷121《乾隆五年闰六月下》，《清实录》第10册，中华书局1985年版，第777页。

"国初顺治九年，土司高济泰来归，仍因明制，天全六番高氏为正招讨使司，杨氏为副招讨使司，设经历一员于二司内。康熙壬午，杨自唐从征西炉有功，加宣慰使司，隶雅州。"咸丰《天全州志》卷一《建置沿革》所载略同。雍正四年（1726），川陕总督岳钟琪奏称："雅州天全二司原设经历一员，较之吏目虽不甚卑微，但天全系招讨、宣慰二司，均属大衔，而经历又系雅州属吏，则声势实未足以弹压，应请改设州同一员。再泸州九姓司原设吏目一员，亦请改设州同一员。仍令驻扎各原设地方，令其专司稽察。"① 该请于同年获准，九月戊申，"雅州天全二司经历、泸州九姓司吏目俱改设州同，以资弹压"②。至雍正七年（1729）四月辛巳，因改土归流置天全州，"天全地方既改为州，应隶府辖"，遂将雅州直隶州改升为雅州府③，雅州直隶州州同即裁。

泸州直隶州州同，驻九姓长官司泸卫城（1726—1790），在今四川省宜宾市兴文县驻地古宋镇。原为吏目，后于雍正四年九月戊申与雅州直隶州俱设州同，见上文雅州直隶州州同。乾隆《九姓司志》卷一《建置沿革》、光绪《泸州九姓乡志》卷一《沿革》皆云："雍正六年奉裁吏目，改设泸州州同一员，驻扎九姓，分管民事。"光绪《泸州九姓乡志》卷一《废迹》又云："吏目署旧址，在九姓城隍庙侧，康熙五十一年吏目施有真建，雍正六年奉裁。"嘉庆《九姓志略》卷上《沿革》《职官》又分别云："（雍正）七年，改征地丁，设长官司养廉，裁汰吏目，移驻州同，分管民事。""吏目一员，康熙二十四年奉设，雍正六年奉裁。"所记裁改时间皆有误。乾隆《直隶泸州志》卷二《公署》云："州同署，明代无考，国朝雍正四年复设，分驻九姓长官司，州中无署。"卷三《职官》亦云："州同……国朝。方毓秀，山东

---

① 《川陕总督岳钟琪奏遵旨酌议于四川妥设流官以司稽察土司折》，中国第一历史档案馆编：《雍正朝汉文朱批奏折汇编》第7册，江苏古籍出版社1988年版，第908页。
② 《世宗实录》卷48《雍正四年九月》，《清实录》第7册，中华书局1985年版，第728页。
③ 《世宗实录》卷80《雍正七年四月》，《清实录》第8册，中华书局1985年版，第48页。

滕县监生，雍正四年任，以事去。"是州同雍正四年（1726）已上任，裁吏目改设州同事不待雍正六年（1728）、七年（1729）也。

至乾隆五十五年（1790），四川总督孙士毅奏称："成都府属崇庆州地方辽阔，讼狱繁多，其西北一带绵亘三百余里，与瓦寺土司交界，冈连岭复，最为藏奸，前明设有巡检一员，驻扎该州之怀远镇，稽查奸匪。我朝定鼎之初，因该处人户稀少，仅为樵采往来之所，未经设官分理。今则生齿日繁，山溪遍垦，因之莠良杂处，民俗犷顽。该处距州较远，凡缉捕巡防究属鞭长莫及，州汛虽有驻防千总一员，亦虑巡缉难周。臣与藩臬两司悉心筹酌，似应于该州之怀远镇添设佐杂一员、驻防外委一员，并于城守营内抽拨兵丁十名，令该外委带领协防，庶声势联络，控制更为扼要。查添设佐杂例应裁改，查看通省，惟泸州州同一员，驻扎九姓土司地方，推原设官之始，管束在所必需。兹查该土司本系汉人所属土民，久经向化，守分与内地人民无异。州同虽设，并无承办事件，况该州尚有州判一员，尽堪兼理，毋庸多设冗员。应请以泸州直隶州同改为崇庆州州同，分驻该州之怀远镇。除户婚田土等案不许干预外，凡匪类窃劫以及斗殴、赌博、私铸、私宰、私盐、私硝等项均令该员查询解州，遇有人命亦令就近相验，拘唤犯证解州审详。"① 该请于同年获准，七月癸巳，"吏部议准四川总督孙士毅奏请，成都府属崇庆州地方辽阔，最易藏奸，请将泸州直隶州州同移驻崇庆州之怀远镇，添设外委一员，于城守营内抽拨兵丁十名带领协防。衙署于裁汰泸州州同旧署估变建盖，廉奉役食于泸州州同衙门内向有之数酌拨，其添设外委汛署及兵丁卡房等，该督既称计费无多，即由本省通融酌办，毋庸动项。应如所请，从之"②。

潼川直隶州州同，驻葫芦溪（1730—1734），在今四川省绵阳市三

---

① 《题为筹办泸州州同裁汰改设崇庆州怀远镇州同事宜事》，中国第一历史档案馆藏，档号：02-01-03-07845-002。

② 《高宗实录》卷1358《乾隆五十五年七月上》，《清实录》第26册，中华书局1986年版，第206页。

台县芦溪镇。雍正八年（1730）三月戊子置潼川直隶州州同。①《清实录》中并没有提到潼川直隶州州同是同城州同还是分驻州同。所幸档案中提到，雍正十二年（1734）改潼川直隶州为潼川府的时候，"将潼川府分驻葫芦溪之裁缺州同衙署改为通判衙署"。通判于乾隆元年（1736）改驻射洪县，而于葫芦溪添设盐大使一员，遂将"原驻葫芦溪之裁缺州同衙署……改为盐大使衙署，以省另建"②。乾隆《三台县志》卷二《城池附公署》亦云："盐大使署，在葫芦溪，距城八十里，即旧州同署。"是雍正八年所设潼川直隶州州同一直为分驻州同。

酉阳直隶州州同，驻龙潭镇（1736—1911），在今重庆市酉阳土家族苗族自治县龙潭镇。乾隆《酉阳州志》卷一《官师》云："州同，分驻龙潭。杨名远，浙江钱塘县举人，雍正十三年奉委协办州事，是年题升。"嘉庆《四川通志》卷二五《公署一》云："州同署分驻龙潭镇，乾隆元年州同杨名远建。"酉阳原拟设县，同时拟于龙潭设县丞，并在雍正十三年（1735）七月戊戌议准，"酉阳土司旧治，请设知县一员、典史一员，分管西北二路，所属之龙潭镇，设县丞一员……均应如所请"③。但由于县以上政区设置的争议，兼管吏部、户部尚书事的大学士张廷玉认为："今该督于原属之黔江、彭水二县外，又将酉阳等土司改设二县，是属县既多，必得正印之员方足弹压，不便复以该府同知管辖。应令该督抚会同巡抚将此四县或应另设府治，或改直隶州管辖，并添佐杂以供委用之处。"④四川总督黄廷桂于是在该年十一月初一重新奏请："将前议酉阳司治所设一县改为直隶州治……前议县丞一员改设州同，分驻龙

---

① 《世宗实录》卷92《雍正八年三月》，《清实录》第8册，中华书局1985年版，第235页。
② 《为核议四川省嘉定等州改设府治修建衙署等事宜事》，中国第一历史档案馆藏，档号：02-01-008-000007-0003；《题为遵议川省请将潼川府新设通判移驻射洪县总理盐务等项事》，中国第一历史档案馆藏，档号：02-01-03-03300-003。
③ 《世宗实录》卷158《雍正十三年七月》，《清实录》第8册，中华书局1985年版，第931页。
④ 中国第一历史档案馆编：《雍正朝内阁六科史书·吏科》第81册，广西师范大学出版社2002年版，第561页。

潭镇地方。"① 于同年十二月初二日奉旨部议,乾隆元年(1736)六月五日最终定准②,原议设县丞遂改设直隶州州同。

2. 散州州同

天全州州同,驻始阳镇(1729—1832),在今四川省雅安市天全县始阳镇。州同与州乃同时设置,雍正七年(1729)四月辛巳,"吏部议覆四川巡抚宪德遵旨覆奏,天全土司改设流管事宜一,天全地方请改置一州,设知州一员,吏目一员驻扎磡门,州同一员分驻始阳"③。乾隆《雅州府志》卷三《衙署》云:"州同署,在始阳,离州二十里,系高土司署。"卷八《秩官》云:"州同。张廷然,雍正七年任。"咸丰《天全州志》卷一《建置沿革》、卷二《公署》云,天全州乃雍正七年废高、杨二司所改设,知州驻州城西门外杨司官旧衙,州同驻始阳镇高司官旧衙。

1997年《天全县志》云:"道光时裁撤。"④ 按,咸丰《天全州志》卷二《公署》云:"州同署,在始阳镇,治东二十五里,系高司官旧衙,乃明嘉靖十七年司官高继光重建者,因改设,时以天全地两县不足、一州有余,故于始阳设分州以治之。"同卷《关隘》亦云:"始阳镇,在州东二十里,即故天全六番招讨司治,雍正七年设州同驻此。"均未提到州同裁撤,但卷四《秩官》"知州""训导""吏目"之题名均记至咸丰时,惟"州同"之题名自"曹玉衡,浙江嘉兴人,道光八年任"后再无下文。又,《宣统三年冬季职官录》天全州下无州同⑤,嘉庆《清会典》卷四《吏部》有天全州同,光绪《清会典》卷五《吏部》已无,是前已

---

① 中国第一历史档案馆编:《雍正朝内阁六科史书·吏科》第83册,广西师范大学出版社2002年版,第527页。
② 光绪《增修酉阳直隶州总志》卷12《文秩上·耿寿平附设立酉阳直隶州部议》。
③ 《世宗实录》卷80《雍正七年四月》,《清实录》第8册,中华书局1985年版,第48页。
④ 四川省天全县志编纂委员会编纂:《天全县志》,四川科学技术出版社1997年版,第55页。
⑤ 内阁印铸局编:《宣统三年冬季职官录》,《近代中国史料丛刊》第29辑,第1203页。

裁撤，惟具体时间无载。道光十二年（1832），四川总督鄂山奏称："天全州分驻始阳州同应请裁汰也。查该州旧系夷地，雍正七年改土归流设立州同，以始阳镇土司旧署为州同分驻之所，距州仅二十余里，居民亦仅四百余户，州同虽设，并无分管场镇，土民久经向化，风俗淳朴，事务甚简，所管征催查课事宜，该州尽可兼管，所有该州同一缺应请裁汰。"① 是该州同于道光十二年裁汰。

崇庆州州同，驻怀远镇（1790—1911），在今四川省成都市崇州市怀远镇。自泸州直隶州州同移来，见上文泸州直隶州州同。首任州同即原泸州直隶州州同李元。光绪《增修崇庆州志》卷一《沿革》、卷三《公署》亦分别云："乾隆五十五年因其地重冈复岭，易藏奸宄，经总督孙士毅奏请设官弹压，移泸州州同一员……分防其地。""州同衙门在怀远镇，乾隆五十五年州同李元建。"

涪州州同，驻鹤游坪（1801—1911），在今重庆市垫江县鹤游镇分州古城。自达州直隶州同城州同移来。嘉庆六年（1801），参赞大臣德楞泰奏请升达州直隶州为府，同时称："涪州所属鹤游坪近日结成一寨，周围四百余里，上有场市四处，居民数万家，距州甚远，不可无官弹压，应添设州同一员分驻……达州既已改府，原设州同可以裁去，改抵涪州州同。"② 该请于同年获准，十一月己亥，"改达州州同为涪州州同"③。道光《涪州志》卷二《公署》、卷三《州同》分别云："州同公署，始因贼乱，坪人倡议堵御，请官镇守，准移达州分州设置鹤游坪，嘉庆七年镇守官直隶人殷铬奉旨建修。""州同一员，嘉庆七年添设。殷铬，江苏阳湖人，由监生充四库馆誊录，议叙

---

① 《呈四川省裁改移驻正杂教职各缺清单》，中国第一历史档案馆藏，档号：03-2628-108；《奏为体察重庆等府州县情形分别裁汰改移闲员事》，中国第一历史档案馆藏，档号：04-01-01-0734-006。

② （清）花沙纳编：《德壮果公（楞泰）年谱》，《近代中国史料丛刊》第22辑，第1852—1854页。

③ 《仁宗实录》卷91《嘉庆六年十一月下》，《清实录》第29册，中华书局1986年版，第211页。

州同，嘉庆七年到任。"民国《涪陵县续修涪州志》卷五《廨署》、卷九《文职》亦分别云："州同署，在治北百五十里鹤游坪保和寨，嘉庆七年添置。嘉庆初，教匪余党窜入鹤游坪，地方不靖，坪绅张文耀等请设武弁资弹压，时疆吏议裁达州州同，遂以移驻鹤游坪。""州同由达州移来，初尚用达州州同印，系在嘉庆七年建置……殷铬，江苏阳湖人，嘉庆七年任。"则州同署建成及首任州同实际到任时间在嘉庆七年（1802）。

（四）州判

州判和州同类似，也分直隶州和散州两种但又通常没有本质区别。雍正七年（1729）全省无州判。雍正八年（1730）三月，添设嘉定直隶州、潼川直隶州、眉州直隶州、邛州直隶州、资州直隶州、绵州直隶州、泸州直隶州、忠州、巴州、剑州等十处州判。雍正十一年（1733）十月，忠州升忠州直隶州，州判改为直隶州州判。雍正十二年（1734）十一月，嘉定直隶州、潼川直隶州升府，二州州判裁。乾隆元年（1736）三月，添设简州州判，同年添设酉阳直隶州州判。乾隆七年（1742）八月，裁剑州州判。道光十二年（1832），裁邛州直隶州州判。

其中资州、绵州、忠州、泸州、酉阳5直隶州及忠州、巴州、简州3散州州判曾有分驻。

1. 直隶州州判

资州直隶州州判，驻罗泉井（1730—1911），在今四川省内江市资中县罗泉镇。雍正八年三月戊子置资州直隶州州判。① 雍正《四川通志》卷二八《公署》、嘉庆《资州直隶州志》卷四《公署》、嘉庆《四川通志》卷二五《公署一》、民国《资中县续修资州志》卷二《廨署》分别云："州判，雍正七年建署。""州判署，分驻州西罗泉井，兼理盐务……雍正七年建。""州判署，分驻罗泉井，在州西一百二十里，

---

① 《世宗实录》卷92《雍正八年三月》，《清实录》第8册，中华书局1985年版，第235页。

雍正七年建。""清分州署，在县西罗泉镇……雍正七年建。"时间皆有误，应为"雍正九年"之讹。嘉庆《资州直隶州志》卷一一《职官表》、民国《资中县续修资州志》卷六《职官表》皆云："州判。李孟延，河南襄城人，副榜，雍正九年任。"则资州直隶州首任州判实际到任时间在雍正九年（1731）。

绵州直隶州州判，先驻丰谷井（1730—1770），在今四川省绵阳市涪城区丰谷镇；后驻绵州直隶州旧州城（1770—1801），在今四川省绵阳市涪城区城厢街道；后复回丰谷井（1801—1911）。该州判和资州直隶州州判一样于雍正八年（1730）三月戊子设。嘉庆《直隶绵州志》卷一四《公署》、同治《直隶绵州志》卷一五《公署》皆云："州判署，在州之南丰谷井，离城三十里，雍正七年建。"嘉庆《四川通志》卷二五《公署一》云："州判署，分驻丰谷井，在州南三十里，雍正七年建。"时间亦皆误，为"雍正九年"之讹。同治《直隶绵州志》卷三五《职官》、民国《绵阳县志》卷四《文秩》皆云，首任州判为顺天大兴人金敬俨，雍正九年任。则绵州直隶州首任州判亦雍正九年实际到任。

乾隆三十五年（1770）三月三十日，四川总督阿尔泰奏称："查四川绵州旧治，志载建自宋时，涪河故道原由城北会安昌河，环流城外东趋。康熙三十一年涪水异涨，冲城直过，以致城垣民居大半削为河道，涪江遂从此顺流直下，其老河故道旋濬旋淤，势难改复。阅今数十余年，涪河日冲日深，河岸塌卸，旧城之西南仅存半隅，势如壁立，每遇盛涨震撼坍塌在在不免，数年以来屡经查勘，议迁则卜筑之地，议修则势难避冲。惟查有州属附近之罗江县，亦在南北冲途，其地方仅四五十里，若裁县并归绵州管理，治理非难。似可将罗江县知县一缺、训导一缺均行裁汰，即将绵州知州移驻罗江，吏目、学正、训导亦随同移驻……惟知州既移驻罗江，其该州旧治系潼绵营都司驻扎之地，兵民杂处且有附近乡村一切民事亦未便乏员料理。应请以绵州分驻丰谷井州判移驻该州旧署,就近督捕稽查及接送递解往来人犯等事。"①该请于同年获准,闰五月甲子,"吏部等部议准四川总督阿尔泰奏称,绵州城为涪河冲卸,无地迁建,应裁附近之罗江县,令绵州移驻。原驻丰谷井州判移驻该州旧治"②。

至嘉庆六年(1801),参赞大臣德楞泰奏称:"绵州金山驿地方,向系该州旧治,称为老州。先因被水冲塌城垣,于乾隆三十五年将罗江县裁去,即以绵州移驻,称为新州。去年贼过嘉陵江时,老州百姓连夜修筑城垣,竭力堵御,得保无虞。现在城郭焕然,城外河流近年亦已改道,无虑再有水患。该百姓等叠次呈请移复州治。现经藩司议请将茂州所属之保县裁去归并理番直隶同知管理,即以保县一缺改复罗江县,绵州则仍归旧治,各照当年原设地方分拨管理,以顺舆情。绵州州判仍驻丰谷井,以复旧治。"③该请于同年获准,十一月己亥,复置罗江县,绵州迁回原州城,"绵州州判仍驻丰谷井"④。

忠州直隶州州判,先驻敦里八甲(1733—1736),在今重庆市忠县拔山镇;后驻浒井(1736—1911),即瞫井、石桥井,在今重庆市忠县忠州街道瞫井场。重庆府忠州州判,亦雍正八年(1730)三月戊子设。雍正十一年(1733)忠州升直隶州,州判成为直隶州州判。乾隆《忠州志》卷三《秩官》、道光《忠州直隶州志》卷一《公署》、卷七《职官》、同治《忠州直隶州志》卷二《公署》分别云:"雍正八年新设浒井盐捕州判。""州判署,在敦五甲石桥井,即瞫井,雍正八年州判杨名远建。""浒井盐捕州判,雍正八年新设。""州判署,在治东二十五

---

① 《奏请将绵州知州移驻罗江等事》,中国第一历史档案馆藏,档号:04-01-02-0138-010。
② 《高宗实录》卷861《乾隆三十五年闰五月下》,《清实录》第19册,中华书局1986年版,第545页。
③ (清)花沙纳编:《德壮果公(楞泰)年谱》,《近代中国史料丛刊》第22辑,第1853、1854页。
④ 《仁宗实录》卷91《嘉庆六年十一月下》,《清实录》第29册,中华书局1986年版,第211页。

里石桥井，即洴井，雍正八年州判杨名远建。"此说有误。按，整理川省行盐事宜时，"忠州设有州判一员，分驻敦里八甲，仍与井灶最多之洴井地方甚远，难以查察，合无即以该州判移驻洴井，专管州属井盐。再于敦里八甲地方另设巡检一员，查岳池县属之藜梓卫设有巡检一员，该地方事务简少，员缺可以裁汰，合无即以该巡检王以诚移驻忠州敦里八甲，专司查缉奸匪"①。乾隆元年（1736）三月壬子从之，"移忠州敦里八甲州判驻洴井，移岳池县藜梓卫巡检驻敦里八甲"②。是忠州州判本驻敦里八甲，乾隆元年方移驻洴井。

泸州直隶州州判，驻九姓乡泸卫城（1832—1908），在今四川省宜宾市兴文县驻地古宋镇。道光十二年（1832）设，光绪三十四年（1908）成为古宋县，详见本书第四章第二节。

酉阳直隶州州判，驻火石垭（同治中—1911年），在今重庆市黔江县石家镇火石垭村。乾隆元年所设州判为同城州判。嘉庆《四川通志》卷二五《公署一》云："州判署，在州署南，乾隆元年州判万承式建。"同治二年（1863）修成的《增修酉阳直隶州总志》卷四《公署》仍引其原文不改。则酉阳直隶州州判从一开始就是且长时间都是同城州判，并没有分驻。而光绪二年（1876）九月十二日的《申报》中，刊载酉阳州人简子奇向都察院左都御史景廉等控诉酉阳州判、知州草菅人命，其中有"同治十三年（1874）四月，有同族简子雄等屡向身父子借搕不遂，串出同姓不宗之武生简辉廷等联名在火石垭分州衙门控熊氏来历不明，周分州擅受差提"等语。③ 则同治十三年四月时州判已驻火石垭。综上来看，酉阳直隶州州判分驻火石垭的时间应在同治二年至同治十三年之间，具体年份不详。

---

① 《题为遵议川省请将潼川府新设通判移驻射洪县总理盐务等项事》，中国第一历史档案馆藏，档号：02-01-03-03300-003。

② 《高宗实录》卷15《乾隆元年三月下》，《清实录》第9册，中华书局1985年版，第411页。

③ 《申报》（上海）1876年9月12日第3、4版。

2. 散州州判

忠州州判，驻敦里八甲（1730—1733）。详见上文忠州直隶州州判。

巴州州判，先驻镇龙关（1730—1823），在今四川省巴中市平昌县镇龙镇；后驻江口镇（1823—1911），在今四川省巴中市平昌县驻地同州街道。雍正八年（1730）三月戊子置巴州州判。① 乾隆《巴州志略·秩官》云："州判……分防镇龙关。"道光元年（1821）四川总督蒋攸铦题请降太平直隶厅复为太平县，同时称："查巴州所管之锅团圆、秋坡梁等处，通江县属之竹峪关、黄钟堡等处，均与太平县相近，应改隶太平县管辖。"② 该请于道光三年（1823）获准，五月丁亥，以巴州所属锅团圆等处地方改属太平县。③ 这次调整分割了巴州州判的大部分辖区，因此同年十一月，四川总督陈若霖奏称："巴州之锅团圆、秋波梁等处地方拨归太平县管辖，经部议准改拨在案。旋据署巴州知州刘铭常具禀，巴州原设分驻镇龙关州判一员，以资弹压，今该州判分防地面多已改拨太平县，是巴州州判几成虚设，请量为移驻……臣查巴州原设镇龙关州判一员，分驻巡防，今已将巴州所属之锅团圆、秋波梁、龙凤垭、董溪口、魏家坪、草坝场、石窝场、大沙坝、河口场、杨宗岭、关坝塘、烟墩垭、鹰背场等处地方拨归太平县管辖，该州判分防地方多在改拨之内，事务较简。惟查巴州原设江口巡检一员，离城一百八十里，稽查巡缉均关紧要。应请将巴州原设镇龙关州判移驻江口作为巴州分驻江口州判。"④ 故道光《巴州志》卷二《公署》云："州判署在江口镇，旧为巡检署，乾隆十九年复设巡检所建……道

---

① 《世宗实录》卷92《雍正八年三月》，《清实录》第8册，中华书局1985年版，第235页。

② 光绪《太平县志》卷2《沿革》。

③ 《宣宗实录》卷52《道光三年五月》，《清实录》第33册，中华书局1986年版，第936页。

④ 《奏为将巴州原设镇龙关州判移驻江口并原设江口巡检移驻太平县黄钟堡事》，中国第一历史档案馆藏，档号：04-01-01-0642-042。

光三年裁江口巡检缺，移镇龙关州判分驻于此。"

简州州判，驻石桥井（1736—1911），在今四川省成都市简阳市石桥街道。自嘉定直隶州移来，本雍正八年（1730）三月戊子所设嘉定直隶州同城州判。雍正十二年（1734）十一月癸巳，嘉定直隶州升为嘉定府，州判拟裁。整理川省行盐事宜时，"简州未设佐贰，而盐井九十余眼，不可无专员管理，应请添设州判一员。查有嘉定府议裁之州判，现在另补，合无即以该州判温既明改补简州州判，分驻石桥井，专管州属井盐"①。乾隆元年（1736）三月壬子从之，"改嘉定议裁之州判驻简州"②。咸丰《简州志》卷三《关镇》云："石桥镇，州北七里大江畔，今设分州驻扎。"民国《简阳县志》卷二《市场》亦云："石桥井……产盐，清设州判分驻于此，雁江绕其左，舟楫往来，系引盐批验要地。"据咸丰《简州志》卷五《职官》、民国《简阳县志》卷六《职任》，首任州判为温继明，应即档案中的温既明，乾隆元年任。

（五）县丞

雍正七年（1729）全省无县丞。雍正八年三月戊子，从四川巡抚宪德所请，在川内一次性添设成都、华阳、巴县、垫江、渠县、大竹、宜宾、富顺、隆昌、永宁、奉节、梁山、万县、平武、西昌、荣县、遂宁、德阳、保县等十九县县丞。雍正十一年（1733）四月，添设冕宁县县丞。雍正十三年（1735）七月，添设酉阳县县丞。乾隆元年三月，裁隆昌县县丞，改设乐至县县丞，又裁德阳县县丞，同年又裁酉阳县县丞。乾隆七年（1742）八月，裁乐至、奉节二县县丞。乾隆二十年（1755）七月，添设蓬溪县县丞。乾隆二十三年（1758）六月，裁宜宾县县丞，改设屏山县县丞。乾隆二十六年（1761）五月，添设

---

① 《题为遵议川省请将潼川府新设通判移驻射洪县总理盐务等项事》，中国第一历史档案馆藏，档号：02-01-03-03300-003。

② 《高宗实录》卷15《乾隆元年三月下》，《清实录》第9册，中华书局1985年版，第411页。

盐源县县丞。乾隆二十九年（1764）九月，裁屏山县县丞，改设富顺县第二员县丞。乾隆三十二年（1767）十一月，添设南部县县丞。乾隆四十一年（1776）四月，裁保县县丞，改设汶川县县丞。乾隆五十四年（1789），裁汶川县县丞。乾隆五十六年（1791）六月，添设三台县县丞。嘉庆六年（1801）十一月，裁垫江县县丞。道光十二年（1832），裁万县县丞。宣统三年（1911）二月，添设稻成县县丞。

其中，巴县、渠县、大竹、富顺、隆昌、永宁、平武、荣县、保县、冕宁、垫江、梁山、西昌、酉阳、蓬溪、遂宁、屏山、盐源、南部、汶川、三台、稻成等22县县丞曾有分驻。需要注意的是，垫江、梁山、西昌、遂宁4县县丞，皆雍正八年（1730）设同城县丞，后分别于雍正十一年（1733）、乾隆二十年（1755）分驻。

1. 雍正八年所设

在雍正八年（1730）川内同时添设的19处县丞中，巴县、渠县、大竹、富顺、隆昌、永宁、平武、荣县、保县9处为分驻县丞。

巴县县丞，驻白市驿（1730—1911），在今重庆市九龙坡区白市驿镇。乾隆《巴县志》卷二《廨署》云："县丞署，在白市旧驿署，雍正七年分驻县丞。"道光《重庆府志》卷一《公署》亦云："县丞署，在县西六十里白市驿，雍正七年分驻。"时间误。乾隆《巴县志》卷六《文员》又云："雍正八年设，分驻白市驿。汪溦，直隶卢龙监生，雍正九年任。"道光《重庆府志》卷四《题名》亦云："县丞，雍正八年设，分驻白市驿。汪溦，直隶卢龙监生，雍正九年任。"同治《巴县志》卷一《廨署》、卷二《县丞》亦分别云："县丞署，在白市驿旧署，雍正八年分驻县丞。""雍正八年设，分驻白市驿。汪溦，卢龙人，雍正九年任。"则巴县县丞为雍正八年设，首任县丞实际到任时间在雍正九年（1731）。

渠县县丞，驻三汇镇（1730—1911），在今四川省达州市渠县三汇镇。乾隆《渠县志》卷二《秩官》云："县丞，驻扎三汇镇，雍正八年新设。章廷俊，直隶顺天府梁城所人，保举，雍正九年任。"同治《渠县志》卷一四《公署》、卷三三《职官》、民国《渠县志》卷五《官署》、卷八《官师》亦分别云："县丞署，分驻县北三汇场，雍正八年新设。""县丞，雍正八年新设，驻三汇镇。章廷俊，直隶顺天府梁城所人，保举，九年任。""清雍正八年建县丞署于治北三汇镇，号分县。""清章廷俊，县丞，顺天府梁城人，雍正九年任三汇镇县丞。"则渠县首任县丞亦雍正九年（1731）实际到任。

大竹县丞，驻石桥铺（1730—1911），在今四川省达州市大竹县石桥铺镇。乾隆《大竹县志》卷二《衙署》云："石硔铺县丞署，旧在县城什字街，雍正八年移建石硔铺。"而道光《大竹县志》卷一四《公署》、民国《大竹县志》卷二《廨》皆作"雍正六年"，误。民国《大竹县志》卷二《乡镇》、卷七《职官》又分别云："石桥铺……清设县丞分驻于此，宣统末裁撤。""石桥铺县丞，宣统三年裁。"

富顺分驻自流井县丞（1730—1911），在今四川省自贡市自流井区。乾隆二十五年（1760）《富顺县志》卷四《分驻》云："富顺县丞署，在县西自流井。雍正八年始设员，专司盐务，督催课税及命案就近相验事件，创建新署分驻。"同卷《镇》云："自流镇，治北百二十里，其地多井产盐，内分五垱——长坝垱、邱家垱、新罗垱、桐梓垱、龙垱。人烟辏集，商贾贸易甚多，县丞、把总衙门分驻于此。"乾隆四十二年（1777）《富顺县志》卷一《治署》、民国《富顺县志》卷一《治署》皆云："县丞署旧在县治后堂东，明末圮。雍正八年移驻自流井，专司盐务，署在井厂正街后山。"道光《富顺县志》卷七《公署》、同治《富顺县志》卷七《公署》"县治后堂东"作"县署后堂东"，余皆同。乾隆二十五年《富顺县志》卷七《县丞》云："温尔度，广东惠州府兴宁县人，由附生捐贡，雍正八年任。"乾隆四十二年、道光、同治、民国各本《富顺县志》亦作"八年任"。

隆昌县丞，驻双凤驿（1730—1736），在今四川省内江市隆昌市双凤镇。乾隆《隆昌县志》卷二《廨署》云："县丞署，在双凤驿，雍正八年（裁）[置]。有署三间，在大街后尚存，日久居民将衙署出入门巷拥塞。乾隆二十八年知县黄文理清查修理，以为往来官绅歇宿公馆。"卷八《秩官》云："雍正八年添设县丞，旋奉文裁汰。"又云："旧设县丞……李佐国，湖北荆门任监生，雍正八年任，乾隆元年奉文裁汰。"该县丞是被改设为了乐至县同城县丞，这在档案中有明确记载："乐至县城内亦各设盐场大使一员……乐至县场员既应设于城内，应请添设县丞一员。查隆昌县双凤驿县丞，地非冲繁，又无驿站经管，可以裁汰。合无即以该县丞李佐国改补乐至县县丞。"① 其事在乾隆元年（1736）三月议准。②

永宁（古蔺）县丞，驻赤水（1730—1911），在今四川省泸州市叙永县赤水镇。嘉庆《直隶叙永厅志》卷三《建置沿革》云："雍正八年拨归四川永宁县，九年设立县丞分驻。"光绪《续修叙永永宁厅县合志》卷一《沿革》、卷五《公署》、卷二一《文职表》亦分别云："九年设立县丞分驻。""县丞署，在赤水……雍正九年建。""县丞，驻赤水，雍正九年置。"则丞署建成及首任县丞实际到任时间在雍正九年（1731）。光绪三十四年（1908）永宁县移治古蔺并改县名，县丞仍驻赤水。

平武县丞，驻旧青川所（1730—1911），在今四川省广元市青川县驻地乔庄镇。道光《龙安府志》卷二《关隘》《建置沿革》分别云："青川镇，在县东北一百二十里，即故青川所，今平武县丞驻此。""明洪武四年改置青川守御千户所，皇清顺治十六年裁千户所，与儒学并归平武，雍正九年设县丞分驻焉。"而卷六《职官》云："平武县丞，分驻青川所，顺治六年设。"时间误。顺治十六年（1659）方裁撤千户所，

---

① 《题为遵议川省请将潼川府新设通判移驻射洪县总理盐务等项事》，中国第一历史档案馆藏，档号：02-01-03-03300-003。
② 《高宗实录》卷15《乾隆元年三月下》，《清实录》第9册，中华书局1985年版，第410页。

顺治六年（1649）不可能置县丞。其下列首任县丞"徐振，顺天人，雍正九年任"是也，则平武县首任县丞亦雍正九年（1731）实际到任。

荣县县丞，驻贡井（1730—1911），在今四川省自贡市贡井区。雍正、嘉庆《四川通志》、乾隆、嘉庆《大清一统志》云雍正七年（1729）设，皆误。乾隆《荣县志》卷三《官师》云："贡井旧隶富义厂，属富顺管办盐务。雍正八年分地分井特设县丞一员，分驻贡井，专司配截盘查之责，就近稽查地方，佐理县事。"其下列首任县丞"黄永纯，雍正八年任，九年咨参"。卷一《赋役》更明确称："本县县丞一员，于雍正八年五月内为知照事案内添设，分驻贡井。"

保县县丞，驻通化里（1730—1776），在今四川省阿坝藏族羌族自治州理县通化乡。乾隆《保县志》卷三《县丞》列首任县丞"郭凤翔，镶蓝旗人，雍正八年任"。卷一《公署》云："通化里县丞署，雍正十二年间县丞郭凤翔顾帑重修。乾隆年裁归汶川安设桃关。"不见裁撤的具体年份。按，平定大小金川之后，成都将军明亮等奏称："汶川县地方界连瓦寺土司，中隔岷江，自县属桃关沿江行走一站至县治城外向设索桥一道，以通番境。乾隆十二三年进征金川，于桃关另建索桥，由汶川县城外行走较近一站，事竣后桃关撤去索桥，仍由汶川县出口，此次用兵复建桃关索桥，兵行粮运俱归近捷。今军务告竣，番地设镇，屯田饷道差务仍须往来，口外与十二三年情形不同，自应经由桃关索桥出口，以免迂绕。惟是台站既撤，而该处距汶川县城四十里，遇有边外紧急差务，鞭长莫及，若添官役不免多费。臣等公同酌议，查保县原设县丞一员，该县政务尚简，可以裁移，应请将保县县丞一缺移驻桃关，改为汶川县县丞。"① 该请于乾隆四十一年（1776）获准，四月壬戌，"汶川县桃关地方，为西路出口要道，距城四十里，遇有紧急边务鞭长莫及。查保县县丞可以移驻桃关，请改为汶川县县

---

① 《题为遵议四川保县县丞移驻桃关改为汶川县丞并准建盖衙署等事》，中国第一历史档案馆藏，档号：02-01-03-07118-001。

丞……得旨如所议行"①。是保县县丞改为汶川县丞事在乾隆四十一年（1776）。

2. 雍正末到乾隆时期所设

冕宁县丞，先驻瓦尾（1733—1745），在今四川省凉山彝族自治州冕宁县若水镇西南；后驻冕山（1745—1911），在今四川省凉山彝族自治州喜德县冕山镇。乾隆《冕宁县志清册》云："县丞一员，分驻冕山。"咸丰《冕宁县志》卷六《文秩》云："雍正六年裁冕山所千户，改设抚番县丞一员，驻冕山。"此说误。一方面，雍正六年（1728）设冕宁县时只设了知县和典史各一员，并没有设置县丞；另一方面，裁冕山所在雍正七年（1729）十二月乙卯，此时也没有设置县丞。② 更关键的是，县丞一开始也不是驻在冕山。雍正十一年（1733）四川总督黄廷桂奏移宁远府同知驻七儿堡，同时称："但同知驻扎河西，其河东瓦尾等处势难分身兼顾，请再添设冕宁县县丞一员，移驻瓦尾，以资办理。"③ 该请于同年获准，四月甲戌，"添设冕宁县县丞一员，驻扎瓦尾，专理苗疆事宜"④。

至乾隆十年（1745）四月十五日，四川巡抚纪山奏称："查瓦尾僻处西偏，离县六十里，夷多汉少，一切民夷事件俱赴县控诉，并无县丞办理之事，且泸宁一带现有理番同知分驻弹压，县丞驻扎此地，实属闲散。至冕山地方，距县城一百七十里，东至靖远营三十里，北至越嶲卫一百五十里，南至西昌属礼州一百二十里，实属适中之地。又路当孔道，兵民汉番环居，偶遇命案相验，往返五六日，尸身多至腐烂，凶盗或至远飏。及递解一切人犯，从越嶲解往西昌者由大路解至泸沽过河入冕宁，又由冕宁出泸沽始合大路转解西昌，往返绕道一百

---

① 《高宗实录》卷1007《乾隆四十一年四月下》，《清实录》第21册，中华书局1986年版，第519页。
② 《世宗实录》卷89《雍正七年十二月》，《清实录》第8册，中华书局1985年版，第201页。
③ 雍正《四川通志》卷18《边防下》。
④ 《世宗实录》卷130《雍正十一年四月》，《清实录》第8册，中华书局1985年版，第695页。

六十余里，殊属不便……可否仰恳圣恩将该县丞移驻冕山。"① 该请于同年获准，七月辛未，"议准四川巡抚纪山奏称，宁远府属冕宁县县丞一员，分驻瓦尾，距县城甚近，一切民猓事件，俱赴县控诉，并无县丞办理之事。查冕山离县一百七十里，路当孔道，汉番杂居。请将冕宁县原驻瓦尾县丞改驻冕山，遇命盗案件，即令验勘"②。

垫江县丞，驻高滩场（1733—1801），在今重庆市垫江县高安镇。道光《垫江县志》卷二《公署》云："县丞署，雍正七年新设，分驻高滩，县丞刘柄建。嘉庆三年，县丞李晨御贼被害，缺裁署废。"光绪《垫江县志》卷二《公所》亦云："县丞署，在高滩场，雍正七年新设，县丞刘柄建。嘉庆三年，县丞李晨御贼被害，缺裁署废。"所记设置时间皆有误。道光《垫江县志》卷五《县丞》又云："县丞，国朝雍正八年添设。刘柄，河南信阳监生，雍正九年任。"光绪《垫江县志》卷六《职官表》亦列首任县丞为雍正九年（1731）的刘柄。则垫江县首任县丞亦为雍正九年（1731）实际到任。但需要注意的是，雍正八年（1730）所设垫江县丞为同城县丞，至雍正十一年（1733）六月己酉才"移四川垫江县新设县丞驻高滩场"③。道光《垫江县志》卷五《县丞》云："李晨，广东英德县拔贡，嘉庆三年三月署任，四月二十四御贼被害，失去部颁关防，遂未委任。"该县丞空缺三年之后，至嘉庆六年（1801）十一月己亥，因太平县升太平直隶厅，遂以垫江县丞改设太平直隶厅经历。④

梁山县丞，驻沙河铺（1733—1911），在今重庆市梁平区仁贤街道。嘉庆《梁山县志》卷四《公署》、光绪《梁山县志》卷三《公署》皆云："县丞署，雍正八年奉文新设县丞一员，分驻治西三十里之沙河

---

① 《奏请将冕宁县县丞移驻冕山事》，中国第一历史档案馆藏，档号：03-0079-026。
② 《高宗实录》卷244《乾隆十年七月上》，《清实录》第12册，中华书局1985年版，第148页。
③ 《世宗实录》卷132《雍正十一年六月》，《清实录》第8册，中华书局1985年版，第704页。
④ 《仁宗实录》卷91《嘉庆六年十一月》，《清实录》第29册，中华书局1986年版，第211页。

铺。"表述有误。雍正八年（1730）所设县丞为同城县丞，至雍正十一年（1733）六月己酉，才"移……梁山县新设县丞驻沙河铺，从四川巡抚宪德请也"①。

西昌县丞，驻礼州所（1733—1911），今四川省凉山彝族自治州西昌市礼州镇。道光《西昌县志》卷一《礼州县丞》云："向系守御所缺，雍正七年裁所为县，改设县丞。"时间误，裁礼州所并设西昌县在雍正六年二月壬午②，而县丞设于雍正八年且当时为同城县丞。至雍正十一年三月，四川总督黄廷桂奏称："宁远府属裁并西昌县之礼州所，离城四十余里，与新设改流之河西宣慰司及深沟土百户等仅隔一河。现贮积谷一千二百余石，额征汉番民粮三百七十一石有零，遥贮所城，乏人经管。西昌县丞一员，应请移驻礼州所，料理民事，经管积谷，收支米石。"③吏部等部议复称："宁远府属裁并西昌县之礼州所，乃滇川二省往来大道，且与新改归流之河西宣慰司及深沟土百户等仅隔一河，现贮积谷一千二百余石，额征汉番民粮三百七十一石有零，原系支给该所存城及龙溪等汛并新设附近之熟水营兵丁月粮。今该所裁并归县，积谷遥贮所城，乏人经管。查西昌县与知府同城，有同知、通判、经历、典史等官同办公事，其县丞一员，应请移驻礼州所，铸给礼州县丞关防，照前所弁之例，料理民事，经管积谷，收支兵民米石。"④该请于同年获准，十月乙卯，"移……宁远府西昌县县丞驻礼州所"⑤。

酉阳县丞，驻龙潭镇（1735—1736），在今重庆市酉阳土家族苗族

---

① 《世宗实录》卷132《雍正十一年六月》，《清实录》第8册，中华书局1985年版，第704页。
② 《世宗实录》卷66《雍正六年二月》，《清实录》第7册，中华书局1985年版，第1003页。
③ 中国第一历史档案馆编：《雍正朝内阁六科史书·吏科》第71册，广西师范大学出版社2002年版，第495页。
④ 中国第一历史档案馆编：《雍正朝内阁六科史书·吏科》第73册，广西师范大学出版社2002年版，第300页。
⑤ 《世宗实录》卷136《雍正十一年十月》，《清实录》第8册，中华书局1985年版，第742页。

自治县龙潭镇。雍正十三年（1735）四川总督黄廷桂奏称："酉阳幅员辽阔，境地四通，外连川黔楚三省，内包平茶、地坝、石耶、邑梅四司。按其道里，量其户口，必划分二县，始足治理。如酉阳旧治，四面环山，形势完固，商民萃聚，似应即于司治设知县一员、典史一员，分管西北二路忠孝、感坪、治西、容坪、上际、照旗、功旗、白家溪、城子头各里，并大江、河西半里。其龙潭镇，系江楚商贩入川孔道，距县窎远，请分设县丞一员驻扎，佐理民事。"① 该请于同年获准，七月戊戌，新置酉阳县，"所属之龙潭镇，设县丞一员"②。次年，酉阳县升酉阳直隶州，县丞改设直隶州州同。但实际上，酉阳县丞只存在于设想中，从始至终根本未来得及落实就被改设了，参见前文酉阳直隶州州同。

蓬溪县丞，驻蓬莱镇（1755—1911），在今四川省遂宁市大英县驻地蓬莱镇。由盐大使改。乾隆二十年（1761）七月丙戌，"吏部议准大学士管四川总督黄廷桂奏，潼川府射洪、蓬溪二县，因产盐井，各设盐大使一员，事本简少。又将大庚渡巡检、蓬莱镇巡检改为盐大使，多而无用。而两县所辖市镇，离城窎远，别无佐杂差委。请……改蓬溪县蓬莱镇盐大使为县丞，盐场事务归康家渡大使兼管"③。乾隆《蓬溪县志》卷二《公署》、卷四《官师》分别云："县丞署，先于雍正八年在蓬莱镇添设巡检建署，乾隆元年裁巡检缺设盐大使，即以巡检署作盐大使署，又于乾隆二十年裁本镇盐大使改设县丞，即以大使署作县丞署。""雍正八年添设蓬莱镇巡检，乾隆元年裁去，设盐大使……乾隆二十年裁本镇盐大使改设县丞。乾隆二十一年，赵荣本，顺天大

---

① 中国第一历史档案馆编：《雍正朝内阁六科史书·吏科》第81册，广西师范大学出版社2002年版，第559页。
② 《世宗实录》卷158《雍正十三年七月》，《清实录》第8册，中华书局1985年版，第931页。
③ 《高宗实录》卷492《乾隆二十年七月上》，《清实录》第15册，中华书局1986年版，第191页。

兴拔贡。"道光《蓬溪县志》卷四《公署》、卷一〇《县丞》亦分别云："县丞署，驻县西一百五十里蓬莱镇，即旧巡检、盐大使署。雍正八年初设巡检建署，乾隆元年裁巡检改设盐大使，即以巡检署作盐大使署。二十年以盐大使员移驻康家渡，添设蓬莱镇县丞，即以旧盐大使署作县丞署。""雍正八年添设蓬莱镇巡检，乾隆元年改设盐大使，二十年盐大使移驻康家渡，复设县丞驻蓬莱镇。赵荣本，顺天大兴拔贡，乾隆二十一年任。"前后过程十分清楚。

遂宁县丞，驻梓潼宫（1755—1911），在今重庆市潼南区梓潼街道。雍正八年（1730）所设县丞为同城县丞。乾隆十二年（1747）《遂宁县志》卷三《丞署》云："丞于雍正八年添设，衙建于城内小西街废分司署基。"至乾隆二十年（1755）七月丙戌，"遂宁县拦江河盐大使亦属冗旷，应请裁，于巴州江口镇改设巡检，所遗盐场事务无几，归知县经管。遂宁县县丞移驻梓潼宫，设官盘验，更为扼要"①。故乾隆五十二年《遂宁县志》卷二《公署》云："乾隆二十年奉文移驻县署梓潼宫。"光绪《遂宁县志》卷一《城池附衙署》亦云："丞署，雍正八年建于城内小西街废分司署基。乾隆二[十]年奉文移驻梓潼镇。"

屏山县丞，驻马边营（1758—1764），在今四川省乐山市马边彝族自治县驻地民建镇。自宜宾县丞移来。乾隆二十三年（1758）设，乾隆二十九年（1764）改为马边厅，详见本书第四章第三节。

盐源县丞，驻盐中（1761—1911），即河西，在今四川省凉山彝族自治州西昌市佑君镇。由卫所改。乾隆二十六年（1761），四川总督开泰奏请将境内卫所改土归流，其中盐中所请改隶盐源县，并称："盐中所至盐源县界八十里，该地汉夷错壤，争界构衅，驾驭非易，盐源县鞭长莫及，较之德昌等所，治理稍难，应设县丞一员。"②该请于同年

---

① 《高宗实录》卷492《乾隆二十年七月上》，《清实录》第15册，中华书局1986年版，第191页。
② 《为题请越嶲雷波两处地方裁汰卫所改设厅治事》，中国第一历史档案馆藏，档号：02-01-006-001758-0009。

获准，五月癸丑，"吏部议覆四川总督开泰疏称……盐中所，请添设县丞一员……应如所奏，从之"①。光绪《盐源县志》卷六《公署》云："县丞署，在河西老街。同治元年被发逆焚毁，三年县丞杨以德移建北坛。"只是短距离迁址，仍属盐中（河西）。卷八《题名》列首任县丞"姜绣，安徽贵池县监生，乾隆二十七年任"。

富顺分驻邓井关县丞（1764—1911），在今四川省自贡市沿滩区邓关街道。自屏山县丞移来。邓井关旧设叙州府分驻邓井关盐捕通判，设于乾隆四年（1739）；而屏山县丞于乾隆二十三年（1758）设，分驻马边营。乾隆二十九年（1764），二职互换，通判改驻马边，县丞改驻邓井关，"管理盐引事宜，该县丞即归富顺县管辖"②。邓井关裁通判改设县丞的时间，乾隆四十二年（1777）版《富顺县志》卷一《治署》、卷三《官师》分别云："叙州府盐捕通判署，在县南十五里邓井关，乾隆四年设，二十三年裁，设县丞，署即为县丞署。""国朝通判，乾隆四年设，驻邓井关，二十三年裁。"道光、同治《富顺县志》卷七《公署》、卷八《职官》亦皆分别云："县丞署，在邓井关，旧系通判署，乾隆四年设。二十三年裁，改设县丞，即为县丞署。""乾隆四年设分驻邓井关盐捕通判……乾隆二十三年改设邓井关县丞。"按，此说时间有误，是将马边置县丞和马边置通判的时间混淆，前者事在乾隆二十三年（1758），后者事在乾隆二十九年（1764）。道光《富顺县志》卷八《职官》列首任邓井关县丞"王启焜，浙江嘉善县监生，乾隆二十九年任"是也。

南部县丞，先驻富村驿（1767—1824），在今四川省绵阳市盐亭县富驿镇，自南部县西河口盐大使改来；后驻新镇坝（1824—1911），在今四川省南充市仪陇县驻地新政镇。乾隆三十二年（1767）八月二十二日，

---

① 《高宗实录》卷636《乾隆二十六年五月上》，《清实录》第17册，中华书局1986年版，第109页。

② 《高宗实录》卷718《乾隆二十九年九月上》，《清实录》第17册，中华书局1986年版，第1009、1010页。

四川总督臣阿尔泰奏称："查保宁府南部县属西河口盐大使，系乾隆元年改设，其盘验引盐、稽查私贩，隶分驻保宁府同知管理，该大使止于查核井灶……实为冗设，均可裁汰。惟查南部县属之富村驿，距城一百八十余里，地方冲要，民刁俗悍，烟户稠密，易于藏奸匿匪，亟需驻员弹压稽查。应请即以裁汰之西河口盐大使改设县丞，驻扎富村驿，兼理盐务，将附近之永丰、富义、宣化、安仁等乡分拨管辖，系命盗重案仍归县审办外，其逃盗、奸匪、赌博、斗殴、私宰等事俱听该县丞就近稽查办理。"①该请于同年获准，十一月丙申，"裁四川南部县西河口盐大使缺为富村驿县丞"②。道光《保宁府志》卷一一《公署》、卷三二《题名》分别云："县丞署，分驻富村驿，在县西南一百八十里，乾隆三十三年裁西河口盐大使改设。""旧设盐大使，乾隆二年设，三十三年裁改县丞……县丞，驻富村驿。马日璞，乾隆三十三年任。"道光《南部县志》卷一一《题名》亦云："旧设盐大使，乾隆二年设，三十三年裁改县丞。"则首任县丞到任时间在乾隆三十三年（1768）。

至道光三年（1823）正月二十日，四川总督陈若霖又奏称："嘉庆十三年戡定马边、峨眉两处夷匪案内，将分驻南部同知裁撤，改为马边厅抚夷同知，该同知原管之南部盐务即归该县府经理督办在案。惟南部县东南北三乡与顺庆府属之蓬州、南充、仪陇等州县界址毗连，水陆交通稽察稍疏，透私较易，自富村驿改设县丞之时，尚有分驻之同知专管盐务，嗣将同知移驻马边而该县丞所驻之富村驿偏在县城西南，经理难期周到。该府县相距本远，又属鞭长莫及，且地方政务殷繁，井灶缉捕各事宜，势更难以兼顾……臣查南部县属新镇坝地方距城东七十里，滨临嘉陵江，与各井灶俱属切近，又为商盐必经之所，若无官为经理，商私民私之透漏无可稽查，盐枭亦肆无忌惮。相应请旨将富村驿县丞移驻

---

① 《奏请将西河口盛家池盐大使裁汰事》，中国第一历史档案馆藏，档号：03-0122-043。

② 《高宗实录》卷798《乾隆三十二年十一月上》，《清实录》第18册，中华书局1986年版，第767页。

新镇坝作为南部县分驻新镇坝兼管盐务县丞。"① 年底朝廷命陈若霖入京，以四川布政使戴三锡署四川总督。戴三锡继续奏请改驻，最终于道光四年（1824）获准，十二月戊寅，"移四川南部县富村驿县丞驻新镇坝，广元县朝天镇巡检驻富村驿，改铸印信条记，从署总督戴三锡请也"②。道光《南部县志》卷二《公署》、卷一一《题名》分别云："县丞署，道光五年移置新镇坝。""县丞，驻富村驿，道光五年移驻新镇坝。"则首任新镇坝县丞到任时间在道光五年（1825）。

汶川县丞，驻桃关（1776—1789），在今四川省阿坝藏族羌族自治州汶川县映秀镇桃关村。乾隆四十一年（1776）自保县县丞移来，见上文保县县丞。至乾隆五十四年（1789）闰五月十八日，四川总督李世杰奏请添设嘉定府峨眉县主簿，"惟添设佐杂，例应改调，查有汶川县分驻桃关县丞一员，先因金川初平，而设为在外升调之缺。现在屯防安静，该县丞缺务简少，应请即以汶川县县丞改为峨眉县太平堡主簿……其桃关稽查转运新疆粮饷及驿站等事亦应派员经理，查汶川县设有典史一员，该县刑名本少，应请查照清溪县典史兼管泥头驿务之例，即令汶川县典史移驻"③。该请于同年获准，汶川县丞改设峨眉主簿。

三台县丞，驻葫芦溪（1791—1911），在今四川省绵阳市三台县芦溪镇。由盐大使改。乾隆五十六年（1791）四月初二日，四川总督鄂辉奏称："潼川府三台县属葫芦溪盐大使，系乾隆元年设立，专司盐务。该处地广民稠，东南路通顺庆，西北地接绵州，道路纷岐，奸徒最易出没，兼之顺庆、保宁、潼川三府解犯至省均由于此，距三台县城八十余里，一切稽查缉捕该县势难兼顾，必得员弹压，方为有济。

---

① 《奏请将富村驿县丞移驻新镇坝并广元朝天镇巡检移驻富村驿事》，中国第一历史档案馆藏，档号：04-01-12-0370-018。
② 《宣宗实录》卷77《道光四年十二月下》，《清实录》第34册，中华书局1986年版，第241页。
③ 《题请铸给新设峨眉县分驻太平堡督捕主簿关防事》，中国第一历史档案馆藏，档号：02-01-03-07769-009。

但盐大使例不准干预地方,若责令兼司,又觉名实不符。应请将葫芦溪盐大使改为三台县分驻葫芦溪盐捕县丞,仍归部选。将附近地方命案准令代县验报,其余斗殴、赌博、奸拐、私宰等事,听该县丞就近审理,贼盗等案责令缉拿。即以该县丞为承缉捕官,盐场井灶仍令兼司,以佐该县耳目所不及。"① 该请于同年获准,六月壬戌,"吏部等部议准四川总督鄂辉奏称,三台县属葫芦溪盐大使一缺应裁,改设三台县分驻葫芦溪盐捕县丞,从之"②。嘉庆《三台县志》卷五《文秩》又云:"乾隆五十六年奉文裁汰盐大使,改为盐捕县丞。乾隆五十七年,李培贤,广东嘉应州监生。"光绪《新修潼川府志》卷一九《题名》亦云:"三台县县丞,乾隆五十六年奉文裁汰盐大使,改为盐捕县丞。李培贤,广东嘉应州监生,五十七年任。"则首任县丞实际到任时间在乾隆五十七年(1792)。

3. 清末所设

清末设川滇边务大臣之后,在川边地区大量增设府州厅县,其中也增设了稻成县分驻贡噶岭县丞一员。

稻成县丞,驻贡噶岭(1908—1911),在今四川省甘孜藏族自治州稻城县赤土乡沙堆村扎拉。光绪三十二年(1906),在镇压巴塘土司叛乱后,清廷设川滇边务大臣主管边地事务,着手将口外地方陆续改土归流。次年八月二十二日,川滇边务大臣赵尔丰向稻坝、贡噶岭地方发布告示称:"川滇边务大臣赵为凯切晓谕事……现将里塘改为理化州,乡城改为定乡县,稻坝改为稻城县,贡噶岭改为县丞。已经本大臣委员前往清查户口地丁钱粮,规定章程。恐尔等不知,为此晓谕。右仰稻坝、贡噶岭全境百姓一体遵照,切切此示。"③ 光绪三十四年

---

① 《奏为川省巴州西昌县等地正佐员缺今昔繁简不同请酌量更改以重地方事》,中国第一历史档案馆藏,档号:清04-01-12-0229-111。
② 《高宗实录》卷1381《乾隆五十六年六月下》,《清实录》第26册,中华书局1986年版,第528页。
③ 民国《稻城县图志》,1961年民族文化宫图书馆油印本,第1页。

(1908)七月初八,四川总督赵尔巽和川滇边务大臣赵尔丰在《会筹边务亟待举办事宜折》一折中提出"划清界限、增设官属、宽筹经费、协济兵食"四项请求,其中在增设官属一项中正式奏请在稻坝设稻成县,同时"贡噶岭设县丞一员,隶于稻成县……贡噶岭县丞每月定给公费银五百两"①。该奏于同年八月丁卯"下会议政务处议"②。傅嵩炑《西康建省记·西康郡县记》亦云:"贡噶岭县丞,系里塘土司地方,光绪三十二年改流,三十四年秋奏设贡噶岭县丞,归稻成县属。"③ 只不过需要注意的是,虽然在光绪三十四年秋就提出奏设并获朱批政务处议奏,但实际议准的时间迟至宣统三年(1911)二月初六日④,年底清政府就覆亡了。

(六) 主簿

雍正七年全省无主簿。雍正八年(1730)三月,添设富顺、南溪、绵竹三县主簿。乾隆元年(1736)三月,裁南溪县主簿。乾隆七年(1742)八月,裁绵竹、富顺二县主簿。乾隆五十一年(1786)六月,添设南充县主簿。乾隆五十二年(1787)二月,添设太平县主簿。乾隆五十四年(1789),添设峨眉县主簿。嘉庆六年(1801)十一月,添设平武县主簿,裁太平县主簿,改设东乡县主簿。嘉庆十三年(1808),裁峨眉县主簿。

清代四川所设主簿数量极少,且前后区别明显。雍正时所设主簿于乾隆初全被裁撤,这一阶段所设全是同城主簿。清末仍存之主簿皆乾隆末嘉庆初所设,这一阶段所设全是分驻主簿。

---

① 四川省民族研究所《清末川滇边务档案史料》编辑组编:《清末川滇边务档案史料》,中华书局1989年版,第205—207页。而吴丰培编《赵尔丰川边奏牍》第54页作光绪三十三年八月,误。光绪三十三年赵尔巽还是湖广总督,三十四年二月才调任四川总督。《中国行政区划通史·清代卷》第455、500页引之未改,亦从误也。
② 《德宗实录》卷595《光绪三十四年八月》,《清实录》第59册,中华书局1987年版,第866页。
③ 傅嵩炑纂修:《西康建省记》,民国元年铅印本,第二部分第10页。
④ 政治官报局:《奏设政治官报》第42册,文海出版社1965年版,第141—145页。

南充主簿，驻李渡场（1786—1911），在今四川省南充市嘉陵区李渡镇。自南川县东观场盐大使改来。乾隆五十一年（1786）三月二十二日，四川总督李世杰奏称："兹查顺庆府属东观场盐大使系专司稽查该处井灶之事，其配销引课又系归县征收，该处新旧盐井共止三十六眼，一切考核事务无多，尽可归县带管，员缺实为冗设。而该县所属之李渡场地方，系楚省往来捷径，上通保宁，下达重庆，五方杂处，兼之民俗刁悍，捕务纷繁，相距南充县城八十余里，每苦鞭长莫及，向未设有专员弹压，实不足以资防缉。兹据两司请将该县东观场盐大使员缺裁汰，改设李渡场主簿一员。"[1] 该请于同年获准，六月丙戌，"吏部等部议覆调任四川总督李世杰疏称，顺庆府属东观场盐大使，专司稽查井灶，事务无多，尽可归南充县兼管，该员缺应裁。李渡场地方民刁事繁，距县辽远。即以东观场裁缺改设主簿，定为调缺。其移驻衙署即将东观场旧署移建……应如所请，从之"[2]。嘉庆《南充县志》卷一《公署》云："主簿署，在治南李渡场，距城六十里，乾隆五十二年建修。"卷二《职官表》亦云："五十一年，盐大使缺裁，改设李渡场主簿。五十二年，张心敬，湖北监生。"则主簿署建成及首任主簿实际到任时间在乾隆五十二年（1787）。

太平主簿，驻城口（1787—1801），在今重庆市城口县驻地葛城街道。自成都府同城经历改来。乾隆五十二年二月，"四川总督保宁奏，四川达州属太平县幅员八百余里……应于县之北隅城口场添设主簿一员，以资佐理。查成都府经历一缺，闲冗应裁，所有该经历衙门原设吏役改拨太平县城口主簿应役……从之"[3]。乾隆《太平县志》卷上

---

[1] 《奏为地方情形今昔繁简不同请将永宁县县丞改为简缺等事》，中国第一历史档案馆藏，档号：04-01-12-0218-059。
[2] 《高宗实录》卷1256《乾隆五十一年六月上》，《清实录》第24册，中华书局1986年版，第884页。
[3] 《高宗实录》卷1276《乾隆五十二年二月下》，《清实录》第25册，中华书局1986年版，第78页。

《公署》云："主簿衙署，分驻城口，乾隆五十三年建修。"卷下《主簿》亦云："顾大柽，江苏吴县人，乾隆五十三年任。"则主簿署建成及首任主簿实际到任时间在乾隆五十三年（1788）。道光《城口厅志》卷一四《主簿》云："朱向隆，江苏人，嘉庆七年任，改经历。"光绪《太平县志》卷六《职官》亦云："嘉庆七年，改主簿为经历。"按，二方志表述有歧义，所谓主簿改经历是指最后一任太平主簿朱向隆改任太平直隶厅经历，而并非指从官职制度上直接改太平主簿为太平直隶厅经历，经历官缺实际上是从垫江县丞改来，而主簿官缺改为了东乡主簿，即《仁宗实录》卷九一《嘉庆六年十一月》所云"改……垫江县县丞为太平厅经历，太平县城口主簿为东乡县主簿"①。

峨眉主簿，驻太平堡（1789—1808），在今四川省乐山市峨边彝族自治县大堡镇。自汶川县丞改来。乾隆五十四年（1789）设，嘉庆十三年（1808）改为峨边厅，详见本书第四章第三节。

东乡主簿，先驻南坝场（1801—1814），在今四川省达州市宣汉县南坝镇，自太平主簿移来；后驻大成寨（1814—1911），在今四川省达州市宣汉县大成镇。嘉庆六年（1801）十一月己亥，太平县升为太平直隶厅，因此改太平县城口主簿为东乡县主簿，见上文太平主簿。皆参赞大臣德楞泰所奏请。德楞泰奏称："东乡县属南坝场地处通衢，应添设主簿一员分驻弹压……太平县城口主簿改抵东乡县主簿。"②嘉庆《东乡县志》卷三《建置沿革》亦云："按，南坝场主簿，嘉庆六年平定教匪，大功告蒇，参赞大臣德楞泰奏筹办川省善后事宜，以南坝场系属通衢，界连陕省，距县窎远，生齿日繁，商贾络绎，事务较前倍增，有稽查弹压之责。七年遂将太平城口场主簿改设该处。"该志卷七《公署》、卷一一《主簿》亦分别云："主簿署，在县属南坝场，嘉庆

---

① 《仁宗实录》卷91《嘉庆六年十一月》，《清实录》第29册，中华书局1986年版，第211页。
② （清）花沙纳编：《德壮果公（楞泰）年谱》，《近代中国史料丛刊》第22辑，第1852—1854页。

七年新建。""盛依祖,顺天宛平县从九,嘉庆七年署。"则主簿署建成及首任主簿实际到任时间在嘉庆七年(1802)。

至嘉庆十八年(1813)十月初七,四川总督常明奏称:"窃照绥定府属之东乡县,前因教匪蹂躏失守,将县治移驻县西之大成寨,凭高守险,原系暂时权宜之策,兹勘定已久,疆圉肃清,而大成寨原在西偏,难于控驭。业据该督同地方绅士将县治旧规缮完修葺,详明于八月内复还旧治。至从前该县移驻大成寨之时,因与该县所属之南坝场地方相距窎远,势难兼顾,是以于嘉庆六年奏准添设绥定府文武各官案内,将太平县主簿议裁,于东乡县南坝场地方改设主簿一员以资弹压。今东乡县已移回旧治,则相离南坝场甚近,自可由县就近管理。惟大成寨连界通、巴,地势险要,深林密箐,最易藏奸,且自县治移驻之后,人烟日渐稠密,依山附谷皆成村落乡场,而地处县界西偏,相离甚远,恐该县鞭长莫及,防范难周……就现在情形而论,南坝场已不必驻有专员,大成寨则不可乏员弹压,自应将南坝场主簿移设大成寨,庶与县城有互相掎角之势。如蒙俞允,所有大成寨附近之一、二、八、九等甲地方,除户婚田土不许该主簿干预外,凡遇窃匪以及斗殴、赌博、私宰、私盐等事均责成该主簿查缉审理,分别解县完解。"①次年该请获准,主簿即改驻大成寨,即嘉庆《东乡县志》卷三《建置沿革》、卷七《公署》所分别云"奉旨依议于十九年遂移驻大成寨""十九年移驻大成寨",光绪《东乡县志》卷二《文秩》、卷四《县署》亦皆云:"十九年移驻大成寨。"

平武主簿,驻大印山(1801—1911),今四川省绵阳市平武县锁江羌族乡大印社区。嘉庆六年(1801),参赞大臣德楞泰奏称:"平武县属之大印山,周遭数百里民番毗接近成寨落数处,户口增至数万,距

---

① 《奏为东乡县城移回旧治并请改主簿分驻地方事》,中国第一历史档案馆藏,档号:04-01-01-0544-001。

县亦甚窎远,应添设主簿一员分驻。"① 该请于同年获准,十一月己亥,添设平武县主簿一员②,道光《龙安府志》卷二《建置沿革》云:"大印山分驻主簿,嘉庆七年,因县南辽阔,抚字难周,遂奏设主簿分司其地。"同卷《公署》、卷六《题名》亦分别云:"主簿署,在县南一百四十里大印山,嘉庆七年设。""平武主簿,分驻大印山,嘉庆七年新设。赵来仪,山西人,嘉庆七年任。"则主簿署建成及首任主簿实际到任时间在嘉庆七年(1802)。

二 杂职官分驻情况

清代川内的分驻杂职官主要是巡检,另外有少部分驿丞兼巡检衔后也相当于巡检。

(一)巡检

与州同、州判类似,虽然各巡检因所属政区本身级别的不同可分府巡检、直隶州巡检、直隶厅巡检、散州巡检、散厅巡检和县巡检六种,但由于前三种巡检一般只分辖府、直隶州、直隶厅亲辖地而不分辖该府、直隶州、直隶厅所辖的其他县,因此和后三种巡检并没有本质的区别。

关于清代四川巡检的梳理,吴宏郡《明代四川地区巡检司分布变迁考》和胡恒《清代巡检司地理研究》③ 二文有系统研究。陈俊宇《清代四川巡检司时空分布补正——以方志和档案为中心》④ 在二文的基础上分别进行了补正,进一步还原了清代四川各巡检的置废过程。

---

① (清)花沙纳编:《德壮果公(楞泰)年谱》,《近代中国史料丛刊》第22辑,第1852—1854页。
② 《仁宗实录》卷91《嘉庆六年十一月》,《清实录》第29册,中华书局1986年版,第211页。
③ 吴宏郡:《明代四川地区巡检司分布变迁考》,硕士学位论文,西南大学,2011年;胡恒:《清代巡检司地理研究》,硕士学位论文,中国人民大学,2008年。
④ 陈俊宇:《清代四川巡检司时空分布补正——以方志和档案为中心》,《中国地方志》2021年第4期。

表1-2　　　　　　　　　清初四川巡检司裁撤时间

府（直隶州）	州、县、厅		名称	裁撤时间
成都府		华阳	马军寨	康熙九年或更早
		金堂	怀口	雍正七年之前
		资县	银山镇	康熙十二年至五十七年之间
		灌县	蚕崖关	康熙十二年至五十七年之间
		彭县	白石沟	康熙七年或更早
		内江	椑木镇	康熙十二年至五十七年之间
		资阳	资阳镇（濛溪河）	康熙十二年至五十七年之间
	简州		龙泉镇	康熙后期
	崇庆州		清溪口	康熙十二年之前
	绵州		魏城	康熙十二年之前
保宁府	巴州	通江	蒙坝（檬坝关）	康熙后期
			羊圈山（羊圈关）	雍正初
		南江	大坝（大坝关）	雍正初
重庆府		巴县	大洪江（大红江）	康熙十二年之前
		江津	清平	雍正七年之前
		綦江	赶水镇（赶水关）	康熙五十七年之前
	忠州		临江（临江镇）	康熙十二年之前
		酆都	沙子关	康熙十二年之前
夔州府		奉节	尖山（尖山关）	雍正七年之前
			金子山（金子关）	雍正七年之前
		大昌	当阳镇	康熙九年或更早
		云阳	五溪	康熙十二年之前
		大宁	袁溪	康熙十二年之前
		万县	武宁	雍正初
			铜罗关（铜锣关）	雍正七年之前
	达州	太平	明通	雍正八年三月

续表

府（直隶州）	州、县、厅		名称	裁撤时间
叙州府		宜宾	宣化（宣化驿）	康熙元年至十二年之间
			横江镇（横江）	康熙二十四年
		富顺	赵化镇	康熙十二年之前
		长宁	梅洞堡（梅洞）	雍正七年之前
		高县	江口	雍正初
		筠连	三岔（三岔口）	康熙十二年之前
		珙县	盐水坝（歇马坝）	康熙十二年之前
		建武厅	洞门铺（洞门）	雍正初
		兴文	板桥（两河口）	康熙十二年至五十七年之间
雅州直隶州		芦山	临关（灵关）	康熙十二年之前
泸州直隶州			李市镇	康熙十二年之前
			石棚镇	康熙十二年之前
嘉定直隶州		峨眉	中镇（大围山）	康熙十二年至二十四年之间①
		洪雅	竹箐山（竹箐关）	康熙五十七年之前
		犍为	四望溪	康熙十二年之前
			石马关（石马滩）	康熙十二年之前
眉州直隶州			鱼耶镇	康熙十二年之前
		青神	犁头湾	康熙六年或更早
邛州直隶州			火井（火井漕）	康熙十二年之前
			夹门关	康熙三十三年之前②
		蒲江	双路	康熙十二年之前

注：原表见陈俊宇《清代四川巡检司时空分布补正——以方志和档案为中心》，《中国地方志》2021年第4期。

---

① 该文原表作"康熙十二至五十七年之间"。按，康熙《峨眉县志》卷2《公署》云："中镇巡检司，在大围关，今废。"该志修成于康熙二十四年，巡检之裁当早于此。
② 该文原表作"康熙五十七年之前"。按，康熙《邛州志》卷3《公署》云："夹门关巡检司，在州南六十里，两山对峙如门。关以西汉土接壤，外控彝獠，故设有巡检，统弓兵以戍守之。今毁，奉裁。"卷7《巡检》云："夹门关巡检。明，无考。国朝，冯兆，康熙□年任，今奉裁。"该志修成于康熙三十三年，巡检之裁当早于此。

表1-3　　　　　　　清雍正以后四川巡检司时空分布

府（直隶州、直隶厅）	县（州、厅）	名称	设置时间	裁撤或改属时间
成都府	新都	弥牟镇	雍正八年	乾隆二十年移华阳太平场
	简州	龙泉镇	雍正八年	
	灌县	白沙河	雍正八年	乾隆二十年移广元神宣驿
	华阳	太平场	乾隆二十年	嘉庆二十二年裁
重庆府	涪州	武隆镇	康熙七年	
	巴县	木洞镇	雍正八年	
	铜梁	安居镇	雍正八年	道光十二年裁
保宁府	南部	西河口	雍正八年	乾隆元年裁
		富村驿	道光四年	
	广元	百丈关	雍正八年	
		朝天镇	雍正八年	道光四年移南部富村驿
		神宣驿	乾隆二十年	
	昭化	白水	雍正八年	乾隆元年裁
	通江	檬坝关	雍正八年	乾隆元年裁
	巴州	江口镇	乾隆二十年	道光三年移太平黄钟堡
顺庆府	南充	东观场	雍正八年	乾隆元年裁
	岳池	黎梓卫	雍正八年	乾隆元年移忠州直隶州敦里八甲
叙州府	宜宾	横江	雍正八年	乾隆元年移兴文建武
		宣化驿	雍正八年	乾隆二十九年裁
	屏山	石角营	雍正八年	
	兴文	建武	乾隆元年	乾隆二十七年移石砫直隶厅西界沱
	雷波厅	黄螂所	乾隆二十六年	
夔州府	云阳	云安厂	雍正八年	乾隆元年改盐大使
	万县	市郭里	雍正八年	乾隆二十七年裁
龙安府	平武	中坝	雍正八年	雍正九年改属江油
	江油	中坝	雍正九年	
	松潘厅	南坪	雍正九年	乾隆二十五年改属松潘直隶厅

续表

府（直隶州、直隶厅）	县（州、厅）	名称	设置时间	裁撤或改属时间
宁远府	会理州	苦竹坝	雍正八年	道光十二年移洼乌场
		迷易所	乾隆二十六年	
		洼乌场	道光十二年	
	西昌	德昌所	乾隆二十六年	
		普威	宣统二年	
	盐源	阿所拉	嘉庆二十一年	宣统元年升盐边厅
雅州府	打箭炉厅	泸定桥	雍正七年	光绪二十九年改属打箭炉直隶厅
		泰宁	雍正十年	乾隆元年裁
	清溪	黄木厂	宣统元年	
嘉定府	犍为	牛花溪	雍正八年	乾隆元年改盐大使
潼川府	射洪	大庚渡	雍正八年	乾隆元年裁
		洋溪镇	乾隆二十年	道光十二年
	蓬溪	蓬莱镇	雍正八年	乾隆元年改盐大使
	中江	胖子店	乾隆三十二年	
绥定府	达县	麻柳场	嘉庆六年	
	太平	黄钟堡	道光三年	
康定府		泸定桥	光绪三十四年	
泸州直隶州		嘉明镇	雍正八年	
邛州直隶州		火井漕	雍正八年	
达州直隶州		麻柳场	雍正八年	嘉庆六年改属绥定府达县
忠州直隶州		敦里八甲	乾隆元年	
酉阳直隶州		龚滩镇	乾隆元年	
	秀山	石堤	雍正十三年	
	彭水	郁山镇	乾隆元年	
永宁直隶州	古蔺	两河口	光绪三十四年	
叙永直隶厅		古蔺州	雍正八年	光绪三十四年改为两河口，属永宁直隶州
黔彭直隶厅	酉阳	龚滩镇	雍正十三年	乾隆元年改属酉阳直隶州
松潘直隶厅		南坪	乾隆二十五年	
石砫直隶厅		西界沱	乾隆二十七年	
打箭炉直隶厅		泸定桥	光绪二十九年	光绪三十四年改属康定府

注：原表见陈俊宇《清代四川巡检司时空分布补正——以方志和档案为中心》，《中国地方志》2021年第4期。

（二）驿丞兼巡检衔

驿丞原本只管驿务，清初以降一直在大量裁撤驿丞，新添设的很少。至乾隆二十年（1755），全川只剩四处驿丞，该年十二月丁未裁汰各省驿丞，其中四川又裁掉广元神宣驿丞①，只剩剑州剑门驿丞、剑州武连驿丞、绵州直隶州魏城驿丞三处。乾隆二十七年（1762）九月甲申，各省再次裁汰驿丞，剑门、武连、魏城三处皆因"离城窎远或地当孔道，请照旧存留"，以原设驿丞兼管巡检事②，即成了驿丞兼巡检衔。

剑州分驻剑门驿丞（1762—1911），在今四川省广元市剑阁县剑门关镇。不知何年设。清初川陕驿路不经剑州，康熙二十九年（1690）改驿路，剑门始设驿站，驿丞之设当在此之后。雍正五年（1727）《剑州志》卷一三《职官》已有剑门驿驿丞。道光《保宁府志》卷三二《题名》雍正四年（1726）已有顺天宛平人龚之韩任剑门驿丞。

剑州分驻武连驿丞（1762—1911），在今四川省广元市剑阁县武连镇。不知何年设。清初川陕驿路不经剑州，康熙二十九年改驿路，武连始设驿站，驿丞之设当在此之后。雍正五年《剑州志》卷一三《职官》已有武连驿驿丞。道光《保宁府志》卷三二《题名》雍正八年（1729）有浙江仁和人徐烺任武连驿丞。

绵州（梓潼）分驻魏城驿丞（1762—1911），在今四川省绵阳市游仙区魏城镇。乾隆八年（1743）设，由绵竹主簿改来。乾隆八年闰四月己未，"吏部等部议准四川巡抚硕色等疏称，绵州所属之魏城驿，地处冲繁且统辖五县，应添设驿丞一员，专司驿务。至该州绵竹县主

---

① 《高宗实录》卷502《乾隆二十年十二月上》，《清实录》第15册，中华书局1986年版，第332页。
② 《高宗实录》卷671《乾隆二十七年九月下》，《清实录》第17册，中华书局1986年版，第500页。

簿一员，向管茶盐，令拟归知县兼管，其主簿员缺可裁，即以移驻魏城，专管驿务。"① 乾隆三十五年（1770）三月三十日，四川总督阿尔泰奏请裁罗江县，以绵州州治移罗江，"其州属之东北二乡内数村及魏城一驿均距州稍远，应拨归附近之梓潼县管理"②。该请于同年获准，闰五月甲子，魏城驿丞改属梓潼县。③ 嘉庆六年（1801）十一月己亥，复置罗江县，绵州迁回原治④，魏城驿再次直属绵州直隶州。

三 首领官分驻情况

清代川内的分驻首领官主要有经历、照磨、吏目、典史4种。其中经历为府、厅均可设的首领官，而照磨、吏目、典史分别为厅、州、县各自独有的首领官。与佐贰、杂职相比，首领官的分驻比例很低。

（一）经历

清代经历分为府经历和厅经历。府基本都设有经历，但府经历在很长一段时间内都是与知府同城，直到清末才开始有极少数分驻。相对而言，并不是所有厅都设有经历，但厅经历的分驻时间更早。

1. 府经历

宁远府经历，驻普格（1909—1911），在今四川省凉山彝族自治州普格县驻地普基镇。民国《西昌县志》卷四《职官》《政绩》分别云："光绪三十三年……因普格把总缺裁，以府经历移驻其地，初办警察，设警佐一员，执行违警律。""普格僻在西昌东南隅，群蛮纠结阿都土司干涉汉夷词讼，号称难治，初设千总防汛，未几裁撤制营，因请准

---

① 《高宗实录》卷190《乾隆八年闰四月上》，《清实录》第11册，中华书局1985年版，第446页。
② 《奏请将绵州知州移驻罗江等事》，中国第一历史档案馆藏，档号：04-01-02-0138-010。
③ 《高宗实录》卷861《乾隆三十五年闰五月下》，《清实录》第19册，中华书局1986年版，第545页。
④ 《仁宗实录》卷91《嘉庆六年十一月下》，《清实录》第29册，中华书局1986年版，第211页。

以府经历移驻于此，并严饬都土司凡民刑词讼与汉民有关系者，应归经历受理。"1992年《普格县志》亦云："光绪三十三年（1907年），宁远府知府陈廷绪以阿都土司干涉汉彝词讼，普格号称难治为由，乘普格汛千总裁撤之机，请准以府经历移驻普格，改建汛官衙门为经厅衙门，初办警察，置警佐一员，执行违警律，凡民刑词讼与汉民有关者，一律归经历受理，不许土司插手，实行以流官为主，土流共治体制。"① 四川总督赵尔巽依此奏称："查宁远府属西昌县东南一路拖木沟、普格等处逼处夷巢，远连滇界，亘三百里，向未设官分治。从前盛时，若鱼水、若普格、若扯街、若大水塘烟户各数百家，土脉膏腴，足资耕种，又有板厂蜡虫之利，居民生计素丰。夷患日滋，小民荡析，户口凋零，今存者仅数十家或一二百家不等，且皆穷苦异常，为土司黑夷佣赁度日，受夷凌虐无可告诉。今年夷焰愈张，肆恣劫掠，边氓畏夷报复，吞声饮泣，莫敢谁何，以致商旅裹足，地方日益凋敝。失今不谋，必将沦为异域。现署宁远府知府陈廷绪因思力图补救，乘此次加拉支夷投诚之便，饬府经历曹永锡遍历各地调查，计普格等处居民约共九百户，普格地方开展适中，若得一官驻守为之拊循董理，必可收保惠边氓之效。拟将宁远府经历一缺移驻普格，管理民间狱讼。"② 该请经朱批之后于宣统元年（1909）十一月壬戌抄出下到吏部"部议"，吏部议覆称："查府经历一官，向与各府县同城，名虽首领，实等闲曹。今据该督奏称普格地方紧要，请将宁远府经历移驻该处，既无添官之烦，藉收治理之效，于边圉民生均有裨益，洵为一举两利之计。所请自应照准。"③

---

① 四川省普格县志编纂委员会编纂：《普格县志》，四川大学出版社1992年版，第23页。
② 《奏为议覆四川宁远府经历移驻普格事》，中国第一历史档案馆藏，档号：21-1014-0200。
③ 《宣统政纪》卷26《宣统元年十一月》，《清实录》第60册，中华书局1987年版，第479页；《奏为议覆四川宁远府经历移驻普格事》，中国第一历史档案馆藏，档号：21-1014-0200。

叙州府经历，驻兴文（1909—1911），在今四川省宜宾市兴文县僰王山镇。民国《兴文县志》卷一《建置沿革》云："宣统元年，大吏题请将兴文移治建武，以叙州府经历分驻县城。"卷一一《公署》亦云："宣统元年三月二十八日，县治迁建武，叙州府经历分驻兴文，即县署为经历署。"按，光绪三十三年（1907）四川总督赵尔丰奏称："兴文县为叙南门户，其县治去长宁界仅三十里，去滇省县界远至百数十里……查有兴文县属之建武，前本设有通判，嗣后裁撤。若移兴文于建武，则居中擘画，于内治边防裨益非浅。"① 该请于同年获准，宣统元年（1909）或是县署实际移治时间。值得注意的是，赵尔丰于该奏折中并未提到移驻经历事，则经历应是光绪三十三年后另行奏请移驻的，民国《兴文县志》所说时间可从。

2. 直隶厅经历

太平直隶厅经历，驻城口（1801—1821），在今重庆市城口县驻地葛城街道。嘉庆六年（1801）自垫江县丞改来，道光元年（1821）成为城口厅，详见第四章第二节。

3. 散厅经历

越嶲厅经历，驻大树堡（1761—1911），在今四川省雅安市汉源县大树镇。雍正八年（1730）三月戊子，添设越嶲卫经历一员。② 乾隆二十六年（1760）五月癸丑，以越嶲卫地置越嶲厅，"其越嶲原设之大树堡经历，即令越嶲通判管理"③。光绪《越嶲厅全志》卷七《职官》云："经历，分驻大树堡，道光二十年以前失考。"

峨边厅经历，驻沙坪（1808—1911），在今四川省乐山市峨边彝族自治县驻地沙坪镇。由峨眉主簿改来。嘉庆十三年（1808）平定夷乱

---

① 《四川官报》1907年第25期。
② 《世宗实录》卷92《雍正八年三月》，《清实录》第8册，中华书局1985年版，第235页。
③ 《高宗实录》卷636《乾隆二十六年五月上》，《清实录》第17册，中华书局1986年版，第109页。

后，四川总督勒保奏请更改马边峨眉两路文职，设峨边厅，"至主簿一缺，本系县丞裁改，应请改为该厅经历"，于同年获准。① 而民国《峨边县志》卷一《革》云："（嘉庆）十四年添设经历，分驻沙坪。"卷二《衙署》、卷三《官员》亦分别云："沙坪分知事署，在县北七十里，即前清经历署也，建于嘉庆十四年。""沙坪经历。鄂明安，汉军正白旗人，十四年任。"则经历署建成及首任经历实际到任时间在嘉庆十四年（1809）。

城口厅经历，驻高观寺场（1821—1911），在今重庆市城口县高观镇。自太平直隶厅经历移来。道光元年（1821）八月，四川总督蒋攸铦奏请将太平直隶厅同知移驻城口升为城口厅，同时"原设城口经历移驻高观寺场，分防弹压"②。光绪《太平县志》卷二《沿革》亦附载蒋攸铦的原奏称："其原设城口经历移驻高观寺场，分防弹压，仍定为繁缺，归城口同知管辖。"道光《城口厅志》卷二《沿革》云："分驻高观场经历一员，道光三年由原设城口经历移驻。"而卷三《场镇》、卷一四《职官》又分别云："高观寺场，厅东一百二十里，道光二年置分驻高观场经历。""分驻高观场经历，系调缺，道光二年设。徐璋，江苏吴县人，吏员，道光二年任。"则《沿革》误，城口厅首任经历实际到任时间在道光二年（1822）。

（二）照磨

照磨为厅属首领官，由于厅这类政区本就是由同知、通判分驻分辖衍生而来，一般境域比较小，因此照磨基本与厅同知、厅通判同城，极少分驻。

理番直隶厅照磨，驻新堡关（1802—1911），在今四川省阿坝藏族羌族自治州汶川县驻地威州镇。照磨原驻厅城内，乾隆十七年（1752）与理番直隶厅同时设。同治《直隶理番厅志》卷一《沿革》云："嘉

---

① 嘉庆《四川通志》卷95《边防六》。
② （清）蒋攸铦：《绳枻斋年谱》，《近代中国史料丛刊》第20辑，第128页。

庆七年裁保县入绵州之罗江县，以照磨分驻其地，厅遥治焉。"这段表述容易产生歧义，并非以地入罗江，而是只以官缺改去复设罗江县，保县地实入理番直隶厅。即《仁宗实录》嘉庆六年（1801）十一月己亥所云"保县归并理番同知管理，即以该县改复罗江县"①。雍正五年（1727）裁威州并入保县，将保县迁治到原威州治，称为新保城，原保县治称为旧保城。乾隆十七年（1752）新设理番直隶厅，以旧保城为厅治。至嘉庆六年裁保县入理番厅后，一度想要仿威州裁入保县之例，将厅治移驻到保县新治，但署同知陈岳提出反对意见，同治《直隶理番厅志》卷六《志存》载其禀称："理番衙门在维州城内，上距梭、卓、松、党四土司地方，或百余里，或四五百里不等，下距保县七十里。今保县并理番，卑职若因此而驻保城，则与四土相隔更远，难资弹压。而新旧番、九枯、六里纳粮未便。"厅治最终定为留在旧保城，而新保城"上通茂州，下接汶川，地当孔道，查察需员"，地位重要，以原同城照磨移驻新保城，即新堡关。②

（三）吏目

吏目为州属首领官，一般都与知州同城，极少分驻。

天全州吏目，驻碉门（1729—1768），在今四川省雅安市天全县驻地城厢镇。雍正七年（1729）与天全州同时设。雍正七年四月辛巳，"吏部议覆四川巡抚宪德遵旨覆奏，天全土司改设流管事宜一，天全地方请改置一州，设知州一员，吏目一员驻扎碉门"③。而咸丰《天全州志》卷二《公署》云："吏目署，州署右旁，与州署同建。"这是因为州署所在地变了，"知州署，旧在西门外，系杨司官废衙。乾隆三十三

---

① 《仁宗实录》卷91《嘉庆六年十一月》，《清实录》第29册，中华书局1986年版，第211页。
② 《题报接准部复查办改设绥定府等缺分别繁简酌定官俸等事宜事》，中国第一历史档案馆藏，档号：02-01-03-08504-011。
③ 《世宗实录》卷80《雍正七年四月》，《清实录》第8册，中华书局1985年版，第48页。

年,知州徐镇创建新城,乃移署于城内新建"。是乾隆三十三年(1768)以碉门为核心创建了天全州新州城,新州署即在原碉门吏目署旁新建,故称吏目署在州署旁。则自乾隆三十三年始,天全州原分驻碉门吏目实际已经成为同城吏目。

(四)典史

典史为县属首领官,基本做到了每县必设,但一般都与知县同城,极少分驻。

清溪典史,驻泥头(1729—1911),即宜头,在今四川省雅安市汉源县宜东镇。雍正七年(1729)十二月乙卯,新置清溪县,"设典史一员,分驻泥头"①。嘉庆《清溪县志》卷一《城市附署廨》云:"典史署,在宜头驿。"民国《汉源县志·建置·官署》云:"清雍正时改设县治,以典史分驻宜东乡,兼管驿务。"

盐源典史,驻白盐井(1730—1911),在今四川省凉山彝族自治州盐源县驻地盐井街道。光绪《盐源县志》卷八《题名》云:"明洪武中黑白二井俱煎,署盐课司二,至国朝雍正五年封其一,遂以典史分驻白盐井,管理税课。"此说有歧义,盐源县置于雍正六年(1728),典史不得在之前设,雍正五年(1727)应只是封黑盐井的时间。按,雍正六年二月壬午,"宁番、盐井二卫,俱行裁去改置二县,各设知县一员、典史一员……寻定……盐井新设县曰盐源"②。雍正《四川通志》卷二八《公署》亦云:"盐源县治,旧盐井衙署。典史,雍正六年设。"是盐源典史与盐源县同时设于雍正六年。而且盐源典史也并非一开始就分驻白盐井,雍正七年二月甲午,雍正皇帝谕曰:"查川省盐课考成,惟责之产盐州县,其余并无巡查之责,且有僻远地方不行官

---

① 《世宗实录》卷89《雍正七年十二月》,《清实录》第8册,中华书局1985年版,第201页。
② 《世宗实录》卷89《雍正六年二月》,《清实录》第7册,中华书局1985年版,第1003、1004页。

引，以致私贩充塞，甚为盐政之弊。应将官引通行合省，约计州县户口多寡，均匀颁发，令其各自招商转运。倘有壅滞，责成各州县定为考成……著该督抚详议，定为成例。"① 光绪《盐源县志》卷三《盐法》载四川巡抚宪德覆奏云："宁远一府系新设府治，查所属之西昌县、会理州、冕宁县、盐源、越巂卫、德昌所、迷易所、盐中左所俱食盐源县之盐。今查盐源县但销陆引四百张，尚有余盐，自应查明盐斤，请增引目行销。但查该府所属八处地方均属汉番杂处，自来引税俱向买盐民人收取税银完纳。应将引目交与盐源县，令该县典史驻扎白盐井地方，仍于各属居民买盐时抽收税银，则民不难于完纳，官亦易于办课，似为妥便。"该奏于雍正八年（1730）得旨允行。则雍正六年（1728）所设盐源典史本拟设为同城典史，移驻白盐井事实际在雍正八年。

汶川典史，先驻桃关（1789年至光绪中），在今四川省阿坝藏族羌族自治州汶川县映秀镇桃关村；后驻龙溪（又作尤溪，光绪中至1911年），在今四川省成都市都江堰市龙池镇。原设同城典史，乾隆五十四年（1789）汶川分驻桃关县丞改为峨眉分驻太平堡主簿后，即以典史分驻桃关，负责"稽查转运新疆粮饷及驿站等事"②。

因民国汶川有龙溪（又称尤溪）分知事、县佐而无桃关分知事、县佐，疑曾发生移驻事。民国二十二年（1933），丁作韶在考察川康边区时提到"桃关为往昔汶川分县设立之所"，但因为桃关附近"夏季溪水泛溢，往往断绝交通"，后遂"经洪水之灾，迁于龙溪"③，但移驻的具体时间不详。民国四年（1915），傅樵斧（即傅崇榘）出任松潘县知事，作《松潘游记》云："尤溪镇，有汶川县分县驻此，人烟数百

---

① 《世宗实录》卷89《雍正七年二月》，《清实录》第8册，中华书局1985年版，第23页。
② 《题请铸给新设峨眉县分驻太平堡督捕主簿关防事》，中国第一历史档案馆藏，档号：02-01-03-07769-009。
③ 丁作韶：《川康边区视察记（五）》，载《大中国周报》1933年第3卷第6期。

户，店房不佳，泥穿壁漏，分知事署置有枷杖示威。"① 更早在民国二年（1913）一月二十四日，已有署理汶川县龙溪镇分知事倪汝翼呈报："分知事定于二十五日出巡与崇、灌、天全及土司毗连各交界地方一带，以靖匪风，并查烟苗。"② 郭德必回忆称民国首任龙溪分知事为周杰，"字俊成，云南石屏人……于民国元年九月调署首任汶川县尤溪分知事"③。民国元年（1912）汶川未发生洪灾，若移驻是因为洪灾，则民国元年分知事只是由典史改名而已，移驻时间应早于此。1992年《汶川县志》云："清光绪十六年（公元1890年）五月十一日晚上，汶川县银杏乡集雨面积47平方公里的桃关沟下暴雨，12日凌晨山洪暴发，冲走300多户人家，上千人的桃关集镇，仅存几人。"④ 疑移驻时间即在此事之后。

本章小结

清代四川在政区沿革和佐杂设置的时间过程上具有高度的一致性。受张献忠入川、清军入川等战争的摧残，清初四川人口的数量和明后期相比呈断崖式下降，这对清初的四川政治有相当大的影响。这种影响在政区上直接表现为州县数量的猛降，从顺治时期到康熙初年，有多达二十几个州县被裁，裁撤数量占清初全川州县总数的近五分之一。与此同时，即使是保留的州县，其所设官职也大大减少，各州县在明代原设有的佐杂被大量裁撤。如本章第二节提到的宜宾县的情况。这并非个别案例，而是当时四川裁撤官职之常态。因此，雍正

---

① 傅樵斧：《松潘游记》卷1，民国四年铅印本，第10页。
② 《县佐任用条例及各县知事调取文凭与呈报履历以备查案件》，四川省档案馆藏，档号：民041-04-7446。
③ 郭德必：《辛亥革命汶川同志会部份史料》，中国人民政治协商会议四川省汶川县委员会文史资料委员会编：《汶川县文史资料选辑》第3辑，1989年，第38页。
④ 四川省阿坝藏族羌族自治州汶川县地方志编纂委员会编：《汶川县志》，民族出版社1992年版，第143页。

七年（1729）四川布政使赵弘恩才会奏称："川省现在之一百一十四州县，除正印官外，仅有州同二员，吏目、典史共一百一十一员，巡检二员。是州同、典史、巡检既属缺少，而州判、县丞、主簿通省全未设立。"而从分驻佐杂的角度而言，由于明代至清雍正以前，佐杂分驻还比较罕见，因此这一阶段就以向来就属分驻性质的巡检的裁撤为典型。明末在川内设有几十处巡检，除了太平县明通巡检之外，其余全部都在雍正七年（1729）以前裁撤掉，而明通巡检也在雍正八年（1730）重新添设巡检的同时被裁。也就是说，清中后期存在的巡检没有一处是自明代延续未断而来。此为雍正以前四川州县与佐杂数量同时大减之情形。

经过康熙中期的休养生息和移民开发，四川整体状况开始逐渐恢复。从康熙六十年（1721）复置岳池、铜梁二县开始，川内陆续进行了州县复置，之前在顺治到康熙初年被裁撤的州县大多得到复置，并以雍正七年为最高潮，该年一次性就复置了 14 个县。政区数量大体恢复之后，添设佐杂也就提上了日程，因此在雍正七年赵弘恩奏请之后，雍正八年三月川内即添设了大量的不同类型的佐杂，并以分驻佐杂为主。从分驻佐杂与政区变动的关系看，雍正至嘉庆年间佐杂的分驻大多与政区的数量或级别变动有关，至道光元年（1821）太平直隶厅复降为县并新置城口厅后，这类政区变动暂告一段落，分驻佐杂的调整也变成基本都是因其驻地自身重要性的变化而变化。而从官职变动制度看，雍正八年和乾隆元年（1736）两次大规模添设分驻佐杂后，员额趋于饱和，因此于乾隆六年（1741）出台新的定制，将官缺基本固定下来，此后各职差不多都以裁改形式调整。这两种情况维持到光绪中期，从光绪末年到宣统年间又有新变化。清末随着边地的开发，在川西、川南又进行了一系列政区调整，相对应的也有分驻佐杂的变化。一方面，打破乾隆六年的定制，在新开发的且未达到设治标准的地方，添设了新的分驻佐杂；另一方面，部分原有的佐杂辖区升厅县，相应裁撤了原设佐杂。因此总体而言，清代分驻佐杂的过程与政区的沿革基本保持了一致：在政区数量、级别、疆域变动剧烈的时期，分驻佐杂的变动也相应剧烈；而前者相对稳定的时期，后者的变动也相应沉寂。

第二章

民国四川的县佐分驻

第一节 民国县佐与清代分驻佐杂的异同

辛亥革命后,各省行政制度较为混乱。北京国民政府成立后,于民国二年(1913)统一确定了省—道—县三级制,此后有部分省份自行废除道。南京国民政府成立后,统一废除道,实行省—县二级制。

民国三年(1914)划出成立川边特别区(西康省的前身)后,四川省域大减,剩有146县。到1949年,全省共有141县、2市、3设治局及北碚管理局。

民国县佐由清代分驻佐杂演变而来,其性质是一样的,故而有许多相似之处。其中最明显的相同点在于它们都不与所属的正印官同城,而是分驻在城外的要津地方上,与同城佐杂加以区别。从清末到民国,虽然其官职名称有从各种佐杂到分知事再到县佐的变化,数量上也屡经裁减,但各处的分驻地基本没有调整。又如他们通常在驻地外都划有一定范围的区域加以管辖,因此清代县的分驻佐杂辖区和民国县佐辖区在地方上往往都习惯称为分县。虽然因为清代政区名称多样,有州、厅、县之别,因而分驻佐杂辖区名称又有分州、分厅,但它们与分县并没有本质区别。当然这里需要注意的是,在不同史料、不同语境中,"分县"这类名称的含义有所差异,有时它是指分驻佐杂辖区,而有时它是单纯指分驻佐杂衙门。还有一个很突出的相同点在于，清代分驻佐杂和民国县佐往往都超出职责范围，僭越受理本应由正印官才能处理的案件。关于清代佐杂僭越的研究已经相当多了，参见本书绪论部分，不再于此赘述。原本从制度上来讲，清代佐杂只允许在正印官不在的情况下代理，严禁佐杂擅受民词。虽然在实际过程中，确实出现了一些佐杂通过获得类似于单行法性质的规章条文来合法受理案件的情况，但这只在极个别地方适用，大部分佐杂仍不许擅受，否则就会受到处罚。① 民国县佐连这种特权都没有，却沿袭了清代佐杂的积弊，往往超出《县佐官制》的规定，僭越受理民刑诉讼案件，因此常为各方所诟病。

与此同时，与清代分驻佐杂相比，民国县佐主要有三大变化。最直观的自然是名称的统一。清代分驻佐杂名称纷繁，有同知、通判、州同、州判、县丞、主簿、巡检、驿丞兼巡检衔、经历、照磨、吏目、典史等不同职务，至民国则于民国三年（1914）统一改为县佐。其中，民国元年（1912）至三年间的变动过程，各省情况又不尽相同，四川省有一个呈现为"分驻佐杂→分州（厅、县）知事→分知事→县佐"的更改过程。

第二是职权的统一，而这又包括两个方面。一是职能范围方面。佐杂设置之初既有职分，其意原本各司其职。但清代名目众多的佐杂不仅职能不一，还往往混杂。《清史稿》卷一一六《志九十一·职官三》分别云："同知、通判，分掌粮盐督捕，江海防务，河工水利，清军理事，抚绥民夷诸要职。其直隶布政使者，全国二十有二，制同直隶州，或隶将军与道员，各因地酌置。经历、知事、照磨、司狱，所掌如两司首领官。""州同、州判，分掌粮务、水利、防海、管河诸职。吏目掌司奸盗、察狱囚、典簿录。""县丞、主簿，分掌粮马、征税、

---

① 胡恒：《清代江南佐杂分防与市镇管理献疑——以苏松二府为例》，刘昶等主编：《水乡江南：历史与文化论集》，上海古籍出版社2014年版，第182—190页；傅林祥：《清代州县佐杂司法审理权探析》，《史学月刊》2019年第9期。

户籍、缉捕诸职。典史掌稽检狱囚（无丞、簿，兼领其事）。""巡检司巡检，（从九品）掌捕盗贼，诘奸宄。凡州县关津险要则置。隶州厅者，专司河防。"① 虽然《清史稿》的这些记载较为空泛，往往与实际情况有所出入，但可以明显地反映出清代佐杂职能的混杂。同时清代还在部分地方的分驻佐杂上增加职能，如永宁赤水河县丞、南部富村驿巡检这类，其职能均比一般县丞、巡检更大更多，使情况更为复杂。因此学界有将所有佐杂视为一个总体，以具体职能大小高低取代职名的区分法，如刘洋根据佐杂职掌大小将其等级分为"治安职能为主""治安职能兼及民事诉讼""治安职能兼及民事诉讼和赋税征收""治安兼及征税、司法等全面职能"四种。② 胡恒也根据佐杂司法受理权限分为"可处理赌博、奸匪等案件，但户婚、田土不予""可审理户婚、田土案件，命案不予""可审理命案"三种。③ 与清代相比，民国《县佐官制》有统一的规定，明确了县佐的职权，即"掌巡徼弹压暨其他勘灾、捕蝗、催科、堤防、水利并县知事委托各项事务"，并且指挥监督辖区内的警察，就近处断所管地方违警案件。④ 二是辖区范围方面。清代佐杂有府（直隶州、直隶厅）属、县（散州、散厅）属的区别。与县属佐杂通常只负责驻地所在县内部分地的事务不同，府佐杂除了其驻地所在县之外，往往还兼理府内其他县的事务，甚至兼理府外相邻的部分县的事务（如分驻大竹县四合镇时期的顺庆府同知）。部分直隶州佐杂也有除了州亲辖地之外，还兼理州内其他县的事务的情形（如忠州直隶州州判）。而民国裁去府级政区，同时又将县级政区名称

---

① 赵尔巽等：《清史稿》卷116《志九十一·职官三》，中华书局1976年版，第3356—3359页。
② 刘洋：《清代基层权力与社会管理研究》，博士学位论文，南开大学，2012年，第137、138页。
③ 胡恒：《清代江南佐杂分防与市镇管理献疑——以苏松二府为例》，刘昶等主编：《水乡江南：历史与文化论集》，上海古籍出版社2014年版，第184、185页。
④ 中国第二历史档案馆编：《政府公报》第812号，第36册，上海书店出版社1988年版（影印本），第351页。

统一为县，原清代府属佐杂因此变成县属佐杂，其辖区均只辖及驻地所在县内的部分地。

第三是官员籍贯的变化。清代有官员籍贯回避制度，对地方文官的规定尤为严格，从清初的"督抚以下、杂职以上之地方官，均各回避本籍"，到此后"不但要回避本籍，连任所距本籍在五百里以内，无论官塘大路或乡僻小径、祖籍、寄籍均须回避"①。因而清代四川的所有分驻佐杂按例都是由外省人担任。但这种回避制度在清末已经有所松动，如汉源县黄木厂巡检，该巡检添设于宣统元年（1909），民国《汉源县志·职官·职官表》载有历任巡检（共3任），皆四川本省成都人。而到了民国，普通文官改由地方委任，大多数情况下县佐都是由本省人担任。民国记载县佐籍贯较详的方志有简阳、崇庆、剑阁、汉源、三台、蓬溪、万源、渠县等8县方志。民国《简阳县志》卷六《职任》、民国《简阳县续志》卷三《职任》共列36任简阳龙泉驿县佐，载有籍贯者23人，其中四川籍19人，甚至有1人为简阳县本地人。民国《崇庆县志》卷六《历代秩官表》共列18任崇庆怀远县佐（樊恺两次出任），17人中载有籍贯者15人，其中四川籍13人。民国《剑阁县续志》卷五《官师》共列11任剑阁剑门驿县佐，11人皆载有籍贯，其中四川籍7人。民国《汉源县志·职官·职官表》共列28任汉源泥头县佐，载有籍贯者22人，其中四川籍有20人，甚至有两任为汉源本地人；又列21任汉源黄木厂县佐，21人皆载有籍贯，全是四川人，甚至有4人为汉源本地人。民国《三台县志》卷一五《题名》共列17任三台葫芦溪县佐，载有籍贯者14人，全是四川人。民国《蓬溪近志》卷五《人物下》共列37任蓬溪蓬莱镇县佐，载有籍贯者17人，其中四川籍10人。民国《万源县志》卷四《职官表》共列23任万源黄钟堡县佐，载有籍贯者22人，其中四川籍者19人，甚至有2人为万源本地人。民国《渠县志》卷八

---

① 魏秀梅：《清代任官之籍贯回避制度》，《中央研究院近代史研究所集刊》第18期，中研院近代史研究所1989年版，第11页。

《官师》共列28任渠县三汇场县佐,载有籍贯者18人,其中四川籍14人。以上籍贯记载较详的8县9处县佐,川人所占比例分别为83%、87%、64%、91%、100%、100%、59%、86%、78%,多远超半数,而由本县人任本县县佐更是在清代不能想象的事。

第二节　民国四川分知事与县佐的时空分布

一　民国四年以前四川分知事的时空分布

(一)从分驻佐杂到分知事

辛亥革命爆发后,四川省掀起了独立高潮,以重庆、成都先后各自成立的重庆蜀军政府和大汉四川军政府为代表,各地建立了多个革命政权。清政府在川内的统治渐次瓦解,原任官员大部分被迫离任或逃走。民国元年(1912)一月二十七日,重庆、成都二军政府双方代表会晤并签订草约,决定合并成立中华民国四川都督府,以成都为省会,同时,在重庆设镇抚府,直隶于都督府。二月二日双方盖章批准生效并对外通告,得到南京临时政府的承认,于三月十一日正式成立,尹昌衡、张培爵分别任都督府正、副都督,夏之时任镇抚府总长。① 川南军政府、蜀北军政府等其他革命政权也先后自动撤销,服从都督府的领导。但此时全川尚未形成统一的地方官制,各地对分驻佐杂的改造方式也不尽相同。都督府实施暂行章程,而镇抚府在辖区内另行官制。重庆蜀军政府原本实行《地方司令官施行细则》,各州县长官称地方司令官。镇抚府成立后,颁布《蜀军镇抚府组织大纲》,四月又将地方司令官改为知事。但总体而言,镇抚府对地方制度的修订幅度不大,其下组织设置仍大体沿用了原有细则。② 如酉阳州遵照办理,于州署中同时"旧日龙潭镇州同,

---

① 四川省地方志编纂委员会编纂:《四川省志·大事纪述》(中册),四川科学技术出版社1999年版,第3页。
② 重庆地方史资料组编:《重庆蜀军政府资料选编》,1981年,第67—72、117—124页。

龚滩镇巡检,火石垭州判,均一律改为司法科课长"①。

重庆镇抚府成立不久,夏之时即辞去总长职务,由与成都方面亲近的胡景伊接任总长。六月十日,胡景伊通电宣布即日取消镇抚府。② 至此,全川形式上得到完全统一。同月,四川都督府统一改订地方官制,在都督府原定章程的基础上,"参酌镇抚府咨送草案,一再审议详加修订",又由民政司拟定施行细则十二条,都督府查核通过后,一并下令各县遵照施行,"此次颁布之改订地方官制及施行细则分别办理,其已经详定办事细则及已设置科员之处有与本章程不合者,限文到十日内一律查照更正"③。经过统一改制后,州、厅、县长官改称州知事、厅知事、县知事,县分驻佐杂长官改称分县知事,"直隶厅州旧日所置州同、州判、吏目、巡检等官,其与该厅州知事不同城者,均改称为分厅或分州知事;所有执掌,暂仍其旧"④。分知事基本都是由都督府新任,但也有极少数是清末佐杂继续留任。如剑州武连驿首任分知事刘崇龄、剑门驿首任分知事李祖同,分别为光绪三十二年(1906)、宣统二年(1910)上任的武连驿、剑门驿驿丞兼巡检衔,民国成立后皆继续留任改为分知事,直到民国三年(1914)才卸任。⑤ 另外,民国元年(1912)在川边曾设太宁分县,⑥ 不过次年便又裁去。这一阶段分知事与清末分驻佐杂的数量基本保持了一致。

民国二年(1913)一月九日,北洋政府《政府公报》公布前一日的临时大总统令,其中教令第五号为《画一现行各县地方行政官厅组

---

① 陈梦昭辑录整编:《从有关历史档案材料看民国初年的酉阳政局》,中国人民政治协商会议酉阳土家族苗族自治县委员会、酉阳土家族苗族自治县县志编纂委员会编:《酉阳文史资料选辑》第6辑,1985年,第76页。
② 周勇:《辛亥革命重庆纪事》,重庆出版社1986年版,第133页。
③ 《大足温江什邡各县知事委任状各课长徽章及印鉴使用整理县政府案件》,四川省档案馆藏,档号:041-04-7553。
④ 陈梦昭辑录整编:《从有关历史档案材料看民国初年的酉阳政局》,中国人民政治协商会议酉阳土家族苗族自治县委员会、酉阳土家族苗族自治县县志编纂委员会编:《酉阳文史资料选辑》第6辑,1985年,第76页。
⑤ 民国《剑阁县续志》卷5《官师》。
⑥ 中国第二历史档案馆编:《政府公报》第106号,第4册,上海书店出版社1988年版(影印本),第397页。

织令》。该令共十条，其中第一条规定"各县地方行政长官依现行之例，以知事为之"，并将府、直隶厅、直隶州、厅、州一律改为县；第四条规定"各县知事公署依现行之例得置佐治员，画一现行设官之名称如左：一科长，二科员"。没有直接提到县以下之相关规定，但第九条规定"本令施行后凡从前各府州厅县所设之官其署名官名有与本令画一办法牴触者，应即裁撤或改正之"①，实际上就宣告了分知事制度的废除，即所谓的"适逢大总统令下凡府县分厅，一律取销"②。但分知事如何裁撤、裁撤后用什么新的制度，还没有形成具体文件，分知事的裁撤也还没有正式执行，政策上就又出现了新的变化。

该年七月，热河都统熊希龄将热河各属"其从前之分防州判、县丞、巡检等官，一律取消，改组警察分所"③。同月三十一日，熊希龄被袁世凯任命为国务总理，此后就将该办法在全国范围内加以推广，由内务部训令内地分知事饬照热河办法皆改为警察事务分所。但熊希龄的办法在四川并未得到有效执行。有的县虽然照办，但由于警察事务分所需要自筹经费，东拼西凑，维持情形艰难，如渠县，"三汇场自分知事裁撤改警后，该警察事务分所经费经知事筹定，恢复该场旧日警款固有之三河公船捐、饴糖捐，移拨团练去岁议加之肉税，酌复满清县丞收入陋规之木筏捐等项作为该警察事务分所常年经费"，就这样经费仍有不足，还得在荡灶捐项下量为划拨。而有的县更以筹款艰难为由一直未办，如秀山县，"前奉部令饬照热河办法改为警察事务分所，乃因筹款艰难，延未举办"。因此，四川上报"嗣因各属筹款维艰，纷纷具呈有请，缓设及裁撤者其有已报，成立之处亦多出于敷衍，所筹之款半属指东挪西，且近

---

① 中国第二历史档案馆编：《政府公报》第243号，第9册，上海书店出版社1988年版（影印本），第155—157页。
② 《川东道奉巡按使通令各属查照发下各分知事官缺表各地呈报办理情形》，四川省档案馆藏，档号：民191-01-0027。
③ 熊希龄：《为改组各县州判县丞巡检等官咨呈国务院并咨直隶都督文》，顾廷龙、朱庆祚主编：《明志阁遗著》，上海远东出版社1995年版，第656、657页。

纷扰，而警察权限又与分知事各别，舆情亦以为不便"。北京政府予以核准同意，"以川省地方辽远，与内地情形不同，应另订特别官制，准暂将分知事缓裁，并将分知事经费仍予列入预算"①。

（二）民国三年的名额整改

民国三年（1914）六月十三日，四川巡按使陈廷杰发布训令，将全川分知事名额加以整改，"查川省幅员辽阔，各县所辖境地动数百里，人类亦极繁杂，边远之区尤多冲要，分驻之设诚不可少。现在既奉中央准予缓裁，自应将分知事各官缺仍旧设置，前饬改设警察事务分所之案应即取消。惟地方情形今昔不同，民国成立之初，各地正纷然不靖，所设分知事皆就前清原设分驻各缺设置，以维现状。近年秩序较前宁谧，查核各缺中有地非冲要，事务又极简单者，亟应酌予裁汰，以节冗费。应留各缺亦有繁简之不同，亦应仿照县知事之规定，分别一二三等以定俸公之等差"。一共裁撤了二十三处，一、二、三等各留十六处。② 裁留情况详见表2-1。

表2-1　　　　　　　　民国三年四川分知事设置及等级

道	县	一等	二等	三等	裁
西川道	简阳	龙泉驿			石桥井
	理番	新堡关			
	平武		青川		大印山
	崇庆		怀远镇		
	松潘		南坪		
	绵阳			魏城驿	丰谷井
	汶川			龙溪	

① 《川东道奉巡按使通令各属查照发下各分知事官缺表各地呈报办理情形》，四川省档案馆藏，档号：民191-01-0027。
② 《川东道奉巡按使通令各属查照发下各分知事官缺表各地呈报办理情形》，四川省档案馆藏，档号：民191-01-0027。

续表

道	县	一等	二等	三等	裁
东川道	渠县	三汇场			
	云阳	云安场			
	大宁（巫溪）	大宁场			
	涪陵	鹤游坪		武隆场	
	酉阳	龙潭		龚滩	火石垭
	彭水		郁山镇		
	秀山		石堤		
	城口			高观场	
	太平（万源）			黄钟堡	
	巴县				白市驿
					木洞镇
	石砫				西界沱
	忠县				涂井
					敦里八甲
	梁山				沙河铺
	达县				麻柳场
	东乡（宣汉）				大成寨
	大竹				石桥铺
嘉陵道	巴中	江口镇			
	南部	新镇坝		富村驿	
	射洪	太和镇			（洋溪镇）[青堤渡]①
	三台		葫芦溪		
	中江			胖子店	
	蓬溪			蓬莱镇	康家渡
	广元			百丈关	
				神宣驿	
	剑阁			剑门驿	武连驿
	南充				李渡场

① 原档作"洋溪镇"，误，应作青堤渡（清平渡）。洋溪镇巡检早在道光十二年已裁，此应是原射洪县青堤渡盐大使。

续表

道	县	一等	二等	三等	裁
永宁道	富顺	自流井		邓井关	
	荣县	贡井			
	资中		罗泉井		
	屏山			石角营	
	古蔺			赤水河	两河口
	泸县				嘉明镇
	兴文				（蒲）[旧]城①
建昌道	犍为	四望关			
	西昌	德昌镇	普格		普威
		礼州			
	越嶲	大树堡			
	邛崃		火井槽		
	冕宁		冕山		
	峨边		沙坪		
	盐源		盐中		白盐井
	会理		洼乌场		
			迷易所		
	清溪（汉源）		泥头		
			黄木厂		
	雷波			黄螂	
	乐山				牛华溪

资料来源：《川东道奉巡按使通令各属查照发下各分知事官缺表各地呈报办理情形》，四川省档案馆藏，档号：民191-01-0027。

有几点需要注意的是，首先，该训令中提到，"表内所列应裁各缺除前已裁撤者不计外，其现应裁者无论已否改设警察分所，均应裁撤，

---

① 原档作"蒲城"。按，"蒲城"之名，除该档之外皆未见载。清末兴文县曾短暂迁治建武，期间以叙州府经历移驻旧县城，民国元年县治又迁回旧城。则档案中所裁的缺额是原驻旧城的叙州府经历，"蒲"字应为"旧（舊）"字之讹。

由县知事将文卷印信接收报查,并饬现任之员回省另候差委"。这说明该表中裁汰的地方并不一定是此时才裁撤,有的本来就已经在民初先毁废或裁撤了,只是在这次整改中重新加以确认。如简阳石桥井,其前身为简州州判,民国元年(1912)虽随例改为分知事,但同年就已经裁撤改设了榷税官。① 其次,保留的地方也不一定是民初以来一直都设的分知事,反而是通过此次整改才改设为的分知事。如巫溪大宁场,其前身为大宁县盐大使,民国成立后直接改为榷税官,在整改前"奉行已经三年,并无大宁场分知事一缺"②。再次,该表所列71处分知事并不完全等于清末分驻佐杂的总数。如江油中坝,即清代江油县巡检,在清末时仍存,《宣统三年冬季职官录》中"江油县"下列有"中坝场巡检任树远,贵州遵义县人,监生"③。此处就未在该表中提及,应该也是在民国初年毁废了。最后,民国三年(1914)四月已分边东、边西2道33县地新置省级政区——川边特别区,因此这一区域内原设之各处分知事也未列入该表中。

(三)整改所考量因素

关于民国三年分知事名额的整改,从官职来源类型上看,原清代通判,犍为四望关、射洪太和镇2处全部保留;原清代州同(含直隶州州同、散州州同),涪陵鹤游坪、酉阳龙潭、崇庆怀远镇3处全部保留;原清代州判(含直隶州州判、散州州判),巴中江口镇、资中罗泉井2处保留,简阳石桥井、绵阳丰谷井、忠县𣶬井、酉阳火石垭4处裁撤;原清代县丞,渠县三汇场、富顺自流井、富顺邓井关、荣县贡井、南部新镇坝、西昌礼州、冕宁冕山、平武青川、盐源盐中、三台葫芦溪、蓬溪蓬莱镇、古蔺赤水河12处保留,巴县白市驿、梁山沙河

---

① 民国《简阳县志》卷2《市场》、卷6《职任表》。
② 《川东道奉巡按使饬令各属查照发下各分知事官缺表各地呈报办理情形》,四川省档案馆藏,档号:民191-01-0027。
③ 内阁印铸局编:《宣统三年冬季职官录》,《近代中国史料丛刊》第29辑,第1194页。

铺、大竹石桥铺 3 处裁撤；原清代主簿，平武大印山、南充李渡场、东乡大成寨 3 处全部裁撤；原清代巡检，简阳龙泉驿、南部富村驿、涪陵武隆场、酉阳龚滩、西昌德昌镇、邛崃火井槽、会理洼乌场、会理迷易所、清溪黄木厂、秀山石堤、松潘南坪、彭水郁山镇、中江胖子店、广元百丈关、广元神宣驿、太平黄钟堡、雷波黄螂、屏山石角营 18 处保留，泸县嘉明镇、古蔺两河口、巴县木洞镇、石砫西界沱、忠县敦里八甲、达县麻柳场、西昌普威 7 处裁撤；原清代照磨，理番新堡关 1 处全部保留；原清代经历（含府经历、散厅经历），西昌普格、越巂大树堡、峨边沙坪、城口高观场 4 处保留，兴文旧城 1 处裁撤；原清代典史，清溪泥头、汶川龙溪 2 处保留，盐源白盐井 1 处裁撤；原清代驿丞兼巡检衔，绵阳魏城驿、剑阁剑门驿 2 处保留，剑阁武连驿 1 处裁撤；原清代盐大使，云阳云安场、大宁大宁场 2 处保留，乐山牛华溪、蓬溪康家渡、射洪青堤渡 3 处裁撤。

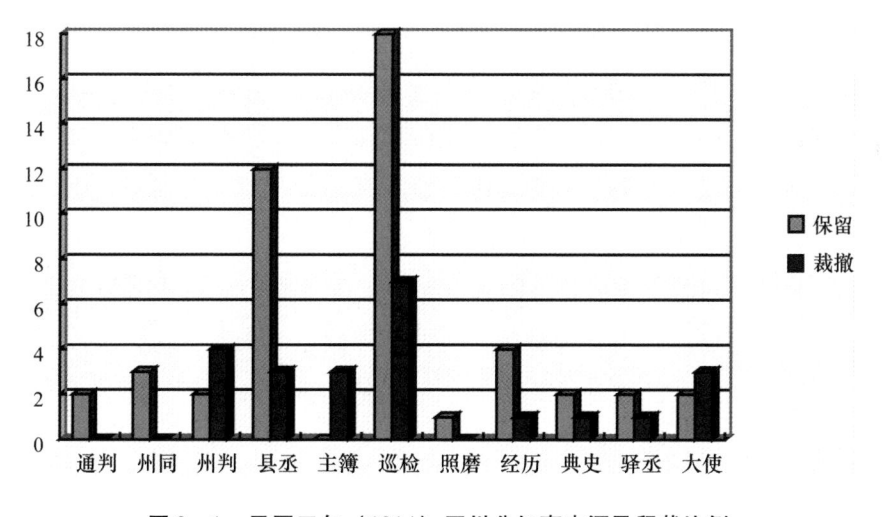

图 2-1 民国三年（1914）四川分知事来源及留裁比例

以上各种官职来源类型的保留、裁撤没有明显的规律，由此判断，其名额保留与否和其在清代时原设官职的类型似乎关系不大。其考量因素主要还是在于是否符合巡按使训令中所提到的"地非冲要,事务又极简单"上,即该地所处位置的重要与否,以及商业、人口等要素的繁盛程度。

从空间分布上看,保留的分知事多位于川西南、川北、川东南边远民族地区。其中西川道保留了7处,裁撤了3处;东川道保留了11处,裁撤了10处;嘉陵道保留了10处,裁撤了4处;永宁道保留了6处,裁撤了3处;建昌道保留了14处,裁撤了3处。就其比例而言,西川、嘉陵、永宁三道裁撤率都在30%左右;东川道裁撤幅度最大,裁撤率高达47.6%;建昌道最小,裁撤率仅17.6%。这和东川、建昌两道当时各自的情形密不可分。东川道地形以平行岭谷为主,山林中易藏奸匪,但自白莲教运动和清末革命之后,该境整体政局已趋向平稳,其内地各县已经不需分驻就足以治理。而建昌道诸地多在川西南高原上,大多县境辽阔,地形崎岖,交通不便,驻在县城的官员对县内边远之地确实是鞭长莫及;又该道境内族群复杂,常有族群冲突事件发生,处理起来较为棘手。此外,从图2-2中我们可以明显地看出,盆地内部所保留的分知事大多在大江大河流域的水陆要道交汇之地,所处空间位置比较重要。这些地方交通便利,经济繁盛,人口流动频繁,也确实需要分驻加以管控。

除了空间因素外,经济因素也是重要的考量点,其中尤以盐业的影响最为突出。四川井盐资源丰富,是国内重要的盐产区,云阳、巫溪、富顺、荣县、犍为、南部、射洪、蓬溪各处附近都是著名的产盐运盐之地,由此而形成了较大的场镇,人烟辐辏,五方杂处,事务繁杂。这种情况下,在考量时会降低对空间因素的要求标准。如巫溪县大宁场,旧设盐大使,该地距县城其实非常近,仅三十里路程,而且该盐大使在民国成立后也是改为榷税官而不是分知事。但该地在整改中不仅保留名额改设了分知事,而且列为一等,这明显是受经济因素的影响。

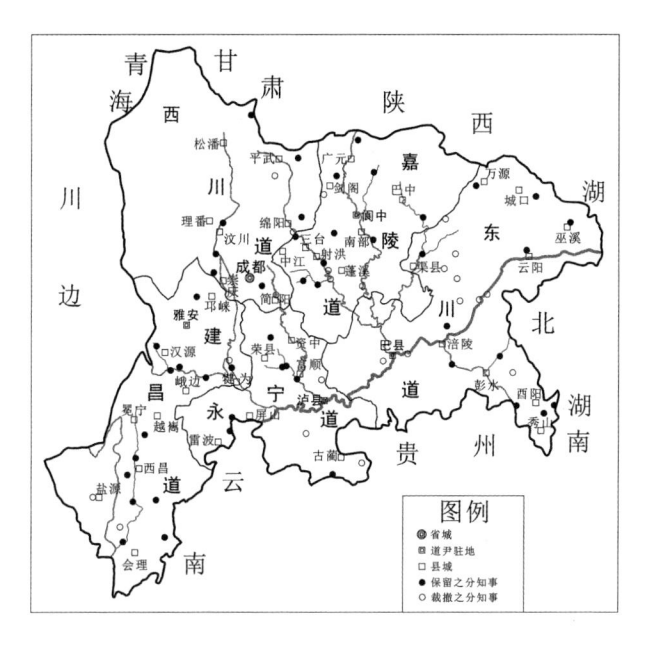

图 2-2　民国三年（1914）四川分知事分布情况

整改主要是为节省冗费，48 处保留、23 处裁汰，总裁汰率达到了 32%，这个比例还是相当高的。酉阳火石垭分知事的裁撤就是个典型。该分知事前身为清代酉阳直隶州州判，分驻时间本就相当晚，在清代长期都是同城州判，直到同治年间才分驻火石垭。该处距酉阳城二百四十里，"其地高踞山坳之上，街市止铺户十数家"，属于典型的地非冲要、事务又简。而且"自设分治以来，除领俸公支拂外，全恃案费为分治用需"，因为滥取案费导致官绅之间势同水火，民国以来两任分知事刘琳池、李巨川都与地方大起冲突，因此在整改命令出台前的民国三年（1914）五月，酉阳县知事高凌霄就已经向上级请求依照民意"将火石垭分署机关一律永远取销，所有一切应办各事宜径归县治完全管辖"[①]。该处分知事在整改中被裁撤也就不足为怪了。

---

① 《四川省长公署川东观察使关于酉阳县火石垭分知事李巨川违法乱纪处理过程》，四川省档案馆藏，档号：民 191-01-0091。

我们还应注意到，整改的过程中对民意的接受程度有限，这可以从涪陵鹤游坪的案例中得到一点启示。鹤游坪分知事的前身是嘉庆七年（1802）所设的涪州州同，最初的目的是抵御白莲教匪徒。但在民国三年（1914）鹤游坪绅耆汪元达等人给涪陵县知事徐琮的呈文中可见，该分廨自清末以来已是弊端凸显、乱象丛生，为当地人所深恶，"隔涪陵只百二三十里，凡遇公事，既受两重耽负……廨门名曰抽提，任人进出，舞弊告状号为烟色，遇事动成狱讼，有一事而翻成数案，有一案而缠讼数年，有一案而牵连数十家，及至家倾产尽莫可奈何。又复备文牒，涪同遭拖累"。该呈文中夸张地表述了自民国以来当地人对分知事置废的两种态度：听闻裁撤时则欢声雷动，"适逢大总统令下凡府县分厅，一律取消……自去年三月截止后，坪民恩呼再造"；听闻分设时则一片哀鸿，"乃历时未久，复安警务，民已叹避秦无计……忽闻省长训令，复设立分廨，莫不动魄惊心"。汪元达等人的表述虽不免夸张，但反对分设的态度十分鲜明，"苦恳知事调查前卷，一面将警务立即取消，一面将坪属实在情形备文详申，不复再设"，不仅反对改设警察分所，也反对复设分知事。徐琮查察后认为该情况属实，一方面，"自反正以来，该处绅民或请撤分知事，或请裁警察分所，纷纷禀呈"，印证汪元达等人的表述不是一面之词；另一方面，"鹤坪居于内地，距县城较近，非同武隆弯远、紧接黔江者比。既非冲要，即无复设分知事之必要。况改分知事权责对于民刑诉讼未便擅受，即从权理解仍必赴县复控，徒事周折，反增民累。至勘验缉捕事宜，距城既近，只是尽可勉负其责"。遂将该民意向上级转达，请求"将该分知事免予复设立，并将警察分所裁撤"①。此后东川道尹和四川巡按使具体怎样回复不得而知，但可以确认的是该呈请最终并未得到允准，鹤游坪分知事不仅继续保留，而且还是一等分知事。由此可见，民意在众考量因素

---

① 《川东道奉巡按使通令各属查照发下各分知事官缺表各地呈报办理情形》，四川省档案馆藏，档号：民191-01-0027。

中可能并没有那么突出，该地位置重不重要、分知事要不要保留，上层自有其衡量标准，最终还是取决于上层的主观判断。

二 县佐制度的确立及县佐数量问题

（一）县佐的初设

民国三年（1914）八月九日，北洋政府《政府公报》公布了前一日的大总统申令制定的《县佐官制》。官制共六条，第一条，县设县佐承县知事之命，掌巡徼弹压暨其他勘灾、捕蝗、催科、堤防、水利并县知事委托各项事务。县佐由巡按使委任，咨陈内务府核准注册。第二条，县佐以设于该县辖境内之要津地方为限，不得与县知事同城。设置县佐之县由该省巡按使声叙必须设置理由，咨陈内务部呈请。第三条，县佐驻在地方之警察，由该县佐承县知事之命就近指挥监督之。县佐驻在地方之违警案件，得由该县佐就近处断，仍详报于该管县知事，但不得受理民刑诉讼案件。第四条，县佐因办理文牍及庶务，得酌用书记雇员。第五条，县佐之经费由该管县详由道尹、巡按使核定之，仍咨陈内务部、财政部。第六条，本官制自公布日施行。① 四川地区的分知事、设治委员纷纷照此改名县佐，基本在次年更改完毕。

民国三年年底到四年（1915）设置的县佐是由分知事或设治委员直接改设，在空间分布和数量上与之前保持了一致。与此同时，随着《县佐官制》的出台，川内一些原本没有分知事或设治委员的地方也提出了增设县佐的诉求。

1. 增设成功案例：铜梁县安居镇

民国三年九月，安居镇绅商代表李琼等以"地要民稠"为由，向东川道尹呈请求增设县佐。该呈请从历史、地理、最近情形三个方面一一阐述申请理由。历史方面，强调安居废县时间短，并且常年有官

---

① 中国第二历史档案馆编：《政府公报》第812号，第36册，上海书店出版社1988年版（影印本），第351页。

维持,"乾隆时废县治,置巡检,旋复撤去,并铜梁。然尚留汛、学两官,驻安居城内。所有训民型俗,学官主之;诘奸禁暴,汛官主之。人民观听所系,望若神明,故觊法者少。年来集权铜梁,几视安居为瓯脱地,官不能保民而民亦不能自保"。地理方面,突出安居重要的交通区位和富庶的情形,"安居地为犄角形,两面距河,涪江环其前,箭溪汇之。上通潼绵,下达巴渝……户籍云连,商贾辐辏,毂击肩摩,相望于途,比之铜梁,一僻居山麓,一濒临江渚,繁剧之与简易,不问可知"。最近情形方面,则历数当地盗匪事件以及县城派人前来缉捕的不佳效果,"即令飞报县知事,迨督队勘验而匪已四散矣。官去匪来,习为故常,商民何辜罹此荼毒"。

总体而言,该呈请较有条理,既强调了安居和铜梁的区别,又将安居过去有官时的有序和现在无官的混乱情形对比得较为清楚,"窃铜梁旧属之安居,在前清同光时本名曰乡,清末厘定地方制改名曰镇,向有汛防一员、教官一员,地方秩序礼教赖以维持。故安居之与铜梁虽名为一县,其实学额、丁粮及各种负担,划然各别。而安居在历史上旧为县治,城垣岿然犹存,只以反正后不设官守。铜梁纽于习惯,鞭长莫及,而地方秩序竟不可保。以三千余家之户口,为该盗匪等踞为巢窟,无敢过问。无官之境,变为无人之境,良懦土著均挈眷远徙。铜梁知事只徒事吁嗟而苦于无如何也"①。因此,安居镇之后成功增设了县佐,只是宥于资料,其增设的具体时间不详,大概在民国四年至五年(1915—1916)间。民国六年(1917)的《四川东川道填呈省乱后由道暂委任代理各县知事县佐简明表》已有"铜梁安居镇县佐陈云"②。

2. 增设失败案例:綦江县东溪镇

同年十一月,綦江县也提出了增设县佐的请求。与铜梁县是以绅

---

① 《綦江县知事铜梁县绅商代表呈请在綦江东溪镇铜梁安居镇增设县佐省道批示》,四川省档案馆藏,档号:民191-01-0036。
② 《东川道道尹呈报省乱后各县知事县佐请省长加委》,四川省档案馆藏,档号:民191-01-0054。

商代表的名义直接向东川道尹上呈诉求不同,綦江县是通过知事李映芳向东川道尹提出,"伏查綦邑为川黔来往孔道,而所辖之东溪镇地方水陆交接,行旅如云,尤冲要之区。该处距城一百里,其人民之富庶、事务之纷繁,不但为全县之冠,且较治城有过之无不及。该镇因无专员就近弹压,向称繁要改革以还尤难控制。迨去年熊杨变乱之后,该镇一带更为匪人所出没,徒以去岸较远,每有鞭长莫及之势。所委团总终属地方首人难镇慑,亟应遵照教令设置县佐以备巡徼弹压及其他勘灾、捕蝗、催科、堤防、水利等事之委托。且县属地方向分五里,惟安里东溪镇偏在一隅,幅员最广,民间因有安半县之称。倘设县佐,裨益实非浅鲜。爰众谘询意见,佥以添设县佐为宜。并称该镇在前清时业经开办警察后,因反正停办,今设县佐再将警察成立,知必有利其人民者。知事覆查无异,用特据实上陈,合无仰恳道尹转详巡按使咨陈内务部,准于县属东溪镇添设县佐,遵照奉颁县佐官制办理一切,地方幸甚"①。

但李映芳的请求经东川道尹转达到省之后遭到了驳回,四川巡按使批示:"查该县东溪镇虽为川黔孔道,然仅通小河,且非由川入黔必由之路,则整顿保甲或开办警察均足以资保卫,所请设置县佐之处毋庸议。"为此,李映芳于次年四月再次呈请,"奉此查东溪地方虽仅通小河,然系冲要之区,人民富庶,事务殷繁,数倍于县城,而川黔往来无不经过该镇,确系由川入黔必由之路,兼之距县较远,向无专员镇摄匪徒,因以云集肆行抢掠,为害孔巨,该处保甲未尝不随时整顿,只因属于地方首人,终难藉资控制,警察只可弹压市面,其权利亦有不逮之处。计惟有设置县佐,职位较专,照章承办一切,始克有济矧该镇实为县属要津,比较别属已设县佐地方,似亦在应设之列,且现在禁烟政令极为森严,黔省烟土入川,首经该镇,转瞬新烟上市入境

---

① 《綦江县知事铜梁县绅商代表呈请在綦江东溪镇铜梁安居镇增设县佐省道批示》,四川省档案馆藏,档号:民191-01-0036。

愈多，欲严禁入川之烟，必先于该镇禁其入境，庶几事半功倍。倘设县佐常川驻扎该镇，藉以禁烟总不使黔省烟坭浸入县境，尤属一举两便。不但县中政务藉可振兴，即境内之烟亦必从此渐减。筹议至再，惟有仰恳巡按使查照知事原详赏准咨部，请于东溪镇设置县佐以卫地方，实沾公便"①。

从李映芳的表述来看，其请求增设县佐的理由还算充分，也有地方富庶、盗匪猖獗等情况，其位置偏远、禁烟等理由比起安居镇还更直观一些。但最终东溪镇还是没能增设县佐，由此可以看出这一阶段的增设，除了强调地处要津外，对该地历史地位、此前是否分驻过官员也比较看重。

（二）民国中期四川县佐数量问题

关于民国中期四川县佐设置的数量，《内政年鉴》根据民国十九年（1930）所报者附列《四川省县佐名称简表》，该表共计列有简阳龙泉驿、崇庆怀远、平武青川、平武大印山、汶川龙溪、绵阳丰谷井、绵阳魏城驿、铜梁安居镇、云阳云安场、巫溪大宁场、松潘南坪、理番新堡关、理番雅多寨、巴县白市驿、巴县木洞镇、涪陵鹤游坪、涪陵羊角碛、城口高观场、忠县洴井、忠县敦里八甲、达县麻柳场、渠县三汇场、大竹石桥铺、宣汉大成寨、万源黄钟堡、秀山石堤、彭水郁山镇、汉源泥头、汉源黄木厂、西昌德昌镇、西昌普格、梁山沙河浦、酉阳龙潭、酉阳龚滩、酉阳火石垭、石砫西界沱、盐源盐井、盐源白盐井、会理披沙、盐边洼乌场、盐边迷易所、盐边披砂、西昌礼州、西昌普威、犍为牛华溪、犍为四望关、荣县贡井、邛崃火井槽、泸县嘉明镇、富顺自流井、富顺邓井关、兴文建武、南部新镇坝、越巂大树堡、峨边沙坪、屏山石角营、资中罗泉井、叙永两河口、雷波黄乡、雷波猡子村、古蔺赤水河、南充李渡场、巴中江口镇、三台葫芦溪、

---

① 《县佐任用条例及各县知事调取文凭与呈报履历以备查案件》，四川省档案馆藏，档号：民041-04-7446。

南部富村驿、广元百文关、广元神宣驿、剑阁武连驿、剑阁剑门驿、中江胖子店、蓬溪蓬莱镇、蓬溪康家渡、射洪太和镇、射洪洋溪镇共74处县佐。①

但其实稍一注意，就能发现这份简表的问题很大。首先是有一些明显的小错误，如错别字，"沙河铺"写成"沙河浦"，"披砂"写成"披沙"，"黄螂"写成"黄乡"，"百丈关"写成"百文关"；又，漏掉了冕宁的冕山县佐；又，"盐井"即"白盐井"，二者重复，"盐井"应为"盐中"之讹；又，清代建武巡检早在乾隆年间已裁，民初所裁兴文蒲城分知事的前身是清末叙州府分驻兴文经历，与建武无关；又，盐边县没有县佐，会理有披砂县佐，盐边之"披砂"乃讹重复写，洼乌场、迷易所二县佐亦属会理而非盐边。如果说这些个小错误还不足以致命，那该表最大的问题就是存在一个根本性的错误，即其所列县佐数量完全与实际情况不符。和民国三年（1914）四川巡按使拟定保留的48处和裁汰的23处，共计71处分知事相比，该表减少了简阳的石桥井、冕宁县的冕山2处，增加了理番的雅多寨、铜梁的安居镇、会理的披沙、盐边的披砂、雷波的猁子村5处②，几乎是将裁汰的23处全部重新囊括了进来。那么是这些裁撤的地方后来又在《县佐官制》公布之后重新设置了县佐吗？事实并非如此。

绵阳丰谷井，原设绵州直隶州州判。民国《绵阳县志》卷一《沿革》云："中华民国二年阳历三月，始改绵州为绵阳县，裁丰谷井州判，改魏城驿为分知事治地。"同卷《古迹》云："丰谷井分州废署，原系灶商盐神祠公地借设，裁撤分州后，房产仍归井灶经管，今改为盐场评议公所。"卷二《公署》亦云："民国初，去驿丞，改州判为分知事，仍驻丰谷井，二年移分知事驻魏城。"

剑阁武连驿，原设剑州驿丞。民国《剑阁县续志》卷二《建置》

---

① 内政部年鉴编纂委员会：《内政年鉴》，商务印书馆1936年版，第（B）247、248页。
② 该表有涪陵之羊角碛而无武隆。按，武隆县佐一度移驻羊角碛，羊角碛即指武隆。

云:"武连驿丞署,在武连驿。民国元年改驿丞为分州知事,二年改分县知事,三年裁缺,旧署由征收局变卖。"卷三《事纪》亦云:"(民国)三年,裁武连分县知事。"

平武大印山,原设平武主簿。1997年《平武县志》云,辛亥革命后主簿署解体,民国元年大印设巡警派驻所,不久即撤销。① 张树敏亦称,民国二年(1913)废大印山分县,分县署改为平武警察派出所。②

泸县嘉明镇,原设泸州直隶州巡检。民国《泸县志》卷二《官署》云:"巡检司署,在县北一百二十五里嘉明镇,民国反正,废。"同卷《职官表》亦列有末任巡检夏鸿藻,"反正,逃去,巡检缺废"。

巴县白市驿、木洞镇,原分别设巴县县丞、巡检。民国《巴县志》卷二《衙署局会》云:"(县丞署)民国二年废,按在白市驿中街马号侧,今为民房……(巡检署)民国废,按,在木洞中坝,今为民房。"民国四年(1915)巴县知事周询亦称:"案奉道尹饬将所属原设分知事一律更名县佐……伏查巴县署白市、木洞两场,均前清设有县丞、巡检佐治,自应有分知事员缺,惟民国成立后,皆已裁撤。"③

忠县涂井、敦里八甲,原分别设原忠州直隶州州判、巡检。前者"清雍正八年于此设有分州衙门,称为'二堂',并兼管忠县、丰都、垫江、梁山(今梁平)及石柱县的督捕事务,至辛亥革命时废止";后者在今忠县拔山镇,"清雍正八年(1730)于此建忠州分州衙门,称为三堂(州为大堂,涂井为二堂,拔山为三堂)到辛亥革命时废"④。

东乡(宣汉)大成寨,原设东乡主簿。民国《宣汉县志》卷二《城廨》云:"民国初年,主簿裁撤,其署遂废,今已毁夷矣。"

---

① 平武县志编纂委员会编:《平武县志》,四川科学技术出版社1997年版,第296页。
② 张树敏:《大印分县在辛亥革命后的解体》,平武县政协文史资料委员会编:《平武文史资料选辑》第12辑,2001年,第191、192页。
③ 《县佐任用条例及各县知事调取文凭与呈报履历以备查案件》,四川省档案馆藏,档号:民041-04-7446。
④ 忠县志编纂委员会编:《忠县志》,四川辞书出版社1994年版,第40、38页。

大竹石桥铺，原设大竹县丞。民国《大竹县志》卷二《廨》云："民国县丞缺废，公署归官产出售。"

乐山牛华溪，原设犍为盐大使。民国《乐山县志》卷四《公署》云："盐大使署……建于油华溪，府志云乾隆二年就巡检署改设，今改为稽核所收税处。"民国《犍为县志》卷二《官署》亦云："清巡检司署，牛华镇沙沟儿，即今乐厂收税所。"

南充李渡场，原设南充主簿。民国《南充县志》卷一《城市》云："李渡场，在治南七十里嘉陵江右岸，当水陆冲途，为下南区第一大镇。清设主簿署于此，今废。"

蓬溪康家渡，原设蓬溪盐大使。民国《蓬溪近志》卷二《庶政》云："辛亥反正后，时军府草创，县之官吏名额仍旧。民国元年，川北宣慰使张澜为一新人民耳目计，请军政府改知县称民政长，并请准裁去教谕及康家渡盐大使两额。嗣奉中央令知县改称为县知事。"

以上均可说明这些民国三年（1914）已裁分知事的地方，并没有在后来又重新设置了县佐。因此《四川省县佐名称简表》所列县佐数量是错误的，它实际上是将民国初年由清代佐杂辖区改置的分知事全部都囊括了进去，《民国时期政区沿革》和《中国行政区划通史·中华民国卷》二书皆延续了这个错误。

而且即使是民国三年保留者，也有一部分已经在民国十九年（1930）以前被裁撤。如雷波黄螂县佐，1929年李仲魁《雷马屏峨四县调查录》附《雷波县全图》，图中分县标为"黄廊"，而图例注释为"分县，今无"①。1997年《雷波县志》云："黄螂分县……民国元年（1912）三月改巡检司署为'四川雷波厅黄螂分厅知事公署'。三年（1914）五月，裁撤黄螂分厅知事，六月复设黄螂分厅知事，十月改为黄螂分县。四年（1915）四月二十四日，改分县知事为县佐……十三

---

① 李仲魁：《雷马屏峨四县调查录》，川康边防总指挥部印行：《边政》第2期，1929年，第175页。

年（1924）废分县建第3区。"① 峨边沙坪县佐，李仲魁《雷马屏峨四县调查录》附《峨边县全图》，其中图例注释沙坪为"前分县"②，则该县佐此前已裁。干光仁《旧沙坪的银行和工厂》一文称该分县"一直延续到民国十四五年方废"③。广元百丈关、广元神宣驿二县佐，民国《重修广元县志稿》卷五《廨署》云："百丈关县佐署，就前巡检司署驻。民国十六年，改公安局……神宣驿县佐署，就前巡检司署驻。民国十六改公安局。"资中罗泉井县佐，民国《资中县续修资州志》卷二《廨署》云："清分州署，在县西罗泉镇，距县一百二十里……近改分州署为县佐公署。民国十七年，经西乡团总联名呈准裁撤有案。"富顺自流井县佐，1992年《自贡市标准计量志》云："1920年3月5日，富顺县自流井县佐公署布告《权度法》，规定米粮商户使用'官斗过拐'。"④ 该县佐此时尚存。1997年《自贡市志》云，民国二十一年（1933），裁撤贡井县佐，在这之前，自流井县佐已裁撤。⑤《自贡市自流井区志》云："民国十七年（1928）自流井县佐署裁撤。"⑥ 则自流井县佐裁撤时间在民国十七年。

另有会理披砂县佐，该县佐的前身是设治委员，所以在民国三年（1914）的分知事表中并未列有，后因该设治委员没能成功升县，于是也在《县佐官制》出台后改设为了县佐。直至民国十七年五月，经宁属整理委员会转呈四川省政府批准撤销会理县披砂分县分署，改建为

---

① 四川省《雷波县志》编纂委员会编：《雷波县志》，四川民族出版社1997年版，第63页。
② 李仲魁：《雷马屏峨四县调查录》，川康边防总指挥部印行：《边政》第2期，1929年，第176页。
③ 干光仁：《旧沙坪的银行和工厂》，政协峨边彝族自治县委员会文史资料研究委员会编：《峨边文史》第8辑，1988年，第87页。
④ 自贡市标准计量管理局编：《自贡市标准计量志》，四川人民出版社1992年版，第4页。
⑤ 自贡市地方志编纂委员会编：《自贡市志》，方志出版社1997年版，第89页。
⑥ 自贡市自流井区地方志编纂委员会编：《自贡市自流井区志》，方志出版社2013年版，第24页。

"披砂设治局"①。

又，雷波猡子村（又作猓子村）县佐虽是民国三年（1914）以后增设，但也在民国十九年（1930）以前已裁。1997年《雷波县志》云："羿子村分县……清中期为'上10地'羿子村乡。民国三年（1914年）三月设行政委员……六年（1917年）七月正式设羿子村分县佐，年年（1919年）七月县佐公署毁于战乱，分县机构消失。"②根据其括号内"1919年"的注释，"年年"应是"八年"之讹，但此说有误。民国十七年（1928）罗孝成作《平定雷马峨各属凉山夷匪计画》一文，该文于次年刊载于《边政》，其称："夷匪鉴于九年秋间在猓子村戕害县佐黄能训后，政府毫未加以惩艾，于是得寸进尺，恣意纵横，驯至雷黄十八地，仅余县城及黄螂、牛吃水、天姑密三处。"③民国中期中国西部科学院考察团调查雷波等地后撰写报告亦称："盖雷波原有十八乡，今所余者，除城区及黄螂而外，只天姑密、海脑坝及牛吃水三乡。然亦只街市存在，田土已大半为夷人占去……民国九年，猓子村分县夷叛，将县佐黄能训杀害。"④则民国九年（1920）尚有猓子村县佐，该县佐之废应在民国九年黄能训被杀后。

又，冕宁冕山县佐，该县佐至民国二十四年（1935）才裁撤。此外又有屏山沐川县佐，民国十三年（1924），屏山县治曾迁到沐川镇，十五年（1926）又迁回了旧治，引起沐川镇人士的不满，"乃于17年在沐川镇设分县，二十四军派杨自廉任县佐"⑤，该县佐在民国二十一年（1932）才裁撤。此二处皆在民国十九年（1930）时仍存，该表漏列。

---

① 宁南县志编纂委员会编：《宁南县志》，成都科技大学出版社1994年版，第104页。
② 四川省《雷波县志》编纂委员会编：《雷波县志》，四川民族出版社1997年版，第63页。
③ 罗孝成：《平定雷马峨各属凉山夷匪计画》，川康边防总指挥部印行：《边政》第2期，1929年，第222页。
④ 常隆庆等：《雷马峨屏调查记》，1935年，第66、78页。
⑤ 四川省沐川县地方志编纂委员会编纂：《沐川县志》，巴蜀书社1993年版，第387页。

经过上述梳理，民国四年（1915）四川县佐初设完成时，有原分知事 48 处加原设治委员 1 处，共计 49 处。而到民国十八年（1929）年底，四川县佐的实际数量至多也只有 45 处，详见表 2-2。

表 2-2　民国四年至十八年底（1915—1929）四川县佐分布情况

县	民国四年所设	增设情况	裁撤情况
简阳	龙泉驿		
崇庆	怀远		
平武	青川		
汶川	龙溪		
绵阳	魏城驿		
铜梁		安居镇（约民国四五年间增设）	
云阳	云安场		
巫溪	大宁场		
松潘	南坪		
理番	新堡关		
理番		雅多寨（即马塘，民国十八年增设）	
涪陵	鹤游坪		
涪陵	羊角碛		
城口	高观场		
渠县	三汇场		
万源	黄钟堡		
秀山	石堤		
彭水	郁山镇		
汉源	泥头		
汉源	黄木厂		
冕宁	冕山		
西昌	德昌镇		
西昌	普格		
西昌	礼州		

第二章 民国四川的县佐分驻

续表

县	民国四年所设	增设情况	裁撤情况
酉阳	龙潭		
	龚滩		
盐源	盐中		
会理	洼乌场		
	迷易所		
	披砂		民国十七年裁
犍为	四望关		
荣县	贡井		
邛崃	火井槽		
富顺	自流井		民国十七年裁
	邓井关		
南部	新镇坝		
	富村驿		
越嶲	大树堡		
峨边	沙坪		约民国十四年、十五年间裁
屏山	石角营		
		沐川（民国十七年增设）	
资中	罗泉井		民国十七年裁
雷波	黄螂		民国十三年裁
		猓子村（民国六年增设）	民国九年裁
古蔺	赤水河		
巴中	江口镇		
三台	葫芦溪		
广元	百丈关		民国十六年裁
	神宣驿		民国十六年裁
剑阁	剑门驿		
中江	胖子店		
蓬溪	蓬莱镇		
射洪	太和镇		

三　县佐制度的取消和县佐的彻底裁撤

从长时段来看，自民国三年到四年（1914—1915）县佐初设之后，很少再有增设，县佐整体上处于一个不断裁减的过程。从北京国民政府中后期到南京国民政府成立之初，川内就已经有少部分县佐被裁撤，但这只是个别县的自发行为，比较分散且数量较少。而从制度上取消进而完全裁撤是在民国十九年（1930）后，又分为民国十九年至二十二年（1930—1933）、二十三年至二十五年（1934—1936）两个时间段。

（一）民国十九年至二十二年间裁撤

国民党政权一直视道、县佐等制度为旧制，南京国民政府统一全国后，一直积极谋划废除县佐、建立新的基层组织。民国十八年（1929）十二月四日，国民党中央执行委员会政治会议举行第二〇七次会议，决议通过内政部所拟《训政时期完成县自治实施方案内政部主管事务分年进行程序表》。① 该表决定从民国十八年至二十三年（1929—1934）分六期完成，其中第一期（民国十八年）、第二期（民国十九年）完成划一自治制度，具体为"划一县市制，废除道及县佐"，其下并有备考称："第一期业已实行，间有少数省分未经改革，亦拟于第二期上半年办竣。"② 由内政部通知全国各省政府查照办理，但各省反应不一。四川省此时处于军阀混战的防区制时代，对中央裁撤县佐的决议，川内形成了两种应对方式。四川省政府主席刘文辉请求缓裁，其以四川省政府的名义咨复，川省幅员广阔，全省一百四十八县，每县区域多较他省为大，所设县佐均距城窎远，县政府治理难

---

① 中国国民党中央执行委员会宣传部印行：《中央周报》第80期，1929年，第26、27页。《中国行政区划通史·中华民国卷》第60页将该会议时间记作"民国十九年（1930）2月"，误。

② 国民政府文官处印铸局：《国民政府公报》第345号，1929年12月14日，第7页。

周,仍需佐理,未便即行裁撤,拟候各县自治区域划定,区长委任后,再将各县县佐分别裁撤,于民国十九年(1930)五月为内政部允准。①而二十一军军长刘湘则积极响应,向其成区内各县发布军部令,命令各县佐一律奉令撤废,"所有各该县佐署地点自应收归公有,听候处办"②。故从民国十九年到二十二年(1930—1933),川内只有少部分县裁撤了县佐,其中又以刘湘成区内各县为主。

1. 刘湘成区内各县裁撤情况

民国十八年(1929)、二十年(1931),刘湘先后在第二次下川东之战、后顺庆之战中胜利,由此拥有了川东二十八县地盘。③其中云阳、巫溪、涪陵、彭水、酉阳、秀山、铜梁七县都曾设有县佐,这些县佐都在民国十九至二十二年间被裁撤。

铜梁安居。民国十九年十一月三日,东川邮务管理局发有致安居县佐公署的公函④,同月十九日安居县佐徐瑞麟回致公函,该县佐裁撤时间当晚于此。此时铜梁属于陈鼎勋防区,次年3月被刘湘的第二十一军接管。刘湘在民国二十二年的一份军部令中提到,"查该县所属之安居县佐在本军接防以前即经裁撤,其县佐署现作何用,未据呈报有案"⑤。则该县佐在民国十九年十二月至民国二十年二月之间裁撤。

巫溪大宁场。1993年《巫溪县志》只提到"民国初年及军阀割据的'防区'时代,巫溪县署中缺(二等),年支银洋9840元;大宁场县佐繁缺(一等),年支银洋2760元"⑥,没有记载县佐裁撤时间。民国二十年三月二十三日,财政部盐务署向四川盐运使发布辛字第一〇

---

① 内政部年鉴编纂委员会:《内政年鉴》,商务印书馆1936年版,第(B)247—248页。
② 铜梁县政公报社编辑:《铜梁县政公报》第5期,1933年,(内政)第8页。
③ 匡珊吉、杨光彦主编:《四川军阀史》,四川人民出版社1991年版,第269—280页。
④ 《东川邮务管理局关于严缉盗窃安居邮局匪徒致安居县佐公署的公函》,重庆市档案馆藏,档号:民0340-0002-00037-0200-249-000。
⑤ 铜梁县政公报社编辑:《铜梁县政公报》第5期,1933年,(内政)第8页。
⑥ 巫溪县志编纂委员会编:《巫溪县志》,四川辞书出版社1993年版,第358页。

四一号指令称："据呈大宁盐场公署，向系租赁民房应用，现经会同川南稽核分所商准省府，将该场原有已裁县佐废署基地，拨充建筑场署税局之用，业经该署函达分所，分别令据该场长、收税官接收保管，请予立案等请，应准备案。"①据此可知，四川盐运使关于将大宁场已裁县佐废署拨用来修建税局的呈请早于该指令发布时间，大宁场县佐裁撤时间则又更早于此。

涪陵鹤游坪、涪陵武隆。民国十七年（1928）修成并刊印的《涪陵县续修涪州志》尚不云二处县佐已裁。1994年《武隆县志》云："（民国十九年）6月，废武隆分县，以原分县为主体，设涪陵县第十六至二十一区。""19年（1930）6月废分县，涪陵全县划二十一区，今武隆大部分属第十六至二十一区。""民国19年6月废分县，改为涪陵十六、十七、十八、十九、二十、二十一区。"②1995年《涪陵市志》亦云："（民国十九年）6月，废武隆、鹤游两分县。县长谢汝霖呈请划分全县为21个区。""民国19年6月，裁撤鹤游、武隆分县。""民国19年6月，全县分为21个区（废分县为区）。"③似乎交代得较为清楚。但民国二十年（1931）九月二十一日的行政院训令第四七八二号还称："涪陵县鹤游坪请愿团代表黎君质等呈请依照县组织法将所属鹤游坪县佐赘署明令取消，以符新制。"令四川省政府"查明情形，先将鹤游坪县佐依法废除"④。则鹤游县佐民国二十年时尚未裁撤，二志之说有误。《涪陵县政周刊》1932年第27期载有该年三月题为《汇报接收鹤游武隆两县佐衙署文卷等项》的呈文，呈文中提到，"奉钧部政字第二二八一号训令裁撤鹤游坪、武隆两县佐……分令第五区区长

---

① 财政部盐务署编译处编辑：《盐务公报》第27期，1931年，第103页。
② 四川省武隆县志编纂委员会编纂：《武隆县志》，四川人民出版社1994年版，第11、39、42页。
③ 四川省涪陵市志编纂委员会编纂：《涪陵市志》，四川人民出版社1995年版，第29、94、100页。
④ 行政院秘书处：《行政院公报》第291期，1931年，第27页。

陶昆后会同保和乡乡长黎润生接收鹤游坪衙署暨公物等件，第九区区长曹清澄会同土坎乡乡长王俊良接收武隆衙署仓廒暨公物等件，均就近负责保管造册报查，其余钤记以及文卷均饬径解职府保存……所有两县佐应领二、三两月俸公由职向征收局领得分别支给"。并分别录有二县佐的呈文，"兹据鹤游坪县佐吴谦呈称……即将钤记、文卷公物造具清册，一并呈解钧府，至衙署房舍公物业已遵令点交第五区区长陶昆后、保和乡乡长黎润生、黎述周等接收清楚。再查分城实无仓廒，其各镇乡有无仓储，职署无案可稽，亦无银钱经手事件，从本日起即为完结之日"，"又据武隆县佐杨平章呈称……遵即饬令书记迅将任内往来文件及诉讼案卷清厘造具去讫，惟查前任文件案卷及器物等件被股匪捣毁无从呈缴，莅任时曾经呈报在案，至房舍十二间、拘留所一间、仓廒三间，业已点交九区副区团长曹清澄及土坎乡乡长王俊良接收，至月底结束"①。则二县佐的裁撤时间是在民国二十一年（1932）三月。

彭水郁山镇。《四川省彭水县地名录》云："民国十九年废分县衙门后，改设为区。"② 1998年《彭水县志》第14页云，民国二十一年，"3月27日，郁山县佐公署撤销"；第494页又云："民国22年春，撤销分县衙门，改设为区。"三种说法虽皆在民国十九年至二十二年（1930—1933）间，但各不相同，未详孰是。

酉阳龚滩、酉阳龙潭。2002年《酉阳县志》列有数任龚滩县佐，其中计显麟"民国十九年（1930）三月—七月"任③，则龚滩县佐裁撤时间当晚于此。《近现代四川场镇经济志（三）》称："1930年撤（龙潭）分县署即分县知事，改行商团政合一的团总制，龙潭设总正。

---

① 涪陵县政周刊编辑处编辑：《涪陵县政周刊》第27期，1932年，第67—71页。
② 彭水县地名领导小组编印：《四川省彭水县地名录》，1984年，第77页。
③ 《酉阳县志》编纂委员会编：《酉阳县志》，重庆出版社2002年版，第394页。

1935年，改行联保制。"① 《酉阳：1912—1949》一书亦称："1930年撤（龙潭）分县署设总正。1935年改行联保制而设联保办事处。"又称："1930年撤销（龚滩）分县署及分知事改为团总制。1935年废团总制为联保制。"② 此说误。2002年《酉阳县志》载，民国十一年（1922）设团练制，民国二十四年废团练制为联保制③，则县佐与团总制在1922年至1935年并行，二者并非替代关系。更重要的是，民国二十年（1931）五月八日，东川邮务管理局发有致龙潭分县政府的公函④，则民国二十年龙潭县佐尚存。酉阳二处县佐裁撤时间应在民国二十年五月之后，且不晚于民国二十二年（1933）。

云阳云安场。民国《云阳县志》卷二《建置》云："盐大使署，在云安盐场汤溪之北，今为县佐署。"卷七《官师上》民国官职只记至民国六年。该志修成于民国十八年（1929），尚不云县佐已裁，则裁撤时间当在此之后，且应不晚于民国二十二年。

秀山石堤，裁撤时间不详，应不晚于民国二十二年。

2. 非刘湘成区内各县裁撤情况

绵阳魏城驿。民国《绵阳县志》卷一《古迹》云："魏城巡检兼驿丞废署，前改为魏城分知事署，后改为魏城公安局，今改为魏城评议公所。"卷二《公署》云："魏城分县，在治北六十里旧魏城驿署。民国初，去驿丞，改州判为分知事，仍驻丰谷井。二年，移分知事驻魏城。今裁撤分县知事，改为魏城市公安局。"卷四《职官》云："国禅后，通去府州，改称绵阳县，以县知事主治，所存县佐一……民国十九年，统一职权，改称县政府，县长内设四科，外并四局，俱有长

---

① 杜受祜等主编：《近现代四川场镇经济志（三）》，四川科学技术出版社1990年版，第336页。
② 彭清玉：《酉阳：1912~1949》，重庆大学出版社2012年版，第101、98页。
③ 《酉阳县志》编纂委员会编：《酉阳县志》，重庆出版社2002年版，第32页。
④ 《东川邮务管理局关于处理邓津海所运邮件被劫案至龙潭分县政府的公函》，重庆市档案馆藏，档号：民0340-0002-00002-0100-026-000。

有员。"其后《文秩》记最后一任县佐"曹佩绅,浙江嘉兴县人,民国十五年(任),连任数载后改公安局局长",未明确表述县佐具体裁撤年份。1999年《绵阳(县级)市志》第475页云:"民国19年(1930)1月奉令撤销魏城分县,县佐署改为魏城市公安局。"而第14页又云:"(民国19年)3月,奉令实行国民政府《县组织法》,县知事公署改称县政府,县知事改称县长。县政府下设公安、财务、教育、建设四局。并撤销分县,县以下设区……魏城分县县佐署改为魏城市公安局。"①2007年《绵阳市志》云:"民国19年1月,绵阳县政府成立,县知事改称县长,撤销魏城分县,县佐署改为魏城公安局。"②则该县佐在民国十九年(1930)裁撤,惟具体月有一月、三月两种说法。

南部新镇坝、南部富村驿。蹇耀堂云:"民国19年(1930年)两分县佐署改为市公安局,县佐称局长。"③1994年《南部县志》亦云,二处分县"均于(民国)19年撤"④,同页又云:"10年县行政公署改称县知事公署,分设团练总局、警察事务所,同时撤新政坝、富村驿两分县,仍设警察分所,县佐改称所长。""10年"应为"19年"的误写。

理番新堡关(威州)。民国《四川松理懋茂汶屯区屯政纪要》提到,"至裁废者,有威州县佐,以其距理、汶俱近,颇嫌骈冗也"⑤。该书编成于民国二十五年(1936)二月,则县佐裁撤时间早于此。

---

① 绵阳市地方志编纂办公室编:《绵阳(县级)市志》,四川辞书出版社1999年版,第14、475页。
② 绵阳市志编纂委员会编:《绵阳市志(1840—2000)》,四川人民出版社2007年版,第441页。
③ 蹇耀堂:《县境古郡县考》,政协四川省南部县委员会文史资料委员会编:《南部文史资料选辑》第5辑,1994年,第94页。
④ 四川省南部县志编纂委员会编纂:《南部县志》,四川人民出版社1994年版,第150页。
⑤ 邓锡侯编:《四川松理懋茂汶屯区屯政纪要》,1936年,第89页。

1992年《汶川县志》云："民国25年，川政统一，裁威州县佐，设团总。"① 应有误，民国二十四年（1935）五月红军已进驻威州，县佐不会晚至民国二十五年裁。民国二十二年（1933），丁作韶视察川康边区，经过威州，已不载该地有县佐，只提到有威州财务局。② 马序回忆民国威州洪水时亦称："一九三一年县佐撤销，衙门内设税收管理局，专管威州的财政税收。"③ 则该县佐应裁于民国二十年（1931）。

射洪太和镇。1990年《射洪县志》云："民国21年……1月，射洪太和镇县佐署裁，改设太和镇市公安局。"又云："民国21年（1932年）撤销县佐，改设太和镇市公安局。"④ 该县佐的裁撤与当时射洪的政局变化有关。民国十五年（1926）十二月至十六年一月，田颂尧的二十九军与李家钰的四川边防军分别进占射洪县城、太和镇，并达成协议将射洪分为上、下两半县，名义上仍由射洪县署统一主持，但实际上各以县知事（后改为县长）、县佐分别管理。至民国二十年三月，田颂尧联合邓锡侯、刘文辉将李家钰的部队赶出射洪，攻占太和镇，并电令第八旅旅长廖刚委任邓则良代理太和镇县佐。⑤ 此后，田颂尧全面接管射洪县，次年便趁势将县佐裁撤。

屏山石角营、屏山沐川。1998年《屏山县志》云："民国13年夏，屏山县知事署迁往沐川。石角营县佐移驻屏山。"又云："民国15年4月，屏山改属二十四军防区，石角营添设县佐。"⑥ 此所谓"添设"应指该县佐迁回石角营。民国十六年（1927）四月，田倬之的

---

① 四川省阿坝藏族羌族自治州汶川县地方志编纂委员会编：《汶川县志》，民族出版社1992年版，第214页。
② 丁作韶：《川康边区视察记（六）》，《大中国周报》1933年第3卷第8期；丁作韶：《川康边区视察记（七）》，《大中国周报》1933年第3卷第9期，第32—34页。
③ 马序口述，王学军整理：《一九三三年叠溪洪水袭击威州情况》，中国人民政治协商会议四川省汶川县委员会文史资料委员会编：《汶川县文史资料选辑》第5辑，1996年，第25页。
④ 射洪县县志编纂委员会编：《射洪县志》，四川大学出版社1990年版，第8、630页。
⑤ 射洪县县志编纂委员会编：《射洪县志》，四川大学出版社1990年版，第652、776页。
⑥ 屏山县志编纂委员会编纂：《屏山县志》，四川人民出版社1998年版，第14页。

《未开发的宝藏——峨马雷屏》在介绍市镇时称："石角营，为屏山之分知事驻此。"① 则民国十六年（1927）的时候，石角营县佐仍存。民国十八年（1929），李仲魁的《雷马屏峨四县调查录》附有《屏山县全图》，其中分县依然标在石角营，沐川尚未标分县。② 至民国二十年，屏山县教育局重新铅印乾隆《屏山县志》，并绘制民国《屏山县全图》附在志中，该图印制时间为民国二十年十月，在该图中，分县标在沐川，而石角营已无分县。1993 年《沐川县志》云："民国 17 年（1928），沐川设分县，21 年裁撤。"又云："17 年沐川设分县，21 年裁撤，改派承审员和督学。""17 年为分县治所，21 年裁撤。""乃于 17 年在沐川镇设分县，二十四军派杨自廉任县佐。21 年撤分县。"③ 1998 年《屏山县志》亦云："（民国 21 年）7 月，撤销沐川县佐，改派司法承审员和督学。""民国 21 年撤销县佐，改派司法承审员驻沐川，负责办理民刑案件。"④ 结合以上材料可知，有两种可能，第一种，石角营县佐与沐川县佐不存在前后关系，屏山原有之石角营县佐于民国十九年至二十年（1930—1931）间裁，民国十七年（1928）新设之沐川县佐于民国二十一年（1932）裁。第二种，石角营县佐与沐川县佐是前后关系，民国十七年移石角营县佐改驻沐川，至民国二十一年裁。本书暂定第一种说法。

荣县贡井。1997 年《自贡市志》云："民国 21 年 8 月，市商会等团体呈请第二十四军司令部及叙南'清乡'司令部，要求将自流井市政公所更名为包括贡井地区在内的自贡市政公所。同年，裁撤贡井县佐。"⑤

---

① 田倬之：《未开发的宝藏——峨马雷屏》，《东方杂志》1927 年第 8 号，第 47 页。
② 李仲魁：《雷马屏峨四县调查录》，川康边防总指挥部印行：《边政》第 2 期，1929 年，第 175 页。
③ 四川省沐川县地方志编纂委员会编纂：《沐川县志》，巴蜀书社 1993 年版，第 9、41、45、387 页。
④ 屏山县志编纂委员会编纂：《屏山县志》，四川人民出版社 1998 年版，第 16、555 页。
⑤ 自贡市地方志编纂委员会编：《自贡市志》，方志出版社 1997 年版，第 89 页。

(二) 民国二十三年以后裁撤

民国二十二年（1933）夏，刘湘取得了二刘之战的胜利，成为四川的实际领导者。民国二十三年（1934）十二月，南京国民政府任命刘湘为四川省政府主席，同月南昌行营制定各县分区设署办法大纲，颁行于四川等省。① 由此川内才从次年开始大规模陆续裁撤县佐。这一阶段四川各县县佐的具体裁撤时间，虽然没有集中的明确记载，但大多数县都有方志或民国期刊提及，并且将这两种资料与档案进行对比之后可以发现，各县县佐裁撤时间均早于该县分区设署完成时间。而方志和民国期刊没有提及的少数县，只能通过档案中该县完成分区设署的时间去大致推测，虽然不能得出明确的时间，但借助裁撤时间早于分区设署完成时间这一前提，也可以进一步缩小时间范围。

理番雅多寨，即鸦多寨、马塘。1995年《马尔康县志》云，民国二十四年（1935），"是年，马塘设县治，县长沙铁帆"②。没具体记载设县的具体月份。民国二十四年三月出版的《川边季刊》创刊号云："马塘设立县治，恢复汉夷商场后市场日渐繁荣，惟教育一端，尚极落后，该县县长沙铁帆……筹办化夷学校一所。"③ 则其设县当在该年三月之前，县佐应在设县时被裁撤。

古蔺赤水河。该县佐的裁撤为川内大规模裁撤县佐之开端。1993年《古蔺县志》云："民国21年，裁赤水分县建制。"④ 此说误。按，民国二十四年四月十一日出版的《四川省政府公报》1935年第5期，刊有该月四日四川省政府发布的名为《为裁撤县佐通饬遵照》的命令，

---

① 《内政部民政篇第一章地方行政制度（第一册）》，中国第二历史档案馆藏，档号：民一二（6）—9532。

② 四川省马尔康县地方志编纂委员会编纂：《马尔康县志》，四川人民出版社1995年版，第8页。

③ 《马塘设立化夷学校》，重庆中国银行：《川边季刊》第1卷第1期，1935年，第199页。

④ 古蔺县志编纂委员会编：《古蔺县志》，四川科学技术出版社1993年版，第75页。

其中提到古蔺县长张尚志呈称赤水县佐无裨治理、弊窦丛生，为免淆乱职权，向四川省政府恳请撤销该县佐。省政府认为："查县佐设自前清，义取佐治，末流所极，积弊丛生。上年曾经明令裁废，故内政部颁发修正组织法，即无此项名称。吾川频年多故，县佐员缺，仍有暂时保留者，按之现行组织法，实有未当。"同意其所请，将赤水河县佐准予明令裁撤，以符治制，并"通令各县一律遵办"①。因此，该县佐裁撤时间实在民国二十四年（1935）四月。

邛崃火井漕。1993年《邛崃县志》第867页云："（民国）23年分知事公署撤销，改为火井区。"此说误。按，该志第82页又云："民国24年，改设区署，全县共划为4个区……火井区辖场镇10座。"第204页亦云："民国24年，裁撤火井分县，改设区署。"火井漕县佐当裁撤于民国二十四年。《四川省政府公报》1935年第5期中也刊有四川省长刘湘发给邛崃县长罗远敷的名为《省府令邛崃罗县长遵照通令裁撤火井槽县佐电》的电文，电文中说道："查县佐为修正组织法所无，早应裁撤，本府前据古蔺县县长请将赤水县佐撤销，曾于明令照准，饬派员将文卷公物解署，妥为接收保管，连同该县佐裁撤日期报查，并通令遵办有案。该县火井漕县佐，自应遵照通令裁废。"②则火井漕县佐的裁撤时间亦在民国二十四年四月，且稍晚于赤水河县佐。

汉源泥头（宜东）、汉源黄木厂。民国《汉源县志·建置·官署》云："泥头旧县佐署，清雍正时改设县治，以典史分驻宜东乡，兼管驿务。民国初改分知事，旋改县佐，二十四年四月裁撤。黄木厂旧县佐署，清光绪三十四年因牛漠洛十三地汉夷杂处，民教不和，添设巡检一员，建筑公署。民国初改分知事，旋改县佐，与宜东同时裁撤。"

崇庆怀远。民国十四年（1925）修成、十五年（1926）刊印的《崇庆县志》尚不云该县佐已裁，其卷六《历代秩官表》列有县佐，

---

① 四川省政府秘书处公报室编印：《四川省政府公报》1935年第5期，第22页。
② 四川省政府秘书处公报室编印：《四川省政府公报》1935年第5期，第90页。

其中民国十四年一年内先后就有三任，"杨哲（新繁人）。黄克猷，涪陵人。吴维岳，大邑人"。县佐裁撤时间当晚于此。1991 年《崇庆县志》云："（民国二十四年）5 月，分区设署，建立联保。全县分为 4 区，建立 64 联保。同时，撤销怀远分县及县佐。"①

渠县三汇场。民国二十一年（1932）修成并刊印的《渠县志》尚不云该县佐已裁，其卷五《官署》云："县佐署……民国初元改分知事，后又改县佐，其佐治员司俸公照章均视县署有差。"卷八《官师》有"林文甫分知事，（民国）二十年八月署"。县佐裁撤时间当晚于此。1991 年《渠县志》云："（民国二十四年）6 月，裁撤三汇分县署，改建镇（区）公所。"②

中江胖子店。民国十八年（1929）修成、十九年（1930）刊印的《中江县志》尚不云该县佐已裁。1994 年《中江县志》云："（民国）19 年 2 月，县知事公署改称县政府，撤销胖镇县佐公署。"③ 此说有误。据苗树勋回忆，南江县人刘伯泉曾于 1934 年调任中江县胖子店县佐，在任一年，至 1935 年春离任。④ 则裁撤当晚于此。由于县佐裁撤时间均早于其所在县分区设署完成时间，中江县分区设署完成时间在民国二十四年（1935）七月⑤，则胖子店县佐裁撤时间在民国二十四年春至七月之间。

冕宁冕山，即今喜德县冕山镇。1992 年《喜德县志》云："（民国）19 年，改行新县制，改知事为县长，废六房；设公安、财务两局及建设

---

① 四川省崇庆县志编纂委员会编纂：《崇庆县志》，四川人民出版社 1991 年版，第 191、14 页。
② 四川省渠县地方志编纂委员会编：《渠县志》，四川科学技术出版社 1991 年版，第 12 页。
③ 四川省中江县志编纂委员会编纂：《中江县志》，四川人民出版社 1994 年版，第 486 页。
④ 苗树勋：《忆刘伯泉先生》，中国人民政治协商会议四川省南江县委员会文史资料工作委员会：《南江文史资料选辑》第 2 辑，1989 年，第 63 页。
⑤ 《内政部民政篇第一章地方行政制度（第一册）》，中国第二历史档案馆藏，档号：民一二（6）—9532。后文分区设署完成时间皆引此，不复注明。

科、保卫团；撤销冕山县丞。""民国19年，改行新县制，改知事为县长，废六房，设公安、财务两局及建设科保卫团等。冕山分县，至此明令撤销。"① 此说疑有误，该令虽然出台于民国十九年，但川内大部分县都没有遵照在该年裁撤。1994年《冕宁县志》云："（民国）十九年改行新县制。冕山县（丞）［佐］移住泸沽。二十四年六月，宁远置十八行政督察区，领县八，冕宁县属之。撤销冕山县（丞）［佐］。"②

蓬溪蓬莱镇，即今大英县驻地蓬莱镇。民国《蓬溪近志》卷二《庶政》云："（民国）二十四年……省府参照蒋委员长行营颁发章程，县以上分画区域，设行政督察专员公署，专员兼驻在地县长，共画十八区，蓬溪隶十二区，专员公署设遂宁。县以下设区公署若干，每区设区长、区员。蓬溪分三区，第一区署附设县府，第二区署设蓬南场，第三区署设蓬莱镇。取销县佐一，添设区长三。"1995年《蓬溪县志》云："（民国24年）7月1日，废除中、东、西3乡制，成立3个行政区。""原中乡改为第一区，区署始设明月，后移城厢镇大禹庙，最后并入县政府；东乡改为第二区，区署设蓬南场；西乡改为第三区，区署设蓬莱镇，蓬莱县佐撤销。"该年上任的县佐王玉铨即其末任县佐。③

平武青川。1997年《平武县志》云，民国十八年（1929）"1月，青川分县撤销"④。此说有误。1992年《青川县志》云，民国二十四年（1935）"8月1日，第十四行政督察专员公署训令撤青川分县，地入平武县置第三区，并委廖均吾为首任区长"。又列有《清雍正九年以来县级机关职官表》，最后两任县佐分别为民国二十一年（1932）出任的高

---

① 四川省喜德县志编纂委员会编：《喜德县志》，电子科技大学出版社1992年版，第7、32页。
② 四川省冕宁县地方志编纂委员会编纂：《冕宁县志》，四川人民出版社1994年版，第78页。
③ 蓬溪县志编纂委员会编：《蓬溪县志》，四川辞书出版社1995年版，第14、63、486页。
④ 平武县志编纂委员会编：《平武县志》，四川科学技术出版社1997年版，第11页。

慕韩和民国二十三年（1934）出任的周绍孟。① 是该县佐为民国二十四年（1935）八月裁。需注意的是，早在该年四月，红军已进驻青川并建立苏维埃政权，红军离开青川后，县佐应未复置。由此可知，该县佐实际于民国二十四年四月便已废，八月是制度上正式确认裁撤的时间。

会理迷易所、会理洼乌场。迷易所县佐的裁撤时间，1999年《米易县志》云："（民国24年）五月，红军长征过会理，迷易分县官员惊慌逃离，至此撤销分县设区。"又云："民国24年（1935）九月，四川改变地方行政体制，实行县、区、联保、保甲四级制，裁撤米易分县。"② 后者应该才是迷易所县佐从制度上正式撤销的时间。而洼乌场县佐的裁撤时间，1996年《会东县志》云："民国二十四年（1935）1月，国民政府推行'行政督察区'制，会理划属四川第十八行政督察区，实行联保制，撤洼乌分县改为会理县第四区。"③ 此说有误，迷易所县佐既然于该年九月撤销，同县之洼乌场县佐不应先于1月裁撤。按，《会东县志大事记（1912—1949）》云："1月，国民政府推行'行政督察区制'，会理县划属第十八行政督察区，会理根据《乡镇保甲法》的规定，从当年九月起清查户口，整编保、甲，实行联保制，撤销洼乌分县为区建制，名为会理县第四区。"④ 则洼乌场县佐亦为该年九月才撤销。

越嶲大树堡。民国二十四年十月十七日，中华职业教育社农学团国内农村考察团向尚、钟天石等人经过大树堡时称："大树堡是越嶲分县，现已取消县佐，改设为区。"⑤ 1994年《越西县志》亦云："（民

---

① 《青川县志》编纂委员会：《青川县志》，成都科技大学出版社1992年版，第26、224页。
② 四川省米易县志编纂委员会编纂：《米易县志》，四川辞书出版社1999年版，第13、55页。
③ 四川省会东县志编纂委员会编纂：《会东县志》，四川人民出版社1996年版，第15页。
④ 张国树：《会东县志大事记（1912—1949）》，会东县地方志办公室：《会东史志资料》第2期（总第4期），1990年，第51、52页。
⑤ 向尚等：《西南旅行杂写》，载《近代中国史料丛刊》第92辑，第233页。文海出版社印行时封面误把"旅行"打成"游行"，今改正。

国二十四年）10 月，县政府撤销保卫团办公处、大树堡县佐署。"①《民国时期越西大事纪》云，民国二十四年五月，红军先后进驻越嶲县城和大树堡，不久后即离开继续北上，"十月，根据四川省政府颁发各县政府组织暂行规程改组……大树堡县佐署被红军捣毁不再恢复"②。则大树堡县佐在民国二十四年五月已废，十月正式从制度上确认裁撤。

犍为四望关。民国十一年（1922）十二月十四日的《申报》中刊有《川省鹾政紊乱之过去与现在》一文，提到"上月中，犍为知事冷□冬、乐山知事唐介眉就四望观县佐公署公开审讯"③。高安明又回忆称，民国十八年（1929），金山寺天生灶经理杨翰周与当地外号"小财神"的地主袁德明发生冲突，袁德明"向犍为分县（县衙在五通桥四望关）指控。犍为分县以事关'财神'体面，案情重大，当堂签发拘票，勒传杨翰周到案审讯"④。则此时县佐尚未裁撤。民国《犍为县志》卷二《官署》云："县佐署，原为嘉定府通判署，在四望关……民国元年改为分知事署，（三年改为分知事署）三年改警察所，旋复今名。"该志稿完成于民国二十三年（1934）八月，未云裁撤县佐，则应亦分区设署办法出台之后裁。犍为县分区设署完成时间在民国二十四年（1935）十一月，则四望关县佐裁撤时间在民国二十四年且在该年十一月之前。

西昌礼州、西昌德昌镇、西昌普格。1996 年《西昌市志》云，民国二十五年（1936），西昌县废县佐制，改分县设区，第二区为礼州区，第三区为德昌区，第四区为普格区。⑤ 1992 年《普格县志》亦云，

---

① 越西县志编纂委员会编：《越西县志》，四川辞书出版社 1994 年版，第 16 页。
② 文史资料室整理：《民国时期越西大事纪》，中国人民政治协商会议越西县委员会文史资料征集委员会编：《越西文史资料选辑》第 3 辑，1988 年，第 172、173 页。
③ 《川省鹾政紊乱之过去与现在》，《申报》（上海）1922 年 12 月 14 日第 7 版。
④ 高安明遗稿，霜秋整理：《封建地主对犍乐盐场的敲诈勒索》，中国人民政治协商会议四川省乐山市市中区委员会文史资料委员会编：《乐山市市中区文史资料选辑》第 3 辑，1990 年，第 75、76 页。
⑤ 四川省西昌市志编纂委员会编纂：《西昌市志》，四川人民出版社 1996 年版，第 10、60、619 页。

普格县佐于1935年因西昌至普格道路不靖，将县佐公署移驻黄联关（今西昌市黄联关镇），遥治普格，至1936年年末，废县佐置普格区，亦称西昌县第四区，区署驻黄联关。① 按，1998年《德昌县志》列《民国时期德昌职官表》，其末任德昌分县长杨学圣、首任西昌县第三区区长张希龄分别为民国二十三年（1934）、二十四年（1935）上任，② 则民国二十四年县佐已裁。民国《西昌县志》卷四《职官》更明确记载西昌分区设署事在民国二十四年十一月，"划县属为四区，成立各区署，取销县佐制"，当以之为准。

松潘南坪。民国十三年（1924）刊印的《松潘县志》尚不云该县佐已裁，其卷一《治署》云："县佐署，在南坪营旧巡检署。"卷五《官师》列有县佐，其中"马源清，民国十一年任"。县佐裁撤时间当晚于此。1994年《南坪县志》第11页云："民国25年（1936年），川政统一分区设置，推行新政，取消松潘南坪分县建制，裁撤县佐公署，改为松潘县第二区，全境划为六个联保。"1999年《松潘县志》同，《中国行政区划通史·中华民国卷》即引此说。③ 而《南坪县志》第248页又云："民国24年（1935年）取消南坪分县制，裁撤县佐公署，改南坪为松潘县第二区。"自相矛盾。按，《南坪县志》第248—249页分别有《南坪分县历届县佐名录》及《历届区长名录》二表，末任县佐阎华和首任区长朱永茂均为民国二十四年任，故民国二十五年（1936）之说有误，撤县佐设区在民国二十四年。松潘县分区设署完成时间在民国二十四年十二月，亦可证南坪县佐裁撤在民国二十四年，且在该年十二月之前。

---

① 四川省普格县志编纂委员会编纂：《普格县志》，四川大学出版社1992年版，第24页。
② 德昌县地方志编纂委员会编纂：《德昌县志》，四川人民出版社1998年版，第573页。
③ 南坪县地方志编纂委员会编：《南坪县志》，民族出版社1994年版，第11页；四川省阿坝藏族羌族自治州松潘县志编纂委员会编：《松潘县志》，民族出版社1999年版，第22页；周振鹤主编，傅林祥等著：《中国行政区划通史·中华民国卷》，复旦大学出版社2007年版，第227页。

巴中江口镇，即今平昌县驻地同州街道。1994年《巴中县志》云："约在民国7年撤销。"① 此说有误。民国十五年（1926）修成、十六年（1927）刊印的《巴中县志》尚不云该县佐已裁，则裁撤时间当晚于此。该县分区设署完成时间在民国二十五年（1936）一月。1990年《平昌县志》第9—11页云，1933年至1935年间红军进驻巴中江口镇，置江口县苏维埃政权，1935年3月红军离开江口，1936年春裁江口分县，置巴中县第三区。② 此说稍有问题。该志第35—36页及1994年《巴中县志》又皆云，民国二十四年（1935）五月巴中县是改置的6区，其中江口镇为第四区，民国二十五年六月并第三区入第四区，6区减为5区，江口镇才顺位成为第三区。③ 因此江口分县的裁撤与江口镇置第三区没有直接关系。综上可知，该县佐实际于民国二十二年（1933）便已废，而制度上正式确认裁撤的时间在民国二十四年五月至二十五年一月之间。

（三）裁撤时间不详

富顺邓井关。民国十七年（1928），富顺县裁自流井县佐，见前文。而民国二十一年，富顺县县长李永成以成绩优良为由，向四川省政府请求嘉奖邓井关县佐陈凤阳。④ 则邓井关县佐并未与自流井县佐同时裁撤。该年十一月，刘湘在泸州之战中攻占富顺，邓井关县佐之裁应在此之后，且早于该县分区设署完成时间的民国二十四年九月。

万源黄钟堡。该县佐曾在民国十九年（1928）前裁而复设。民国《万源县志》卷二《官署》云："三年设县佐公署，十七年撤，十八年

---

① 四川省巴中志编纂委员会编纂：《巴中县志》，巴蜀书社1994年版，第642页。
② 四川省平昌县地方志编纂委员会编：《平昌县志》，四川科学技术出版社1990年版，第9—11页。
③ 四川省平昌县地方志编纂委员会编：《平昌县志》，四川科学技术出版社1990年版，第35、36页；四川省巴中志编纂委员会编纂：《巴中县志》，巴蜀书社1994年版，第15、97—99页。
④ 《资中罗泉井富顺邓井关设县佐万县报飞机场修理工程计划图志地皮租金人员经费等案件》，四川省档案馆藏，档号：民041-04-7534。

复设分知事署。"卷四《职官表》亦云:"县佐,民国三年改设……乔庸,成都人,十七年。十月又撤,十八年复设。"其后列有两任,"阎柏序,渠县人,十八年任。傅光耀,简阳人,十九年任",则县佐(分知事)裁撤当晚于此。1996年《万源县志》云:"民国21年(1932)1月1日,改县行政公署为县政府,知事改称县长,废设于黄钟堡的分知事公署。"① 此说疑误。民国《万源县志》于民国二十一年(1932)修成并出版,其卷二《乡镇》云"分县公署设此",卷四《职官表》云"二十一年一月一日实依县政府组织改称县长",卷一○《大事》也只云"二十一年一月县公署改组县政府,团务局改组保卫团,二月县志成",都没提到县佐(分知事)裁撤事。疑其裁当在民国二十一年二月之后,且早于该县分区设署完成时间的民国二十五年(1936)一月。民国二十二年(1933)一月至十月,红军逐步控制万源县全境,并建立苏维埃政权,县佐应在此时即废,而在制度上正式确认裁撤的时间或迟至民国二十四年(1935)。

盐源盐中(河西)。1994年《汉源县志》记有民国人罗应文,"民国12年(1923),去盐源县任河西分县县佐,14年(1925),任越西县知事"②,则民国十四年(1925)该县佐尚存。该县分区设署完成时间在档案中未有记载,2000年《盐源县志》记在民国二十四年。③ 则县佐裁撤时间应早于此。

剑阁剑门驿。1991年《剑阁县志》云:"民国3年废分县。"④ 此说有误。民国十六年(1927)修成并刊印的《剑阁县续志》尚不云该县佐已裁,其卷五《官师》列有剑门驿县佐,其中"张凤翼,灌县人,廪生,法政毕业,民国十五年任"。县佐裁撤时间当晚于此,且早于该县分区设署完成时间的民国二十四年九月。民国二十四年3月31日、

---

① 四川省万源县志编纂委员会编纂:《万源县志》,四川人民出版社1996年版,第620页。
② 汉源县志编纂委员会编著:《汉源县志》,四川科学技术出版社1994年版,第842页。
③ 《盐源县志》编纂委员会编:《盐源县志》,四川民族出版社2000年版,第101页。
④ 四川省剑阁县志编纂委员会编纂:《剑阁县志》,巴蜀书社1991年版,第10页。

4月1日，红军先后进驻剑阁县城、剑门关，并建立苏维埃政权，县佐应在此时即废。

简阳龙泉驿。民国二十年（1931）修成并刊印的《简阳县续志》尚不云该县佐已裁，其卷三《职任》列有龙泉驿县佐，其中"张树方，仁寿人，（民国）二十年七月任"。县佐裁撤时间当晚于此，且早于该县分区设署完成时间的民国二十四年（1935）七月。

三台葫芦溪。民国二十年（1931）修成并刊印的《三台县志》尚不云该县佐已裁，其卷一五《职官一》列有葫芦溪县佐，其中"樊震，成都人，（民国）十六年（任）"。县佐裁撤时间当晚于此，且早于该县分区设署完成时间的民国二十四年九月。

城口高观场。民国二十三年（1934）五月，红军进驻城口县城，同年建立苏维埃政权，但并没有控制城口全境。直至民国二十四年一月红军离开城口，高观场都一直在国民政府控制之下。[①] 县佐之裁与红军无关。该县分区设署完成时间在民国二十四年十一月，则县佐裁撤时间早于此。

汶川龙溪（尤溪），即今都江堰市龙池镇。1992年《汶川县志》第65页云："民国26年改分县署为公安局，分知事为局长，直到民国24年撤销。"按，"民国26年"有误，不得反在24年撤公安局之后。该志第213页又云："民国20年至24年，改分署为公安局。"则其"26年"应为"20年"之误写。[②] 1991年《灌县志》述龙溪乡沿革时亦云："民国20年（1931年），改分县为公安分局，设局长。"[③] 但"民国20年"这种说法是错误的。民国二十二年（1933），丁作韶视察川康边区，三月二日经龙溪镇，"'古龙溪'乃汶川分县，只一独

---

① 四川省城口县志编纂委员会编纂：《城口县志》，四川人民出版社1995年版，第16、17页。
② 四川省阿坝藏族羌族自治州汶川县地方志编纂委员会编：《汶川县志》，民族出版社1992年版，第65、213页。
③ 四川省灌县志编纂委员会编纂：《灌县志》，四川人民出版社1991年版，第152页。

街，约二百户人家。往访县佐，不遇，传事引见秘书杨君于小学内，适值授书，未便多扰，兹记其谈话如次。龙溪只有一县政府分署，外为一电务处，县府组织简单，共两人，一县佐，一书记兼收发，每月开支不过九十元。电务处只一人"①。则民国二十二年（1933）三月龙溪县佐尚未裁撤。民国《四川松理懋茂汶屯区屯政纪要》序云："民国二十五年二月某日营山邓锡侯序于崇庆军次。"该书提到，"改组为公安局者，则有龙溪县佐，以其受理民刑诉讼，习久弊滋"②。则确有裁龙溪县佐改设公安局局长事，然须在民国二十二年三月之后，且又早于该县分区设署完成时间的民国二十五年（1936）一月。

本章小结

与清代的情况大不相同，民国时期四川分知事、县佐的变化与政区沿革之间在大部分时间里都没有直接的关联。除了最初的时候因继承清代的政区制度，政区名目有州、厅、县之别，因此分知事在名目上也同样区别为分州知事、分厅知事、分县知事。而自民国三年（1914）川内全部完成改县之后，直到县佐全部裁完的民国二十五年（1936），县制一直保持未变，而且县的数量也几乎没有变化，只增加了宝兴、宁南二县。纵观分知事、县佐的数量变化和置裁过程，民国三年的分知事名额整改是根据是否"地非冲要，事务又极简单"而做决定的，民国中期县佐的增设、裁撤也都与政区数量、级别变动没有关系。因此，可以说民国分知事、县佐的置废是纯制度上的变化，完全游离于政区沿革之外。

由于是从清代的分驻佐杂直接改名而来，分知事、县佐制度常被视为旧制度。许多省份在民国成立之后就废除了原来的分驻佐杂，并

---

① 丁作韶：《川康边区视察记（四）》，《大中国周报》1933年第3卷第5期，第33页。
② 邓锡侯编：《四川松理懋茂汶屯区屯政纪要》，1936年，第89、90页。

且再没有复设过类似的官职，整个民国时期全国也只有四川等 13 省曾设县佐。北京国民政府时期各省自主权力较大，袁世凯倒台之后，中央政府更是彻底失去控制全局的能力，虽然县佐制度还能勉强维持，但县佐官员基本由各省自行委任。到了南京国民政府时期，由于在国民党的政区理念里，从孙中山开始就以省县二级制为理想状态，因此南京国民政府致力于废除道、县佐这类旧制度。虽然四川以自身的特殊情况为由，将整体裁撤县佐的时间推迟，但其间也有部分县自行先行裁撤。直到川政统一后，省内才全面推行裁撤县佐，分区设署。总体而言，民国时期四川的分知事、县佐一直呈不断裁减的态势，并在民国二十五年（1936）初彻底裁完。

第三章

清代民国四川分驻佐杂辖区的具体划分

第一节 佐贰官辖区

一 同知辖区

重庆府同知。辖区变化分别详见本书第四章第一节、第二节。

夔州府同知。辖区变化详见本书第四章第一节。

宁远府同知。该同知辖区又称泸宁厅，但并非政区意义上的厅。雍正十一年（1733）四月移驻时，该同知已具有负责儿斯一带"化导夷猓、安插汉番、听断词讼、支放粮饷诸事"等权限，惟命盗大案仍需交冕宁县审转招解到府。同年八月十六日，四川建昌道副使马维翰又奏称："窃查建昌之儿斯等堡……番民额征新旧杂粮共五百九十八石九斗八升，折净米二百九十九石四斗九升。从前因未设立文员，俱归冕山营征收，亦因时制宜之计。今既设立同知管理番民事务，兼办兵粮，其应纳粮石若不令同知经管，于番民分谊既无联属……案查雷波、黄螂等处初设卫所，番民粮石俱归卫所征收，又打箭炉以外巴塘、里塘等各土司番粮亦俱归同知衙门收纳，颇属安静，并无拖欠。似应请将冕山营经征各番新旧粮石照雷波、打箭炉同知、卫所之例，改归七儿堡同知就近征收，每年照例支放兵粮，岁底汇报藩司造销。"① 后经

---

① 《四川建昌道马维翰奏请建昌儿斯等堡番粮改归七儿堡同知就近征收折》，中国第一历史档案馆编：《雍正朝汉文朱批奏折汇编》第24册，江苏古籍出版社1989年版，第932页。

第三章 清代民国四川分驻佐杂辖区的具体划分

四川总督黄廷桂再请，于次年正式获准，三月壬辰，"户部议覆四川总督黄廷桂疏言，建昌府属儿斯、瓦尾等堡番民，额征粮米，从前因无文员，归于冕山营征收。今七儿堡已设同知，请将征收番民米石即令该同知管理，应如所请，从之"①。由此，同知又进一步取得征收土司粮米的权限。这在咸丰《冕宁县志》卷三《米粮》中也有相关记载："征收泸宁厅（旧设同知，奉裁）归县管输各土司认纳杂粮五百三十一石五斗八升，折净仓斗米二百六十五石七斗九升。"另外，在分驻同知的同时，又在附近瓦尾添设冕宁县丞，其添设缘由中有"但同知驻扎河西，其河东瓦尾等处势难分身兼顾"等语，据此来看，同知辖区、县丞辖区本以儿斯河为界。但瓦尾县丞只负责"稽查弹压以资佐理"及"遇有命案就近验报"，而雍正十二年（1734）同知取得征收番民粮米的权限后，征收范围包括了县丞辖区内的瓦尾等土司，县丞地位更加尴尬。而且瓦尾东距县城、西距同知驻地都比较近，导致"一切民夷事件俱赴县控诉，并无县丞办理之事，且泸宁一带现有理番同知分驻弹压，县丞驻扎此地，实属闲散"，因此县丞于乾隆十年（1745）改驻冕山，原县丞经管地区的稽查弹压及验报命案等事务应即归同知管理。

综合来看，泸宁同知在分驻同知中已属于权责较高者，颇有政区的雏形，但毕竟未取得刑名钱谷的全权，尤其命盗大案始终归冕宁县管理，因此不是厅级政区。同知辖儿斯河（即雅砻江）两岸汉夷地方，即今冕宁县西锦屏镇、棉沙镇、若水镇、和爱藏族乡和新兴乡等地。乾隆十七年（1752）同知移改为杂谷直隶厅同知，其原辖区即改归冕宁县直管。

保宁府同知。 该同知专司盐务，"查保宁府属之南部县设有盐厂，额定课井四百三十六眼，散在该县东南北三乡，从前县东设有盐大使

---

① 《世宗实录》卷141《雍正十二年三月》，《清实录》第8册，中华书局1985年版，第780页。宁远府由建昌通判改置，在雍正年间也称建昌府。

一员，专管井灶，县城内分驻保宁府同知一员，督理盐务"①。该同知所辖除了南部县外，原本"附近之阆中县、川东之顺庆府属蓬州、南充、西充四州县井盐应听总理"，后因"查阆中止盐井三眼，蓬州止盐井一眼，为数无多"，于是将二州县各井盐"俱照旧，仍令各该州县管理"②，因此同知只督管南部、南充、西充三县盐务。乾隆二十六年（1761）保宁府同城通判改驻叙州府雷波成为雷波厅通判之后，"其保宁督捕事务，令该府分驻南部之盐政同知兼管"③。

顺庆府同知。该同知分驻后专司捕务，即分管顺庆府的广安、大竹、邻水及忠州直隶州的垫江共4州县捕务。关于此4州县捕务原本是哪个职官负责，史料记载有矛盾。福康安在乾隆四十七年（1782）题请以顺庆府同知分管捕务的原奏中本来说的是："应请即以该同知改驻四合镇，将顺庆府所属之广安、大竹、邻水三州县并忠州所属之垫江一县捕务拨归该同知督办……其余蓬州、渠县、营山、岳池、南充、西充、仪陇等七州县仍归大溪口通判督缉，忠州之梁山、酆都二县捕务亦仍听该州州判督缉。"④据此可知，梁山、酆都以及划属同知的垫江3县捕务本属忠州直隶州州判所管。而到了《清实录》中，却记成了"其余蓬州、渠县、营山、岳池、南充、西充、仪陇七州县及忠州之梁山、酆都二县捕务仍照旧归大溪口通判督缉"⑤。据此可知，梁山等3县捕务本属顺庆府通判所管。笔者认为，之所以出现这种矛盾，其原因可能是福康安的原请和朝廷的允准之间有变化。即顺庆府通判

---

① 《奏请将富村驿县丞移驻新镇坝并广元朝天镇巡检移驻富村驿事》，中国第一历史档案馆藏，档号：04-01-12-0370-018。
② 《题为遵议川省请将潼川府新设通判移驻射洪县总理盐务等项事》，中国第一历史档案馆藏，档号：02-01-03-03300-003。
③ 《高宗实录》卷636《乾隆二十六年五月上》，《清实录》第17册，中华书局1986年版，第109页。
④ 《题为遵议以川省顺庆府同知移驻四合镇等事》，中国第一历史档案馆藏，档号：清02-01-03-07501-002。
⑤ 《高宗实录》卷1165《乾隆四十七年九月下》，《清实录》第23册，中华书局1986年版，第616页。

最初应只负责本府之南充、岳池、西充、蓬州、营山、仪陇、广安州、渠县、大竹、邻水10州县捕务，朝廷既允准分忠州直隶州的垫江捕务改归顺庆同知，同时亦作调整，将同属忠州直隶州的梁山、酆都捕务也改归了顺庆通判，《清实录》误为照旧。

二 通判辖区

叙州府通判。辖区变化详见本书第四章第三节。

顺庆府通判。该通判本负责本府所辖10州县捕务。驻邻水县丰和场后，除了仍负责本府捕务外，既然其分驻目的主要是弹压化导邻水县的邻山、怀远二乡及其下的丰和、兴仁、九龙、八角等场，则以上区域即通判之辖区。乾隆《邻水县志》卷二《市廛》云："国初仅编二里，上曰邻山，下曰石舡，分五乡，每乡二甲。东北曰太安，与大竹界；东曰邻山，与垫江界；南曰怀远，与长寿界；西曰善庆，与巴县界；北曰复兴，与广安界。"其下列有九龙场、兴仁场、丰和场，无八角场，但卷首舆图中有八角场，在九龙场之南。从地形来看，以上区域在铜锣山脉以东，而邻水县城在铜锣山脉西。因此丰和场通判辖区主要是邻水县东南与垫江、长寿交界的区域，即今邻水县东沿明月山脉自北向南与垫江、长寿交界的兴仁镇、石滓镇、八耳镇、丰禾镇、九龙镇、黎家镇等地。

而驻岳池县大溪口后，主要是巡缉巴县、合州、邻水、岳池4州县交界的华银山区，尤其是"四滩桥、高滩场、小米溪、罗渡溪等处客店居民、往来船只及山内寺庙佃户并偷挖硝磺聚匪不法等事"。同时仍兼管原驻丰和场时所理事务。乾隆四十七年（1782）顺庆府同知分驻四合镇之后，将原本由通判负责的广安州、大竹、邻水3州县捕务划归同知，但同时又将原本由忠州直隶州州判负责的梁山、酆都2县捕务划给通判，则通判改辖9州县捕务。嘉庆六年（1801）裁顺庆府同知后，同知所管4州县捕务应归通判，共13州县捕务。道光十二年

(1832）裁通判，其原领各事务应皆归各州县自理。

嘉定府通判（犍为县佐）。该通判除负责本府捕务外，还兼司盐务，督管乐山、犍为、井研三县盐务。民国裁府留附郭县后，该通判成为犍为县的分知事、县佐，不再兼理乐山、井研的事务。王哲贤回忆称："四望关设有一个县佐，协助犍为县知事管理五通桥及牛华属犍为县管辖的行政。"①

潼川府通判（射洪县佐）。该通判与嘉定府通判一样，除负责本府捕务外，也兼司盐务，督管三台、中江、蓬溪、遂宁、乐至五县盐务。民国裁府留附郭县后，该通判成为射洪县的分知事、县佐，不再兼理三台、中江、蓬溪、遂宁、乐至的事务。民国《四川郡县志》卷一一《清代疆域沿革考》云："射洪……宣统分县城，太和、洋溪、复兴三镇，仁和、太乙、青岗、柳树、天仙五乡。"民初射洪承袭清末1城3镇5乡体制，民国三年改行区团甲牌制，全县共设9区91团。其中第二区驻太和镇，辖十一至三十共20团②，应即县佐所辖。

但射洪县佐的实际辖区在民国四川县佐中是个很特殊的案例。在军阀混战时期，该县佐一度与射洪县知事分而治之，并且分得的辖区远多于知事辖区。民国十六年（1927）至民国二十年（1931）间，田颂尧与李家钰分别占领射洪县城、太和镇，将射洪县分为上、下半县，各以县知事（后改为县长）、县佐分别管理。罗奇兆回忆称："一九三一年（民国二十年）的射洪，还是处在军阀割据的防区时代。一县地盘是两个军阀割据，分为上、下两半县分治。上半县管辖县城金华、复兴、天仙三区，设县政府于旧县城金华镇，为军阀田颂尧的国民革命军二十九军部委派县长。下半县是太和镇、青岗、仁和、太乙、柳树、洋溪六区，为国民革命军边防军总司令李家钰部委派县佐，设县

---

① 王哲贤：《忆民国六年五通桥大水》，政协乐山市五通桥区文史资料研究委员会：《五通桥文史资料》，1987年，第90页。
② 射洪县县志编纂委员会编：《射洪县志》，四川大学出版社1990年版，第39页。

佐公署于太和镇。"① 尹谦在回忆民国十九年（1930）整理射洪县国民党党务时也称："射洪县当时系由二十九军（田颂尧）与四川边防军（李家钰）两军分割统治。县城（现金华镇）附近各乡镇，归二十九军管辖；太和镇以下各乡镇，归四川边防军管辖。二十九军委任董咸宜为县长，太和镇设县佐公署，由边防军委任吴刚枨为县佐。"② 则在这种特殊背景下，射洪县佐俨然已是拥有了县长的实权。关于上、下半县的具体分割，马伯敷回忆称："李军进入太和镇设立县佐公署后，控制着太和区、洋溪区、太乙区、柳树、天仙、仁和区、青岗区等七个区。田军就只能管辖金华和复兴两个区，无形中把县境分成上半县和下半县。"③ 与罗奇兆的说法稍有不同，把天仙区记属下半县。1990年《射洪县志》亦云："县署在田军防区内，其政令仅及一、四两区（金华、复兴）。县佐署在李军防区内，其政令可达七区。"④ 则罗奇兆的说法有误，天仙区应属县佐辖区，全县九区中县知事、县佐的各管比例不是三比六，而是二比七。

三　州同辖区

清代四川曾先后有7处分驻州同，其中泸州直隶州、崇庆州、涪州、雅州直隶州、酉阳直隶州5处州同皆有辖区，天全州州同无辖区，潼川直隶州州同未知。

（一）辖区可明确者

泸州直隶州州同辖区详见本书第四章第二节。

---

① 罗奇兆：《痛惩马团正的情况纪实》，射洪县政协会文史组编：《射洪文史资料》第1辑，1983年，第25页。
② 尹谦：《国民党射洪县指导委员会成立的经过》，中国人民政治协商会议射洪县委员会文史资料委员会编：《射洪文史资料》第7辑，1989年，第64页。
③ 马伯敷：《射洪在军阀割据时期的祸乱实况》，中国人民政治协商会议射洪县委员会文史资料委员会编：《射洪文史资料》第6辑，1988年，第162页。
④ 射洪县县志编纂委员会编：《射洪县志》，四川大学出版社1990年版，第652页。

崇庆州州同（崇庆县佐）。在七处分驻州同中，崇庆州州同的分辖区是最清晰的。乾隆五十五年（1790），泸州直隶州州同改设崇庆州，在怀远镇附近分拨州同辖区，时署崇庆州知州淡士灏详称："查州属四至，东分为五甲，南分三甲，西分八甲，北分六甲。怀远镇系在州属西北适中之地。彼处添设分驻州同，应遵照酌定界限以专职守。查西界五、七、三、八甲、北界五、六、二甲之闵家店、东山寺、西山寺、煤炭寺市至大邑县交界，青峰亭、铁索桥、万家场、石柱子、营房、源发洞、广法洞至瓦寺交界，北所属之何家场、三郎场、街子场、霞口、三阳洞、永昌洞、大发洞至灌县交界。以上等处距州城较远，与怀远镇相近，应酌定界限，分拨与怀远镇州同管理，并于图内画界。"①民国《崇庆县志》卷一《疆域》云："全境界画则清初以东仁、南和、西丰、北熙分甲，凡二十（四）［二］②。宣统初元即前诸甲改为二镇六乡。民国承之，小有变革，易甲称区。场市繁简既殊，期集亦异，较清代更有兴有废……怀远镇，旧甲西七八、北五、六上中属焉，分区四，市场六（本镇、万家坪、街子场、何场、三郎镇、安龙）。"镇不辖西三、五甲和北二、六下甲，但这个变化应和州同（县佐）辖区无关。民国怀远镇请升设为县时曾分别提到，"在废清时代曾特设分州管辖，只以地处边要，纵横及二百余里，人口达十二万以上"，"怀远镇距城五十五里，前清……有何家、双河、街子、三郎、万家各场。民国以来改设县佐。分区设署，划为第二区"③。1991 年《崇庆县志》亦云："怀远镇先后设州同署、县佐署，置州同或县佐 1 人，分理怀远以西的山区政事。"④ 因此该州同（县佐）所辖范围从清代到民国并未

---

① 《题为筹办泸州州同裁汰改设崇庆州怀远镇州同事宜事》，中国第一历史档案馆藏，档号：02 - 01 - 03 - 07845 - 002。

② 原文作"二十四"。按，统计其下所列，加起来仍和乾隆五十五年档案中提到的一样是东 5 南 3 西 8 北 6，只有二十二甲。是此处二十四数误，当为二十二。

③ 《绵阳崇庆县士绅乡民代表及设县请愿团呈请增设魏城镇怀远镇为县治见言图说与四川省府指令批》，四川省档案馆藏，档号：054 - 04 - 11109。

④ 四川省崇庆县志编纂委员会编纂：《崇庆县志》，四川人民出版社 1991 年版，第 191 页。

第三章 清代民国四川分驻佐杂辖区的具体划分

因崇庆州（县）基层组织制度的变化而变化，二者没有直接关系。

涪州州同（涪陵鹤游坪县佐）。嘉庆七年（1802）四川总督勒保复查新设各官情况称："查涪州鹤游坪地方，南北一百二十里，东西八十里，周围四百余里，幅员辽阔，上有场市四处，烟火万家，地广人稠……该处地方除户婚田土等项不许干预外，凡遇匪类窃劫、斗殴、赌博、私铸、私宰均令该州同查询解州，遇有人命盗案亦令就近相验拘换犯证解州详审，如境内有抢劫逃犯限满无获即失察案件，即将该州同开参……又州同管理分拨地方四至界限，容俟另详请咨。"① 则州同辖区的划定当在此之后。光绪《涪乘启新》卷二《官制》云："州同驻鹤游坪，理附近相验窃盗娼赌。"1995 年《涪陵市志》第 94 页云："鹤游坪保和寨置分州。辖州属北部 18 场地面。"第 928 页又云："理鹤游坪 20 余场……的盗窃、娼赌等案的勘验缉捕。"自相矛盾。《神秘古镇——鹤游》一书认为："辖涪州白石里 7 甲 23 场地面。7 个甲即：首甲、上二甲、下二甲、上三甲、下三甲、上四甲、下四甲。23 个场即：李渡镇、致远场、石龙寺、苟家场、罗家庙场、白家场、沈家场、麟凤（邻封）场、回龙场、沙坪场、包家庙、中坝场、严家场、韩龙场、汪家场、土主庙场、金银场、飞龙场、罗家场、王家场、三会场、箐口场、裴江场。这一管辖范围直至清光绪末。光绪三十四年（1908），涪州因筹兴自治、办新学，将全州分为 9 个区及 9 镇 9 乡，鹤游镇为 9 镇之一，属正北区，管理范围已大大缩小。宣统三年（1911），涪州筹办乡镇警察，将全州 9 镇 9 乡分为 5 个警察分区，鹤游镇和云集乡属第四分区，驻分州城；当时鹤游镇辖保和、沙坪、箐口、御龙、白家、合兴、严家、包家、土主、太和、裴江、飞龙、永安、三会、沈家、观胜、汪家、太平等 18 场，云集乡辖罗家庙、罗家、汪家庙、万寿、韩龙、石马、回龙、中兴、邻封等 9 场，这一范

---

① 《题报接准部复查办改设绥定府等缺分别繁简酌定官俸等事宜事》，中国第一历史档案馆藏，档号：02-01-03-08504-011。

围比光绪末的正北区大（将当时西北区的云集乡全部划入），但比清代鹤游分州所辖范围小得多……民国2年（1913）2月因涪州改为涪陵县，鹤游分州改称鹤游分县，所辖地域缩小为清末鹤游镇18场和云集乡9场地面。"① 那么该书的说法有没有问题呢？

参考清代各版《涪州志》，道光《涪州志》卷一《里甲》云，涪州全境分为长滩、白石、罗云、东、西共五里，再参照其同卷《图考》《街市》，鹤游坪属于白石里无疑。该志中白石里确实辖7甲23场，但场镇名称稍有不同，有接龙场而无石龙寺。《神秘古镇——鹤游》其实是参考的同治《重修涪州志》的说法，其所列23场镇名称与同治《重修涪州志》卷一《里甲》所列完全吻合。但这里边有个关键的问题，即鹤游坪虽然属于白石里，但白石里所辖23场就全都属于州同辖区吗？实际上，同治《重修涪州志》虽然列出白石里23场，但并没有将其与州同辖区对等起来，《神秘古镇——鹤游》的说法不免臆断。民国《涪陵县重修涪州志》卷二六《杂编三·拾遗·官多民扰》明确提到，"嘉庆初，鹤游坪绅张文耀等请添汛弹压，时达州因王三槐肇乱降为县，裁州同缺，大吏议：涪州添设武弁，不如即以州同移驻设署。后划十八场隶之，许理词讼，计官吏胥役每年糜费数万金，皆取诸十八场。坪人之困，屡控不能裁"。

综上可知，一方面，州同辖区并没有仅限于坪上4场，而是进一步辖及了坪下附近的部分场；另一方面，州同所辖仅为18场，而非23场，州同辖区与白石里并不是对等关系，而要稍稍小于白石里的范围。18场的具体名称，据曾于1925年7月组织参与鹤游坪地区声援"五卅惨案"群众集会的蔡天青回忆，"参加群众集会的有鹤游坪所属18乡镇：保和、沙坪、衔龙、飞龙、万寿、白家、严家、包家、土主、汪家、关圣、沈家、永安、太平、石庙、裴江、三合、菁口等乡镇的部

---

① 《神秘古镇——鹤游》编委会编纂：《神秘古镇——鹤游》，内部交流本，2005年，第13、14页。

分学生、开明士绅、乡镇长，分县县佐廖秋渠，前清'拔贡'赵鸿甸……赵鸿甸在发言中说，我们是涪陵县属鹤游分县18乡镇的乡民，虽然力量有限，但是反帝爱国素不后人"①。则涪州州同（县佐）所辖从清代到民国一直延这18场未改，并未因涪州基层组织制度的变化而变化，二者没有直接关系。

（二）辖区模糊者

雅州直隶州州同设置时间极短，所辖即天全高、杨二土司地方。据咸丰《天全州志》卷一《疆域》云，高、杨二司所辖地方在元初时最广，其最盛时"外抚董卜韩胡、鱼通、长河西诸夷，内统黎雅、宁远诸路"，此后渐渐缩小，至清初虽仍以高氏、杨氏为正、副招讨使司统领六番部落，而范围与元明时期相较不可同日而语。康熙《四川总志》卷二《形胜》云："天全六番招讨使司……东西广一百九十里，南北袤一百一十里，东至雅州界五十里，西至长河西宣慰司界一百四十里，南至荥经县界六十里，北至董卜韩胡宣慰司界一百五十里。"应可等同于州同所辖范围，但土司权力尚在，州同只是形式上监督而已。

酉阳直隶州州同（酉阳龙潭县佐）。乾隆《酉阳州志》卷一《酉阳州·建革》云："计里八，曰忠孝，曰大江，曰上际，曰容坪，曰感坪，曰治西，曰功招，曰小江。"据《酉阳土家族苗族自治县地名录》云，龙潭属小江里②，州同所辖应至少包括小江里的部分地。据同治《增修酉阳直隶州总志》卷四《市镇》云，直隶州分为州东、州东南、州东北、州西、州西南、州西北、州南、州北共2镇70场，其中龙潭所在的州东有1镇15场，从距城里程来看，这些场不可能都归州同所辖。光绪元年（1875）酉阳直隶州划为四路十八乡，"东路五乡（偏

---

① 蔡天青：《鹤游坪各界群众反帝爱国集会》，中共涪陵市委党史研究室：《大革命时期的涪陵》，1991年，第172、173页。
② 酉阳土家族苗族自治县地名领导小组编印：《酉阳土家族苗族自治县地名录》，1984年，第181页。

柏为东一乡、酉酬为东二乡、五福为东三乡、可大为东四乡、后溪为东五乡）"，州同所辖不复详，唯知"甘坪、麻旺划属龙潭州同"①。甘坪即同治《增修酉阳直隶州总志》中的甘溪场，州同所辖或有增加。而到了民国后，民国二年（1913）一月，龙潭议事会议长陈宗禹等人向护理四川都督兼署民政长胡景伊呈请挽留分知事杜闿，其中提到杜闿曾带队前往大溪口一带平匪，"半年来酉东各地之得庆安宁者，杜君之力为多"②。据此，该分知事所辖范围可能已包括龙潭以东的东路大部分地区。正是由于龙潭分知事辖区已十分广阔，而酉阳县五路中又以"东路最为富庶"，于是生出分县独立的想法，竟酿成一场惨剧。该年六月十二日，酉阳各路代表齐聚县城万寿宫，东路代表联合南路代表提出分出另立县治，中路人士强烈反对，进而殴打东南代表，造成十余人受伤，其中东三乡代表邱以田竟被毙杀。③ 经此事后双方交恶，九月一日，东南二路单独成立龙翔县，杜闿任县长，不过最终还是因各方压力，又于十一月六日取消。④ 此后龙潭县佐辖区应仍其旧。

（三）未知是否有辖区者

潼川直隶州州同由于存在时间极短，未知是否有辖区。

（四）可明确除驻地外别无辖区者

天全州州同。道光十二年四川总督鄂山奏请裁撤该州同时明确提到，"以始阳镇土司旧署为州同分驻之所，距州仅二十余里，居民亦仅

---

① 《酉阳县志》编纂委员会编：《酉阳县志》，重庆出版社2002年版，第32页。
② 陈梦昭汇编：《民国初年酉阳设置的三个"分州（县）"与"分州（县）知事"》，中国人民政治协商会议酉阳土家族苗族自治县委员会、酉阳土家族苗族自治县县志编纂委员会编：《酉阳文史资料选辑》第8辑，1986年，第60、61页。
③ 《四川省长公署川东观察使关于酉阳县火石垭分知事李巨川违法乱纪处理过程》，四川省档案馆藏，档号：民191-01-0091。
④ 《酉阳县志》编纂委员会编：《酉阳县志》，重庆出版社2002年版，第9页；陈梦昭辑录整编：《从有关历史档案材料看民国初年的酉阳政局》，中国人民政治协商会议酉阳土家族苗族自治县委员会、酉阳土家族苗族自治县县志编纂委员会编：《酉阳文史资料选辑》第6辑，1985年，第92—94页。

四百余户，州同虽设，并无分管场镇……事务甚简，所管征催查课事宜，该州尽可兼管"①。是天全州分驻始阳镇州同只负责其驻地的征催查课，其他并无分辖区。

四 州判辖区

清代四川曾先后有7处分驻州判，其中巴州、资州直隶州、绵州直隶州、泸州直隶州、忠州直隶州（驻涪井时期）、酉阳直隶州6处州判皆有辖区，简州州判未知。

（一）辖区可明确者

泸州直隶州州判详见本书第四章第二节。

（二）辖区模糊者

巴州州判（巴中县佐）。驻镇龙关时，根据档案、道光《巴州志》、光绪《太平县志》等各史料回溯，该州判辖及镇龙关场1场及其以西的喜胜滩场、芝苞口场、关庙场3场，以东的锅团圆、秋波梁、龙凤垭、董溪口、魏家坪、草坝场、石窝场、大沙坝、河口场、杨宗岭、关坝塘、烟墩垭、鹰背场、赶场坝14场，共18场地。在乾隆四十四年（1779）、道光元年（1821）的两份档案中，也提到"署州判事候补府经历陈宝鼎牒称……该处地名锡帽山，距城五百里，系山僻荒岭，上通竹峪关，下达石窝场"，"卑州判吴孙琨牒称……该处地方长乐乡，距城四百里"等语。②道光三年（1823），东14场划给太平县，巴州州判只剩4场，形同虚设，因此改驻江口镇。道光《巴州志》卷二《场镇》云，镇龙关镇在州东三百二十里，属长乐乡一甲；

---

① 《呈四川省裁改移驻正杂教职各缺清单》，中国第一历史档案馆藏，档号：03-2628-108；《奏为体察重庆等府州县情形分别裁汰改移闲员事》，中国第一历史档案馆藏，档号：04-01-01-0734-006。

② 《题为特参署巴州州判陈宝鼎等疏防劫案限满凶贼无获请旨部议事》，档号：02-01-03-07277-015；《题为特参巴州州判吴孙琨等疏防命案事》，档号：02-01-03-09394-015。俱中国第一历史档案馆藏。

江口镇场在州东南一百八十里,属明山乡六甲。

而驻江口镇时,州判所辖范围在原剩辖区基础上进一步向西南扩展,江口镇即今平昌县城,镇龙关至江口镇之间地域即今平昌县东部地区。因此,1990年《平昌县志》云:"清末,县境属巴州所辖的江口分州,下设乡、甲。"但州判(包括民国县佐)驻江口镇时的辖区不像驻镇龙关时有史料明确记载,因此该志也不得不承认"江口分县与巴中县县界不详"①。可以肯定的是,当时的州判辖区与如今的平昌县辖区并不是完全对等的。道光时巴州全州分为11乡44甲,今属平昌县的有上在城(部分地)、新恩(大部)、新德、明山(大部)、鼎山(部分地)、从化、长乐7乡②,但除新恩、新德、长乐3乡外,其他4乡不乏距州城近而距江口镇远的场,这类场应不属州判所辖。因此州判辖区应与驻镇龙关时类似,以场为单位而不与乡完全对应,至少辖新恩乡、新德乡、长乐乡的所有场镇,包括新恩乡一甲的邱家堡场、二甲的永安场、三甲的景星场,新德乡二甲的土地堡场,长乐乡一甲的镇龙关场、喜胜滩场、芝苞口场、二甲的关庙场等场;此外明山乡一甲的元山场、二甲的观音场、三甲的土地垭场、六甲的江口镇场,从化乡一甲的老关庙场、三甲的板庙场等场应亦属州判所辖。主要是江口镇附近及其以东之地。民国《巴中县志》第一编《疆域》云:"后成立自治,分乡加多,各以场之著者为乡名。"至民国三年(1914),全县共有31乡137场。③ 其中,江口镇乡及其下的张公场、长垭场,元山场乡及其下的风梁子、五木场、土地垭、磴子河,板庙场乡及其下的老官庙、石板垭、迎凤场、佛山场、青龙场,邱家堡乡及其下的鹿鸣场、凤凰观、石龙场,泥龙庙乡及其下的野猪垭、王家

---

① 四川省平昌县地方志编纂委员会编:《平昌县志》,四川科学技术出版社1990年版,第34、32页。

② 四川省平昌县地方志编纂委员会编:《平昌县志》,四川科学技术出版社1990年版,第34页;四川省巴中县志编纂委员会编纂:《巴中县志》,巴蜀书社1994年版,第94、95页。

③ 四川省巴中县志编纂委员会编纂:《巴中县志》,巴蜀书社1994年版,第96页。

岭、东岳庙，土地堡乡及其下的千秋垭、城隍庙、永安场，镇龙关乡及其下的新庙垭、芝苞口，麻石口乡及其下的喜神滩、罐子岭，以上乡场应属县佐所辖。1994年《巴中县志》又云，民国十七年（1928）巴中改置14区，其中第三区治江口镇，第四区治邱家堡（1990年《平昌县志》云，治元山场），第六区治土地堡。① 虽基层制度与地名有变，但县佐所辖范围的变化应并不大。

资州直隶州州判（资中县佐）。该州判在清代长时间都兼理本州盐务，民国《资中县续修资州志》卷三《盐政》云："罗厂自清雍正八年开复后，设盐捕分州以董其事，乾、嘉、道、咸间盐法虽迭有变更，然盐务归分州管理则仍如前。光绪三年，川督丁文诚奏请开办票厘，特设委员，于是盐厂有专官，不由分州兼理，自此始矣。"此后州判则仅负责辖区内民事，《四川省资中县地名录》云："据《资州志》载：龙结区在清代为罗泉分州，辖龙结、罗泉两镇（镇为总保，下设保甲）。清宣统末年，龙结改镇为乡，罗泉为镇，仍隶属罗泉分州。民国三年（1914）裁州为县，将资州改为资中县。罗泉分州改设为县佐，仍辖一乡一镇，下设17个保。民国十七年（1928）裁撤县佐，原所辖一乡一镇由县直隶。"② 按，此说存疑。查各版《资州志》均未有这种记载，并且在嘉庆《资州直隶州志》卷三《关津》中，资州直隶州二镇为龙结、银山，罗泉井为场而非镇，同治增刻版、光绪增刻版亦同。县佐的辖区恐怕应该从民国《资中县续修资州志》卷二《廨署》所云"经西乡团总联名呈准裁撤"来判断。西乡团总请裁县佐，则之前应归其所辖，然而该志没有记载有乡团的具体设置。1997年《资中县志》亦不载。同治《资州直隶州志》卷三《关津附续增山寨》始见有东乡、西乡之别，光绪增刻版所载同，其西乡下除了有罗泉井、龙结镇

---

① 四川省平昌县地方志编纂委员会编：《平昌县志》，四川科学技术出版社1990年版，第35、36页；四川省巴中县志编纂委员会编纂：《巴中县志》，巴蜀书社1994年版，第15、97—99页。

② 四川省资中县地名领导小组编印：《四川省资中县地名录》，1991年，第95页。

外，又有高楼场、球溪场、发隆场（发轮场），疑这些场镇亦属州判（县佐）所辖。

绵州直隶州州判（绵阳县佐）。该州判在驻丰谷井和驻绵州州城时，其权限和辖区都有区别。第一次驻丰谷井时，州判主要负责"稽查井灶，督催税课，管理督捕事宜"。而乾隆三十五年（1770）裁罗江县，绵州州治移驻罗江县城、州判移驻旧州城后，除"就近相验督捕、兼管逃匪及接递往来人犯"外，"并分管常监仓等事"，具体"经管常监谷四千石，加贮谷一万石，共谷一万四千石，仓廒三十四间"①。次年更是获得"兼理词讼"的权限。② 在乾隆五十八年（1793）的两份档案中，分别有"该处距城一百三十里，系偏僻乡村，不近塘汛墩台，附近亦无人户……查失事地方系州判分辖"，"该处距城一百二十里，系偏僻乡村，不近塘汛墩台，附近亦无人户……查失事地方系州判分辖"等语。③ 说明州判是明确有分辖区的，并且上述地方是以罗江的绵州新州城作为里程参照。嘉庆六年（1801）绵州迁回旧州城、州判回驻丰谷井后，"今绵州仍移旧治，一切地方事件均归知州管理"，州判不再接解过犯，之前拨给州判经管的仓廒谷石也重新归知州经管，"其州判仍驻丰谷井，专司盐务，督捕弹压附近地方寻常命案，遇知州公出，仍由该州判相验牒州通报"④。同治《直隶绵州志》卷三五《职官》云："分驻丰谷井，专理盐政捕务。"卷六《形势》云，州领东文风乡、西积善乡、南富乐乡、北太平乡，南乡编八里，其下有三里之丰谷井、五里之杨家店、七里之皂角铺，以上地方或为州判所辖。由

---

① 《题报接准部复查办改设绥定府等缺分别繁简酌定官俸等事宜事》，中国第一历史档案馆藏，档号：02-01-03-08504-011。
② 《高宗实录》卷879《乾隆三十六年二月下》，《清实录》第19册，中华书局1986年版，第774页。
③ 《题为特参绵州罗景被贼劫伤一案疏防文职各官署州判王日璘等员事》，档号：02-01-03-07999-025；《题报绵州张显照家被盗劫一案疏防各官署州判茂州吏目王日璘等员事》，档号：02-01-03-07999-026。俱中国第一历史档案馆藏。
④ 《题报接准部复查办改设绥定府等缺分别繁简酌定官俸等事宜事》，中国第一历史档案馆藏，档号：02-01-03-08504-011。

于绵州境内还有魏城驿驿丞兼巡检衔分辖"东乡三四五六等里、北乡之四七八九十等里各地方",其辖区是以乡里为单位,因此州判辖区可能也是以乡里为单位。总体而言,州判驻丰谷井时,应只辖丰谷井附近的南乡部分里;而驻旧州城时,旧州城附近乡里应亦归其所辖,并且由于"兼理词讼",权限不小。

忠州直隶州州判。分为驻敦里八甲和驻㴦井两个时期。驻敦里八甲时间极短,应未及划有辖区。而驻㴦井时,1994年《忠县志》云:"兼管忠县、丰都、垫江、梁山(今梁平)及石柱县的督捕事务。"① 即该州判负责忠州直隶州(含酆都、垫江、梁山三县)、石砫直隶厅的捕务。需要注意的是,乾隆四十七年至道光十二年(1782—1832)酆都、垫江、梁山三县的捕务曾改归顺庆府。其中乾隆四十七年至嘉庆六年(1782—1801),垫江县捕务归顺庆府同知负责,酆都、梁山二县捕务归顺庆府通判负责。嘉庆六年顺庆府同知裁撤后,垫江县捕务也归顺庆府通判负责,直至道光十二年顺庆府通判裁撤后,三县捕务才又重新归忠州直隶州州判负责。另外该州判还专管州属井盐,忠州井盐主要出自㴦井、涂井两厂。㴦井距州城很近,据道光《忠州直隶州志》卷二《街市坊表》,直隶州(不含所辖各县)分为东南西北四乡,其中㴦井场属北乡,涂井属东乡。除此二地之外,州判其他辖区不详。

酉阳直隶州州判。该州判分驻时间较晚,其与知州同城时不知是否有辖区。至同治年间州判才分驻火石垭。同治《增修酉阳直隶州》卷四《市镇》云,酉阳直隶州分为州东、州东南、州东北、州西、州西南、州西北、州南、州北共2镇70场,其中火石垭属州西北八场之一。光绪元年(1875)酉阳直隶州划为四路十八乡,即中路一乡、东路五乡、南路三乡、西路四乡、北路五乡。② 州判分驻后的分辖范围并

---

① 忠县志编纂委员会编:《忠县志》,四川辞书出版社1994年版,第40页。
② 沈家祥、冉敬林:《酉阳建置沿革及疆域考》,中国人民政治协商会议酉阳土家族苗族自治县委员会、酉阳土家族苗族自治县县志编纂委员会编:《酉阳文史资料选辑》第3辑,1984年,第13、14页。

没有具体记载，但大体是在北乡境内，这在民国档案中有进一步的印证。一份题为《四川省长公署川东观察使关于酉阳县火石垭分知事李巨川违法乱纪处理过程》的档案明确提到了"酉阳北四乡火石垭商民姜泽源等以匪张祸烈请提究李分知事"，火石垭属北四乡，则州判（分知事）应至少辖北四乡部分地区。而细察该档内容，州判（分知事）所辖范围应还不止于此。民国二年（1913）九月，有乡民杨仲山、赵连品、陈君朝、魏文利四人为李巨川鸣冤，称控告人为诬告，并在呈禀中写明了自己的住处，分别为上坝田、瓦窑堡、大石板、庹家溪。前三人均注明在北四乡，而魏文利虽未明确提到所属乡，但庹家溪与上坝田、大石板俱距署三十里，自应也在北四乡。同年十一月，以杨春如、谢克知为代表的乡民再次揭发李巨川的多项罪名，其中一项为"加罪勒赎，每审案不问罪之轻重，只窥家之有无"，并于其下列出被罚人的名字和住处，其地名有火石垭、三层岩、长岗岭、猫坨、花垣坝、板栗垣、大岩门、三岔坝、茶溪、尖山子、焦溪、大厂、大沟、沙坨、朱家岩、四方坝、濯河坝、盖城铺、板桥山、白果树、沙子寒、谢家寨、庙坝、堰塘坝、太极场、菖蒲塘、田坝、易家岩、渗坝、箱子坝、学堂坪、大保顶、徐家山、吴家沟、坛闸坝、大菁山、盖阳坪、西沙河、青浦垭、教头坪、庙池、正邦岩、鸡公田、叶子坝。① 上述小地名有不少在今天都有保留，参考《四川省黔江县地名录》，濯河坝、易家岩在今重庆市黔江区濯水镇境内，谢家寨、堰塘坝、菖蒲塘在今黔江区水市镇境内，民国初皆属北三乡；茶溪、盖层坡（疑即盖城铺）、渗坝、青圃垭（疑即青浦垭）在今黔江区石家镇境内，四方坝、沙子咸（疑即沙子寒）、坛厂坝（疑即坛闸坝）在今黔江区新华乡境内，学堂坪在今黔江区鹅池镇境内，民国初年皆属北四乡；太极场、正帮岩（疑即正邦岩）皆在今濯水镇与新华乡之间的太极镇，民国时

---

① 《四川省长公署川东观察使关于酉阳县火石垭分知事李巨川违法乱纪处理过程》，四川省档案馆藏，档号：191-01-0091。

自亦应属北三或北四乡。则酉阳县火石垭分知事以及其前身酉阳直隶州州判的管辖范围，除了火石垭所在的北四乡之外，应还辖有北三乡的部分地。

（三）未知是否有辖区者

简州州判驻地石桥井距简州州城仅七里，该州判专管州属井盐，疑除此外别无辖区。

五 县丞辖区

清代四川曾先后有22处分驻县丞，其中巴县、永宁、平武、遂宁、南部、稻成、渠县、富顺（自流井）、冕宁、西昌、富顺（邓井关）、大竹、荣县、蓬溪、盐源、三台16处县丞皆有辖区，酉阳县丞无辖区，隆昌、保县、垫江、梁山、汶川5处县丞未知。

（一）辖区可明确者

在所有分驻县丞中，巴县、永宁、平武、遂宁、南部、蓬溪、稻成7县县丞的分辖区是最清晰的。关于清代巴县的基层组织，乾隆《巴县志》卷二《里社》云："皇清初编四里，西城里、江北里、居义里、怀石里。康熙四十六年知县孔毓忠改编十二里，每里十甲。"十二里各以忠、孝、廉、节、仁、义、礼、智、慈、祥、正、直命名，同卷《场镇》直里之下有"白市驿，五甲，离城六十里"。然而根据四川省档案馆藏《巴县档案》各档，新旧两种称呼其实一直到清末都是并存的。巴县县丞获得分辖地的时间很早，乾隆元年（1736）的档案就已经提到"巴县县丞分驻白市驿，巡检驻木洞，俱各有分管地方"[①]。同治十三年（1874），巴县白市驿分县叶县丞（按，民国《巴县志》卷六《职官》所列清代巴县县丞中有叶开东，湘乡人，同治十

---

① 《题为遵议川省请将潼川府新设通判移驻射洪县总理盐务等项事》，中国第一历史档案馆藏，档号：02-01-03-03300-003。

二年上任，应即此人）的牒称中明确提到，"敝分县所辖西城里二十八场，民情刁滑，只有十余场遵守法制，现有圆明场、彭家场、铜罐驿、陶家场、青木关、兴隆场、歇马场、蔡家场、北背场、童家溪等十场，地棍把持分衙，不服辖治"①。而另一份光绪九年（1883）的档案中更列有二十八场的全部名称，分别是兴隆场、走马场、陶家场、石板场、彭家场、白沙沱、龙凤场、曾家场、龙隐镇、复兴场、童家溪、蔡家场、北背场、含谷场、土主场、歇马场、虎溪场、青木关、凤凰场、永兴场、新发场、圆明场、铜罐驿、石桥场、金刚碑、高店子、井口场、福寿场②，若加上白市驿本场，实际是二十九场。参照同治《巴县志》卷一《新舆图》《关隘》《场镇》，兴隆场、蔡家场、土主场、青木关属正里四甲、二甲、八甲、八甲，走马场（即走马冈、走马岗）、石板场（即石阪场）属慈里九甲、八甲，陶家场、彭家场、白沙沱属智里十甲、八甲、六甲，龙凤场、曾家场、含谷场、虎溪场、高店子属直里六甲、七甲、四甲、九甲、二甲，北背场即白碚镇属祥里九甲，对应起来十分杂乱。由此可以看出，巴县县丞的分辖所参照的还是旧四里划分法，与新十二里划分法关系不大。

永宁县丞（古蔺县丞、古蔺县佐）不仅有明确的分辖地，而且权责较高，长时间拥有钱粮征收的权力，详见本书第四章第三节。

关于平武县丞（平武县佐）所辖，道光《龙安府志》卷二《关隘附场镇》列有县丞所辖场镇的具体记载，"青川属：高桥寺，在署东七里；高村场，在署北四十里；桥楼坝，在署东二十五里；曲河场，在署北七十里；大石坝，在署北九十里；三锅石，在署东四十里；乐安寺，在署东七十里；观音场，在署北一百八十里；关庄坝，在署北一百二十里；大佛滩，在署北一百八十里；茆溪场，在署东六十里，砾

---

① 《重庆府札巴县会拿联盟结社帽顶会灯花教等匪徒及实力举行保甲并移分县县丞等帮办编查门牌以清盗源禀报查考卷》，四川省档案馆藏，档号：清 006 - 023 - 00672。
② 《巴县分县牒请抄发西城里二十八场监保乡约姓名移送卷》，四川省档案馆藏，档号：清 006 - 031 - 01095。

庄场,在署东一百二十里;孔溪场,在署东一百四十里;黄坪观,在署东北一百二十里;茶坝场,在署北二百里;板桥场,在署东一百五十里;虾蚂场,在署东一百九十里;姚家渡,在署东二百八十里;水磨沟,在署东二百五十里;观音殿,在署东二百五十里"。共计 20 场。进入民国之后,民国三年(1914)青川分知事李泽详报:"伏查青川地方偏僻,境亦辽阔,东至观音殿、茶坝场、水磨沟各处地方与昭化交界,距青二百九十余里;又一处骑马场与广元交界,距青一百八十里;又一处姚家渡交宁羌、文县界,距青三百余里。南至大佛山与昭化、江油交界,距青二百九十余里。西至高村,距青四十余里。北至摩天岭与文县交界,距青九十里;又黄土梁一处,与文县交界,亦距青九十余里,系由文县所辖之碧口镇经大刀岭到川之通衢。"① 1992 年《青川县志》云:"民国元年至二十四年(1911—1935)分县辖 11 团练公所。"分别为青溪、茶罗、桥孔黄、古曲、房石、三乐、关佛、水白姚、薅大、大院、骑板观。② 而 1995 年《平武县志》云,民国十八年(1929)全县始置团练公所,民国初年到民国十八年青川辖高桥寺、孔溪、上马坊、姚家渡、桥楼坝、三锅石、乔庄、观音殿、乐安寺、罗家坝、薅溪 11 处乡场,民国十八年到民国二十四年(1929—1935)才改为辖青溪、茶罗、乔黄孔、古曲、房石、三乐、关佛、水白姚、薅大、大院、骑板观 11 处团练公所③,所载稍异。从清代的场镇,到民国的乡场、团练公所,所辖单位名称有所变化,但实际范围没什么差别。

遂宁县丞分辖区详见本书第四章第四节。

关于清代南部县的基层组织,道光《南部县志》卷二《市镇》云全县分为安仁、永丰、政教、宣化、金兴、临江、崇教、积上、积下、富义 10 乡,又有东、西、南、北 4 路,每路之下记有场。路、场和乡

---

① 《各县知事及各级职员履历任免—青川郫都涪陵武胜大竹仁寿渠县》,四川省档案馆藏,档号:民 041-04-6140。
② 《青川县志》编纂委员会:《青川县志》,成都科技大学出版社 1992 年版,第 116 页。
③ 平武县志编纂委员会编:《平武县志》,四川科学技术出版社 1997 年版,第 74、75 页。

并没有具体对应，蔡东洲认为："这些场并非归属于乡的基层行政单位，仅仅是商品货物流通的集散地……这四路亦非基层行政单位，仅仅为市场相对县城所处方位的标识。"① 故清代文献在提到该县丞辖区的时候都是以乡为单位。但同时我们也应认识到，即使场不是基层行政单位，然而其所处空间毕竟是在某乡范围内，在管理某乡之时自然也会将乡内的各场纳入。县丞据驻富村驿时，"兼理盐务，将附近之永丰、富义、宣化、安仁等乡分拨管辖，系命盗重案仍归县审办外，其逃盗、奸匪、赌博、斗殴、私宰等事俱听该县丞就近稽查办理"②。而驻新镇坝时，县丞所辖范围改为积上、积下、临江三乡，"其应管地方，除命盗重案归县审办外，其贼盗、匪徒、赌博、斗殴、私宰、窝娼等事，俱听该县丞就近照例查办。遇有盗劫、抢夺等犯逃脱，限满无获，照例开参"③。各乡的范围在道光《南部县志》中未有体现，所幸《南部县乡土志》有所记载。光绪《南部县乡土志·地理》云："宣化乡东界大王庙、三官塘、建兴场，南界义和场、罐子场，西界大河坝，北界打磨垭、老鹳场……富义乡东界万年场，南界镇江庙，西界元山场，北界柳边驿。永丰乡东界凤鸣场、梨家坝、来龙场，南界金峰寺、伏虎桥、富村驿，西界邱垭场，北界猪槽垭、双凤场、分水岭。安仁乡东界双柏垭、保城场，南界三河场、观音场，西界萧家坝、店子垭，北界乐垭场、思依场、何家店、铺子河。"又云："积上乡东界福德场、楠木寺、碑院寺、双河场，南界三合场，西界城隍垭，北界养班场、中兴场、永定场。积下乡东界鲜店子，南界新政坝，西界泸溪场，北界双河场……临江乡东界坪头场，南界王家场，西界李渡场，北界富利场。"如果南部各乡的范围从乾隆到光绪没有大的变化，

---

① 蔡东洲等：《清代南部县衙档案研究》，中华书局2012年版，第10页。
② 《奏请将西河口盛家池盐大使裁汰事》，中国第一历史档案馆藏，档号：03-0122-043。
③ 四川省南充市档案局（馆）编：《清代四川南部县衙门档案》第12册，黄山书社2015年版，第27页。

第三章 清代民国四川分驻佐杂辖区的具体划分

则以上大体就是南部县丞前后分别驻富村驿、新镇坝时的具体分辖范围。

蓬溪县丞（蓬溪县佐）。在道光二十三年（1843）六月、八月及光绪二十四年（1898）三月的三份档案中，分别有"分驻蓬莱镇县丞顾照牒称……九岭岗，距城二百里""分驻蓬莱镇县丞顾照牒称……四方碑，距城二百二十里""分驻蓬莱镇县丞端秀牒称……小长沟，距县城一百八十里"等语①，以上各地案件由县丞牒报到县。而在光绪五年（1879）、十一年（1885）、二十八年（1902）的三份档案中，分别有"该处地名黎家塆，距城二百二十里，系蓬莱镇分防地方""适分县差盘获伙贼潘大兴一名，并在身上挍获原赃，就近送交分县衙门呈请勘验提究……该处地名玉隍沟，距蓬莱镇三十里，离城一百三十里""查蓬莱镇驻防县丞，有地方之责，体制略如州县，与寻常同城佐贰不同"等语②，则该县丞是有分辖区的。民国《蓬溪近志》卷九《兵事·前篇》云："县地跨涪，西乡十数场划在涪外，要政不可缓者，或阂于夏涨，前清因置丞于蓬莱镇。"则县丞辖区是以场为单位，即涪江以西各场，与涪江以东的县城及其他场镇区别开来。据道光《蓬溪县志》，除了县丞驻地蓬莱镇场外，卷二《场市》所载的隆盛场、大堰场、河边场、钱家井场、石板滩场，以及《场市》中无而舆图中有的玉隆场、玉峰场、观音场，以上各场均在涪江以西，应即县丞所辖。至道光九年（1829），蓬溪县推行团保制，设中、东、西3乡团保局共50团保处，其中西乡团保局驻蓬莱镇，辖钱家井场、石板滩、华严寺、玉隆

---

① 《题为特参蓬溪县分驻蓬莱镇县丞顾照等疏防劫案事》，档号：02-01-03-10654-001；《题为特参蓬溪县分驻蓬莱镇县丞顾照等疏防劫案事》，档号：02-01-03-10658-023；《题为特参蓬溪县县丞端秀等疏防邓仪家被劫一案限满赃贼未获事》，档号：02-01-03-12800-014。俱中国第一历史档案馆藏。

② 《题为蓬溪县民蒋裕丰等在途被抢钱物一案限满开参署蓬莱镇县丞王殿辉等文员事》，档号：02-01-03-11925-011；《题为蓬溪民李胜密家被劫一案疏防限满开参蓬莱镇县丞端秀等文员事》，档号：02-01-03-12225-002；《题为特参蓬溪县分驻蓬莱镇县丞夏侯治昏庸畏葸请革职事》，档号：04-01-12-0619-043。俱中国第一历史档案馆藏。

场、隆盛场、蓬莱镇、圆通寺、承天寺、大堰场、河边场、观音场、昙智寺、玉峰场、法严寺14团保。宣统二年（1910）又改行城镇乡自治制，全县分为1城、（常乐、蓬南、古溪、蓬莱）4镇、（板桥、小潼、任隆、大堰、石板滩）5乡①，其中蓬莱镇、大堰乡、石板滩乡合起来即为旧西乡地。参考光绪《蓬溪县续志》舆图，西乡范围完全等同于涪江以西地区，则县丞所辖范围实际未变。民国三年（1914）蓬溪县废城镇乡自治制，复改回原团保制，县佐仍辖西乡地。1997年以蓬莱镇为核心分置大英县，即以蓬莱镇为大英县政府驻地，故《中国行政区划通史·中华民国卷》第233页所云"在今蓬溪县西南蓬莱镇"并不准确，当作在今大英县驻地蓬莱镇。

稻成县丞。稻成县丞设置时间极短，民国改为分县后，并曾于民国二年（1913）升设为县，但不久后就被裁并重新并入稻城。《西康省各县名称区域程站沿革调查录》载其区域云："东至定乡二百九十鸟里，南至云南中甸二百六十鸟里，西至德荣县二百七十鸟里，北至稻城县二百八十鸟里。"②《稻城县概况》云，清末设县后划分为稻上、稻下、木龙三区，同时"距县一百二十里之贡噶岭，设一分县，亦分贡左、贡右两区"③。《稻城县图志》亦云："本县设治之初，分为五路。民国元年改为五区，各设区长一人……贡噶岭区长二人，管大小三十八村，一千一百二十三户，男女四千三百一十二口。"④此2区38村应即原县丞所辖。

以上各处均是在清代或民国史料中就明确记载有分辖区的。与此同时，部分当代新方志中也有关于清代县丞分辖区的记载。

渠县县丞（渠县县佐），1991年《渠县志》云："辖渠县以北三

---

① 蓬溪县志编纂委员会编：《蓬溪县志》，四川辞书出版社1995年版，第61、62页。
② 西康政委会：《西康省各县名称区域程站沿革调查录》，川康边防总指挥部印行：《边政》第3期，1930年，第263页。
③ 董用霖：《稻城县概况》，川康边防总指挥部印行：《边政》第4期，1930年，第154页。
④ 民国《稻城县图志》，1961年民族文化宫图书馆油印本，第13、14页。

第三章　清代民国四川分驻佐杂辖区的具体划分

汇、涌兴、贵福、义和、小杨家（今大义）、文重（今文崇）、丰乐、龙会（今属达川区）等八场。"① 按，清代同治三年（1864）以前，渠县分为云合、安仁、凤来、万寿四里②，而各里具体所辖不详。此后又改四里为东、南、西、上北、下北五路，其中上北路辖三汇、涌兴、贵福、义和、小杨、文重、丰乐、龙会，今《渠县志》即指此而言。涌兴原名太平，小杨家、义和二场分别是同治、光绪时置。③ 则雍乾嘉道咸时期渠县县丞所辖应包括三汇、太平、贵福、文重、丰乐、龙会六场，同治以后辖上北路八场。民国七年（1918），渠县将全县五路改划为七区，第六区含三汇、土溪、桂馥（即贵福，民国初改名）、义和、小杨、文重、丰乐、龙会、涌兴九场镇，多出土溪1场。民国二十年（1931）又将全县七区改划为十区，其中九区含三汇、土溪、丰乐、龙会、水口，十区含涌兴、文重、小杨家、义和，多出土溪、水口2场，桂馥则划归了八区。④ 土溪、水口原来都是下北路的场，县佐辖区应未因基层组织变化而变化，仍辖原来的8场。

富顺分驻自流井县丞（富顺自流井县佐），1993年《富顺县志》云："驻自流井盐场，管上五埕盐政及治安。"⑤ 上五埕即乾隆二十五年（1760）《富顺县志》卷四《市镇》所称的"长坝埕、邱家埕、新罗埕、桐梓埕、龙埕"五埕。道光《富顺县志》卷三〇《盐政》云："富邑产盐处统名富义厂，井分上下。自流井为上，在治西九十里，井分五埕，龙埕、桐梓埕、新罗埕在荣溪东，邱家埕、长坝埕在荣溪西。"这里的荣溪并非指现在的荣溪河（旭水河），而是指釜溪河。同

---

① 四川省渠县地方志编纂委员会编：《渠县志》，四川科学技术出版社1991年版，第579、580页。
② 同治《渠县志》卷4《疆域》。
③ 民国《渠县志》卷1《地理·渠县地方行政区域沿革表、县属各场建置一览表》。
④ 民国《渠县志》卷1《地理·渠县地方行政区域沿革表》。
⑤ 四川省富顺县志编纂委员会编纂：《富顺县志》，四川大学出版社1993年版，第148页。

治《富顺县志》卷三〇《盐政》云："井之分段五，其名谓之垱。由大小垇口、豆芽塆至半边街、韭菜园、齐家坪，曰桐发垱；由大冲至香炉寺过河，曰龙垱；由东岳庙、桥头至大安、久安二寨，由寨至斜石搭转至马冲口、高洞、沙鱼坝，曰仙骡垱，俗名新垱；由川主庙、内柴口至大塆井，曰长发垱；隔岸里许，踞小溪场者，曰邱发垱。邱垱尤近西，与荣厂毗连。五垱延袤几四十余里。"《川盐纪要》云："上五垱为龙垱（东至黄家山、高山井、观音滩，南至河干，西至苏家坝、沙鱼坝，北至马鞍山及高硐）、桐梓垱（东至乾子垇，南及各正街至沙湾及关外河边，西至文武庙河干及骑垇井一带，北至半边街、王家塘、桐子垇一带）、邱家垱（下邱垱东至路边井、双牌坊、土地坡，西至贡井小溪、土地河，南至蜂子崖、马窝子、松林坡、芶氏坡，北至白家湾、文昌宫河干、石牛寺一带；上邱垱西南至黄石坎、长土至艾叶滩）、新罗垱（东至凉高山及大山铺，北至张家坝，西至豆芽湾、五星店及磨子井，南至东岳庙、仁河桥、小龙井一带）、长坝垱（北至张家沱河干，西至郭家垇及打狗凼，南至内柴口、仰天窝，东至接官厅、毛家坝一带）。"①

冕宁县丞（冕宁县佐）。分驻瓦尾时间较短，其辖区为瓦尾附近的儿斯河以东地方，"专理苗疆事宜"，主要负责"稽查弹压以资佐理"及"遇有命案就近验报"。但实际被附近冕宁知县及泸宁同知架空（可参见上文宁远府同知辖区），因此于乾隆十年（1745）移驻冕山。而分驻冕山时，乾隆末冕宁全县有福宁、阜宁、长宁、清宁四里，咸丰初改为福、阜、长、清四乡，其中冕山属阜乡。② 冕山县丞应先后辖及阜宁里、阜乡部分地区。1992年《喜德县志》云，冕山县丞辖区等同于原冕山桥守御后千户所，"辖今冕山乡、深沟乡、拉克乡、光明

---

① 林振翰编：《川盐纪要》，商务印书馆1918年版，第202、203页。
② 乾隆《冕宁县志清册·保甲铺司驿站程途》、道光《冕宁县志·乡甲》、咸丰《冕宁县志》卷2《乡甲》。

镇"①。民初冕宁县仍称福、清、长、阜4乡②，县佐所辖应因清之旧不改，即今冕山镇（1993年冕山乡改为冕山镇，将深沟乡并入）、光明镇（2021年将拉克乡并入）地。

富顺分驻邓井关县丞（富顺邓井关县佐），1993年《富顺县志》云："管下五垱盐政、盐运及治安。"③ 道光《富顺县志》卷三〇《盐政》云："下井五井：詹家井，治西三十里；王家井、徐家井，治西三十里；太源井、宋井，治西十五里，俱在荣溪西。"而民国《川盐纪要》云："下五垱为詹家井、王家井、徐家井、太原井、宋井……徐、宋二垱在前清时早经停废，今所存者惟詹、王、太三垱而已。"④

（二）辖区模糊者

大竹县丞。未有关于该县丞辖区的明确记载，然民国《大竹县志》卷七《政绩》记有清代县丞李玉光，"清光绪初任石桥铺分县"，由于他"听讼不拘状式，片纸呈达，立予讯决，时省费轻，两造折服"，因此"起诉者咸不愿赴城而争趋分署"。从地形上看，大竹县被铜锣山脉（即民国《大竹县志》所称的中山）分为两部分，县城在山脉西，与山脉东各场镇来往不便，故县丞署分设在山脉东，应有一定分辖。乾隆《大竹县志》、道光《大竹县志》都分别载有里甲和场镇，但没有明确对应关系，只能从二志的舆图判断，县丞应至少辖及同属铜锣山脉以东且在石桥铺附近的永兴、复兴、兴隆、三溪、观音等场。民国《大竹县志》卷二《乡镇》云："竹邑疆域旧分六乡、四十二里，置四十八场。咸丰十一年，以办团首重联络，始划山前、山后为六段，每段设段总一人以为领补。"其中山后上段有石桥铺及木鱼池、双溪、兴隆、观音桥、新兴、永兴、长塘、安吉等9场，或即在县丞辖区内。

---

① 四川省喜德县志编纂委员会编：《喜德县志》，电子科技大学出版社1992年版，第35页。
② 四川省冕宁县地方志编纂委员会编纂：《冕宁县志》，四川人民出版社1994年版，第80页。
③ 四川省富顺县志编纂委员会编纂：《富顺县志》，四川大学出版社1993年版，第148页。
④ 林振翰编：《川盐纪要》，商务印书馆1918年版，第204页。

荣县县丞（荣县县佐）。乾隆《荣县志》卷三《官师》称该县丞的职责是"专司配截盘查之责，就近稽查地方，佐理县事"。但"就近稽查地方"之责并非初设时就有。该志卷一《赋役》云："本县县丞额设衙役十名，内门子一名、皂隶四名……乾隆二年奉文为就近相验事案内裁皂隶二名。"则该县丞初设时只管荣厂盐政，乾隆二年（1737）后才获得就近相验的权力。而"就近"地方是多大范围，民国《荣县志》第十六篇《事纪》云："（雍正）八年贡井设丞。旧盐司二，城东曰白沙，南十里曰桐麻，以盐井崩塞奏裁，设丞贡井。司配截巡徼之责，稽察场区，佐理县事。"则"就近"地方仍仅限在盐场场区内。而到了民国时期，该志第八篇《食货》又云，民国十二年（1923）全县设十区，其中有贡井乡，其户有五千四百九十四。不知县佐辖区与该乡是否对应。

西昌县丞（西昌礼州县佐）。该县丞既然"照前所弁之例，料理民事，经管积谷，收支兵民米石"①，其辖区应至少等同于原礼州守御所的范围。乾隆《西昌县志·田赋仓贮》云："礼州分驻县丞代征原额屯秋粮米四百四十九石八斗五升六合二勺。"道光《西昌县志》卷一《田赋》云："礼州县丞额征米四百四十九石八斗五升六合一勺。"乾隆《西昌县志·里甲铺递》云，全县分为四路共 8 里 24 甲。但里甲的具体位置以及与场镇的对应情况并不清楚。嘉庆六年（1801）设团甲，全县分为 48 场。宣统二年（1910）改为城厢 1 城，东海、西宁、礼州、德昌 4 镇，沙坝、高草、锦川、六和、黄水、普威、普格 7 乡。其中礼州镇由羲龙、安宁场、拖琅、热水、沙坝等地组成②，除安宁场外其余 4 地均对应嘉庆之场，应即县丞所辖。民初西昌县沿袭清末区划，县佐所辖亦应同清末。废县佐时，改分县设区，礼州区为第二区，

---

① 中国第一历史档案馆编：《雍正朝内阁六科史书·吏科》第 73 册，广西师范大学出版社 2002 年版，第 300、301 页。
② 四川省西昌市志编纂委员会编纂：《西昌市志》，四川人民出版社 1996 年版，第 59、60 页。

第三章 清代民国四川分驻佐杂辖区的具体划分

辖礼州、北乡、南乡、拖琅、羲安、沙坝6个联保。① 礼州区既然自礼州分县改设,则其所辖即原礼州县佐所辖。

盐源县丞(盐源县佐)之辖区在方志中并未有记载,但县丞既自盐中所改设而来,则辖区应至少等同于原所范围,雍正《四川通志》卷三《疆域》云:"盐中左所,在府西南四十里,东西距一百一十里,南北距八十里,东至西昌县界四十里,西至盐源县界七十里,南至德昌所界四十里,北至西昌县界四十里,东南至会理州界一百三十里,西南至盐源县界八十里,东北至西昌县界五十里,西北至冕宁县界一百里。"县丞后又兼管部分谷米,光绪《盐源县志》卷三《仓储》云:"嘉庆二十三年奉文将常、监、社义各仓谷石移归盐中县丞经管……一常平仓,额储谷四千九百七十四石,又存各土司罚俸米折谷七百八十一石二斗八升八合六抄;一监仓,额储谷一万八百三十二石四斗;一社义仓,额储谷一千五百七十二石二斗一升七合。"道光时"在土司领地之外以汉族为主的地区,划分为8个乡、72个甲",其中沙坪站乡辖河西街、中前所、南屯堡、李家堡、大庄子、金家营、马家营、大石板、洪家湾、石坡坡、摩梭沟等11甲②,县丞应辖包括河西街在内的沙坪站乡之部分甲。光绪《盐源县志》卷二《乡甲》云,全县在乡甲基础上,分东南西北4路设82联团,其中东路乡甲的"河西、大石板、摩挲沟、洪家沟、石㙟㙟、沙平坫,以上六地联团,距县二百余里",应属县丞辖地。民初盐源县沿袭清联团制,县佐所辖应同清末。

三台县丞(三台县佐)。四川总督鄂辉请分驻县丞的原奏称:"将附近地方命案准令代县验报,其余斗殴、赌博、奸拐、私宰等事,听该县丞就近审理,贼盗等案责令缉拿。即以该县丞为承缉捕官,盐场

---

① 四川省西昌市志编纂委员会编纂:《西昌市志》,四川人民出版社1996年版,第10、60页。
② 《盐源县志》编纂委员会编:《盐源县志》,四川民族出版社2000年版,第100页。

井灶仍令兼司，以佐该县耳目所不及。"① 1992年《三台县志》云："县丞分驻芦溪镇总管北境政事。"② 民国三年（1914）三台县知事黄国元亦曾称："前清因地制宜，特设县丞分驻该处，附近地方拨归管辖，举凡戢匪安民与革利弊，皆当然应尽之职。而水利一端，是其专责，正附各税，亦赖协催。"③ 但"附近地方""北境"都是模糊的概念，难以明确具体是哪些地方。除葫芦溪外，在清代档案中还提到三处属县丞分管的地方："桥楼场，距城一百二十里，分驻葫芦溪县丞所属。""岔沟，距城一百二十里，系分驻葫芦溪县丞所管。""金家湾，系分驻葫芦溪县丞管辖地面，距城八十里。"④ 三处地方中，惟岔沟之名今无存，其所在不详。桥楼场即嘉庆《三台县志》卷二《场镇》提到的"桥楼子，城东北一百一十里，通梓潼大路"，民国《三台县志》卷一《区镇》亦云："桥楼场，一百二十里，即桥楼子，康熙时建，乾隆时兴市。"即今三台县中太镇驻地。参考《四川省三台县地名录》，金家湾在今三台县老马镇会龙村，村北的光辉场社区即嘉庆《三台县志》中"城东北八十里，通梓潼绵州小路"的会龙场。由此可判断，上述场镇应皆县丞所辖范围。民国《三台县志》卷一《区镇》又云，清代三台全县分为4路，每路7乡共28乡，每乡以星宿为名，葫芦溪属北路之张月乡，桥楼场属北路之毕月乡，会龙场属北路之轸水乡。虽然不能判断县丞辖区是以场为单位，还是以乡为单位，但三台县在

---

① 《奏为川省巴州西昌县等地正佐员缺今昔繁简不同请酌量更改以重地方事》，中国第一历史档案馆藏，档号：清04-01-12-0229-111。
② 四川省三台县志编纂委员会编纂：《三台县志》，四川人民出版社1992年版，第188页。
③ 《三台县葫芦溪委任县佐铃记到任日期及控告案件》，四川省档案馆藏，档号：民041-04-7444。
④ 《题为特参三台县分驻葫芦溪县丞王增等员疏防命案限满凶贼未获事》，档号：02-01-03-10370-011；《题为特参三台县分驻葫芦溪县丞王增等员疏防窃案限满凶贼未获事》，档号：02-01-03-10378-005；《题为三台县霍乾定家被劫案疏防限满开参分驻葫芦溪县丞文蓁等文员事》，档号：02-01-03-12219-046。俱中国第一历史档案馆藏。

民国十九年（1930）之前一直保留着清代以来28乡的设置①，三台县丞、分知事、县佐所辖范围应没有变化，至少辖及葫芦溪、岔沟、桥楼镇、金家湾、会龙场等地，即今三台县西北的芦溪镇、中太镇及老马镇的部分地。

（三）未知是否有辖区者

隆昌县丞。该县丞设置时间极短，前后不到六年，相关史料少，更无具体所辖范围的记载，可能只负责驻地双凤驿（在县西北六十里）事务，此外并无辖区。

保县县丞。该县丞设置时间短，前后仅四十年，乾隆《保县志》卷二《民居》云，全县汉民地分九里，通化里即其中之一，其下有乾溪村及舛底、文山2番民寨，但并无史料可证此1村2寨为县丞所辖，疑除驻地外别无辖区。

垫江县丞。据道光《垫江县志》卷一《图》、卷二《场市》、卷三《里甲》、卷四《路程》云，垫江县在康熙年间并明代十二里为新兴、八庄、太平三里，后又改名为东、南、北三里，高滩场在县东四十里高滩河边，应属新兴里（东里），有桥于此过河，再行翻金华山（精华山）经沙河铺以通忠州。诸史料皆未载该县丞有辖区，疑该县丞除驻地外别无辖区。

梁山县丞。诸史料皆未载该县丞有辖区，其驻地沙河铺距梁山县城仅三十里，又无大山大江阻隔，附近地势也谈不上崎岖险要，只不过西北往大竹和西南往垫江于此分路，商业较盛，人口繁杂，故而分驻县丞。疑该县丞除驻地外别无辖区。

汶川县丞。汶川县丞设置时间极短，前后仅十三年，其职权也仅限管理桃关索桥、"稽查防护来往接递差务"以及"稽查转运新疆粮饷及驿站等事"，疑除驻地外别无辖区。

---

① 四川省三台县志编纂委员会编纂：《三台县志》，四川人民出版社1992年版，第48—52页。

（四）可明确无辖区者

酉阳县丞实际并不存在，亦未及划定辖区。

六　主簿辖区

清代四川分驻主簿设置较晚，除南充主簿外全都有明确的辖区。

平武主簿。主簿负责县南行政、赋税、词讼等事务。① 道光《龙安府志》卷二《关隘附场镇》有具体记载，"大印山属：街子场（主簿驻处）；兴隆场，在署东三十里；永兴场，在署东七十里；桂溪场，在署东一百里；中兴场，在署东一百十五里；复兴场，在署东一百四十里；三合场，在署东北九十里；兴隆场，在署东北八十里；双合场，在署南八十里；福兴场，在署东南七十里；仁义场，在署西二十里；永兴场，在署北二十里；时兴场，在署北四十里"，共计13场。而张树敏称："时称平武县衙门正堂，青川分县为右堂，大印分县置为左堂。"又称："除分县例无监狱外，略具县城规模。大印分县辖南乡13场，即大印、锁江、徐塘、李家坝、马家坝、三圣庙、桥头寺、豆叩场、平通场、沙窝子、甘溪、桂溪、贯岭（此四场现属北川），以及乡团18处。"② 其所列场名与道光《龙安府志》所载有所不同。按，李家坝、三圣庙、桥头寺、沙窝子等在志中皆乡团名而非场名，今以志为准。

太平主簿辖区详见本书第四章第二节。

东乡主簿。嘉庆《东乡县志》卷一三《户口》云，全县分为共3里15甲。一甲、二甲、三甲、四甲、五甲为上五甲，属仁和里；六甲、七甲、八甲、九甲、十甲为中五甲，属峨城里；十一、十二、十三、十四、十五为下五甲，属德安里。主簿驻南坝场时，嘉庆七年

---

① 平武县志编纂委员会编：《平武县志》，四川科学技术出版社1997年版，第296页。
② 张树敏：《大印分县在辛亥革命后的解体》，平武县政协文史资料委员会编：《平武文史资料选辑》第12辑，2001年，第191、192页。

(1802)四川总督勒保奏称:"除户婚田土不许干预外,凡遇匪徒、鼠窃以及斗殴、赌博、私宰、私盐等项事件,均责成该主簿查缉审理,分别解县究结,附近人命案件亦令主簿相验尸伤拘换犯证解县讯详……又主簿管理分拨地方四至界限,容俟另详请咨。"①该奏明确了主簿权限,但还没有定下具体的主簿辖区。嘉庆十八年(1813)常明奏请移驻大成寨的奏折中也只是顺带提到"南坝场原管甲分",未有具体甲名。所幸嘉庆《东乡县志》卷三《建置沿革》云:"分驻南坝场,分管十三甲、十四甲、十五甲。"皆属德安里。而驻大成寨时所辖范围即大成寨及其"附近之一、二、八、九等甲地方",一、二甲属仁和里,八、九甲属峨城里。

南充主簿。该主簿不仅是清代四川各分驻主簿中唯一辖区不明确的,更是唯一没有辖区记载的。嘉庆《南充县志》只在卷一《公署》、卷二《职官表》中分别记载:"主簿署,在治南李渡场,距城六十里。""五十一年,盐大使缺裁,改设李渡场主簿。"民国《新修南充县志》也只在卷一《疆域》《城市》中分别云:"吉安乡,位本区东南,接武胜境,属场三:吉安、李渡、三元桥。""李渡场,在治南七十里嘉陵江右岸,当水陆冲途,为下南区第一大镇,清设主簿署于此,今废。铺户二百余家,市期三六九,商业颇王沿江坝。"没有任何关于该主簿辖区的记载,其他史料包括当代的新方志也没有相关记载,疑该主簿除驻地外别无辖区。

第二节 杂职官辖区

一 巡检辖区

巡检和其他佐杂不同,它从产生伊始就基本上都是分驻在城外地

---

① 《题报接准部复查办改设绥定府等缺分别繁简酌定官俸等事宜事》,中国第一历史档案馆藏,档号:02-01-03-08504-011。

方。但清代的巡检,尤其是雍正以后的巡检,和前代还是有很大的不同。雍正以前的巡检虽有官署驻地,但很少有明确的、固定的分辖区。而在雍正中期以后分驻佐杂逐渐获得分辖区的大背景下,巡检也相应有了明显的变化。一方面,巡检辖区逐渐清晰,如盐源阿所拉巡检,"阿所拉巡检旧治东、西、南三面与西昌县会理州暨云南之华坪县交界,宽广二百余里均有一定界址"[1]。同时,巡检职权也有所增加,如叙永直隶厅古蔺州巡检,光绪《续修叙永永宁厅县合志》卷二一《文职表》云:"乾隆五年题定分管乐荣、平定二里及永十甲,有死伤人命就近相验解厅审讯。"已经有相验命案的权限。但需要注意的一点是,巡检不一定是在初设时就有辖区,如古蔺州巡检,虽然其获得辖地是在乾隆五年,但其实该巡检于雍正八年(1730)就已添设、雍正九年(1731)就已上任。

今叙清末仍存留之 27 处巡检情况,另有昭化县白水巡检 1 处,该巡检早经裁撤但可明确曾有辖区,附记于下。

(一)辖区可明确者

简州巡检(简阳县佐)。雍正八年设,巡检署位于州西北龙泉镇(今四川省成都市龙泉驿区)。新旧方志只记载该处前后设巡检、分知事、县佐,均没有其辖区的相关记载,所幸在一份民国档案中可窥一斑。民国二十九年(1940)至三十一年(1942),川省拟划龙泉驿等地新设一县,并进行了相关讨论,龙泉驿人士在区域划分时主张:"以龙泉驿设分县时之辖区为区划标准,其区域除现时第三区所辖之龙泉、平安、长松、界牌、山泉、柏合、安柏、同安、均安、大兴、万兴、西平、洛带、鸿安、东安等十五乡外,尚有周家乡、养马乡、石盘乡、茶店乡、久隆乡、贾家乡、老君乡、五龙乡、新场、高明乡、镡镡乡、武庙乡等。"民政厅视察员何莲池听取后虽然认为:"该区域是否即为

---

[1] 《奏请升改阿所拉巡检为盐边厅以资控驭事》,中国第一历史档案馆藏,档号:21-0913-0017。

第三章 清代民国四川分驻佐杂辖区的具体划分

龙泉驿设分县时之辖区待考,以发言人未提出实际依据。"但最后仍以所谓"龙驿旧日县佐所辖区域为标准",拟以第三区15个乡加上第二区的茶店、久隆、老君3乡及贾家乡之一部分为新县之区域。对此,贾家等四乡乡长联名呈称:"就历史而言,宋代设灵泉县,皆以分峻山脉分岭为界,即逊清设巡检分治,亦不出现有三区辖境。民元龙泉驿地方人士提议改治。亦仅拟定以龙泉、柏合为县址。"① 否认四乡曾属龙泉分县辖区内。综合来看,民国龙泉驿县佐的辖区在清代龙泉驿巡检辖区的基础上有所扩张的可能性不大,应该是龙泉驿人士为了扩大新县面积而夸大了分县原辖范围。清代龙泉驿巡检及民国龙泉驿分知事(县佐)的辖区应该都仅限分峻山脉(即今龙泉山脉)以西,对应即民国分区设署后简阳县第三区共计15个乡镇的范围。

巴县巡检。雍正八年(1730)设,巡检署位于县东木洞镇(今重庆市巴南区木洞镇)。据乾隆《巴县志》舆图,木洞镇属仁里,仁里上六甲在长江北(后成为江北厅辖地),巡检应至少辖与镇同属长江南的仁里下四甲,参考该志卷二《里社》及同治《巴县志》卷一《乡里》,包括七甲的麻柳嘴(又作麻柳场)、八甲的双河场、九甲的冬青场(又作冻青场)、十甲的丰盛场,这在巴县档案中也有所反映。② 除仁里下四甲之外,巴县档案中还有巡检处理节里、廉里部分地方事务的记载。③ 更关键的是,有多份光绪年间的巴县档案资料明确提到巡检所辖除了木洞镇本镇及麻柳嘴、双河场、冬青场、丰盛场4场外,还有天赐场、姜家场、双洞场、合兴场、二圣场、五渡场(又作五布场)、广

---

① 《一届四次会后龙泉驿请提前改设县治一案》,四川省档案馆藏,档号:民049-01-0545。
② 如《木洞镇巡检详请究办麻柳场绅民蒋玉章以婪黜殃民翰情禀殷段森一案验文》,档号:清006-031-01404;《木洞镇巡检申详双河场民蔡光荣以捐约估骗银两控告汤裕发等一案》,档号:清006-041-20206;《木洞镇巡检申详仁里九十两甲绅粮刘永顺等具禀文昌宫僧普参等滥费租谷盗窃审器一卷》,档号:清006-007-00339。俱四川省档案馆藏。
③ 如《木洞镇巡检遵查申复节里九甲监正杨玉田等以团散各附等情一案》,档号:清006-056-0656;《木洞镇巡检为主指凶殴等事廉里一甲晏正川告毛显章一案》,档号:清006-012-11227。俱四川省档案馆藏。

元坝、冠山场等 8 场，共计 13 场，这些场同属怀石里。① 对比乾隆《巴县志》卷二《里社》、同治《巴县志》卷一《乡里》，姜家场即属节里五甲的江家场，二圣场属节里六甲的二圣殿。由此可知，木洞镇巡检和白市驿县丞一样，其分辖地方也是以场为单位，且也是参照的巴县旧四里划分法。

江油巡检。雍正九年（1731）设，巡检署位于县南中坝（今四川省绵阳市江油市驻地中坝街道）。其所辖范围，雍正《江油县志》卷上《十甲》云，全县分为十甲，中坝属三甲，"治南三十里，接彰明，水陆交会，县治巨场，分防巡检"。同卷《疆域》更有对辖区范围具体的表述："中坝巡检司，在县治南三十里，东至全门坝、世音观交绵州梓潼界，西至白鹭庵、黄连桥、通口交石泉界，南至高泉山、关家场、马头山、边家沟交彰明界，北至女儿堰、杨家庵、火峰山、张家垭交县典史界。" 在叙述县疆域时将巡检司辖区单独附列，这在方志中是比较罕见的。

秀山巡检（秀山县佐）。雍正十三年（1735）设，巡检署位于县东北石堤（今重庆市秀山土家族苗族自治县石堤镇）。同治《增修酉阳直隶州总志》卷四《关隘》云："石堤司紧与湖南保靖县界，为由楚入川水道要区，面据龙潭河，背枕后溪河，而汇于治南。商贾帆樯往来络绎，诘奸禁暴宜时加严。" 而据民国三年（1914）秀山县知事雷钦称："县属石堤分知事一缺，光复初系由该管绅民公举邑绅钱家续暂行署理……该管虽仅两乡，而地面实达百里以上，且毗连黔楚，距城

---

① 这几份档案的时间为光绪元年至光绪七年。见《巴县札木洞司捕衙并移请专城浮图汛分县等认真查点整饬保甲团练文》，档号：清 006 - 031 - 00857；《巴县札委木洞司捕衙移请专城汛浮图汛分县等查点团练并开造清册报查卷》，档号：清 006 - 031 - 00872；《县正堂札委木洞司捕衙移请分县专城汛等查点团练及所属造呈清册卷》，档号：清 006 - 031 - 00883；《巴县札委木洞司捕衙移请专城汛浮图汛分县等查点各场团练并造报查等情卷》，档号：清 006 - 031 - 01001；《巴县木洞司捕衙移请分县专城浮图汛等查点各坊团练造册报告卷》，档号：清 006 - 031 - 01004；《巴县札为木洞司捕衙移城汛浮图汛分县查照各场力练严密巡查匪类具文报查卷》，档号：清 006 - 031 - 01011。俱四川省档案馆藏。

弯远，萑苻出没，靡常控驭，时虞难周。"①乾隆《酉阳州志》卷二《秀山县·建革》云："里十一，石耶、平茶、邑梅、地坝四里外，曰九江里、曰晚森里、曰南洞里、曰日旗里、曰月旗里、曰小江里、曰苗江里，皆酉地割入者。"光绪《秀山县志》卷一《地志》亦云："其城乡分十一里，县城所在曰南洞里，东曰小江里、清平里（旧名苗江里），东南曰福森里（旧名晚森里）、石耶里，南曰九江里、邑梅里，西曰平茶里、地坝里，西北曰日旗里，东北曰月旗里。"则雷钦所言乡即里之代称也，再参照《四川省秀山县地名录》古今所属对比，清代石堤附近属小江、苗江二里。同治《增修酉阳直隶州总志》卷一《疆域》云："苗江，乾隆六十年以黔省花园苗叛改称清平里。"则巡检（分知事、县佐）应辖小江、苗江（清平）二里。据光绪《秀山县志》卷一《地志》云，小江里辖石堤、宋农、龙潭坝、庙泉、小浩、下达溪（同卷《县地总图》《疆域图》中皆作下大溪）、葛泖7场，清平里辖永兴（旧名勇洞，同卷《县地总图》中作湧洞）、里仁（旧名蛮庄）、太平坝3场。民国初仍辖小江、清平二里。

松潘直隶厅巡检（松潘县佐）。乾隆二十五年（1760）设，巡检署位于厅东北之南坪（今四川省阿坝藏族羌族自治州九寨沟县驻地南坪镇）。该署与南坪营俱在南坪城内，同治《松潘记略·城垣记》、民国《松潘县志》卷一《城池》分别云："国朝雍正七年巴州知州吴赫监筑土城。""县属南坪城垣，清雍正七年巴州知州吴赫监筑土城。"该巡检全称为"分理番民南坪巡检"②，民国《松潘县志》卷五《官师》亦云："松潘南坪巡检，兼理民、抚番。"其辖区除南坪城附近外，应还兼理南坪营所辖寨司。据同治《松潘记略·旧设土官寨落记》，南坪营管隆康番族七寨（隆康寨、丹布寨、丹仲寨、立柯寨、恶

---

① 《川东道奉巡按使通令各属查照发下各分知事官缺表各地呈报办理情形》，四川省档案馆藏，档号：民191-01-0027。
② 内阁印铸局编：《宣统三年冬季职官录》，载《近代中国史料丛刊》第29辑，第1195页。

洞寨、虫牙寨、牙咱寨)、芝麻番族五寨(芝麻寨、黑务寨、夏勿寨、南岸寨、角那寨)、中田番族四寨(甲务寨、阳波寨、召坝寨、潘信寨)、边山番族七寨(大月连寨、葛条坝寨、罗家村寨、罗尾坝寨、碟子坪寨、曲连沟寨、冷水山寨)、窝各番族四寨(窝各寨、杨山寨、下窝各寨、哨塘寨)、扎昨番族四寨(扎昨寨、南岸寨、苗州寨、乾沟寨)。另外,1994 年《南坪县志》云:"乾隆二十二年(1757),黑河荒地渐次开垦,摊丈地丁银三十六两,归南坪巡检征收。"①《清实录》亦记载,嘉庆六年(1801)二月己丑,"缓征……南坪巡检所属本年额赋"②。则南坪巡检已有征收赋税之责。

  民国所辖延续清代之旧,而具体地名又有变化。据民国《松潘县志》卷四《土司》,除了黑角浪(即扎昨)寨土司"至咸丰、同治间,其地有汉民迁往,习俗相移,早经改土归流,地方事务与南坪城乡一律查照汉制办理",其余隆康、芝麻、中田、勿谷(即窝各)、边山各土司均仍保留,五土司各自管辖的番寨数量和名称与同治《松潘记略》所载稍有变化。同时由于南坪营被裁撤,这些土司"旧隶松潘镇南坪营及同知、巡检管辖,今归汉军统领一营长会同县知事、县佐管理"。只不过知事和从前同知一样属名义上总领,实际仍是直接由县佐督管。因此《川西边事辑览》第五编《松潘草地分类记》云:"隆康、芝麻、中田、勿谷、边山五部落,旧属松潘镇南坪营管辖,距县城东北三四百里不等……以上五部落可谓直接由南坪分县管辖。"③民国《松潘县志》卷一《里镇》有单独列出南坪之东路、南路、西路各地,"南坪,距县城三百六十里,距甘肃文县城一百二十里。南坪之东路:上安乐、下安乐、甲勿沟、太平沟、羌活沟、七舍坝、鸾坝、头道城、香水河、二道城、石门沟、兑厂、八郎沟、达舍沟、刘家坝、子玉河、三道城、

---

① 南坪县地方志编纂委员会编:《南坪县志》,民族出版社 1994 年版,第 5 页。
② 《仁宗实录》卷 59《嘉庆五年二月上》,《清实录》第 28 册,中华书局 1986 年版,第 777 页。
③ 谢培筠编:《川西边事辑览》,新民书局 1935 年版,第 25 页。

四道城、草坝村、杏子坝。南坪之南路：台子坝、永丰上乡、永丰中乡、新塘、渭子坝、草坪、永丰下乡、瓦厂、黑水河、汤珠河、抹地口、上抹地、下抹地、木城沟、郭元沟、抹地塘、水沟边、椿树坝、抹地沟、台坝、野猪关、斜坡、中下抹地、哈沙坝、会龙城、青龙关、柴门关、大水田、小水田、马尾山、杨家湾、上草地、盐土山、下草地、固水沟。南坪之西路：小月连、大月连、曲连沟、冷水山、葛条坝、罗家村、罗尾坝、上干作、下干作、化木桥、毛家礴、桦木干沟、郭家礴、碟子坪、冷干里、王家礴、两河口、阴坡、草地沟、大勿各、阳山、卜力贯、马家礴、札作寨、南岸、苗州"，以上即县佐所辖。

中江巡检（中江县佐）。乾隆三十二年（1767）设，巡检署位于县东南胖子店（今四川省德阳市中江县仓山镇）。自中江县盛家池盐大使改来。乾隆三十二年八月二十二日，四川总督臣阿尔泰奏请裁汰中江县盛家池盐大使，"潼川府中江县属盛家池盐大使，系乾隆三年移驻胖子店盐井适中之地，该处盐井本少，配销引课仍系由县征解，该大使亦止稽核井灶，别无所事……实为冗设，均可裁汰……至中江县属胖子店，离城二百四十余里，与三台、射洪、蓬溪、乐至、金堂、汉州六州县连界，地方颇多，人烟稠密，五方杂处，啯噜流匪窜伏其间，原设之大使因无地方之责，不便干预民事，邻封错壤，每遇缉拿，呼应不灵，地方关重，亦须改设专员以资弹压。应请即以裁汰之盛家池盐大使改为巡检，分驻胖子店，将附近之盛家池、甑子坝、普兴场、唐店垭、枣儿垭、大龙泉、太平桥、新场等处分别管辖，除命盗重情及户婚田土事件仍归县办理外，其稽查井灶及匪窝、赌博、斗殴、私宰等事即令该巡检就近查拿解审"[1]。该请于同年获准，十一月丙申，"裁……中江县盛家池盐大使缺为胖子店巡检，从总督阿尔泰请也"[2]。

---

[1]《奏请将西河口盛家池盐大使裁汰事》，中国第一历史档案馆藏，档号：03-0122-043。
[2]《高宗实录》卷798《乾隆三十二年十一月上》，《清实录》第18册，中华书局1986年版，第767页。

该巡检初设时所辖范围即阿尔泰所说的胖子店及其附近"盛家池、甑子坝、普兴场、唐店垭、枣儿垭、大龙泉、太平桥、新场等处"。道光《中江县新志》卷二《乡村》云，康熙初年全县分为上、中、下三村，道光六年署知县孔昭焜又分三村为十二乡。同卷《场市》云："十一乡，胖子店，县南一百八十里，场期二五八日；普兴场，县南二百里，场期三六九日。十二乡，盛家池，县南二百四十里，场期二五八日；新场，县南二百里，场期三六九日。"甑子坝等5处未列其中，应有漏记，其地应亦属十一、十二2乡。清末《中江县乡土志·建置》云："本境分为三村十二乡，村各四乡，乡各四场。"但其下所列各乡场数已经不完全对应每乡四场了，其中十一乡有胖子店、龙泉场、泰安场、元兴场、永丰场、普兴场，十二乡有盛家池、大堰场、新场、中和场。民国《中江县志》卷一三《团练保甲》云："民国元年奉文调查户口，编联民团，乃改旧称乡里而分区段。以县城为一区，改一乡为二区，以下依次递改，遂有十三区之称。"胖子店、普兴场原所在之十一乡改为十二区，盛家池、新场原所在之十二乡改为十三区，据该志卷三《市镇表》，十二区有胖镇（胖子店）、会龙场（牛肝石，亦即大龙泉）、太安场（太平桥）、万福场（唐店垭）、普兴场（普勋寺）、永沣场（甑子陌）6场，十三区除了原有之盛池镇（盛家池）、元兴场（元陌子）、良安场（新场）、中和场（解空寺）、大堰场（大堰坎）5场。综上来看，巡检（分知事、县佐）自初设至道光六年（1826），其辖地对应为下村的部分地，道光六年至清末对应为十一、十二2乡各场，民国元年（1912）后对应为十二、十三2区各场。

南部富村驿巡检（南部富村驿县佐）。道光四年（1824）设，巡检署位于县西南（今四川省绵阳市盐亭县富驿镇），由南部县分驻富村驿县丞改置，所辖范围仍因县丞之旧而有所缩减。"查富村驿地方离城一百八十余里，地方冲要，民俗刁悍，附近之富义、永丰、安仁三乡向系县丞分辖。遇有盗贼、匪徒、赌博、斗殴、私宰、窝娼等事，俱

第三章 清代民国四川分驻佐杂辖区的具体划分

听该县丞稽查办理。今将县丞裁改,新设巡检,一切均应责成巡检照例经理。其分管三乡地方遇有盗劫、抢夺等犯脱逃,限满无获,即将该巡检照例开参,以专责成。"①则巡检虽然完全继承了县丞的权限,但其辖区与之前县丞相比减少了宣化1乡,仅剩3乡,辖区总体向西收缩。具体场镇参见上文南部县丞辖区。

会理州洼乌场巡检(会理洼乌场县佐)。道光十二年(1832)设,巡检署位于州东。关于该署的位置和迁移时间目前有争议,一说先在洼乌场,随即迁至鲹鱼坝云盘寨。②一说先在洼乌场,民国元年(1912)迁至鲹鱼坝。③按,道光十二年,四川总督鄂山奏称:"会理州所属洼乌场应移驻巡检也。查洼乌场距州三百里,与云南交界仅隔一江,附近夷地开垦日广,现在流寓汉民已有三万余户,汉夷杂处,必得专员弹压。查有该州分驻苦竹坝巡检,系乾隆十五年因该处地广人稠,设立巡检,定为要缺。只缘该处地土干燥,于种植不甚相宜,民人渐次迁居,近遗居民仅数十户,与昔年情形迥不相同,且距苦竹坝五里之鲹鱼地方设有驻防外委,足资钤辖,毋须分驻文员。应请将苦竹坝要缺巡检移驻洼乌场作为会理州分驻洼乌场巡检,仍定为要缺。"④该请获准。但要注意的是,咸丰《邛嶲野录》卷一七《公署》云:"改迁洼乌场巡检,奉部颁给印信,但至今未迁衙署,尚在苦竹坝。"同治《会理州志》卷二《公署》仍云"其署尚未迁建"。则1996年《会东县志》和1994年《宁南县志》的说法都不准确,虽然明令巡检改驻洼乌场,巡检名称也确实改称为洼乌场巡检,但巡检公

---

① 四川省南充市档案局(馆)编:《清代四川南部县衙门档案》第12册,黄山书社2015年版,第29页。
② 四川省会东县志编纂委员会编纂:《会东县志》,四川人民出版社1996年版,第5、54页。
③ 宁南县志编纂委员会编:《宁南县志》,成都科技大学出版社1994年版,第29页。
④ 《呈四川省裁改移驻正杂教职各缺清单》,中国第一历史档案馆藏,档号:03-2628-108;《奏为体察重庆等府州县情形分别裁汰改移闲员事》,中国第一历史档案馆藏,档号:04-01-01-0734-006。

署实际长时间在苦竹坝没动。《会东文化馆志》引会理县档案馆资料称，"洼乌县佐公署、设自清代、向驻洼乌、嗣因参鱼地方夷人每每滋事，土司无力统辖，因请政府将洼乌县佐移驻参鱼营盘寨，禄土司自愿拨出产业一份作为官田，年收租米 40 余石，补助县佐公费"①。综上可知，洼乌场巡检确曾移驻洼乌场，然须在同治以后，而改驻参鱼坝的时间又在民国时了。洼乌场在今四川省凉山彝族自治州宁南县华弹镇，参鱼坝在今四川省凉山彝族自治州会东县驻地鱼城街道。

该巡检管辖范围在档案中有载："洼乌场巡检管辖通安、苦竹、会理、者保、披沙伍土司。汉夷杂处，遇有命盗案件，如在夷地，仍将该管土司开参；如犯事系在汉地以及汉夷酗酒、赌博、斗殴一切事宜，自应责成该巡检管理。"② 此五处土司皆在会理州东，据同治《会理州志》卷七《土司》云，通安州土百户"其地东至九十里交苦竹坝界，南至一百里交云南禄劝县界，西至九十里交凤山营界，北至四十里交汉界"，苦竹坝土百户"其地东至八十里交会理村界，南至一百五十里交云南禄劝县界，西至二十里交姜州汛鲁魁山界，北至六十里交者保土百户界"，会理村土百户"其地东至五十里交云南东川府巧家厅界，南至一百二十里交云南木期古界，西至三十里交波喇塘，北至四十里交者保化美峰界"，者保土百户"其地东至七十里交洼乌界，南至八十里交滥坝界，西至五十里交腰岩子下大水沟界，北至八十里交木树角界"，披砂土千户"其地东至洼乌金沙江渡十五里交云南东川府巧家厅界，南至洼乌坛罐窑一百四十里交者保土百户界，西至柳溪二百四十里交米易土千户界，北至三百里交西昌县属阿都长官司界"。即今会东县、宁南县大部以及会理县东南部分地。宣统二年（1910），因土司械斗，朝廷将五处土司全部改土归流，披砂改设了设治委员，由此洼乌

---

① 会东县文化馆编：《会东文化馆志》，1993 年，第 57 页。
② 《题为遵议川省泸州州判等移驻分拨地界各事宜事》，中国第一历史档案馆藏，档号：02 - 01 - 04 - 20748 - 013。

巡检的管辖范围大减。民国三年洼乌分县辖区为：参鱼普雄寨、发落、堵格、奢租、发窝、窄路沟、三水岔河、红果、江西街、新街、小凉山、大兴场、嘎吉、倮左、柏香样、可卧河、铁匠村、河坝街、川主庙、洼乌街、坛罐窑、黑神庙、偏桥、太平场。①

民国十九年（1930）宁南建县时，其与洼乌分县一带地界未正式划定。民国二十年（1931）宁属整理委员会训令勘界，十一月六日，西昌、会理、宁南三县县长抵达洼乌场，提出初步方案，并召集各场团、甲绅民开会讨论，最后决定将洼乌场、坛罐窑、武圣宫三场划归宁南县，次年三月共同发出布告，定以张家沟为界，由此宁南县划走了洼乌分县约150平方公里地。②

附昭化巡检。雍正八年（1730）设，巡检署位于县西北白水（今四川省广元市青川县沙州镇）。该巡检存在时间极短，雍正八年添设，乾隆元年（1736）即裁，但亦曾有辖区。乾隆元年以该巡检改设射洪县青堤渡盐大使，相关档案中记载："查昭化县白水镇巡检，止管天中一里，地方褊狭，事务甚简，可以裁汰。"③ 乾隆《昭化县志》卷一《里乡》云全县分为春王、清和、天中、修禊、花朝、积阳6里。则天中里即该巡检辖区。

以上均是在清代、民国史料中就有明确记载的。与此同时，各地的当代新方志中也有关于清代巡检分辖区的记载。

涪州巡检（涪陵武隆县佐）。康熙七年（1668）裁武隆县改设，巡检署位于州东南武隆镇（今重庆市武隆区羊角街道五龙村）。关于武隆巡检所辖范围，1995年《涪陵市志》云，巡检负责分理"武隆30

---

① 张国树：《会东县志大事记（1912—1949）》，会东县地方志办公室：《会东史志资料》第2期（总第4期），1990年，第38、39页。
② 宁南县志编纂委员会编：《宁南县志》，成都科技大学出版社1994年版，第21页；四川省会东县志编纂委员会编纂：《会东县志》，四川人民出版社1996年版，第14页。
③ 《题为遵议川省请将潼川府新设通判移驻射洪县总理盐务等项事》，中国第一历史档案馆藏，档号：02-01-03-03300-003。

余场的盗窃、娼赌等案的勘验缉捕"①，恐怕并不完全准确。清代涪州东西二里的场镇数量一直在 40 场以上。乾隆《涪州志》卷一《街市》东西二里下列有土坎镇、白马镇、朱家嘴、武隆司、凉水铺场、钻（外门内身）天铺场、白果铺场、焦石坝场、乾龙场、滥坝场、木根铺场、断头坝场、鱼鳞箐场、火炉铺场、桐子山场、麻溪塘场、灯盏铺场、沙台铺场、土沱镇、郭祥坝场、龙洞场、上堡塘场、木棕铺场、关滩镇、石床镇、巷口镇、双河场、新滩镇、仓沟场、兴隆场、木花洞场、接龙场、黄柏櫪场、永顺场、义和场、广兴场、和顺场、飞沙场、凉水井场、阡口场、百顺场 41 场。道光《涪州志》卷一《街市》东西二里下没了断头坝场 1 场，但增加了新场、羊角碛、中嘴场、大木峡场、后坪坝场、土地坳场、西岈场、弹子山场、坪桥场、车盆硐场、沙窝山场、杨家井场、长坝场 13 场，达到了 53 场。② 同治《重修涪州志》卷一《里甲》东西二里下增加了崇兴场 1 场，减少了接龙场、凉水铺、焦石坝、麻溪塘、灯盏铺、沙窝山、杨家井、长坝 7 场，同时又未列武隆司，总共只剩 45 场。光绪《涪乘启新》卷一《里甲场市》亦云："东、西二里十三甲，场市四十五……东、西里以羊角碛、长坝等处为大。"场镇数量时有变化，巡检辖区恐怕并非以场镇数量为单位。而据乾隆《涪州志》卷一《形胜附疆界》云："东南八十里至牛皮箐分水岭抵武隆司界。"这说明武隆巡检辖区是有明确界线的。《疆界》又云："武隆界（康熙七年归并州治，设武隆巡司），东一百三十里至木棕河抵彭水县界，东北九十里至鱼鳞箐分水岭抵鄷都县界，西北八十里至牛皮箐分水岭抵州界，南七十里至蒲溪镇抵正安州界，西南一百五十里至高坎抵南川县界。武隆距州南一百七十里。"此后，道光《涪州志》、同治《重修涪州志》也延续了以上说法。综上而言，

---

① 四川省涪陵市志编纂委员会编纂：《涪陵市志》，四川人民出版社 1995 年版，第 928 页。
② 乾隆志有乾龙场、接龙场，道光志中无乾龙而有两个接龙场，疑道光志中记在前者系乾龙场改名。

巡检确有辖区,并且是继承的武隆县原管范围。即裁县改设巡检后,原武隆县与涪州的县界变为涪州内部的武隆司界,巡检辖区等同于原武隆县县域。

这种情况到清末有所变化,宣统三年(1911)涪州分为五个区,其下设9镇9乡分辖各场镇。其中第五区区署设于武隆,辖6乡共38场,即鸭江乡及其下鸭子塘、月升、庙垭子3场,福来乡及其下火炉铺、白果铺、钻(外门内身)天铺、苍沟、万峰坪、火耳沟、关庙堂、龙溪、徐家塘9场,永顺乡及其下长坝、大漕、弹子山、打蕨沟、木花洞、平桥、白马、凉水井、车盘洞9场,树德乡及其下大青杠树、杨家井、青蕨坝、巷口、龙洞、中嘴6场,耀德乡及其下羊角碛、清水溪、长坡、土坎、马溪5场,桐梓乡及其下桐子山、土地坳、后坪、文庙、梨子树、小坪6场。① 其中鸭子塘、庙垭在里甲时期均属长滩里,而原属武隆的木根铺改属了第二区的白涛镇,武隆巡检辖区疑因此有小变动。1994年《武隆县志》、1995年《涪陵市志》皆云,民国初年延续清末基层区划,到民国十九年(1930)六月,涪陵县改设21个区,其中十六区驻鸭江辖3场,十七区驻长坝辖8场,十八区驻羊角碛辖5场,十九区驻巷口辖5场,二十区驻火炉铺辖5场,二十一区驻桐子山辖3场,以上6区属武隆。民国二十年(1931)六月全县又改为10个区,原十六至二十一区改为八至十区,第八区驻长坝场辖庙垭、和顺、凉水、白马4乡及鸭江、永顺、百顺3镇,第九区驻羊角碛辖土坎、中嘴、龙洞、长坡、青枫5乡及羊角、巷口2镇,第十区辖沧沟、桐子、梨树、龙坝、万峰、白果6乡及火炉1镇。② 本书第二章第二节已证民国涪陵县境内区的改设与县佐裁撤没有关系。但上述区应即县佐的所辖范围,只不过改区之后,一般事务都由各区长处

---

① 民国《涪陵县续修涪州志》卷5《警察》《自治会》。
② 四川省武隆县志编纂委员会编纂:《武隆县志》,四川人民出版社1994年版,第42页;四川省涪陵市志编纂委员会编纂:《涪陵市志》,四川人民出版社1995年版,第100页。

理并直接报给县长，县佐基本已名存实亡。民国二十年（1931），武隆县佐杨平章请以废仓材料培修衙署，遭到涪陵县长谢汝霖的断然拒绝，谢汝霖还另外命令第九区副区团长与土坎乡乡长认真保管以备存贮①，此即县佐裁撤前尴尬境地的真实写照。

民国涪陵武隆分知事曾一度改驻羊角碛（今重庆市武隆区羊角街道羊角乌江大桥西侧南岸老羊角碛）。民国三年（1914）八月二十二日涪陵县知事徐琮称："查分署原在武隆，迨民国成立，仍沿武隆名称。嗣奉改组警察分所文内云其武隆所移设羊角碛，亦为形式扼要，便于弹压起见，应准照办等语，兹并请转详，一律更正其印文，恳赐涪陵羊角碛分知事之关防等情。据此查该分知事请改为涪陵县羊角碛分知事名义及请颁关防系为名实相孚起见，似可照准。"② 不久后分知事又改为县佐，因此涪陵武隆县佐又称涪陵羊角碛县佐。但民国二十一年（1932）涪陵县命令九区副区团长和土坎乡乡长接收武隆衙署时提到，"武隆衙署及仓厫本已颓坏，该处分属土坎乡管辖，而乡长向居土坎，副区团长向居羊角碛，均相距尚远，不便照料"③。土坎乡即今重庆市武隆区羊角街道土坎社区，则裁撤县佐的时候，县佐署是驻武隆而不是羊角碛。而更早在民国十八年（1929），武隆县佐向东川邮务管理局控诉信件迟延，东川邮务管理局命令下属机构查核，二月二十四日，东川邮区涪州二等邮局代理局长詹济美向东川邮务管理局呈称："查该误处距羊角碛二十余里，不通邮路，所有寄往该署邮件向由羊角碛代办交人转致。又以前凡无挂号则普通函件多系发由木根铺散转，昨准该署函告迟误情形，当已分函木根铺及羊角碛代办注意转投勿得延误，并饬职局经手，嗣后无论有无挂号均须直封一面函覆该署请其

---

① 涪陵县政周刊编辑处编辑：《涪陵县政周刊》第20期，1931年，第78页。
② 《川东道奉巡按使通令各属查照发下各分知事官缺表各地呈报办理情形》，四川省档案馆藏，档号：民191-01-0027。
③ 涪陵县政周刊编辑处编辑：《涪陵县政周刊》第27期，1932年，第70页。

第三章 清代民国四川分驻佐杂辖区的具体划分

随时着人到羊角碛询取,以免托人迟误。"① 则民国十八年(1929)以前,涪陵县佐署已离开羊角碛迁回了武隆。

彭水巡检(彭水县佐)。乾隆元年(1736)设,巡检署位于县东北郁山镇(今重庆市彭水苗族土家族自治县郁山镇)。《四川省彭水县地名录》云:"清乾隆元年(1736年)置巡检署,理彭水县上八乡。民国初改置为分县衙门,仍理上八乡。"② 1998年《彭水县志》亦云:"乾隆元年(1736)置巡检署,分理彭水上八乡,直至清末。民国元年(1912)改置为郁山镇分县衙门,代行县公署督理凤山、甘棠、鸡冠、乔梓、清水、射林、大河、龙射等上八乡政务。""掌管盐务行政、并代县署管理上八乡(凤山、甘棠、龙射、射林、清水、大河、鸡冠、乔梓)民政事务。""县佐承县知事之命,分理'上八乡'(凤山、甘棠、射林、龙射、清水、大河、乔梓、鸡冠)的行政事务。"③ 其所包括的场镇,据光绪《彭水县志》卷一《街市》,属于上八乡之场镇有14处,分别是县东桥梓乡的观音寺场;大河乡的保家楼场;县北龙射乡的张家坝场、普子坝场、菜园坝场、新场;鸡冠乡的张家溪场、牛滚荡场;甘棠乡的乐地坝场、石峡子场、老鹰岩场;射林乡的洞沟场、芦潭沟场;凤山乡的郁山镇。民国分知事、县佐仍延续清代巡检所辖范围,在民国六年(1917)的一份档案中曾提到,"查彭水幅员辽阔,亲历难周,该县佐管辖区内如凤山、甘棠、清水等乡"④。1998年《彭水县志》又云,民国元年(1912)龙射乡分为了上龙射和下龙射二乡,万足乡并入沿滩乡,全县与清代时一样仍有27乡。民国十八年(1929)将27乡划为9个区团,上八乡地区分为第四区团(乔梓、鸡

---

① 《涪州二等邮局关于报送武隆县佐控诉邮件迟误案调查结果上东川邮务管理局的呈》,重庆市档案馆藏,档号:民0340-0011-00007-0000-040-000。
② 彭水县地名领导小组编印:《四川省彭水县地名录》,1984年,第77页。
③ 彭水县志编纂委员会编纂:《彭水县志》,四川人民出版社1998年版,第121、485、494页。
④ 《四川省长公署东川道尹公署关于处理彭水县郁山镇县佐谭治贩烟庇种的训令及调查报告》,四川省档案馆藏,档号:民191-01-0436。

冠)、第六区团(凤山、甘棠、清水、射林)、第九区团(上龙射、下龙射)。另外,原属上八乡的大河乡被划到第五区团,与长滩乡同属一个区团。① 则民国元年至民国十八年分知事、县佐所辖乡数增加1乡,共辖9乡,但实际所辖范围未变。至于民国十八年(1929)的区团变化,与县佐辖区无关,县佐并不加辖长滩乡。

雷波厅巡检(雷波县佐)。 乾隆二十六年(1761)设,巡检署位于厅东北黄螂所(今四川省凉山彝族自治州雷波县黄琅镇)。该巡检既自黄螂所改设而来,则辖区应至少等同于原所范围,雍正《四川通志》卷三《疆域》云:"黄螂所,在卫东北一百二十里,东西距一百六十里,南北距一百二十里,东至云南桧溪江界九十里,西至雷波卫界七十里,南至云南吞都界五十里,北至屏山县土司界七十里,东南至云南桧溪界六十里,西南至云南井底界七十里,东北至云南撒水坝界六十里,西北至牛井西宁隘界五十里。"乾隆二十六年以雷波卫及黄螂所之地合置雷波厅后,在雷波厅的"雷黄18地"体系中,"'上10地'辖城厢、牛吃水、箐口、天姑密、祛里密、凤凰、回龙、广舆(即烂坝子、山棱岗、西苏角、长河土扇等地)、东林(中山坪、罗山溪)、羿子村等10乡,直隶厅署;'下8地'辖海脑坝、李子坪、青山乡、谷米乡、大汉乡、仁义乡、邓溪乡和双河口乡,由黄螂巡检司管理"②。"上10地""下8地"应分别即原雷波卫、原黄螂所之范围。嘉庆十九年,雷波厅境内发生窃案,"卑厅分驻黄螂巡检童源坤申称……该处地名邓溪沟,距城二百里"③,由巡检上报到厅,可见邓溪确属巡检所辖。而到了清后期,由于当地不断爆发夷乱,具体情形就有所变化。光绪《雷波厅志》卷四《乡市》列有城厢之外的18乡,和之前相比多了一

---

① 彭水县志编纂委员会编纂:《彭水县志》,四川人民出版社1998年版,第89页。
② 四川省《雷波县志》编纂委员会编:《雷波县志》,四川民族出版社1997年版,第63页。
③ 《题为特参雷波厅黄螂巡检童源坤等缉捕入室行窃赃盗不力事》,中国第一历史档案馆藏,档号:02-02-03-09065-024。

个那古乡，在黄螂十里，接连谷米乡，应亦巡检所辖，则清末巡检已辖有9乡。只是此时巡检所辖各乡多因夷乱而荒芜没落，"海脑坝乡，在城东九十里，夙称富庶，好尚诗书，遭夷患后亦复败落……李子坪乡，在分水岭下，因山为田，取材搆屋，承平时青畴绿野，满地桑麻，今则鞠为茂草已。青山乡，接连李子坪，山多田少，乡民筑堡而居，以御外患，然春耕秋获，时为夷扰，近已一片荒凉矣……谷米乡，接连那古乡，田土肥茂，烟户稠密，后因夷乱，逐渐萧条。大汉乡，在黄螂二十里，场市整齐，商贾流通，后经夷众两次焚毁，人民流徙，仅存草屋数间，安阜营分汛于此亦被焚烧。仁义乡，接连大汉乡，因遭夷乱，乡民逃亡净尽，靡有孑遗。双河口乡，在黄螂七十里，与邓溪乡相近，户千余家，已荒没无居人，为夷匪扰黄捷径。邓溪乡，在黄螂七十里，与屏山县交界，夷匪出入蹂躏，奸宄潜纵，仅存居民数十户"，巡检已经多少有点有名无实，表面上多辖了1乡，实际管控范围反而大大收缩。

（二）辖区模糊者

广元百丈关巡检（广元百丈关县佐）。雍正八年（1730）设，巡检署位于县东南（今四川省广元市旺苍县驻地东河镇）。清代广元县设乡堡，乾隆《四川保宁府广元县志》卷二《乡堡》云："共计六乡五十七堡，以堡分隶各乡。"但乡堡间的具体分属不详。民国《广元县志稿》卷四《建置一》仍然只云："县境旧分六乡，五十七堡。"综合二志所载，从乾隆至民国，广元一直维持了57堡的建制，只是堡名略有变化。1996年《旺苍县志》云："雍正八年（1730），在百丈关设巡检司，置巡检1员，分理广元县东部各堡社会治安等事。"[①] 旺苍政协文史办更具体称民国改设县佐后，"分理广元县东部地区三十堡政务"[②]。

[①] 四川省旺苍县志编纂委员会编纂：《旺苍县志》，四川人民出版社1996年版，第49页。
[②] 旺苍政协文史办：《旺苍县》，中国人民政治协商会议四川省广元市委员会文史资料研究委员会编：《广元市风物资料选辑》，1988年，第21页。

此说存疑，广元县一共才57堡，如果百丈关巡检（县佐）分辖30堡，竟占全县一半以上，这是不可思议的。所谓30堡的说法实际是以当代旺苍县为参照进行的回溯，30堡的范围略等于当代旺苍县的范围，但清代民国巡检（县佐）的辖区应没有如此广大。参照乾隆《四川保宁府广元县志》舆图，巡检应至少辖有百丈关西附近的撑腰、上百丈、下百丈3堡，以及与百丈关同属宋江（即今东河）以东的黄洋、通坪、高城、中岭（钟岭）、梁山、水磨、流坪、木门8堡。民国《重修广元县志稿》卷四《建置一》云："宣统二年改筹备自治，分一城二镇七乡，以五十七堡分隶之。"黄洋堡附近改为黄羊镇，辖6堡，高城堡附近改为高城乡，辖7堡，应即巡检原所辖范围。该志又云，民国四年（1915），全县改设14个团区，以团区领堡，其中第四区辖撑腰、下百丈2堡，第五区辖上百丈、黄洋2堡，第六区辖通坪1堡，第七区辖木门1堡，第八区辖高城、流坪2堡，第九区辖中岭、水磨、梁山3堡。县佐所辖仍应至少有此11堡。

屏山巡检（屏山县佐）。雍正八年（1730）设，巡检署位于县西石角营（今四川省宜宾市屏山县新市镇东北侧金沙江水下）。雍正八年初设时所辖范围不详。乾隆元年（1736）三月壬子，"移叙州府分驻新镇之建武厅通判驻富顺县邓井关，总理盐务。改建武归兴文县辖……改新镇归屏山县辖，以石角营巡检兼管"[①]。乾隆二十三年（1758）马边营地方（马边营即新镇，其营署驻新镇城内）改置马边县丞，石角营巡检不再辖新镇地。巡检（县佐）此后所辖范围复不详。

泸州直隶州巡检。雍正八年（1730）设，巡检署位于州西北嘉明镇（今四川省泸州市泸县嘉明镇）。乾隆《直隶泸州志》、嘉庆《直隶泸州志》、光绪《直隶泸州志》、民国《泸县志》4志皆未提及巡检辖区。档案中提到两处巡检分辖的地方："牛滩场，系分驻嘉明镇巡检管

---

① 《高宗实录》卷15《乾隆元年三月下》，《清实录》第9册，中华书局1985年版，第410页。

辖，距城九十里。""护山坡，系巡检分管地面，距城一百五十里。"①护山坡今名无存，所在不详。牛滩场在乾隆、嘉庆、光绪三志中均有载，乾隆《直隶泸州志》卷二《山川附场镇》云："牛滩场，距州八十里。"嘉庆《直隶泸州志》卷二《山川附场镇》、光绪《直隶泸州志》卷一《山川附场镇》同。嘉明镇在泸州最西北，据此则牛滩场以北至嘉明镇应皆巡检所辖。值得注意的是，场与乡的归属是有变化的，比如牛滩场在乾隆、嘉庆、光绪三志中均属伏龙乡，在民国志中则属会文乡了。又，民国志中与牛滩场同属会文乡的奇丫场、来龙场距州城分别只有十里、三十里。由此判断，嘉明镇巡检辖区应不会以乡为单位，而是以场为单位，至少辖牛滩场以北至嘉明镇的各场镇，包括牛滩场、福集场、嘉明镇场等地，即今泸县牛滩镇、福集镇、玉蟾街道、嘉明镇等地。

邛州直隶州巡检（邛崃县佐）。雍正八年（1730）设，巡检署位于州西火井漕（今四川省成都市邛崃市火井镇）。在乾隆五十年（1785）的一份档案中，有"距州城九十里，系山僻小路，人户零星散布，不近塘汛墩台，系火井漕巡检管辖"等语。② 嘉庆《邛州直隶州志》卷二四《文秩》有火井漕巡检杨长泰，江南元和人，乾隆五十九年至嘉庆九年（1794—1804）任。杨长泰的墓志铭中提到"火井辖十余集，市人皆福建、江西、湖南北、贵州五省客民"③。巡检具体辖有哪些场镇虽不详，但大体应在火井漕周边无疑。嘉庆《邛州直隶州志》卷三《疆域》云："火井坝，州西六十里。两山夹坝，水急峰环。

---

① 《题为特参嘉明镇巡检蒋鸿宾等员疏防张学等抢劫盐商刘同升盐店一案限满赃贼未获请旨事》，档号：02-01-007-034322-0011；《题为特参前泸州嘉明镇巡检蒋鸿宾等员疏防民人邱学清家被窃一案限满凶贼无获事》，档号：02-01-03-12297-049。俱中国第一历史档案馆藏。

② 《题为特参邛州火井漕巡检龚元汉等疏防偷李春花家失窃及子被贼伤毙一案限满凶贼未获事》，中国第一历史档案馆藏，档号：02-01-007-023778-0005。

③ 《清故四川邛州火井司巡检杨君墓志铭》，（清）包世臣：《艺舟双楫》，黄山书社1993年版，第520—522页。

今设巡检司，兼管夹门关。"夹门关在州南七十里。同卷《乡镇》中有高家场（州西七十里）、夹门关场（州南八十里），里数与《关隘》所记微有差别，而实即对应二地。民国《邛崃县志》卷一《场镇记》亦云，清代火井漕巡检分司驻城西六十里高场。则巡检应分辖包括高家场、夹门关场以及二场之间的何家场等在内的州西南部分地。民国火井漕县佐所辖范围和清代时大体一致，而场镇数量有所增加。民国《邛崃县志》卷一《场镇记》云，全县东、北、西、南四路"大小场镇共五十二座"，其中"城西六十里高场，濒河，前清火井漕巡检分司驻此，今为县分知事署"。县佐所辖，除了清代即已辖的高场、夹门关场、何场外，新增的场镇中，在高场、夹门关场之间的沙坝、高兴场、太和场、三角堰应亦属县佐所辖。民国三年（1914）八月，患扰当地多年的巨匪陈夏侯惇由沙坝逃至高兴场潜匿，便是被新到任仅一个月的火井漕分知事曾纪焯剿灭击毙。[①] 1993 年《邛崃县志》云，民国元年（1912）至二十三年，全县分为中一、东二、东三、南四、南五、西六、西七、北八共 8 个区，其中"南五区管辖夹关和附近的几个场镇……西七区管辖火井和附近的几个场镇"[②]，应即对应县佐所辖。

广元神宣驿巡检（广元神宣驿县佐）。乾隆二十年（1755）设，巡检署位于县北（今四川省广元市朝天区中子镇宣河村）。本设驿丞，乾隆二十年裁，以灌县白沙河巡检移来改设广元县神宣驿巡检，兼管驿务。其驻地与雍正八年所设朝天镇巡检驻地（今广元市朝天区朝天镇）相距较近，道光四年裁掉朝天镇巡检后，广元县仍留有百丈关、神宣驿两处巡检。既然百丈关巡检有辖区，则同属广元县的神宣驿巡检也应有辖区。李凤培在《神宣驿建置沿革考》一文中则称民国神宣驿县佐管辖可考的堡有"沙河、羊模、菜子、元吉、文安、曾家、郭家、菜井、木

---

① 《县佐任用条例及各县知事调取文凭与呈报履历以备查案件》，四川省档案馆藏，档号：民 041-04-7446。
② 四川省邛崃县志编纂委员会编纂：《邛崃县志》，四川人民出版社 1993 年版，第 82 页。

第三章 清代民国四川分驻佐杂辖区的具体划分

瓜、石槽、李家、中子、转斗、宣河、朝天、丰乐、东沟、西流、双河、茅坝、石竹、盐井、安乐、李子坝、河润共27堡"①，不知其所据，且其沙河、羊模、菜子、曾家、郭家、李家、转斗、朝天等诸名皆非堡名。2007年《朝天区志（1986—2005）》又提出清代27堡和民国20堡的说法，述沿革时云："嘉庆十一年（1806），神宣驿分司县改设为镇分司，辖27堡……民国4年（1915）撤销镇乡，改建为团区。神宣驿分县辖十一、十二、十三团区，共20堡（石竹、河润、茅坝、石槽、李子园、盐井、西流、木瓜、双河属十一团区，东沟、西沟、东山、鱼洞等属十二团区，安乐、丰乐、宣河、中子、羊木、文安、元吉属十三团区）。"述区划时又云："嘉庆二年（1797年），设广元县神宣驿分司县，辖27堡：元吉、安乐、东山、西沟、菜井、文安、宣河、丰乐、东沟、中子、茅坝、石竹、双河、干河、西流、石槽、木瓜、盐井、李子园、西关、回岔、木曾、槽瓦、两会、伏溪、李打石、蒙子园……民国4年（1915），撤镇、乡建团区，神宣驿分县辖十一、十二、十三团区20堡。"②细考以上两文，皆错漏百出且文中前后矛盾者极多，极不可信。参照乾隆《四川保宁府广元县志》舆图，乾隆二十年（1755）初设时巡检应只辖神沙乡之一部分，至少包括宣河、中子2堡。到道光四年朝天镇巡检裁撤后，神宣驿巡检可能进一步向南辖及原朝天镇巡检所管地。民国《重修广元县志稿》卷四《建置一》云，宣统二年（1910）改设自治区后，神宣驿附近属乐宣镇，辖11堡，应即巡检原所辖范围。民初所辖应同清末。民国四年（1915）分为十四个团区后，第十二区辖东沟、西沟、东山、鱼硐4堡，第十三区辖安乐、丰乐、宣河、中子、蔡井、文安、元吉7堡，应即清末乐宣镇之11堡范围。县佐所辖仍应至少有此11堡。

---

① 李凤培：《神宣驿建置沿革考》，政协广元市朝天区委员会文史资料委员会：《广元市朝天区文史资料》第4辑，1999年，第3页。
② 广元市朝天地方志编纂委员会编：《朝天区志（1986—2005）》，方志出版社2007年版，第69—73页。

会理州迷易所巡检（会理迷易所县佐）。乾隆二十六年（1761）设，巡检署位于州西北（今四川省攀枝花市米易县撒莲镇）。巡检既自迷易所改设而来，则辖区应至少等同于原所范围，雍正《四川通志》卷三《疆域》云："迷易所，在府西南四百里，东西距七十里，南北距二百七十里，东至黑垇会理州界五十里，西至凉风冈德昌所界二十里，南至马脖山会理州界四十里，北至可郎大山顶德昌所界二百三十里，东南至小九盘坡会理州界一百二十里，西南至那木音德昌所界一百一十里，东北至甸沙关会理州界一百二十里，西北至凹仰山顶德昌所界一百六十里。"乾隆六十年（1795）《会理州志》卷二《村屯》云："撒连，巡检署、汛防署、土司署俱在此。"在乾隆四十五年（1780）的一份档案中，有"至一碗水大山地方箐沟内……该处离城一百五十里……至一碗水沙沟厂四十里……系迷易巡检分管"等语。[①] 而1994年《会理县志》云，民国时期会理各分县"分别管辖所属附近团甲"，又云："民国23年，为团防（团练）时期，全县辖：2分县、9区、78团……第四区团总，驻地迷易，辖4团：迷易、迷易河东、丙谷、小河街。"[②] 则迷易分县应至少辖第四区各团。

西昌德昌所巡检（西昌德昌镇县佐）。乾隆二十六年设，巡检署位于县南（今四川省凉山彝族自治州德昌县驻地德州街道）。巡检初置时其所辖范围不详，但巡检既自的德昌所改设而来，则辖区应至少等同于原所范围，雍正《四川通志》卷三《疆域》云："德昌所，在府南一百二十里，东西距十一里，南北距一百一十里，东至凉山界五里，西至盐源县界六里，南至会理州界八十五里，北至西昌县界二十五里，东南至会理州界五十里，西南至迷易所界九十里，东北至西昌县界三十里，西北至冕宁县界五十里。"在嘉庆年间的两份档案中，分别有

---

① 《题为特参会理州迷易巡检郭思汾等疏防各员事》，中国第一历史档案馆藏，档号：02-01-03-07363-009。

② 四川省会理县志编纂委员会编纂：《会理县志》，四川辞书出版社1994年版，第66页。

"卑县德昌巡检孔毓珍申据唐李氏具报，伊夫唐明灿在黔阳庙设馆训蒙……身死庙后……该处距城三百里""王鹏飞家距城二百里，系德昌巡检分管之地"等语①，则该巡检确是有分辖区的。嘉庆六年（1801）西昌设团甲，全县分为48场。宣统时西昌县汉区划为一城、四镇、七乡，德昌镇由贾（告）［髻］营、大六所、小高桥、巴洞、茨达河、宽元顶、阿月沟组成②，除贾髻营外其余6地均对应嘉庆之场，应即巡检所辖。民初西昌县沿袭清末区划，废县佐时，改分县设区，德昌区为第三区，辖德昌、阿月沟、大六所、茨巴宽、锦川乡、普威6个联保。③德昌区既然自德昌分县改设，则其所辖即原德昌县佐所辖，由此亦可知普威分知事于民初裁撤后，其地是并入了德昌分知事辖区。

太平巡检（万源县佐）。道光三年（1823）设，巡检署位于县西黄钟堡（今四川省达州市万源市黄钟镇），其地原属通江，后于道光三年五月与巴州锅团圆等地方划归太平县。同年十一月，四川总督陈若霖奏称："查太平县拨得通江县属之黄钟堡，距太平县城一百二十里，为新拨各地适中之处，该处地方辽阔，民情犷悍，必须专员分驻巡查，以昭周密，应请将巴州原设江口巡检移驻太平县黄钟堡作为太平县分驻黄钟堡巡检。"④该请获准，遂为太平巡检。光绪《太平县志》卷二《疆域》云："太平四境原分十保，保析为甲。道光二年割七、八、九三保设城口厅，而拨巴州之太平、长乐两乡及通江之安仁里、长宁里、麻八里各甲归入县治。故土人称七保为老太平，三乡为新太平云。"七乡共十三甲，自一三甲至八三甲，又自一一甲至三一甲，又太一甲、

---

① 《题为特参西昌县德昌巡检孔毓珍等疏防盗案请处分事》，档号：02-01-03-08945-009；《题为特参德昌巡检牛梦棋等员疏防西昌县民王鹏飞被窃拒伤事主一案限满赃贼未获事》，档号：02-01-007-027499-0008。俱中国第一历史档案馆藏。
② 民国《西昌县志》卷四《地方自治》；四川省西昌市志编纂委员会编纂：《西昌市志》，四川人民出版社1996年版，第59、60页。
③ 四川省西昌市志编纂委员会编纂：《西昌市志》，四川人民出版社1996年版，第10、60页。
④ 《奏为将巴州原设镇龙关州判移驻江口并原设江口巡检移驻太平县黄钟堡事》，中国第一历史档案馆藏，档号：04-01-01-0642-042。

太二甲；八乡共十九甲，自长乐乡一二甲至十五二甲，又自一四甲至四四甲；九乡共十一甲，自长八甲至长十甲，又自安五甲至安十甲，又长麻一甲至五甲。是七、八 2 乡以原巴州二乡为主体置，九乡以原通江三里各甲置。太平巡检应至少辖九乡十一甲地，参照该志同卷《场市》，包括罐坝场、黄钟堡、何家场、丝罗坝、下三溪口、板桥子、竹峪关、上三溪口 8 场镇。该志卷一〇《杂类·纪事》又提到同治元年（1862）蓝大顺（即蓝朝柱）军队由定远回攻太平县时，"窜县境关坝场等处，杀害居民马姓等十九人，黄钟堡巡检陈翼及幕友陈相畲督团堵御，均被害"。关坝场属八乡，因此巡检有可能也辖及八乡的部分地。也有说法称："分管现今的黄钟、竹峪、草坝、河口四个区所辖的 23 个乡的地面。"① 民国《万源县志》卷一《疆域》云："民国遵行通省团务处之规定，改乡保共为十区。"黄钟堡改属第七区，县佐当至少辖第七区及其下之黄钟堡、双龙场、大沙坝、丝罗坝、罐坝场、三教寺 6 场。

康定府巡检。详见本书第四章第四节。

清溪巡检（汉源黄木厂县佐）。宣统元年（1909）设，巡检署位于县东南黄木厂（今四川省雅安市汉源县皇木镇）。本为土司地，民国《汉源县志·杂志·琐记》云："黄木厂原为夷人之大堡子，与今之场西北小堡子两相对峙，清嘉庆时与峨边属磺朵同辟为场，名万盛场，磺朵名永盛场。夷乱场停，至道光末年，夷汉协同开场，定场期为二五八，原因嘉庆时为采办皇木之地，故传名为黄木厂。"道光十三年（1833），松坪土千户马林、蓄木副土百户罗木则起兵反叛，被清廷派军镇压处死，黎州土百户马奇英也以附和松坪反叛之嫌被牵连，三大土司同时被裁撤。黄木厂附近划入富林乡，另在大渡河河道一带增设顺河乡。后因治理难周，黄木厂附近又新设土百户代管。至宣统元年，

---

① 《古堡新颜》，四川省万源市政协文史资料编辑委员会：《万源文史资料》第 1 辑，1994 年，第 33 页。

第三章 清代民国四川分驻佐杂辖区的具体划分

四川总督赵尔巽奏称："查川省雅州府属清溪县治东之黄木厂、顺河一带，距城二百余里，幅员甚广，形势曲折，大渡河纵横其间。该处向隶土司，汉夷杂处，风俗犷悍。道光年间土司马林叛乱，经大兵戡定，改土归流之后，始隶版图归有司辖治。终以距城窎远，控制维艰，地虽改流而夷性仍复倔强。又有法、美教堂两教相持，兼之汉夷龃龉，动辄械斗，或酿交涉案件，地方官鞭长莫及，始仿以苗治苗之法，就夷族中选择公正殷实之常文泰，赏给六品顶戴，委充夷目，名之曰土百户，颁发执照，俾资钤束，历有年所，尚称安靖。迨常文泰身故，其子常安平接充，则暴戾贪婪靡所不至，而外匪又复乘间勾串夷民滋生事端，动酿重案，闻报往拿则已远窜，良由县治悬远，控制不及所致。现经奴才饬令地方官绅宣播朝廷威德，剀切开导，该夷民等皆倾心向化，报户入团，编联牌甲，就我范围。拟请将土百户名目永远革除，添设巡检一员分驻黄木厂，专司抚驭汉夷、缉匪保教等事。"① 常氏土百户被裁后，黄木厂附近重新属富林乡。但清末民初富林乡范围极广，民国《汉源县志·建置·乡区》云："富林乡居县境东南部，地面最寥阔，东以皇木厂交峨边磨朵界，东北以火石岗交洪雅山界，以飞水山交荥经山界，北连尚礼，西连顺河，南沿大渡河交越巂界……其地分上下两段，上半为富林场所在……下半有管家山、下偃、三官楼、万工场、马字山、白岩河、窝梧、安乐村、水桶沟、马烈、千木丫、肥寺溪、菜子地、福生坪、木蓄、松坪、黄木厂、吗托、牛漠洛、万里村、黑石、阿石河、苏古、脚托、列窝、板羊溪、田格子、赵侯庙等名。"巡检不可能辖富林乡全境。民国《汉源县志·建置·官署》云："黄木厂旧县佐署，清光绪三十四年，因牛漠洛十三地汉夷杂处，民教不和，添设巡检一员，建筑公署。"十三地具体虽不可考，然要之是黄木厂附近汉夷杂处之旧土司地，即《乡区》中同属富林乡下段的

---

① 《奏为清溪县黄木厂地方拟请添设巡检员缺事》，中国第一历史档案馆藏，档号：04-01-30-0070-007。

黄木厂及其附近之松坪、吗托、牛漠洛等地，亦应即巡检所辖。民国二十五年（1936）之前，汉源县14乡之建置未变，县佐所辖范围应同清末。

西昌普威巡检。宣统二年（1910）设，巡检署位于县西南（今四川省攀枝花市米易县普威镇）。为普济州、威龙州二土司地方，故合称为普威。宣统二年，四川总督赵尔巽奏称："川省宁远府属西昌县辖境辽阔，其西南普济、威龙两土司地方与县治相隔二百余里，土地沃野，汉民垦种生聚，渐滋富庶。现在吉、张两土司横行苛虐，侵暴汉民则有余，约束夷众则不足，迭据该县士绅条议请设汉官以资保护等情前来。兹据藩学臬三司详请拟援添设清溪县黄木厂巡检成案，于普济、威龙地方添设巡检一员，名曰普威巡检，管理汉夷狱讼暨兴学、屯垦各事宜。"对此民政部议覆："应准如所请……该巡检分辖界内遇有罪止处罚案件，准其判决，按月报县。其徒流以上及命盗重案，应令该巡检就近勘验申县详办。"① 除了普济州、威龙州二土司地，在宣统末西昌县汉区的一城、四镇、七乡建制中，普威乡由麻陇、克他、晃桥、麻栗坪等地组成②，也应属巡检辖区。民国裁普威分知事后，其地划归德昌分知事管辖。

酉阳直隶州巡检（酉阳龚滩县佐）。乾隆元年（1736）设，巡检署位于州西龚滩镇（今重庆市酉阳土家族苗族自治县龚滩镇南侧乌江水下）。巡检除驻地外，是否还辖及其他地方不详。民国改设分知事、县佐后，应辖龚滩及附近场镇，在民国六年（1917）的一份请撤换县佐人选的档案中曾提到，"酉属之龚滩，环绕羊角碛等处，由涪陵县城汇入大江，沿河两岸穷崖绝谷，林密山深，素为盗贼□薮。原设龚滩巡检以巡缉弹压为专务，现在改设县佐分治其间，知事鞭长莫及，尤

---

① 《奏为遵议四川请添设普威巡检员缺情形事》，中国第一历史档案馆藏，档号：21-0913-0052；政治官报局：《奏设政治官报》第36册，文海出版社1965年版，第490—492页。

② 民国《西昌县志》卷4《地方自治》；四川省西昌市志编纂委员会编纂：《西昌市志》，四川人民出版社1996年版，第60页。

贵佐治得人"①。民初酉阳延续清末四路十八乡划分法，其中西路四乡，丁市等地为西一乡，天馆等地为西二乡，龚滩等地为西三乡，小河等地为西四乡。②县佐应至少辖西三乡。

（三）未知是否有辖区者

忠州直隶州巡检。乾隆元年（1736）设，巡检署位于州西敦里八甲（今重庆市忠县拔山镇）。该处原分驻忠州直隶州州判，乾隆元年州判改驻㳀井，移岳池县黎梓卫巡检分驻于此，专司查缉奸匪。因巡检署所在地为拔山寺，故亦称拔山寺巡检。乾隆《忠州志》卷二《里镇》云："兵燹之后，人民寥落，止编二里，一曰崇仁，一曰敦让，每里各十甲。"此即敦里八甲之由来。囿于史料，各里甲与场的对应关系不能详知。此后在里甲的基础上又分四乡，道光《忠州直隶州志》卷二《街市坊表》云，直隶州（不含所辖各县）分为东南西北四乡，其中拔山寺场属西乡，距城一百四十里。另外与拔山寺场同属西乡的还有新场（同治《忠州直隶州志》卷二《村镇》作丰和场）、干子沱、任家场、凿溪口场、煸广场（同治《忠州直隶州志》作善广场）、普照场、两河口场、广垭口场、新场（在敦七甲）、白石铺场、永丰场、新立铺场、长岭冈场、花轿寺场14场，其中有部分场距州城近而距巡检署远。因此即使巡检有辖区，也不会辖西乡之全部。

石砫直隶厅巡检。乾隆二十七年（1762）设，巡检署在厅北之西界沱（今重庆市石柱土家族自治县西沱镇）。乾隆《石砫厅志·疆域》《田赋》分别云："自临溪场北出楠木丫，逾大山坪，又北抵江岸，忠、万交邻，为西界沱，水陆贸易烟火繁盛，俨然一都邑也，置塘汛，且设巡检驻之。""厅境分三里十甲。曰洞源，领一、二、三、四甲；

---

① 《前彭水县知事陈钟灵调任西阳属龚滩县佐卷》，四川省档案馆藏，档号：民191-01-0484。

② 沈家祥、冉敬林：《酉阳建置沿革及疆域考》，中国人民政治协商会议酉阳土家族苗族自治县委员会、酉阳土家族苗族自治县县志编纂委员会编：《酉阳文史资料选辑》第3辑，1984年，第13、14页。

曰溪源，领五、六、七甲，曰石渠，领八、九、十甲。洞源多近地，溪源多远地，石渠半在北境沿江上下。"道光《补辑石砫厅新志》卷一《疆域》、卷二《里甲》所载略同。宣统《石砫厅乡土志》第二册《地理》第七课《八九十甲》云："北自深溪场、西界沱，东至河嘴场，凡沿溪场以东七十［里］间，为石渠里十甲。"诸史料皆未提及巡检分辖情况，疑该巡检除驻地外别无辖区。

达县巡检。嘉庆六年（1801）设，巡检署位于县东南麻柳场（今四川省达州市达川区麻柳镇）。该巡检原为达州直隶州巡检，嘉庆六年达州直隶州升为府后，该巡检改属达县。乾隆《直隶达州志》卷一《乡镇》云："直隶达州，共五乡。"其下列清风、明月、翠屏、宝芝、垂虹5乡，每乡各6保，每保各10甲。而该卷末又列有楚清明翠乡，并云："楚清六保十甲、楚明四保十甲、楚翠三保三甲、五保二十甲、四保□甲、六保二甲、五保七甲。麻柳场，四保，在州南方，去城九十里。亭子铺场，六保，在州东方，去城四十里。花园场，六保，在州东方，去城九十里。大兴场，五保，在州东方，去城一百里"，实在不明所以，为什么会有两个四保、两个六保、两个五保？它们相互间是什么关系？因此也就搞不清楚麻柳等4场所属的四保、六保、五保究竟是指哪个四保、六保、五保。嘉庆《达县志》卷一一《乡场》云："麻柳场，治南九十里，巡检驻此。"与亭子铺场等3场仍俱属楚清明翠乡。到了民国《达县志》卷三《市镇》中，麻柳场属明月乡。1994年《达县志》云，宣统末年，撤楚清明翠乡，麻柳场改属明月乡。① 麻柳场距城仅九十里，诸史料皆未提及巡检分辖情况，疑该巡检除驻地外别无辖区。

古蔺巡检。巡检署位于州东两河口（今四川省泸州市古蔺县丹桂镇），由原属叙永直隶厅的古蔺州巡检移来。古蔺州巡检辖区十分清楚，详见本书第四章第三节。而两河口巡检设置时间极短，光绪三十四年（1908）设，民初即裁，前后仅几年，辖区不详。如果其除驻地外还别

---

① 四川省达县志编纂委员会编纂：《达县志》，四川辞书出版社1994年版，第63、64页。

有辖区,其所辖范围应较驻古蔺州时有向东大幅缩减。由于原古蔺州巡检所辖地大部分改归了永宁(古蔺)县直辖,只剩小部分归两河口巡检管辖,可能仅辖新巡检署所在的东二屯1屯,即乐荣里三甲除丫叉(属东四屯)之外的地方,包括鱼硐沟、大村、善人场、彭家营、三元场等场镇。

二 驿丞兼巡检衔辖区

驿丞一般是没有辖区的,兼巡检衔之后才有机会拥有辖区。清代四川拥有辖区的三大驿丞均为乾隆二十八年(1763)获得分辖地。乾隆二十八年九月乙丑,"吏部议覆原任四川总督开泰疏称,查武连、剑门二驿,系剑州所属。请以附近之剑乡三甲、四甲、广乡一甲、二甲地方令武连驿驿丞兼巡检衔管理,附近之广乡四甲、普乡二甲、四甲地方令剑门驿丞管理。魏城驿系绵州所属,请以附近之东乡、北乡地方归魏城驿驿丞管理。凡窃匪等事,责令就近拏解各该州审详,逃盗案件照例承缉"[1]。需要指出的是,《清实录》中关于魏城驿丞辖区的这句"以附近之东乡、北乡地方归魏城驿驿丞管理"是不准确的,并不是东乡、北乡所有地方都归其所管。开泰的原奏中说的是"请以附近之东乡三四五六等里、北乡之四七八九十等里各地方,令魏城驿驿丞兼巡检衔管理"[2],并未包括东乡一里、二里、北乡一里、二里、三里、五里、六里7里地。

剑州分驻剑门驿丞(剑阁县佐)。民国《剑阁县续志》卷一《方舆》云:"县境旧分普成、剑门、广义三乡,各分四甲。"剑门驿丞所辖即乾隆二十八年所定剑门驿附近之"广乡四甲、普乡二甲、四甲地方"。又云:"同治时,分十三保,曰普安、云平、体仁、剑义、广安、

---

[1] 《高宗实录》卷694《乾隆二十八年九月上》,《清实录》第17册,中华书局1986年版,第780、781页。
[2] 《题为遵议四川省请武连等驿各驿丞兼管巡检事务事》,中国第一历史档案馆藏,档号:02-01-03-05992-006。

太和、隆礼、讲信、剑安、广诚、修睦、明德、普合。而三乡之名仍在。光绪末自治分区，以十三保为一城、二镇、四乡。民国三年废城、镇、乡，改十三保为十三团。十三年，拨三乡粮册归十三团完课，自是三乡之名废矣。"1991年《剑阁县志》云，1城2镇4乡分别为城厢、诚睦镇、讲信镇、礼合乡、安仁乡、安平乡、德合乡，其中"安仁乡治剑门关，辖广安、剑义2保；安平乡治下寺场，辖体仁、云平2保。"民国三年（1914）改保为团后，剑义团治剑门关，其下有剑门关、志公寺、七里坡、沙坝、泥土地、青树子、汉阳铺、石洞沟、大吊岩、鸡心寨等地；广安团治张王庙，其下有张王庙、高观场、太平庙、白图观、江口、红岩寺、福星等地；体仁团治下寺场，其下有上寺、下寺、两河口、十三峰、任家垭等地；云平团治三郎庙，其下有马鹿坝、黄沙坝、三郎庙、土地关等地。又云："后将剑安团分为一、二团，全县共有14团。"① 即民国《剑阁县续志》舆图中所呈现的区划。剑义、广安、体仁、云平4保（团）应即同治至民国时期剑门驿驿丞（县佐）的辖区。张荣福在叙述民国四年四月至民国五年八月出任剑门驿县佐的洪云锦的政绩时也明确提到，"禁种烟苗：将剑门所辖云平、体仁、剑义、广安四团地区的烟苗铲绝。这'四团'即马鹿坝、黄沙坝、三郎庙、土地关；上寺、下寺、两河口、十三峰、任家垭；剑门关、志公寺、七里坡、沙坝河、老土地、青树子、汉源铺、石洞沟、大吊岩、鸡星寨；张王庙、高观子、太平庙、白图观、江口场、红岩寺、复兴（福星场）等地"②。综合上述材料，可以比较清楚地看出，从清末到民初，剑州（剑阁县）的基层单位虽然前后有变化，但驿丞（县佐）的辖区范围基本是没有变化的。具体而言，乡里制时，辖广乡四甲、普乡二甲、四甲地方；城镇乡制时，辖安仁、安平二乡

---

① 四川省剑阁县志编纂委员会编纂：《剑阁县志》，巴蜀书社1991年版，第138、139页。
② 张荣福：《剑阁县知事及剑门分知事任免概况》，文史资料研究委员会编：《剑阁文史资料选辑》第15辑，1991年，第112页。其中，老土地、汉源铺、鸡星寨、高观子4处，1991年《剑阁县志》分别作泥土地、汉阳铺、鸡心寨、高观场，名称稍异但所指相同。

的剑义、广安、体仁、云平 4 保；保（团）制时，辖剑义、广安、体仁、云平 4 保（团）。

剑州分驻武连驿丞。武连驿丞所辖即乾隆二十八年（1763）所定武连驿附近之"剑乡三甲、四甲、广乡一甲、二甲地方"。同治年间改设保后，武连驿丞所辖不复详。参照民国《剑阁县续志》舆图及卷一《方舆》，设保时武连驿丞应至少辖有武连驿所在之明德保，或及附近的普合保、广诚保、修睦保。自治分区时，诚睦镇治元山场，辖广诚、修睦 2 保，德合乡辖明德、普合 2 保①，此 4 保或仍属武连驿丞所辖。

绵州（梓潼）分驻魏城驿丞（绵阳县佐）。乾隆八年（1743）裁绵竹主簿改设魏城驿丞，但此时驿丞并没有辖区，直到乾隆二十八年才"请以附近之东乡三四五六等里、北乡之四七八九十等里各地方，令魏城驿驿丞兼巡检衔管理"。之所以未将东乡之一、二 2 里、北乡之一、二、三、五、六 5 里划归魏城驿丞，与这 7 里所处位置有关，从方志所载场镇距离可以看出端倪。嘉庆《直隶绵州志》卷五《形势》、同治《直隶绵州志》卷六《形势》云，东乡编六里，北乡编十里，其中东乡二里之观音场、沉香铺、北乡二里之新桥场、三里之石马场、五里之忠兴场均距城不远，州城足以管控。而魏城驿丞所辖场镇包括东乡三里之刘家河、四里之双兴场、五里之玉合场、六里之宣化铺；北乡七里之魏城驿、八里之太平场、十里之柏林场则多距城较远。乾隆三十五年绵州移治罗江，"其州属之东北二乡内数村及魏城一驿均距州稍远，应拨归附近之梓潼县管理"②，驿丞改属梓潼县。嘉庆六年（1801）复回改直属绵州直隶州。驿丞所属虽有反复，但所辖范围没有实际变化。民国《绵阳县志》卷一《场镇》云："民国则前之里更名为区，前之总保更名为团总，迨今改为区正。二十一年三月，更前今

---

① 四川省剑阁县志编纂委员会编纂：《剑阁县志》，巴蜀书社1991年版，第138页。
② 《奏请将绵州知州移驻罗江等事》，中国第一历史档案馆藏，档号：04-01-02-0138-010。

之三十一场并改为十五区。"该县佐已先于民国十九年（1930）被裁，则县佐所辖范围与清代相比并无实际变化。

第三节　首领官辖区

一　经历辖区

宁远府经历（西昌普格县佐）所辖范围，四川总督赵尔巽在奏请移驻时明确提到"拖木沟、普格、鱼水、扯街、大水塘"等地。在宣统西昌县汉区的一城、四镇、七乡建制中，普格乡也是由大水塘、扯扯街、鱼水、拖木沟等地组成①，应即经历辖区。普格的范围又有内八场、外七场的说法，内八场包括沙骡马（五道箐）、拖木沟、盖营汛、鱼水、扯扯街、回龙场（普格城）、大水塘（坪塘）、小松林坪，外七场包括小兴场、马屎街、西洛（西路）、西普、牛角田（牛角母）、普古、底古。②可以看出，经历核心辖区皆在内八场中，或亦辖及外七场。民初西昌县沿袭清末区划，县佐所辖亦应同清末。民国《西昌县志》卷一《沿革》云："十九年划会理之披沙六场，及西昌普格地面之小松林坪，设宁南县。"小松林坪改属新设宁南县，普格县佐辖区向北稍有缩小。废县佐时，改分县设区，普格区为第四区，辖南宁乡、六合乡、高草乡、黄水乡、普格乡5个联保。③普格区既然自普格分县改设，则其所辖即原普格县佐所辖。

叙州府经历分驻时间仅三年，系兴文县治移治建武期间，以府经

---

①　民国《西昌县志》卷四《地方自治》；四川省西昌市志编纂委员会编纂：《西昌市志》，四川人民出版社1996年版，第59、60页。

②　苏永忠供稿，高超整理：《普格县开发、设府建政的史实》，政协普格县委员会文史资料委员会编：《普格县文史资料选辑》第1辑，1990年，第1页；苏永忠供稿，兰景文、高超整理：《普格解放前内八场、外七场的商贸活动》，政协普格县委员会文史资料委员会编：《普格县文史资料选辑》第1辑，1990年，第66、67页。

③　四川省西昌市志编纂委员会编纂：《西昌市志》，四川人民出版社1996年版，第10、60页。

第三章 清代民国四川分驻佐杂辖区的具体划分

历驻兴文旧县城,城外是否有辖区不详。

越嶲厅经历(越嶲县佐)。光绪《越嶲厅全志》卷二《关隘附乡村镇市》云,全厅旧分为南乡、北乡、近城东乡、东路、西路、北路,"北路以大树堡居中,翼带各乡,文物冠冕,经历驻扎所,场期三六九。外桂贤村、李子坪、呷撒、大鱼湾、海螺坝、麻家山、中坝、小马谷"。而1994年《越西县志》云,清代越嶲汉族聚居区分为东、西、南、北4乡。东乡辖12地,南乡辖29地,西乡辖48地,北乡辖27地。宣统二年(1910),汉族聚居区改为东、南、西、北、中5个区。中区辖城内及近郊,其余各区辖地不变。① 未知其所据。二书说法虽异而地实一致,大体后者北乡(北区)之最北部分即对应前者之北路,应即经历所辖。民初承清之旧,后全县改设7个区团,其中第六区团辖晒经关、河南站、大树堡、泥美珠4个分团②,应即县佐所辖。故《四川省汉源县地名录》云:"民国初于大树设越嶲县佐,辖大树镇,河南乡。"③ 即今汉源县大树镇、河南乡、晒经乡、小堡藏族彝族乡、片马彝族乡、坭美彝族乡地。

峨边厅经历(峨边县佐)。初置时所辖范围不详。光绪七年(1881),峨边全县辖9乡18场。民国初年峨边分为五个区,其中第三区辖沙坪、毛坪、新场、万顺、万源。④ 县佐应至少辖第三区的部分场镇。参考民国《峨边县志》卷二《乡镇》各场镇方位距离,并结合民国《峨边县全图》、民国《峨边县疆域图》⑤ 判断,县佐除了驻地沙坪

---

① 越西县志编组委员会编:《越西县志》,四川辞书出版社1994年版,第55页。
② 越西县志编纂委员会编:《越西县志》,四川辞书出版社1994年版,第56页。该志记改厅为县及设区团时间在民国二年。按,越嶲厅于民国三年六月方改为县,该志误,设区团时间或更晚于此。
③ 四川省汉源县地名领导小组编印:《四川省汉源县地名录》,1982年,第91页。
④ 峨边彝族自治县志编纂委员会编:《峨边彝族自治县志》,四川辞书出版社1994年版,第39、40页。
⑤ 李仲魁:《雷马屏峨四县调查录》,川康边防总指挥部印行:《边政》第2期,1929年,第176页;重庆中国银行调查组:《峨边调查》,重庆中国银行:《川边季刊》第1卷第3期,1935年,第106页附。

场外，当至少辖新场（又名龙凤场）、毛坪场、万漩场（又名万顺）等分溪场，皆在沙坪东北。

城口厅经历（城口县佐）。档案中明确提到，"城口厅照磨、高观场经历应分管地界，以专责成也。据该厅议称，请以附近高观场之七保三、四甲岚溪场、六甲中坝子、袁家庙、上八甲旺乡坝、下八甲后坪、菜子坝等处归高观场经历分管，遇盗窃疏防案件，以高观场经历为专管官。此外地方遇有盗窃疏防案件，以城口厅照磨为专管官，各专责成。其分防地界内户婚田土词讼事件不许干预外，如有窝赌、窝娼、私宰、私铸、酗酒、打降等事以及外来游匪滋事，许该经历、照磨就近查拿送厅究办。其高观场经历附近地方有人命案件，即令该经历相验尸伤、拘唤犯证，解厅审详。如有不实，将该经历参处"①。

二　照磨辖区

理番直隶厅照磨（理番新堡关县佐）。照磨本与同知俱在厅城（即旧保城），嘉庆六年（1801）裁保县（县治在新保城），因其地"上通茂州，下接汶川，地当孔道，查察需员"，次年遂以照磨移驻新保城，即新堡关、威州城，改保县县署为照磨署，"其狱务一切即令杂谷同知随堂兼管，所有保县上下来往差务，仍责成该同知前往率同该照磨督饬番民按照旧定程站办理"②。没有具体提到划分照磨辖区。民国初傅樵斧《松潘游记》卷一《由板桥至凤毛坪》也只是记载："威州，即新堡关，有邮局，理番县属，有分知事署。人户约六百家，正街一条。分知事署上年被火，现住武庙，为行政分署。"③ 并未提到分知事有辖

---

① 《奏为太平县新设城口厅应行修建衙署仓廒监狱等项工程需银数事》，中国第一历史档案馆藏，档号：03-3625-071。道光《城口厅志》卷2《沿革》附录《改设城口厅理民同知原案》中也有相关记载，该志中"旺乡坝"作"望乡坝"。
② 《题报接准部复查办改设绥定府等缺分别繁简酌定官俸等事宜事》，中国第一历史档案馆藏，档号：02-01-03-08504-011。
③ 傅樵斧：《松潘游记》卷1，民国元年铅印本，第24页。

区。威州在理番县最东,与汶川县接壤,1951年划给了汶川。1992年《汶川县志》云:"威州清末属理番厅管辖,置照磨一员,管桥务。划威州城内为照磨管辖,设署城内,城外周围为汶川属地。清末照磨为孔伯良。民国以后,改威州照磨为县佐。民国18年,二十八军军长邓锡(候)[侯]在茂县设屯署,委丁澜为威州县佐。"① 综上可知,照磨所辖范围仅在威州城,此外别无辖区。

三 吏目辖区

清代吏目分驻只天全州吏目分驻碉门一例。但该吏目分驻城外的时间总共只四十年,乾隆三十三年(1758)新州城建成后,该吏目实际已经成为同城吏目。参照乾隆《雅州府志》舆图,碉门本身距离原州城也很近,吏目在分驻时很有可能除了驻地之外并无其他分辖区。

四 典史辖区

盐源典史。清代典史负责缉捕,故盐源典史又称"白盐井捕厅",该典史还兼管盐税。光绪《盐源县志》卷八《政绩》载有典史姚兴璋,"江南桐城人,任白盐井捕厅,恤商惠民,经理井灶皆有良法,穷民亦沾余惠,迄今多沿其例"②。卷三《盐法》、卷八《题名》分别云:"令该县典史驻扎白盐井地方,仍于各属居民买盐时抽收税银。""典史分驻白盐井,管理税课。"值得注意的是,卷七《土司》在记载各土司管辖范围时,古柏树土千户"南至大河四十里交白盐井界",中所土千户"东至阿果河十五里交白盐井界",这说明白盐井不是场镇一个点,而是一个有一定规模范围的区域,且有明确界限。卷二《乡甲》

---

① 四川省阿坝藏族羌族自治州汶川县地方志编纂委员会编:《汶川县志》,民族出版社1992年版,第214页。
② 姚兴璋之名失载于该志卷8《题名》,因盐源典史虽于雍正八年移驻白盐井,但《题名》所列最前者已是乾隆四十九年上任的谢绍锡。则姚兴璋任典史的时间当在乾隆四十九年以前。

载全县分为七十二个联团，其中西路乡甲中的白盐井、蜂子岩、上扯口、马鹿塘、公母山、大水塘、瓦窑沟、寨子山、小盐井、抛湾、鹏子塘、踏耳山，"以上十二地并白盐井二十四甲联为一团，距县八十余里"，疑皆盐源典史辖地。

清溪典史（汉源泥头县佐）。据嘉庆《清溪县志》卷一《乡里》云，全县共分为13乡，其中治西之宜东乡，"其地有安家乐、东木溪、史扎营、打木水、黄家沟、青杠树、斑鸠岩、山家凹、榄板营、菱角塘、山溪口、鹞鹰岩、宾迎坎、磨心营、觉角营、牛厂、老虎岩、老君关、按鱼沟、高桥、鹿子沟、丁字坪、三交城、唧恩沟、黑石沟、林口、伏龙寺、飞越岭（交沈边界）等名"。民国《汉源县志·建置·官署》云："清雍正时改设县治，以典史分驻宜东乡，兼管驿务。"则典史应至少辖宜东1乡。乾隆五十八年（1793）清溪县出现盗案，"分驻泥头驿典史倪昌杰申称，据茶商李兴顺报称……当经会营前诣勘得，该处地名高桥，距城一百里，据泥头驿典史衙门二十里，系高山深沟，不近塘汛墩台，附近亦无人户"①，由典史上报到县，可见高桥确属典史所辖。民国《汉源县志·建置·乡区》又云："此外河道一带，旧为黎州土千户地，道光十三年土司灭后，改河道为顺河乡，共计十四乡。"虽各乡之下地名比清时大大增多，如"宜东乡居县境极西部，东至二郎凉风顶及河西大堰沟，南以黄家沟通杆泡林交两河界，西以黑石沟、塌子山沿飞越岭交泸定县界，北以打马岗、乾竹山交荣经界，场在乡之中部。场东有刁方嘴、铁匠河、跑马坪、旧官营、烈干沟、觉角营、海子上、大坪山、银厂沟、磨心营、长河坝、宾迎坎、鹞鹰岩、山溪口、菱角塘、榄板营、山家凹、青杠树、大堰沟、大湾头、打木水、韭菜岩、史扎营等名（俱在流沙河之南）；场南有安家乐、东木溪、吴家坪、骡子沟、侯家沟、窝脚溪、海子上、黄家沟、

---

① 《题为特参清溪县典史倪昌杰等员疏防茶商李兴顺被抢银两一案限满赃贼未获请旨事》，中国第一历史档案馆藏，档号：02-01-007-034312-0003。

香米洛、黑竹林等名，又有鸡坡上、王公墓、鹿子沟、乾海子等名；场西有桅杆坪、关顶上、马跑石、大湾沟、高桥、丁字坪、骆马岗、三交城、唧恩沟、二台子、林口、头道桥、二道桥、三道桥、连山坡、伏龙寺、大石包、飞越关等名，又黑石沟一面有紫柏岗、筲箕湾、梨儿坪、土地塘、大合坪、沙坝头、跳龙、锅底荡、黄沙河等名；场北有磨子沟、海子坪、打鹿沟、牛厂头、关沟头、芹菜塘、猫儿岩、火草坪、阎王坡、磨刀沟、黄秧坪、莲台山等名"，但14乡的建置未变，民国泥头县佐所辖范围应同清时。故1994年《汉源县志》云："民国成立，改清制典史辖区为分县。"① 民国二十三年（1934）黄慕松出使西藏，途经汉源，于五月十七日到泥头，"泥头分县之李县佐，偕绅商学生，列队欢迎……泥头辖境，纵横各百余里，民户三千余，在泥头者，不过数百户"②。

汶川典史（汶川县佐）。在清代驻桃关时的辖区不详。改驻龙溪后，1991年《灌县志》云："民初，汶川县曾在龙溪设分县，县佐称分知事。治理下水里（今映秀、龙溪及银杏乡之部份地区）。"③ 1992年《汶川县志》则云，民初汶川沿袭清团甲制，全县分为城厢、过街楼、尤溪、映秀4个团，分知事"分管尤溪、映秀两团。掌握区内行政、司法大权"，尤溪团辖尤溪场、礼仁、清平、太平、公义一、公义二、公义三7甲，西北以娘子岭、云华山与映秀团分界，南抵珠脑坝与灌县交界；映秀团辖映秀湾、东界脑、兴文坪、中滩堡、马家村、白岩、石柱坝7甲，岷江东岸北以兴文坪与城厢团接界，南抵石柱坝，闽江西岸以二河与灌县为界。又云，民国十七年（1938）改团为区公所，将瓦寺土司所属草坡、三江也纳入区编制，草坡为第三区治所、三江口为第六区治所。另外四区治映秀，沿岷江东岸兴文坪以南至灌县境；五区治尤溪，娘子岭

---

① 汉源县志编纂委员会编著：《汉源县志》，四川科学技术出版社1994年版，第574页。
② 黄慕松：《使藏纪程》，载《中国近代史料丛刊续编》第46辑，第56页。
③ 四川省灌县志编纂委员会编纂：《灌县志》，四川人民出版社1991年版，第152页。

以南至灌县境。① 民国二十二年（1933），丁作韶视察川康边区，经过龙溪镇，与县佐秘书交谈后了解到："汶川面积过大，（南北亘二百里，东西三百余里，）道路又崎岖，十石一土，不便民间诉讼，为免除此种不便，乃设此分县。分管之地方，有四五六三区，区长之下为甲长，甲长之下牌长……分县居民约三千户。"② 另外民国时人心期也提到汶川"全县土地面积共七五三〇〇方里，人口凡六〇〇〇户，由汶川直辖者四二〇〇户，瓦寺土司辖汉番一〇〇〇户，余为龙溪分县所辖"③，此当指改团为区之前情形而言，之后则割出瓦寺土司原辖之一部（三江）归县佐管辖。综上，龙溪县佐在民国时期的辖区比较清楚，民国十七年（1928）前辖龙溪、映秀2团，十七年后辖四、五、六3区。

第四节　其他县佐辖区

一　民初川西之太宁分县

民国元年至二年（1912—1913），在川西地区曾设太宁分县。太宁，又名泰宁、泰凝，即惠远庙（惠远寺、泰宁寺）所在地，亦即清雍正十年至乾隆元年（1732—1736）曾短暂设置过的打箭炉厅泰宁巡检的所在地。其地除惠远庙外，又自明正土司所管中拨出部分地户，归喇嘛管辖。傅嵩炑《西康建省记·泰凝改流记》云："宣统三年闰六月，代理边务大臣傅嵩炑以诸土司业经改流，惟此泰凝应归一律，乃令藏中驻泰宁寺之堪布将从前所领川督执照缴出，咨川销毁。该喇嘛应领银两仍照旧发给，然地虽改流，应拨何属管辖，尚未议定。"尚诚《康北的圣地——泰宁》云："泰宁当西康北道咽喉，来往所必经，形

---

① 四川省阿坝藏族羌族自治州汶川县地方志编纂委员会编：《汶川县志》，民族出版社1992年版，第65页。
② 丁作韶：《川康边区视察记（四）》，《大中国周报》1933年第3卷第5期，第33、34页。
③ 心期：《漫话汶川》，《永安月刊》第36期，上海永安有限公司1942年版，第10—13页。

势重要，言边事者，均主张设县治，惟以地方贫瘠，不能自给，民国二年设立分县，旋即裁去，遂由道孚县辖。"① 1998年《道孚县志》亦从此说。时间上稍有误。早在民国元年（1912）八月的《众议院议员各省覆选区表》中，四川第八区已有太宁分县。② 则该分县应民国元年设，二年（1913）裁入道孚县。其设置时间既短，受限于资料，分县长官为何职不详，辖区亦不详。1998年《道孚县志》云，民国初道孚县设四区，其中有泰宁区，"辖街村汉团、八美、中古、少吴石等7个保"③。疑该区即原分县所辖地。

二 盐大使改设县佐辖区

云阳县佐在清代为盐大使，民国成立后先改为分知事。在内务部训令内地分知事饬照热河办法皆改为警察事务分所后，该分知事虽然于民国三年（1914）二月十号正式奉令改组警察分所，但"因筹款艰难，地方繁杂，既未便敷衍报成，亦未敢放任废事。一面遵拟试行细则筹款办法及改组困难情形呈请核示，一面暂行照常办事以维现状"，实际并没有改设。民国三年六月整改分知事名额后，云阳县分知事被保留，并于六月二十七日委任王启瑞为分知事。王启瑞到任后报称："伏查云厂地方距县城窎远，向为产盐之区，前清时设盐大使一缺管理盐务兼理寻常事端，所辖区域毗连温井、大宁。民杂五方，刀风最盛，反正后伏莽滋多，闾阎不靖，巡防抚绥在在均关紧要。"④《县佐官制》出台后又改为县佐。故民国《云阳县志》卷二《建置》、卷七《官师上》、卷一〇《盐法》分别云："盐大使署，在云安盐场汤溪之北，今为县佐署。""以场知事

---

① 尚诚：《康北的圣地——泰宁》，《康导月刊》第5卷第5期，1943年，第52页。
② 中国第二历史档案馆编：《政府公报》第106号，第4册，上海书店出版社1988年版（影印本），第397页。
③ 四川省道孚县志编纂委员会编纂：《道孚县志》，四川人民出版社1998年版，第41、42页。
④ 《川东道奉巡按使通令各属查照发下各分知事官缺表各地呈报办理情形》，四川省档案馆藏，档号：民191-01-0027。

综盐法，而别增县佐以平其狱讼。""盐场知事但职稽查偷漏及盐务行政……旧时大使改称县佐，不与盐法事。"从地理位置上看，云安场地处云阳县中心腹地，"在云阳县城之北，由城后陆路十五里至洞口，有小河舟行十五里抵厂，共三十里"①，并不像王启瑞所说的"距县城窎远"。徒以该地盐区兴盛，人口繁杂，需员佐理，县佐辖区应不会太广。1999年《云阳县志》云："其职责为辅佐县知事管理云安场盐工及附近区域民刑诉讼等事项。"②"附近区域"是个模糊的概念，民国《云阳县志》卷一《地里》云："光宣新政行，别立镇乡，号地方自治，乃除治城外区县为三镇十三乡，皆有议会，以乡董、乡佐主之。乡镇大者兼六七甲，小亦三四甲，或以旧甲之半分隶两区，至今遵之。"其中云安镇辖旧红师上甲、云安厂、鱼塘甲、梅子内外甲，有户六千九百六十七，并有云安场、洞上2场，县佐或仅辖此1镇。

大宁（巫溪）县佐在清代亦为盐大使，但与云阳县不同，民国成立后该盐大使改为了榷税官。民国三年（1914）六月整改分知事名额后，巫溪县拟设分知事，为此巫溪县知事刘肇沐报称："窃查大宁盐场在县治北路沿城根大宁河溯流而上，距离仅三十里途程，场厅两面俱背山面河，面积狭隘，灶户井商五方杂处而人烟究只数百户。前清沿历朝旧治，设盐厂守备一职，专供缉私巡查暨镇慑厂场之用，住谭家墩，距厂五里。此外设把总一职，隶属盐厂守备，亦住场厅。盐大使一职专司盐税出入，同大宁县知事互相清查办理。民国成立，守备、把总两职俱废，盐大使改名榷税官，添设批验员一职，榷税局住上关，批验员住下关，巡防排长一人、兵士一排，以镇压厂事。厂场除井商灶户人民刑事民事诉讼由知事处理外，盐税各事与县知事脱离关系，机关独立，屹然划为两途，奉行已经三年，并无大宁场分知事一缺。"③

---

① 《四川运司调查云安场场产表》，《税务月刊》第20号，1915年，第105页。
② 云阳县志编纂委员会编纂：《云阳县志》，四川人民出版社1999年版，第19页。
③ 《川东道奉巡按使通令各属查照发下各分知事官缺表各地呈报办理情形》，四川省档案馆藏，档号：民191-01-0027。

但被四川巡按使驳回,仍按原计划改设为分知事,《县佐官制》出台后又改为县佐,按例应分有一定辖区,但所辖范围不详。大宁场同样离县城也只有三十里,而且厂区范围并不大,即民国《川盐纪要》所云:"宁厂两山壁立,一河中通,南北两岸宽不及半里,东西长五里。"① 疑和云阳县佐类似,仅辖及附近场镇。据光绪《大宁县志》卷一《疆域》云,大宁县分通城、石门、羊乔3里共16甲,通城里辖一、二、三、四、五、六、十五、十六8甲,石门里辖七、八、九3甲,羊乔里辖十、十一、十二、十三、十四5甲,其中盐场属石门里七甲。民国初仍保留甲制,民国六年巫溪县知事李臣弼称:"查本县地方聚山为邑,平坦地面甚少,所有场市除大宁场一处盐官、县佐各署、井灶、商铺依山而居,时虞山石滚跌外,此外各场不过三五贫淡人家,为过客投宿之所,保甲按日清查,因之外匪不能溷迹。"② 参照光绪《大宁县志》卷一《疆域》所载,与盐场同属七甲的还有五溪、大河、谭家墩、关口山、上方坝、两河口、西宁桥、天坪、下堡河、中阳坡、白凡架、点水溪、东磊口、后溪河、安里坝等地,其中不乏距离较远者,县佐或仅辖七甲内离大宁场较近的部分地。

三 设治委员改设县佐辖区

披砂县佐。详见本书第四章第五节。

四 民国新设县佐辖区

铜梁安居。在今重庆市铜梁区安居镇。安居在明代为重庆府下辖县。明成化十七年(1481)九月庚寅,"析四川铜梁、遂宁二县地为安居县,仍隶重庆府。其地乃商贾聚集之处,去县远,数遭贼寇焚劫,

---

① 林振翰编:《川盐纪要》,商务印书馆1918年版,第203页。
② 《巫溪县控诉县知事及委任代办等案件》,四川省档案馆藏,档号:民041-04-7456。

至是分铜梁县六里、遂宁县一里合为一县"①。则安居县本就是分割原铜梁县所辖部分地方为主体而设，清初安居县仍隶重庆府。关于安居县在清代被裁撤的时间，光绪《铜梁县志》卷一《沿革》云："雍正六年裁安居，废县并入铜梁，属重庆府……（安居）国朝雍正六年并入铜梁，仍以县名属重庆府，乾隆四十一年始更为乡。"光绪《铜梁县乡土志》卷一《建置年代》亦云："国初并入合州，寻复置，隶重庆府，省安居入焉……雍正六年省安居入焉，仍以县名属重庆府，乾隆四十一年始更为乡，并入铜梁。"民国《铜梁县地理志》第五编《沿革》则基本照抄光绪《铜梁县乡土志》。此类说法大有问题。康熙《大清会典》云："安居县，康熙元年裁并合州……铜梁县，康熙元年归并合州，今复设。"②雍正《大清会典》亦云："安居县，康熙元年裁并合州……铜梁县，康熙元年裁并合州，六十年复设。"③康熙六十年（1721）六月丙申，"吏部议覆四川陕西总督年羹尧疏言，重庆府之合州，请复设铜梁县……应如所请，从之"④。则安居被裁的时间并非雍正六年（1728），而是康熙元年（1662）。康熙元年安居与铜梁同时被裁撤并入合州，康熙六十年却只复设了铜梁县，从此安居重新成为铜梁的一部分。

至雍正八年（1730）三月戊子，全省一次性添设佐杂官员数十处，包括巡检26处，其中就有铜梁县安居巡检。光绪《铜梁县志》卷二《衙署》云："明（安居）县治，在化龙山后，国朝因之为巡检司署，西仓房其旧址也，有万历时重修碑记。巡检司署即明县治，国朝雍正十年知铜梁县莫陶创修，巡检张芳督建。"卷五《题名》亦云："国朝

---

① 《宪宗实录》卷219《成化十七年九月》，中研院历史语言研究所校印：《明实录》第48册，第3791—3792页。
② 康熙《大清会典》卷19《户部三·州县二》。
③ 雍正《大清会典》卷25《户部·州县二》。
④ 《圣祖实录》卷293《康熙六十年六月》，《清实录》第6册，中华书局1985年版，第245页。

巡检，雍正八年设……张芳，浙江山阴人，雍正八年任。"巡检应辖旧安居县所辖之地。乾隆四十五年（1780），四川总督文绶在题参安居巡检冀士隆的奏疏中提到，"据江西民毛永兴报称……至南水溪地方被匪抢夺……该处离城七十里，系偏僻山路，上通南溪场……查明抢夺地方系安居巡检管辖"①。南水溪地方具体所在不详，然从"江西"来判断，应在关箭溪（大安溪）、涪江以西，为安居县旧地，故属巡检所辖。

道光十二年（1832），四川总督鄂山奏称："铜梁县分驻安居司巡检应请裁汰也。查安居司巡检……专司巡查逃盗、兴贩、私盐、私茶，距县仅四十里，户口无多，虽滨临下河，并非往来通衢，相距出产盐茶之处上游各有卡隘层相稽查，即有逃盗、兴贩等事，现有外委把总驻扎安居，已足以资巡缉，且该县民淳事简，幅员不甚辽阔，无须分设杂职佐理，所有该巡检一缺应请裁汰。"②巡检裁撤后，安居境内仍保留有儒学训导一员，与外委把总共同维持秩序，一直到清末。在光绪元年（1875）修成的《铜梁县志》中，安居乡都是单独列出的。其卷一《疆域》云："安居乡附。乡在府城西少北二百四十里，东西相距一百二十里，南北相距六十里。东至合州界三十里，西至大足县界九十里，南至铜梁县界五十里，东北至合州、遂宁县界四十里，西北至遂宁县界六十里，西南至大足、铜梁县界九十里。"卷二《里甲》云，安居乡共有十二甲，分属四里，"安乐里：一甲、二甲、三甲、四甲；万安里：五甲、九甲、正十甲；安正里：六甲、七甲、八甲、又十甲；新兴里：又四甲"。同卷《场镇》云："安居乡附。白羊场，在东二十里。凉水场，在南三十里。水口场，在东南三十里。高楼场，在北二

---

① 《题为特参署铜梁县安居巡检冀士隆等员疏防凶犯抢夺布匹等事》，中国第一历史档案馆藏，档号：02-01-03-07339-010。

② 《呈四川省裁改移驻正杂教职各缺清单》，中国第一历史档案馆藏，档号：03-2628-108；《奏为体察重庆等府州县情形分别裁汰改移闲员事》，中国第一历史档案馆藏，档号：04-01-01-0734-006。

十里。关箭场，在西十二里。斑竹场，在西南三十里。平滩场，在西七十里。双河场，在西九十里。按，旧有太平场在南二十里，九龙场在西二十里，今俱废。"所用方向及里数均是以安居城为参照，而不是以铜梁县城。光绪三十一年（1905）编成的《铜梁县乡土志》卷二《区画》亦云："县境分为两大区，一本部，一安居乡……安居一区又分安乐（一甲、二甲、三甲、四甲）、万安（五甲、九甲、正十甲）、安正（六甲、七甲、八甲、又十甲）、新兴（又四甲）四里十二甲。又分白羊、凉水、水口、高楼、关溅、斑竹、平滩、双河、王家九场。"这种长期的有意区分，形成了"安居之与铜梁虽名为一县，其实学额、丁粮及各种负担，划然各别"的观念，民国时期安居能够成功添设县佐，与此大有关系，详见本书第二章第二节。民国《新修合川县志》卷一《图经一·形势上·来里区域图》云："泥巴嘴对岸为安居城，旧有县，清废，属铜梁，犹存把总、教官，所谓安居乡也。今设县佐，与来里隔水相望，上下凡数十里焉。"也正是由于安居乡的范围一直没有变化，因此民国安居县佐和清代安居巡检的辖区也是一致的。

雷波犴子村。1997年《雷波县志》云："犴子村分县……清康熙四十九年（1710）为沙马宣抚司辖地，清中期为'上10地'犴子村乡。民国三年（1914年）三月设行政委员。十二月二十四日黄螂分知事持印移驻犴子村，四年（1915年）四月易名分县佐。六年（1917年）七月正式设犴子村分县佐，（年）[八]年（1919年）七月县佐公署毁于战乱，分县机构消失。"[①] 不仅裁撤时间记载有误，见本书第二章第二节考证。"十二月二十四日黄螂分知事持印移驻犴子村"这句话语意也不明，据此似犴子村县佐由黄螂县佐移来，然黄螂县佐于民国十三年（1924）方被裁撤，二处县佐并有，非先后关系。这一段应理解为，黄螂分知事

---

① 四川省《雷波县志》编纂委员会编：《雷波县志》，四川民族出版社1997年版，第63页。

第三章 清代民国四川分驻佐杂辖区的具体划分

曾在民国三年（1914）年底短暂移驻过羿子村，后迁回黄螂，而羿子村县佐是在民国六年（1917）正式设立，至此屏山县同时有两处县佐。但羿子村县佐很快就又于民国九年（1920）被裁撤，既设置时间短，亦未详其辖区。应至少有羿子村乡一乡，光绪《雷波厅志》卷四《乡市》云："猓子村乡，在城西一百二十里，山路险窄，峭壁悬崖，舆马不能过，乡民往来皆渡江，由云南之大雾基、黄葛树等处绕道而行约二日程乃到。其地逼近夷巢，与西昌夷地交界，下二十里为小雾基，系昔年龙头山铅厂运道。乾嘉中，铅厂茂盛，商贾流通。道光末年，徐、马二姓夷积年滋事，厂务既歇，民亦流亡。壬辰（即光绪十八年）秋九月，秦主（即秦云龙，光绪十七年上任雷波厅通判）亲履其地，相度经营，招集流民，开垦荒土，拨雷威军勇丁驻防，以定民志。又以旧场僻处江边，地势卑下，四面受敌，有事不能自保，就乃择冒龙田高厂之地改建新场，复修渡船一只，以渡川滇两岸行人。至今流民络绎归附，每逢场期，汉夷赶集者七八百人，颇有复兴之象。惟徐、马二支夷良莠不齐，间有零匪为患，当事者常劳驾驭。"此外还需要指出的是，县佐署位于雷波县西南，郑宝恒《民国时期政区沿革》云："在今雷波县驻地锦城镇东北猓子坝。"《中国行政区划通史·中华民国卷》因之不改。① 这是将猓子坝和猓子村搞混了，前者在县东，后者在县西南，完全是相反方向且相距甚远，县佐驻地是在今雷波县西南卡哈洛乡羿子村。

屏山沐川。在今四川省乐山市沐川县驻地沐溪镇。沐川县佐的存在时间并不长。清初其地为沐川长官司地，而据乾隆《屏山县志》卷一《乡市》云，全县共有32乡，其中"沐川乡，县西北二百六十里，有沐川场"。则此时沐川已有土、流两种管理方式。光绪《屏山县续志》卷上《旧设土官》云："沐川长官司……悦绍裔，同（志）[治]七年病

---

① 郑宝恒：《民国时期政区沿革》，湖北教育出版社2000年版，第143页；周振鹤主编，傅林祥、郑宝恒著：《中国行政区划通史·中华民国卷》，复旦大学出版社2007年版，第231页。

故，无人承袭。"长官司遂裁，其地全部直属屏山县。故 1993 年《沐川县志》云："清同治七年（1868），废沐川土司入叙州府屏山县。""同治七年（1868）沐川长官司入屏山县。"[1] 这种情况一直延续到民国初。

至民国十一年（1922），沐川附近二十八乡团绅会议认为："现在屏山全境，而设府治（注，屏山为旧马湖府府治所在）实有偏废。旧治出南门渡江，全属云南，故治南屏山无寸土。西北距观慈寺、茨竹场，东北距青云、德成等乡，少则二三百里，多则四五百里。屏境万山罗列，外区人民每到县城一次，既感道路绵长，又复多历险阻，鲜不视为畏途。城区豪绅遂乘此天然条件，为所欲为，民刑诉讼任其包揽，团务教育、实业交通、地方要政等皆视□绅之私人利益为转移。故县治设屏城，邻县对屏山有黑暗地狱之喻，良非过甚之词……故二十八乡'团绅会议'有一致迁治沐川之主张。"经四川省长公署批准，耗资七万余元在沐川修建新署，于民国十三年（1924）将县治正式迁至沐川。但此事遭到旧城士绅的强烈反对，《屏沐县治合分始末》一文站在屏山的角度称："民国十五年（一九二六年）屏山士绅凌汉清等与屏籍川军混成旅长覃筱楼联名据理力争，推翻迁治沐川一案，于民国十五年（一九二六年）复迁回屏山设治。"[2] 而重庆中国银行调查组《屏山调查》站在沐川的角度记此事云："民国十二年时县境北部人士，鉴于县治偏远，官民均感不便，曾呈准上峰将县治迁移于此，衙署监狱及各机关局所，耗银七万余元，均修建完善，号曰'新治'。未几南部人士，朦请四川善后帮办公署，以非法手段，仍迁回旧城。以致政府对于北部各地，鞭长莫及，新政难施，事多落后，殊为可惜。"[3] 1993 年《沐川县志》、1998 年《屏山县志》亦分别云："民国 13 年（1924），沐川县政府由中城镇迁沐川镇，于东皇

---

[1] 四川省沐川县志编纂委员会编纂：《沐川县志》，巴蜀书社 1993 年版，第 8、41 页。
[2] 李国荣、张怀清写：《屏沐县治合分始末》，屏山县各界人士学委会文史组编：《屏山文史研究资料》第 4 辑，1983 年，第 5 页。
[3] 重庆中国银行调查组：《屏山调查》，重庆中国银行：《川边季刊》第 2 卷第 1 期，1936 年，第 65 页。

宫筑县衙。至民国15年，县政府复迁原址。""民国13年，夏，屏山县知事公署迁往沐川……（民国15年）12月7日，屏山县知事公署从沐川迁回县城。"①则民国十三年（1924）夏至十五年（1926）冬，沐川曾短暂成为屏山县治。

沐川作为屏山县治的地位得而复失，沐川士绅认为是旧城人士从中作梗，因此也不服气，仍继续提出诉求。作为补偿，当时控制川南的二十四军（即刘文辉所部）在沐川改设县佐一员，派杨自廉出任县佐。②《屏山调查》亦云："政府为补救计，曾设分县于此。"③只是未设多久，国民政府就出台了废除县佐的规定，因此又将县佐裁撤，前后设置时间在民国十七年至二十一年（1928—1932），见前文第二章第二节。根据民国二十年（1931）屏山县教育局重印乾隆《屏山县志》时所绘的民国二十年十月《屏山县全图》，县城在第一区，第一区至第七区在县南；而分县在第八区，第八区至第十七区在县北。1998年《屏山县志》云，民国四年（1915）"全县划分17个区团，下辖城厢3团及48个乡团"，其中第八区辖沐川、茨（竹）[黎]、史村、新安、中和、仁厚6乡团，第九区辖龙水、凤鸣2乡团，第十区辖炭库、上德成、下德成、青云4乡团，第十一区辖罗伍、罗柘2乡团，第十二区辖富和、人和2乡团，第十三区辖黄丹、大柞、瓜露3乡团，第十四区辖青龙、三子2乡团，第十五区辖杨村、凤村2乡团，第十六区辖利店、荣丁、肥婆3乡团，第十七区辖李村、石堰2乡团，总共正好28乡团④，应即民国十一年（1922）呈请迁治的二十八乡团。因此

---

① 四川省沐川县志编纂委员会编纂：《沐川县志》，巴蜀书社1993年版，第9页；屏山县志编纂委员会编纂：《屏山县志》，四川人民出版社1998年版，第16页。
② 四川省沐川县志编纂委员会编纂：《沐川县志》，巴蜀书社1993年版，第387页。
③ 重庆中国银行调查组：《屏山调查》，重庆中国银行：《川边季刊》第2卷第1期，1936年，第65页。
④ 屏山县志编纂委员会编纂：《屏山县志》，四川人民出版社1998年版，第54页。其中第八区的"茨竹"，民国二十年《屏山县全图》作"茨黎乡"，应即乾隆《屏山县志》卷1《乡市》中的茨黎乡，今改正。

县佐应辖此 10 区 28 乡。

理番雅多寨。又名鸦多寨，即马塘县佐。马塘，原名然木多①，在今四川省阿坝藏族羌族自治州马尔康市梭磨乡马塘村。该县佐设置时间极短，为二十八军军长邓锡侯兼领四川松理懋汶屯殖督办署时所设。督办署于民国十六年（1927）设，以"松潘、理番、懋功、茂县、汶川五县、抚边、绥靖、屯化三屯为屯殖区域"，同时积极派兵镇压土司势力，马塘县佐即民国十八年讨平扣苏后添设。② 县佐辖区虽未详，究其设置之初，大概有监督附近梭磨、卓克基、松岗、党坝等土司的目的，只是因当地土司势力强劲，冲突不断，县佐的作用极其有限。故 1995 年《马尔康县志》云："民国十八年（1929 年），设置马塘县佐公安局。十九年（1930 年），梭磨所辖黑水各头人互争雄长，并出劫理番、茂县，将马塘焚毁。"又云："民国 18 年（1929 年），二十八军派兵平定扣苏头人后，在县境内设置马塘县公安局。但因种种原因公安局未行使职权。"③ 马塘县佐曾一度被屯署升县，民国二十一年（1932）十一月出版的《四川月报》第 1 卷第 5 期云："屯区中理懋间之马塘，因系汉夷商人交易地点，甚为重要。前曾设县保护商民，市场亦因之渐盛。后为夷匪掠劫，焚毁过半。惟今日匪患已平，商旅往来，渐又恢复原状。屯署拟于年内，仍有设县治理之意。"④ 邓锡侯《四川松理懋茂汶屯区屯政纪要》亦云："自增进行政效率，便利控制西番言之，松潘之南坪、阿坝，理番之马塘及绥靖、崇化、抚边均须增设县治。然抚、绥、崇三屯及南坪县佐，虽经人民请求改县，而户口、财赋数量未达设县限度。阿坝亦形格势禁，须竢开发草地之后，其经增设者，仅马塘县佐（十八年讨平扣苏后设

---

① 四川省阿坝藏族自治州马尔康县地名领导小组编印：《四川省阿坝藏族自治州马尔康县地名录》，1982 年，第 74 页。
② 邓锡侯编：《四川松理懋茂汶屯区屯政纪要》，1936 年，第 2、89 页。
③ 四川省马尔康县地方志编纂委员会编纂：《马尔康县志》，四川人民出版社 1995 年版，第 8、463 页。
④ 《马塘仍拟设县》，重庆中国银行：《四川月报》第 1 卷第 5 期，1932 年，第 160 页。

第三章 清代民国四川分驻佐杂辖区的具体划分

置）、来苏沟公安局（二十二年黑水夷投诚后设置）耳。"①民国二十四年（1935）年初，马塘改设为县，1995年《马尔康县志》云，民国二十四年，"是年，马塘设县治，县长沙铁帆"②。然而，其设县系屯署自行设置，并未得到南京国民政府的核准。同年六月，红军进驻马塘，县废。红军控制马塘地区长达一年，直到次年七月才撤离。红军撤走后，马塘没有被纳入分区设署的体制，也没有恢复设县，而是又退回到土司控制的局面。

本章小结

同知、通判在清代佐杂中地位特殊，因其府属佐杂的身份，其辖区往往发展成县级或县级以上政区，即散厅、直隶厅，厅的正印官就是同知或通判，因此府佐杂辖区是比较复杂的。这涉及如何区别厅级政区和作为佐杂的同知、通判的辖区问题。厅的起源可上溯到明代，其设置缘由大抵是遇到既离县城悬远又不宜单独设县的情况，不得已而开创新办法。但厅从地方认同上升到国家认同，进而到厅制的完善，经过了一个较长的过程，到乾嘉时期才成熟。嘉庆《钦定大清会典》云："府分其治于厅。凡抚民同知、通判、理事同知、通判有专管地方者为厅，其无专管地方之同知、通判是为府佐贰，不列于厅焉。"③ 这是区分清中后期同知、通判是否为厅正印官的核心标准。而仍为府佐贰的分驻同知、通判，又称分府，一般也有不同类别权限的辖区，这种辖区有时候也被称为厅，只不过并非政区意义上的分而专辖。同知、通判辖区还存在兼辖多县的情况，这种现象到民国时期有所改变，民国废府留附郭县，由分驻同知、通判改设的县佐与其他类型佐杂改设

---

① 邓锡侯编：《四川松理懋茂汶屯区屯政纪要》，1936年，第89页。
② 四川省马尔康县地方志编纂委员会编纂：《马尔康县志》，四川人民出版社1995年版，第8页。
③ 嘉庆《钦定大清会典》卷4《吏部·尚书侍郎执掌一》。

的县佐地位变得一样，辖区仅在其所在县的范围内，不再兼理附近其他县事务。相比较而言，县（散州、散厅）佐杂辖区不存在与政区加以区别的问题，因为权限不够，这类辖区从来不构成正式政区，顶多能算作准政区。直隶州、直隶厅虽然级别相当于府，但其佐杂所辖范围大多只在直隶州厅的亲辖地内，一般不会辖及直隶州厅的所管县，因此这类辖区其实也等同于县佐杂辖区。

总体而言，从时间上来说，早期的分驻佐杂大多在驻地外并无其他辖区。从乾隆年间开始，分驻佐杂在驻地之外拥有分辖区才成为普遍现象。如叙永直隶厅巡检就是典型的案例，该巡检虽然设于雍正八年（1730）且首任巡检于雍正九年（1731）即上任，但其辖区"乐荣、平定二里及永十甲"是乾隆五年（1740）才划定的。而从空间上来说，张研认为清代县以下行政区划是法定社区与传统自然社区的结合，"所谓法定社区，是国家区划、人为组织的统治区域和社会群体组织，也可称为行政社区"，里、甲即属此类；而"所谓自然社区，是人们在长期生活中自然形成，在其中共生共存、具有共同生活方式及乡土意识（传统文化、风俗、归属感等）的社会地理空间"，乡、村即属此类。① 因而清代县以下基层组织名称多样，不同的州厅县有里甲、乡甲、乡村、保甲、乡堡等不同形式。民国也是类似情形，不同的县以下有镇乡、区团等不同形式。由此各佐杂辖区的划分类型也多种多样。值得注意的是，佐杂辖区不一定以完整的基层组织单位划分范围，而是通常根据到佐杂驻地的距离等因素，在各基层单位中各分出部分地加以管辖。如崇庆州东仁、南和、西丰、北熙的基层体系中，"东分为五甲，南分三甲，西分八甲，北分六甲"，但州同辖区为"西界五、七、三、八甲、北界五、六、二甲"，与之并不绝对重合。除了依据各种基层组织单位划分辖区的之外，还有以场为划分单位的，如涪州州同（涪陵鹤游坪县佐）的十八场、巴县县丞的二十八场。

---

① 张研：《清代县以下行政区划》，《安徽史学》2009年第1期。

第四章

清代民国四川分驻佐杂辖区升正式政区

第一节 清代四川分驻佐杂辖区升府级政区

一 从夔州府同知辖区到石砫直隶厅

清初夔州府同知本为同城同知,康熙四十四年(1705)十二月己酉裁。雍正八年(1730)三月戊子复设。① 雍正十二年(1734),四川总督黄廷桂在奏请移驻夔州府同知时提到复设原因,"况夔郡为川东门户、水陆要冲原因,梁山、新宁二县离府窎远,是以复设同知,驻于万县适中之地,以资弹压"。同时,黄廷桂又称:"今梁山县已改隶忠州,新宁县已改隶达州,毋庸同知隔属遥制,合无即以该同知杨本源移驻云阳,并大宁县井盐听其总理,仍辖石砫一司。"② 该奏后经四川巡抚杨馝于雍正十三年(1735)再请,终于在乾隆元年(1736)获准,三月壬子,"移夔州府同知驻云阳县,添设云阳、大宁盐场大使二员为所司"③。乾隆《万县志》卷一《公署》、道光《夔州府志》卷二

---

① 《圣祖实录》卷223《康熙四十四年十二月》,《清实录》第6册,中华书局1985年版,第245页;《世宗实录》卷92《雍正八年三月》,《清实录》第8册,中华书局1985年版,第235页。
② 《题为遵议川省请将潼川府新设通判移驻射洪县总理盐务等项事》,中国第一历史档案馆藏,档号:02-01-03-03300-003。
③ 《高宗实录》卷15《乾隆元年三月下》,《清实录》第9册,中华书局1985年版,第411页。

三《秩官》亦分别云："军民府同知衙署，今移云安厂驻扎，其署裁。""夔州府同知始驻扎夔州府城内衙署，即在府署左今府仓基地是也。雍正八年（1730）移驻万县城内。乾隆（六）［元］年移驻云阳县云安厂。"由此可知，雍正八年复设夔州府同知时，该同知即属分驻，到乾隆元年（1736）移驻云安厂时已是第二次分驻。

既然乾隆元年夔州府同知是分驻在云阳县云安厂，则所谓"仍辖石砫一司"尚属遥制。乾隆二十二年（1757）四月，"四川总督开泰奏，夔州府属之石砫土司马孔昭于乾隆十九年缘事革职，无合例应袭之人，当委马光仁护理，乃马光仁办理不能公平，自应革退。今马孔昭之子尚幼，且石砫司地方与内地毗连，多半流寓之徒，良顽混杂，不便乏员经管。请将夔州府分驻云安厂盐务同知及万县市郭里巡检移驻该地，各支本任俸廉即用本任关防印信。巡检今司监狱捕务，同知需用仵作，由万县拨给一名。该土司所有田产令马孔昭自行管业，原颁土司印信暂缴司库，俟伊子堪以承袭，再为遵例请给"①。同知移驻石砫境内并全面接管事务，"凡征解钱粮、审理词讼，俱责成经管，命盗等案即令该同知验审，由府复核招解……所有该土司所属文武童生，应令该同知录送府试，汇送学政收考"②，完全具备了厅正印官"钱名刑谷"的权限。但由于该同知所用关防仍是原来的云安厂盐务同知关防，仍负责原管云阳、大宁二县盐务，因此官方和民间都未将此时的石砫视为一个新的厅级政区。道光《补辑石砫厅新志》卷一〇《艺文上·黄公克显德政碑记》云："石砫为土疆，自乾隆二十二年署夔州府分府祖宪黄公移驻以来……祖宪黄姓、克显名……前署顺庆府督捕厅，今署夔州军民府管理云安、大宁两厂盐务，乾隆二十二年九月移驻石砫司。"乾隆《石砫厅志》、道光《补辑石砫厅新志》列职官时也都分

---

① 《高宗实录》卷538《乾隆二十二年四月下》，《清实录》第15册，中华书局1986年版，第792页。
② 《题为会查四川省题报夔州府同知及万县巡检移驻石砫司委护土务各款应行事宜事》，中国第一历史档案馆藏，档号：02-01-04-15256-006。

第四章 清代民国四川分驻佐杂辖区升正式政区

别特别强调"移驻者夔州府同知历四员""以上移驻者四人",以与之后的区别开来。罗雪梅也认为:"虽然该同知在石砫司境内征管钱谷、审核刑名的权利与一般政区厅同知的职掌相比,并无二致,但移驻后的同知仍属于临时委派的代理官员。"① 因此并不存在所谓的府属散厅石砫厅,它只是一个准政区意义上的分驻同知辖区。

至乾隆二十六年(1761),开泰又奏请进一步改土归流。与乾隆二十二年(1757)移驻的时机类似,这一次也是趁土司继承出现问题,乾隆《石砫厅志·承袭》云,马孔昭幼子原等成年之后要继承土司职位的马俊明于乾隆二十五年(1760)殇,土司承袭无期。因此开泰奏称:"查石砫一司界在川楚之间,名为土司,实居腹里,四面皆与内地州县接壤,幅员辽阔。向以土司旧制相沿已久,若骤行裁撤竟设流官,诚恐或有未便,是以暂议移驻。自移驻同知以来,地方保甲渐就清厘,人情乐从,兼之原任土司马孔昭前虽生子,旋复报故,承袭尚属无期。伏念同知权为移驻,官民究不无观望,不若遂置流官,俾禁令归于画一,应请将石砫土司改为直隶石砫同知,量设佐杂汛防,以资分管。其应袭土司世职酌照苗疆之例改授土通判,不许干预民事,俟马孔昭得有子嗣长成之日,另请承袭,以不没其旧。"② 同年十二月癸未,"兵部等部议覆四川总督开泰奏称,石砫一司界在川楚间,与内地州县接壤,幅员千余里,土著流寓错杂,经臣前议暂移同知驻扎,官民究不无观望,不若竟设流官,俾归画一,应如所请。将该土司改为直隶石砫同知,量设佐杂汛防分管,其应袭世职照苗疆例改授土通判,不许干与民事。该土司原有另征草籽秋粮等银,即定为正额,以抵同知增添养廉。从之"③。但乾隆二十六年(1761)只是部议可从,未得到

---

① 罗雪梅:《明清四川同知通判研究》,硕士学位论文,复旦大学,2019年,第75页。
② 《为核议四川夔州府属四川石砫土司改为直隶石砫同知量设佐杂汛防事》,中国第一历史档案馆藏,档号:02-01-006-001744-0013。
③ 《高宗实录》卷651《乾隆二十六年十二月下》,《清实录》第17册,中华书局1986年版,第291、292页。

乾隆帝的最终同意，直到乾隆二十七年（1762）九月壬戌，"改四川夔州府云安厂同知为直隶石砫同知，万县市郭里巡检为石砫照磨，从总督开泰请也"①，才正式确认设石砫直隶厅。刘志伟漏看此条，误以为乾隆二十六年之说皆中央官方史料所载，乾隆二十七年之说皆地方史料所载，二者的记载不同是由于中央公文下到地方的时间差，进而企图证明"年尾批准，年初成立"②，完全偏差了。乾隆《石砫厅志·职官》将"流官官石砫，前为移驻，后为改设"区分得很清楚，"移驻正杂二官，自乾隆二十二年起至二十七年止；夔州府同知缺裁改设直隶石砫厅同知，自二十七年起。初以山东海丰县举人吴垣署"。道光《补辑石砫厅新志》卷三《职官》亦云："吴垣，山东海丰举人，二十七年署，二十八年去。"石砫直隶厅的设置时间应以乾隆二十七年（1762）九月为准。

二 特例：从重庆府同知辖区到介于府县之间的黔彭厅

清初重庆府同知本为同城同知，康熙九年（1670）裁，后又于康熙四十四年（1705）十二月己酉复设③，首任同知于次年上任。故乾隆《巴县志》卷六《文员》云："郎□，辽东人，康熙九年任。本年缺裁，康熙四十五年复设。庄祖诒，武进贡生，康熙四十五年任。"嘉庆《四川通志》卷一〇四《题名六》亦云："旧设同知，康熙九年裁，四十五年复设。"乾隆《巴县志》卷二《廨署》云："同知署，旧在白象街县城隍庙右，以旧试院为署。"道光《江北厅志》卷一《建置沿革》亦云："同知署，在府城白象街，原属旧来试院。康熙五十四年巴县知县谭懋学

---

① 《高宗实录》卷670《乾隆二十七年九月上》，《清实录》第17册，中华书局1986年版，第486页。
② 刘志伟：《清代四川石砫直隶厅建置时间考辨》，《三峡论坛》（三峡文学·理论版）2012年第2期。另有林移刚、刘志伟共同署名的《清代四川石砫直隶厅建置时间考辨》一文，刊于《重庆交通大学学报》2012年第6期，内容与之几乎完全相同。
③ 《圣祖实录》卷223《康熙四十四年十二月》，《清实录》第6册，中华书局1985年版，第245页。

第四章 清代民国四川分驻佐杂辖区升正式政区

详改明总督署为试院,改旧试院为同知署。"该同知遥制酉阳、石耶土司,同时于酉阳司境内设有经历就近监管。至雍正四年(1726),川陕总督岳钟琪奏称:"重庆同知属之酉阳司设经历一员……职分均属卑微,恐土员性蠢,或生轻忽之念……臣愚以为,酉阳司附近重庆属之黔江县界与石耶土司均属重庆同知所辖,应请将该同知移驻黔江,令其就近约束。其原设酉阳司经历一员,似属闲冗,相应裁汰。"① 该请于同年获准,九月戊申,"移重庆府同知驻黔江,裁酉阳司经历一员"②。

同知移驻黔江后,加强对土司不法事的参奏,企图加快改土归流,张万东、董嘉瑜叙此类事前后经过较详③,不予赘述。至雍正十一年(1733)三月十六日,四川总督黄廷桂奏称:"重庆府辖一十八州县,地逾千里,属员既多,民风颇杂,知府一官势难遥制。如黔江县距府一千九十里,接连贵州苗疆,又有酉阳各土司环附,原分重庆府同知驻彼钤辖,应请将黔江及附近之彭水二县均归重庆同知管辖,以专责成。"④ 吏部等部议覆称:"应如该督等所请,黔江、彭水二县照永宁县归叙永同知之例,准其归于重庆同知管辖……将黔江、彭水二县及兼管之酉阳等处土司一切生童考试由该同知照知府提调之例,覆考汇送学政衙门,亦应如所请。将黔江、彭水二县、酉阳等处土司一切钱谷事件由该同知汇核,至黔江、彭水二县、酉阳等处土司一切命盗案件,亦应由该同知审转,以崇责成。"⑤ 于同年获准,十月乙卯,"改四川重庆府属之黔江县隶重

---

① 《川陕总督岳钟琪奏遵旨酌议于四川妥设流官以司稽察土司折》,中国第一历史档案馆编:《雍正朝汉文朱批奏折汇编》第7册,江苏古籍出版社1988年版,第908页。
② 《世宗实录》卷48《雍正四年九月》,《清实录》第7册,中华书局1985年版,第728页。
③ 张万东:《明清王朝对渝东南土司统治研究》,博士学位论文,吉林大学,2016年,第178—183页;董嘉瑜:《改土归流与区划调整——以清代酉阳直隶州为例》,《云南大学学报》2019年第5期。
④ 中国第一历史档案馆编:《雍正朝内阁六科史书·吏科》第71册,广西师范大学出版社2002年版,第494、495页。
⑤ 中国第一历史档案馆编:《雍正朝内阁六科史书·吏科》第73册,广西师范大学出版社2002年版,第299—301页。

庆府分驻黔江同知管辖，兼辖附近彭水一县"①。由此形成了辖县的黔彭厅，其辖区包括黔江、彭水 2 县及酉阳、平茶、地坝、石耶、邑梅 5 土司，同知成为厅正印官。

关于黔彭厅的级别，《中国行政区划通史·清代卷》将其称为"黔彭直隶厅"，这种说法有没有问题呢？按，雍正《四川通志》卷三《疆域》云："直隶黔彭厅，辖二县。在布政司东少南二千零十里，东西距三百七十里，南北距五百四十里。东至湖广恩施县界七十里，西至贵州桐梓县界三百里，南至贵州婺川县界三百二十里，北至重庆府涪州界二百二十里，东南至湖广、贵州二省界三百八十里，西南至贵州婺川县界三百五十里，东北至夔州府石砫土司、湖广中路土司界八十里，西北至重庆府涪州界一百八十里。"明确记为"直隶黔彭厅"。在实际于乾隆初修成的康熙《大清一统志》中，也是"黔彭厅"与"叙永厅"并列，"黔彭同知"与"叙永同知"并列，即该志也是将黔彭厅视为直隶厅。但在雍正末、乾隆初酉阳土司地区改土归流的过程中，相关档案提供了另一种视角。雍正十三年（1735）四川总督黄廷桂奏请改酉阳土司地设为两县，"按其道里，量其户口，必划分二县始足治理。如酉阳旧治，四面环山，形势完固，商民萃聚，似应即于司治设知县一员、典史一员，分管西北二路忠孝、感坪、治西、容坪、上际、照旅、功旅、白家溪、城子头各里并大江河西半里……又酉阳东南三合场，广袤二十余里，界于四小土司之中，地势宏敞，水陆均便，且距黔、楚新抚苗疆，甚属紧要，似应于此处请设知县一员、典史一员，分管酉阳东南一带之南洞、九江、巴白十二庄、容溪、晚森、小江、苗江等里并大江河东半里，以及平茶、地坝、石耶、邑梅四司地方"，朝廷基本予以同意，但对于县以上应设什么政区产生了争议。黄廷桂认为："重庆府同知先经题准，驻扎黔江，改为直隶同知，管辖

---

① 《世宗实录》卷 136《雍正十一年十月》，《清实录》第 8 册，中华书局 1985 年版，第 742 页。

第四章 清代民国四川分驻佐杂辖区升正式政区

黔江、彭水两县,兼辖酉阳等五土司。因该同知经历差委,衙署尚未建造,今酉阳司治居五土司、黔彭二县之中,土司衙署可以修改厅署,请将同知移驻于此,居中控驭,兼辖新旧四县,一切刑名钱谷、命盗案件俱由同知汇核审转,仍隶川东道统辖,并照直隶叙永同知之例,请增照磨一员委用。"对此,兼管吏部、户部尚书事的大学士张廷玉回应称,"但查直省州县俱隶府辖,亦有因属县无多,不便建立府治而请设直隶州者。至同知原系知府佐贰,从无改为直隶同知专辖州县之例。惟重庆府同知先经该督以重庆府管辖一十八州县,地逾千里,其黔江、彭水二县离府甚遥,题准将该同知移驻黔江,分隶管辖在案,亦并未将重庆府同知改为直隶同知。今该督于原属之黔江、彭水二县外又将酉阳等土司改设二县,是属县既多,必得正印之员,方足弹压,不便复以该府同知管辖。应令该督会同巡抚将此四县,或应另设府治,或改设直隶州管辖……详悉具题到日再议"①。

由此可以看出二者的分歧,其实就是名实之争。雍正《四川通志》卷三一《职官中》云:"直隶叙永厅,原系叙州府叙永同知,雍正八年改设直隶。"在黄廷桂看来,自己在雍正十一年(1733)奏请辖县的时候就明确说的"照永宁县归叙永同知之例",黔彭同知既然已照准辖县,实际就已经和叙永同知一样都是直隶同知,只不过要再添设照磨而已。而在张廷玉看来,一方面,虽然叙永有直隶之实,但朝廷并未官方建立直隶厅制度;另一方面,虽然权宜以黔彭厅辖县,但该同知仍属重庆府,与叙永同知直属于省不同,否认黔彭厅为直隶厅。这侧面反映了清代行政制度的变化,厅这一种新的政区形式往往先在地方上得到认同,然后才为中央制度所承认。此时厅制还在发展过程中,直隶厅制度更是才刚刚萌芽,因此黄廷桂的方案不被张廷玉认可。

笔者认为,可以将黔彭厅的地位与明代及清初的府属州相比较。

---

① 中国第一历史档案馆编:《雍正朝内阁六科史书·吏科》第 81 册,广西师范大学出版社 2002 年版,第 559—561 页。

明代及清初有省—府—州—县四级行政层级制，在这种层级制度中，府属州亦辖县。从雍正年间开始到乾隆初，对四级制进行调整，将行政区划层级简化为省—府—县三级制，此后府属州不再辖县。① 因此在直隶厅制度规范之前，黔彭厅是有实无名，其地位大致相当于原四级行政层级中辖县的府属州，介于府县之间。而且可值得注意的是，即使乾隆时期直隶厅制度确立之后，一直到清末，直隶厅一般也不辖县，嘉庆《钦定大清会典》云："直隶厅有属县者惟四川直隶叙永厅。"② 光绪《钦定大清会典》亦云："直隶厅有属县者惟奉天凤凰厅、四川叙永厅。"③ 除此之外，《中国行政区划通史·清代卷》还列举了一些例子④，但总体来说这种类型的数量极少。因此黄廷桂以直隶厅辖四县的设想被驳回也是情理之中的。

以直隶厅辖县既不获准，黄廷桂不得不于该年十一月初一重新奏请，改为裁厅设州，将原拟于酉阳司所设县改设为酉阳直隶州，以州辖黔江、彭水及三合场新设县（即秀山县）。⑤ 该请于同年十二月初二奉旨部议，乾隆元年（1736）六月五日最终定准，直隶州以知州为正印官，"重庆府同知请循旧例，仍令驻扎重庆，佐理民事"⑥。同知因此重新回驻重庆府城内。

第二节　清代四川府属分驻佐杂辖区升县级政区

一　从重庆府同知辖区到江北厅

道光《江北厅志》卷一《建置沿革》云："厅属……明为巴县之

---

① 傅林祥：《清初直隶州的推广与行政层级的简化》，《历史档案》2010年第4期。
② 嘉庆《钦定大清会典》卷4《吏部·尚书侍郎执掌一》。
③ 光绪《钦定大清会典》卷4《吏部·尚书侍郎执掌一》。
④ 周振鹤主编，傅林祥等著：《中国行政区划通史·清代卷》，复旦大学出版社2013年版，第63页。
⑤ 中国第一历史档案馆编：《雍正朝内阁六科史书·吏科》第83册，广西师范大学出版社2002年版，第527页。
⑥ 光绪《增修酉阳直隶州总志》卷12《职官·文秩上·耿寿平附设立酉阳直隶州部议》。

第四章 清代民国四川分驻佐杂辖区升正式政区

江北镇。"清初巴县分为西城里、江北里、居义里、怀石里4里,其中江北里即嘉陵江、长江以北之地,康熙四十六年(1707)后又有忠、孝、廉、节、仁、义、礼、智、慈、祥、正、直12里(每里十甲)的划分法。参照乾隆《巴县志》舆图对比新旧划分法,江北里地方是被改划为了仁里的上六甲以及义里、礼里各甲,境内除了江北镇外,卷二《场镇》还记有仁里的鱼嘴沱(一甲)、隆兴场(二甲)、土沱驿(二甲)、关口场(二甲)、明月场(三甲)、桶井场(三甲)、梅溪镇(三甲)、石船场(三甲)、温塘场(三甲)、老鸦石场(三甲)、瓦店子(四甲)、舒家场(四甲)、太洪江(五甲)、金鸡背(五甲)、乐碛场(六甲)、新兴场(六甲)16场,义里的回龙场(一甲)、永兴场(一甲)、兴隆场(一甲)、复兴场(一甲)、三江口(一甲)、双河场(一甲)、凤凰场(二甲)、王家场(三甲)、木耳场(三甲)、多宝场(三甲)、沙坪场(四甲)、一碗水(四甲)、人模滩(四甲)、两路口(四甲)、寸滩场(五甲)、石盘头(五甲)、古路平(五甲)、鸳鸯场(六甲)、磨子溪(六甲)、悦来场(七甲)20场,礼里的李家场(二甲)、土主场(三甲)、东阳镇(三甲)、石坝场(六甲)、接龙场(六甲)、柏杨场(六甲)、静观场(八甲)、两口吕(八甲)、接龙场(十甲)9场。另一方面,乾隆元年(1736)裁黔彭厅改置酉阳直隶州之后,重庆府同知从黔江回到府城旧署,重新成为同城同知,这种局面一直持续到乾隆十九年(1754)。

乾隆十九年三月十六日,四川总督黄廷桂①奏称:"窃查重庆一郡,连至山岭,俯瞰大江,控水陆之冲衢,为蜀东之锁,城内商贾云屯,五方混集,所以设有镇道文武大小各员,足资弹压稽查。惟郡城对面地名江北镇,上通川北,下连湖广,人烟辐辏,买卖汇集,不下六七

---

① 《中国行政区划通史·清代卷》第443页记为四川总督开泰,云"四川总督开泰有三次题奏",误,是将乾隆十九年这次题奏与后两次混淆了。乾隆十九年四川总督是黄廷桂,开泰此时还是湖广总督,至乾隆二十年六月才将黄廷桂调任陕甘总督,同时将开泰调任四川总督。

千户，且多造船之厂，一切工匠人等半系四方无籍，兼之滇黔两省运铜镕铅亦俱停泊于此，游手群聚，最易藏奸，较之城内更难清理。向来文武衙门俱在城内，而江北大镇，竟无一官，其地虽距城不远，但相隔大江，夏秋水涨，难于过渡，不能旦晚稽查，以致流匪、蛮娼潜为托足，而不法胥役亦多乘间吓诈扰累客民，必得专员移驻，庶于地方有裨。查府属同知一员，旧系管辖酉阳各司，分驻黔江，嗣于乾隆元年另设酉阳直隶州，始将同知衙门归入府城，止有沿江船只责其经管，不许违式重载，此外别无所事。今江北镇形势冲要，人户繁杂，似应仰请圣鉴，将重庆府同知一员移驻江北镇，除船只仍令照旧经管外，诸如赌博、打降、咽噜、匪窃及追理客账各项事务，责成该同知就近查办，至命盗大案，照例拿交巴县审转。再查重庆府尚有通判一员兼管所属十三州县缉捕事件，水路则江流迅疾，陆路则山菁绵亘，地方辽阔，耳目难周，每有鞭长莫及之处。应请将东南二路之涪州、长寿、江津、南川、綦江五州县捕务分令同知督办，其巴县、永川、璧山、荣昌、大足、合州、铜梁、定远等八州县捕务仍归通判督办。"该请于同年闰四月初四日议准。① 但要注意的是，乾隆十九年（1754）同知虽然分驻江北镇，但除了驻地以外并没有其他分辖区，督办涪州等五州县捕务并非政区意义上的专辖，同知在驻地内的权限也仅仅是就近查办普通违反治安事件，因此还不是厅级政区。《中国行政区划通史·清代卷》即认为："乾隆十九年闰四月批准的只是重庆府同知移驻江北，性质为分防同知。"②

乾隆二十年（1755）开泰继任四川总督后，进一步推动江北同知往厅级政区发展。乾隆二十一年（1756）四月初八日，开泰奏称："切照川省重庆府属之巴县，系附府首邑，水陆交冲，路通滇黔江楚，

---

① 《题为遵旨议准四川重庆府同知移驻江北镇事》，中国第一历史档案馆藏，档号：02-01-03-05119-013。
② 周振鹤主编，傅林祥等著：《中国行政区划通史·清代卷》，复旦大学出版社2013年版，第443页。

第四章 清代民国四川分驻佐杂辖区升正式政区

五方杂处,政务殷繁,统计幅员广袤约千余里,凡踏勘相验等事往回或五六日或十余日,若值报案频仍,不无耽延周折,兼之近来生聚日众,商贸日增,讼狱之多倍于曩昔,衙门胥役人等因此秉隙作奸,以一官之才力,虽精明强干难免顾此失彼之虞。查乾隆十九年曾经奏奉部覆将重庆府同知移驻江北镇,遇有赌博、打降、啯噜、匪窃及追理客账等,责令就近查办,并督缉涪州、长寿、江津、南川、綦江五州县捕务,经管沿河船只在案。但该同知所查办者不过前指各项,至于一切命盗与夫户婚田土等件仍然归该县,究属日给不暇。查巴县四界分忠、孝、廉、节、仁、义、礼、智、慈、祥、正、直十二乡,每乡十甲共计一百二十甲……县之嘉陵江以北义、礼二乡共二十甲,及仁乡自一甲至六甲皆附近江北镇……同知现在所管事件尚非繁剧……其巴县嘉陵江以北之义、礼二乡并仁乡一甲至六甲共二十六甲应请分归江北镇同知管辖,将该同知照松潘、打箭炉同知之例,令其办理分管各甲之刑名钱谷事件,仍由重庆府稽查核转,原司船只捕务照旧经管,并请照松潘、打箭炉同知之例,添设照磨一员以资佐理。查重庆府向设经历司狱二员,府监事务经历一人尽堪兼顾所有,司狱一缺可以酌改,应请将重庆府司狱裁汰,改为江北镇同知照磨。"① 该请分两个阶段陆续获准。首先于同年十一月庚子,"吏部议准四川总督开泰奏称,重庆府巴县附府事繁……其嘉陵江以北之义、礼二乡并仁乡等二十六甲,分归江北镇同知管辖,并改重庆府司狱为江北镇同知照磨……从之"②。此次议准确定了同知除驻地以外的分辖区,但在职权上并没有交代清楚。至乾隆二十三年(1758)九月丁酉,户部等部议准五项相关事宜。第一,嘉陵江北之义、礼二乡粮户距江北镇远者仍归巴县征收。第二,江北同知、照磨等廉俸即于该处地丁银内扣支。第三,江

---

① 《题为缙云山祥直二乡十二甲嘉陵江北义礼两乡二十六甲分隶管辖事》,中国第一历史档案馆藏,档号:02-01-03-05460-021。

② 《高宗实录》卷526《乾隆二十一年十一月上》,《清实录》第15册,中华书局1986年版,第624、625页。

北镇二十六甲文武童生仍归巴县考试,毋庸另设学额。第四,巴县东路十九铺铺兵五十七名归江北镇,岁支工食在该厅县钱粮内报销。第五,命盗事件分隶各衙门起限承缉。① 与乾隆二十一年(1756)相比,此次议准明确了同知全面掌管其辖区内刑名钱谷事务,因此,乾隆二十三年(1758)是江北厅正式设立的时间。

关于江北厅的设立时间,还有乾隆二十四年(1759)的说法。乾隆《巴县志》卷二《廨署》云:"乾隆十九年分驻江北镇,以旧署变价建新署于一阳观下。二十四年分巴县江北义、礼二里、仁里上六甲归同知管辖,奉颁江北镇理民督捕同知关防。"而卷六《文员》又云:"乾隆二十三年于县治辽阔等事案内,分拨巴县江北地方,改为理民督捕同知。"自相矛盾。关于改为理民督捕同知的时间,乾隆二十一年四月癸亥,"铸给四川重庆府分驻江北镇理民督捕同知关防,从总督开泰请也"②。则乾隆二十一年同知已改为理民督捕同知,不待乾隆二十三年、二十四年也。嘉庆《四川通志》卷二《建置沿革二》、卷一○四《题名六》分别云:"二十四年以巴县义、礼二里及仁里六甲隶之,属重庆府。""江北厅理民督捕同知。初以重庆府同知移驻,乾隆二十四年裁府同知,分巴县江北增特设。"已无乾隆二十三年的说法。此后,道光《重庆府志》卷一《建置沿革》、卷四《题名》分别云:"乾隆二十四年以县治辽阔,分江北之义、礼二里及仁里上六甲隶理民同知管辖。""朱照,江苏靖江贡生。乾隆二十一年任,二十四年改江北厅。"同治《巴县志》中卷一《建置沿革》《廨署》分别云:"至乾隆二十四年,以县治辽阔,分江北之义、礼二甲及仁里上六甲隶理民同知管辖。""二十四年分巴县江北义、礼二里、仁里上六甲归同知管辖。"也均不提乾隆二十三年。道光《江北厅志》叙一嵩龄、叙二耿自检、

---

① 《高宗实录》卷570《乾隆二十三年九月上》,《清实录》第16册,中华书局1986年版,第237页。
② 《高宗实录》卷511《乾隆二十一年四月下》,《清实录》第15册,中华书局1986年版,第462页。

叙四福珠郎阿分别云:"乾隆二十四年因民之便,以重庆府同知移驻江北,以巴县义、礼二里及仁里六甲隶焉。""乾隆二十四年移驻理民同知于江北,以巴县之仁义礼三里属焉。""厅自乾隆二十四年为县治辽阔案内分驻同知于江北。"说明乾隆二十四年(1759)的说法在当时已深入人心。该志卷一《建置沿革》、卷五《文秩》又分别云:"二十四年,以巴县义、礼二里及仁里六甲隶焉,奉颁江北镇理民督捕同知关防。""乾隆二十三年于县治辽阔等事案内,分拨巴县仁、义、礼三里归江北管辖,改为理民督捕同知。"则又沿袭了乾隆《巴县志》的矛盾说法。综上来看,地方关于江北厅的设置时间,有一个从乾隆二十三年(1758)、二十四年兼记到只记二十四年的变化过程。乾隆二十四年二月二十日,工部仍在核议江北厅添建各项应需工料银两等事[①],乾隆二十四年的说法可能多少受此影响。道光《江北厅志》卷五《文秩》云:"江北厅照磨,乾隆二十三年改重庆府司狱为江北厅同知照磨。徐荻,顺天府霸州人,由监生捐从九品,乾隆二十三年四月十五日到任。"首任照磨于乾隆二十三年已上任,江北厅设立时间仍当以《清实录》为准,设于乾隆二十三年。

二 从泸州直隶州州判辖区到古宋县

古宋县于光绪三十四年(1908)置,其前身是道光十二年(1832)所设泸州直隶州州判辖区,更早还可追溯到雍正四年(1726)所设泸州直隶州州同辖区。

如前文所述,雍正四年九月,九姓长官司吏目改设泸州直隶州州同,驻九姓长官司,直到乾隆五十五年(1790)七月改为崇庆州州同,详见本书第一章第三节。该州同以九姓司所管地方为辖区,其设置之初本以"分管民事,夺其世守"为主要目的,并且一度迫使土司"将

[①] 《为核议四川总督题奏请核估重庆府属巴县嘉陵江以北分归江北镇同知管辖应需添建监库等项需用工料银两事》,中国第一历史档案馆藏,档号:02-01-008-001183-0004。

承粮户口册籍移交州同"，但在土司任嗣业上京控诉后，雍正九年（1731）又谕旨将"土司户口、钱粮、学校、刑名悉照旧归任嗣业管理"①。州同职责此后只剩"稽查土司，遇有命盗案件就近验报"②。当时九姓长官司境内有两座城，乾隆《九姓司志》卷一《城池》云："九姓司土城一座，洪武年间建，周围三里五分零。高无考，厚一丈有余，明末兵燹倾颓。泸卫石城一座，成化四年建，周围六里八分零。高一丈五尺，厚二丈三尺，长一里七分零，宽一里三分零。东门、南门、西门，共三门，现存。"土城在今四川省宜宾市兴文县久庆镇，石城在今兴文县驻地古宋镇。关于州同的驻地，各版九姓志均没有明确的记载，因此以往的相关研究流于推测。如杨伟兵认为："根据乾隆《九姓司志》记载，泸州州同驻地当是泸卫石城，而此时九姓司署在九姓司土城，两地相去不远。"③ 但其实乾隆《九姓司志》中根本没有直接的证据，杨文只好用了个"当是"来表达。按，乾隆《直隶泸州志》卷二《公署·直隶泸州》云："州同署，明代无考，国朝雍正四年复设，分驻九姓长官司，州中无署。"同卷《公署·九姓长官司·废迹》又云："吏目署，旧址在司南城隍庙侧，康熙五十一年吏目施有真建。雍正（六）［四］年奉裁，改设泸州州同一员，分驻泸卫，未建衙署，即以吏目署改为州同署，仅存遗址，并无房舍，至今州同仍在州城赁民房居住。"这两条表面上互相矛盾的史料交代了两个重要的信息，第一，州同确实是原计划分驻泸卫城，但因未建衙署，因此改以九姓司土城南的吏目署为州同署，但又因为吏目署也早已毁，州同不得不留在泸州州城内租民居为衙署。因此最初州同衙署既不在泸卫石城内，也不在九姓司土城内。换句话说，此时州同的分驻只停留在制

---

① 乾隆《九姓司志》卷1《建置沿革》。
② 《题为遵旨密议四川省从前添设各官应否裁汰事》，中国第一历史档案馆藏，档号：02-01-03-03959-002。
③ 杨伟兵、董嘉瑜：《资控驭而重地方：清代四川总督对九姓土司政治地理的整合》，《历史地理》第36辑，2017年，第101页。

度上，有名无实。第二，州同此后还是进驻到了九姓长官司境内，因此州城内不再有州同衙署。乾隆《直隶泸州志》修成于乾隆二十四年（1759），则至晚在乾隆二十四年州同已成功进驻九姓地方。这一点在档案中也可印证，"应建衙署即以裁汰泸州州同旧署估变建造"，"又查九姓乡州同衙门，自乾隆五十五年移改为崇庆州分驻怀远镇州同之后，衙署早经变价"①。若衙署还是租赁的民居，自无权变卖。道光三年（1823）四川总督陈若霖在审理九姓土司一案时说道："查九姓长官司自任长春于国初投诚后，世袭土职，管辖地方。嗣在泸卫城改设州同一员，管理民事。"②明确州同是在泸卫城。因此，州同驻泸卫城，但实际进驻时间应在乾隆时期。

乾隆五十五年（1790）泸州州同改为崇庆州州同之后，"奉部议覆，泸州州同衙门一切应办事件既经归州判兼理"③，泸州直隶州州判代替州同稽查九姓长官司。明代泸州就设有州判，清初裁，后又复设，州判一直驻泸州城内，乾隆《直隶泸州志》卷三《职官》云："州判一员，康熙二十八年奉裁，雍正八年复设。"卷二《公署》亦云："州判署，初建州城南，康熙三十八年奉裁，改署作陈公祠。雍正八年复设，建署大观台下大街。"虽然加以稽查九姓司的权限，但此时州判本身仍驻泸州城里，并未分驻。土司却趁机奏请入驻泸卫城，而其具体时间有乾隆五十八年（1793）和乾隆六十年（1795）两说。嘉庆《九姓志略》卷上《沿革》《公署》分别云："五十八年详准移长官司署于所属泸卫城弹压，嘉庆十五年蒙钦差尚书托具奏在案。""司治移建，在泸卫城之北，因旧治偏处一隅，稽察难周，乾隆六十年长官任清详

---

① 《题为筹办泸州州同裁汰改设崇庆州怀远镇州同事宜事》，中国第一历史档案馆藏，档号：02-01-03-07845-002；《题为遵议川省泸州州判等移驻分拨地界各事宜事》，中国第一历史档案馆藏，档号：02-01-04-20748-013。
② 《奏为审明已革泸州所属九姓长官任清勒索汉民案按例定拟并请酌改该地管理章程事》，中国第一历史档案馆藏，档号：04-01-01-0642-040。
③ 嘉庆《九姓志略》卷上《沿革》。

准督宪移建弹压，嘉庆十五年蒙钦差尚书托具奏在案。"光绪《泸州九姓乡志》卷一《沿革》《城池》《公署》分别云："五十八年详准移长官司署于所属泸卫城弹压，嘉庆十五年蒙钦差尚书托具奏在案。""六十年详准移九姓司署于泸卫。""乾隆六十年任清移建泸卫城北。"光绪《古宋县志初稿》卷一《沿革》、卷三《公署》亦分别云："五十八年详准移长官司署于所属泸卫城弹压，嘉庆十五年钦差尚书托具奏在案。""乾隆六十年任清移驻泸卫。"皆自相矛盾。按，任清于乾隆五十七年（1792）获准、五十八年（1793）正式接任土司职位，恐无暇即于当年移建，其事应在乾隆六十年（1795）。故嘉庆《直隶泸州志》卷三《公署》云："乾隆六十年长官司移建泸卫故城北。"另外，嘉庆年间，九姓司生员易元钧控告土司任清，嘉庆十五年（1810）二月乙未，"命光禄寺少卿卢荫溥驰往山西，会同工部尚书托津，前赴四川查办事件"①，托津等人审讯之后判定易元钧系诬告，同时对土司建署于泸卫城再一次加以确认②，此即方志中所谓"钦差尚书托具奏在案"，案件中的相关回述亦可证土司入驻泸卫事在乾隆六十年。

　　任清入驻由汉民聚居的泸卫城之后，进一步强化土司势力，州判的监管更加流于形式。与此同时，九姓境内汉民激增，已远超土司属民。土司的扩张激化了与汉民的矛盾，因而屡遭控诉。清廷本想趁机改土归流，道光二年（1822）九月甲戌，"以扰累汉民，革四川泸州属九姓长官土司任清职"③。但此举引发土司属民的不满，次年，新任四川总督陈若霖重新加以审讯后，认为"该长官司仰荷国恩，承袭已久，即任清现在所犯，亦尚非昏虐贪酷、荼毒人民等重情可比，自不

---

① 《仁宗实录》卷225《嘉庆十五年二月上》，《清实录》第31册，中华书局1986年版，第25页。
② 《奏为四川泸州九姓司生员易元钧等具控土司任清贪侈攘剥一案审明定拟事》，中国第一历史档案馆藏，档号：04-01-08-0169-011。
③ 《宣宗实录》卷41《道光二年九月》，《清实录》第33册，中华书局1986年版，第726页。

便利其土地,遽请改土归流,致与雍正年间钦奉上谕未符",但毕竟今昔情形不同,"该土司地界在内地纳溪、江安、叙永、永宁、兴文各厅县之中,并无夷地毗连。内苗民只一千三百五十一户,汉民有六千三百四十二户,较之昔日几增十倍,人民既众,讼狱繁兴,且杂处五方,奸良不一,土官稍不廉明,易招民怨……并查该处考试文武童生亦较前多至数倍",因此"请将九姓司命盗案件并汉民词讼及汉苗交涉事务与考试文武童生事宜均改归泸州管理,该长官司不得干预。其命案仍照向例由州判相验牒州审办。原设学校照川省铜梁县安居乡学之例作为泸州九姓乡学,仍照旧额取进。其民苗户口并地丁钱粮等事仍令该长官司照旧妥为经管"①。保留了土司职位,但将其权限大大削减。

经过道光三年(1823)的调整,土司式微,其原管权限大多直接改归泸州管理,州判仍只稽查土司事务。但九姓、州城两地毕竟相距过远,来往不便,州判也还驻在州城内,影响有限。因此,道光十二年(1832)四川总督鄂山奏称:"泸州九姓乡应请移驻州判也。查泸州九姓土司向设州同一员,乾隆五十五年因崇庆州怀远镇叠出纠伙拒捕之案,将泸州州同移驻怀远镇,其所管九姓土司事务命案改隶州判兼察相验牒州审办。近来九姓土司所属户口日繁,土民虽经向化,究杂夷风且距州窎远,必须专员分驻以资控驭。查泸州州判与知州同城,仅管督捕并批验盐茶,此外并无承办事件。查批验盐茶泸州亦可兼司,其兼辖九姓土司时有鞭长莫及之虞,应请将泸州州判移驻九姓乡作为泸州直隶州分驻九姓乡州判,仍照当年州同原设地方分拨管理,兼管督捕事务。"② 吏部议覆"应如所奏",并令鄂山查明"现任各员能否胜新移之任",次年鄂山覆奏:"泸州州判何晒,历练老成,办事勤慎,

---

① 《奏为审明已革泸州所属九姓长官任清勒索汉民案按例定拟并请酌改该地管理章程事》,中国第一历史档案馆藏,档号:04-01-01-0642-040。
② 《呈四川省裁改移驻正杂教职各缺清单》,中国第一历史档案馆藏,档号:03-2628-108;《奏为体察重庆等府州县情形分别裁汰改移闲员事》,中国第一历史档案馆藏,档号:04-01-01-0734-006。

勘以随缺改补新移泸州九姓乡州判之任。"①吏部覆查无异，请旨议覆施行，首任分驻州判即由何昞直接改任。此次调整不仅仅是单纯的分驻到地方，州判权限也大为增加，"今将州判移驻九姓地方，凡户婚、田土、钱债、酗酒、赌博均归州判分管。至于命盗案件，最远之区，往返旬日，自应仍归州判相验确勘，牒州审详"。同时，由于旧州同署早已变卖，不得不重新选址建署，"又查九姓乡州同衙门，自乾隆五十五年移改为崇庆州分驻怀远镇州同之后，衙署早经变价，九姓乡并无衙署基址。今州判移驻，必须设立衙署以便栖止办公。今觅得民人柳三阳弟兄房屋一所，勘以改造州判衙门"②。署于道光十四年（1834）建成，光绪《泸州九姓乡志》卷一《公署》云："分州署，在城之北，道光十四年经总督部堂鄂奏请泸州州判移驻九姓乡，当经委员买泸卫城内柳三阳房基……移驻州判自何昞始。"

州判扩大权限并移驻九姓地区后，虽然对地区治理更为便利，但与正印官相比仍是不足，难以应对当地新的发展形势。至光绪三十四年（1908），护理四川总督赵尔丰奏称："查泸卫分州驻九姓乡……国初长官司任长春归诚，仍授原职世袭，先后设教授、训导、州同，嗣后改州同为州判，是当初不过以夷治夷，特设一官为之抚驭，故以佐贰居之，不难循分供职。而其后向化者众，设有学官，政务寖以繁多，考之雍正年间曾有议及改隶叙永厅管辖者，则在当时已有统摄难周之虑。况现在土司杂处，户口殷繁，其地又距泸窎远，边匪出没而夷民大半归流遵化，改易服色，读书知礼，愿作编氓，每以不得与齐民同列，仍归土司管辖为耻。州判又为土司所渺视，两不相下，百姓遂若无所归，而桀黠之徒乘此窝匪藏奸，无所不至，民甚苦之。加以教堂林立，两教相仇，种种繁杂情形较之昔日不啻倍蓰。州判职微权轻，

---

① 《题为遵议四川以何昞改补新移泸州九姓乡州判马承煜改补新移洼乌场巡检事》，中国第一历史档案馆藏，档号：02-01-03-10000-023。
② 《题为遵议川省泸州州判等移驻分拨地界各事宜事》，中国第一历史档案馆藏，档号：02-01-04-20748-013。

第四章 清代民国四川分驻佐杂辖区升正式政区

措置偶乖,贻误匪细,自非变通设县不足以重事权,非将插画之地划拨整齐不足以形控制。现拟就办法大纲数条。一,改定官制。泸卫既拟设县,自应置知县、典史等官,将州判员缺裁除,其余如儒学训导赘疣,汛防不久亦当裁汰,似毋庸再为设置。一,建修衙署。泸卫旧有城垣,大致完固,小有塌坏,不难修补,惟将州判署改作县署,添建科房、监狱,典史署亦拟就汛署改设,估计修建之费不过数千金,费省势便,计无逾此。一,划拨疆界。泸卫辖地仅三场半,且与泸州、叙永、永宁、兴文等处交界,插花地犬牙交错,扞格时形,非画拨邻境瓯脱各地,殊不称设县规模。现在兴文、永宁县治虽已迁移,所画地粮亦有端倪,然益以泸卫之画拨,头绪万端,事尤繁难,应俟一并勘明,通盘画定,再行核办。一,核定名缺。泸卫改设县,拟名曰古宋县。该处毗连叙永,远距泸州,相地之宜,自以改隶叙永为便,并拟改叙永厅为永宁直隶州,其古蔺巡检改为两河口巡检,至泸卫新改之县,拟请定为繁难要缺,初次请补但期人地相宜,不拘成例,先行酌补一次以后再升调补兼行,期于变通尽利。一,改留土司。查九姓长官司世袭其职已五百余年,自移驻州判后,夷民改汉俗者十居八九,土司统辖日少而钱粮仍土司代征,盗案犹土司开参,亦饩羊仅存耳。今改为县,田赋、刑名、学校、缉捕皆县令专责,土司自难赘设,惟仰维朝廷兴灭继绝之义,亦何忍使之失所。现拟仿照广西州县土佐杂世袭之例,量改归县统辖,每岁仍筹给款项,以示体恤。"① 赵尔丰在奏折中将原因、现状、办法都写得很详细,因此迅速为清廷所准,于同年六月初六日奉朱批该部议奏钦此。民国《古宋县志初稿》卷一《沿革》云:"县治成于宣统元年,与古蔺同隶永宁直隶州,开始知县为周毓渝也。"卷三《职官》亦云:"宣统时升县职官。知县。周毓渝,安徽武进县监生,光绪三十四年八月先行到县划界建署,宣统元

---

① 《奏为泸卫分州地方繁要请准升为县治事》,中国第一历史档案馆藏,档号:04-01-01-1086-094。

年正月元旦日成立县治。"则古宋县实际成立时间为宣统元年（1909）。《沿革》又云："以汛捕厅改建县署，裁撤州判，土司仅存其名。因地面不敷治理，西北划入江安毗连之共乐乡田粮正征二百九十□两零，民户□□□家，场市三；正西划入兴文之大坰口地土一段，民户□□□家；东北划入纳溪毗连之镇溪乡田粮正征银一百六十六两七钱零，民户□□□家，场市三；正南划入兴文之三宫殿一场，民户□□□家，其田粮则与西界之大坰口合计共银二十□两□□钱。治之东南、东北永宁之插花地共计□□处，业经勘报拨来正征粮银七十□两，继永宁州变更原议，仅移粮五十□两□□钱。合之旧有司粮共正征银八百□十□两。疆域纵横不逾百里。"则古宋县是以原州判辖区为主体，此外又从毗邻各厅县划入了部分乡场及插花地。

三 从太平直隶厅经历辖区到城口厅

城口厅于道光元年（1821）置，其前身是嘉庆六年（1801）所设太平直隶厅经历辖区，更早还可追溯到乾隆五十二年（1787）所设太平县主簿辖区。

太平主簿有辖区，乾隆《太平县志》卷上《沿革》云："主簿……于国朝乾隆五十二年复设城口，分验七、九保及八保二、四两甲人命，兼理本管缉捕、斗殴、赌博、私宰、私盐、私硝，其户婚田土不得干预。"据1996年《万源县志》考定，时七保下有渡口、修溪坝、菜子坝、千人坝、袁家庙、高观寺、中坝子、南溪、老鸦口、羊耳坝、王家坝11场，八保下有桃花垭、大潭口、明通井、鸡鸣寺、双河口5场，九保下有高头坝、冉家坝、小南溪坝、黄溪河、平坝、堡子坪、乾龙磙、岔溪河、汪家河9场。① 惟场与甲之对应关系未有记载，故八保二、四两甲所辖场镇不可详知。

嘉庆六年（1801），白莲教大军被清廷初步镇压下去，因此参赞大

---

① 四川省万源县志编纂委员会编纂：《万源县志》，四川人民出版社1996年版，第23页。

第四章 清代民国四川分驻佐杂辖区升正式政区

臣德楞泰与四川总督勒保奏请酌情改设地方文武,其中提到,"太平县地方辽阔,为东北沿边适中之地,今又设立协营,应请改为太平厅直隶同知……所属城口地方,原有主簿一员,今既改县为厅,应将主簿裁去,改设经历一员归厅管辖……垫江县县丞,向驻高滩,事务亦简,请归并该县管理,即将垫江县县丞改抵新设太平厅经历"①。该请于同年获准,十一月己亥,太平县升太平直隶厅,改垫江县丞为太平直隶厅经历。②道光《城口厅志》卷一四《职官》云:"太平分驻城口经历。朱向隆,江苏武进人,供事,嘉庆六年任太平主簿,七年任城口经历。"则首任经历的实际到任时间在嘉庆七年(1802)。据档案记载,"将裁缺主簿原管地方归经历管理,除户婚田土照例不许干预外,凡遇一切匪徒鼠窃以及斗殴、赌博、私宰、私盐等项,均责成经历审理,分别解厅究结,其附近人命案件亦令经历相验尸伤拘换犯证解厅讯详"③。则经历辖区完全继承原主簿辖区,前后只是职名在变,所辖范围未变。

嘉庆二十五年(1820)十二月壬辰,顺天府丞卓秉恬向刚即位不久的道光帝奏称,川陕楚交界的"南山老林""巴山老林"一带,棚民日增,地广人杂而分属三省,"山内州县,大者周围一二千里,小亦五六百里,遇有事必数日闻报,数日始至其处……若不妥为措置,必致日久生事"。道光帝深以为然,谕令四川总督蒋攸铦、陕西巡抚朱勋、湖北巡抚毓岱共同商议如何弹压抚绥。④道光元年(1821)八月,蒋攸铦等在对策中提出:"川省之太平厅同知所管之城口营,界连陕省,地方紧要,应请将该同知移驻城口,作为城口厅同知……原设城

---

① (清)花沙纳编:《德壮果公(楞泰)年谱》,《近代中国史料丛刊》第22辑,第1852—1854页。
② 《仁宗实录》卷91《嘉庆六年十一月》,《清实录》第29册,中华书局1986年版,第211页。
③ 《题报接准部复查办改设绥定府等缺分别繁简酌定官俸等事宜事》,中国第一历史档案馆藏,档号:02-01-03-08504-011。
④ 《宣宗实录》卷10《嘉庆二十五年十二月》,《清实录》第33册,中华书局1986年版,第206、207页。

口经历移驻高观寺场，分防弹压。其太平厅原管地方，应仍复为太平县，设立知县、典史、训导各一员，以资经理。"① 光绪《太平县志》卷二《沿革》亦附载蒋攸铦的原奏称："四川省太平厅同知所管地方周围三千余里，幅员本属辽阔。界连陕省，地方紧要，原设经历一员不足以资抚治。应请将太平厅同知并训导、照磨各一员移驻城口，即将城口经历所管地方划归管理，作为城口厅同知……至太平厅既已移驻城口，则太平厅原管地方应仍复为太平县，设立知县、典史、训导各一员以资经理。所有城口同知、太平知县均归绥定府属管辖。"该请于同年获准，十月戊子，"移四川太平厅同知驻城口，添设训导、照磨各一员，移原设城口经历驻高观寺场，复太平厅为太平县，设知县、训导、典史各一员，均归绥定府管辖"②。由此太平直隶厅复降为太平县，另设县级城口厅。

首任城口厅同知的实际到任时间为道光二年（1822），道光《城口厅志》卷二《沿革》、卷一四《职官》分别云："道光二年改太平厅为城口厅，属绥定府，太平仍置县。""城口厅同知，系繁疲难题缺。吴秀良，安徽全椒人，乾隆乙卯举人，于嘉庆二十四年署直隶太平厅，道光二年随缺擢补城口厅。"需要注意的是，在蒋攸铦原本的设计中，城口厅只是沿袭太平直隶厅经历的管辖范围，即"将城口经历所管地方划归管理"。但最终城口厅的疆域并不仅仅继承原太平直隶厅经历所管地方，而是在此基础上有所增加，"查城口厅系拨管旧制太平厅七、八、九保等三保地方，七保与大宁县及陕西平利、安康二县交界，八保与开县、太平县交界，九保与太平县并陕西紫阳县交界"③。道光《城口厅志》卷三《疆域》、卷一四《职官》亦分别云："城口厅由太

---

① （清）蒋攸铦：《绳枻斋年谱》，《近代中国史料丛刊》第20辑，第128、129页。
② 《宣宗实录》卷10《嘉庆二十五年十二月》、卷24《道光元年十月》，《清实录》第33册，中华书局1986年版，第206、207、436页。
③ 《奏为太平县新设城口厅应行修建衙署仓廒监狱等项工程需银数事》，中国第一历史档案馆藏，档号：03-3625-071。

平厅拨七、八、九保归城口厅管辖。""分拨太平旧管十保内之七、八、九三保归城口厅管辖,属绥定府。"因此,城口厅的疆域是以原太平县主簿、太平直隶厅经历的辖区为主体,此外又增加了八保原直属太平的各甲,合为七、八、九3保。

第三节　清代四川县属分驻佐杂辖区升县级政区

一　从屏山县县丞辖区到马边厅

马边厅于乾隆二十九年(1764)置,治新镇(即马边城、马边营,今四川省乐山市马边彝族自治县驻地民建镇),其前身是屏山县县丞辖区,更早还可追溯到叙州府建武厅辖区、屏山县巡检辖区。

清初叙州府通判为同城通判,康熙六年(1667)取代安边同知驻建武(今四川省宜宾市兴文县九丝城镇建武古城),其辖区被认为是早期的厅级政区,称为建武厅,康熙《建武志》卷一《形胜》载其疆域云:"东至大坝交界,计三十四里;西至珙县交界,计十里;南至筠连县交界,计八十里;北至长宁县、兴文县交界,计三十里。"而新镇地方清初属马湖府附郭县屏山县,附近有泥溪、平夷、蛮夷、沐川、雷波5长官司。雍正五年(1727)四川巡抚宪德在奏请拆分成都府添设直隶州的同时又奏称:"再查马湖一府,所属止屏山县,在当日特设郡守者,原以控驭雷波各土司。今土司等已归附版图,纳粮贡马,土司甚驯从,无多事之虞。其马湖府似属多设,应裁去,并裁经历一员。该府属之屏山县应归并叙州府就近管辖。叙州府通判一员,旧系驻扎建武营,今改驻马湖府,即以府署为通判衙门,管束雷波各土司,足资弹压。"① 该请于同年十一月庚午获准,"裁马湖府,其知府、经历、教授各一员俱行裁汰。将马湖府原属之屏山县归并叙州府管辖。其叙

---

① 乾隆《保县志》卷1《邑治》。

州府通判请移驻马湖府，管束雷波等各土司"①，但事未立即施行。至雍正八年（1730）三月戊子，才"移建武通判驻屏山县之新镇"②。

麻烦的是，建武、新镇二地相距数百里，且中间隔着珙县、庆符、高县等县，并不毗连，分驻本不合适。故整理川省行盐时，四川总督黄廷桂先于雍正十二年（1734）提出："富顺、荣县井盐虽多，坐落一处，稽查尚易，应于该地驻府通判一员，并荣昌、隆昌、大足三县俱听总理，再拣委州县佐杂二员分司诸务。"次年，调署四川巡抚的杨馝提出相应的措施："查叙州府现设有建武厅通判一员，分驻新镇，但建武居民仅六百一十户，承粮仅三百一十五两，实属地僻赋轻，而去兴文县不及六十里，应请将建武地方归并兴文县管辖，将宜宾县属横江镇事简之巡检移驻建武，通判即可移驻盐厂。查新镇地方离建武六百余里，而离屏山县属之石角营不及二百里，应将新镇地方改隶屏山县管辖，即令石角营巡检兼管稽查巡缉等事。再查富顺之自流井与荣县之贡井，地属连界，止隔一河，其盐斤由此河过沿滩场，抵邓井关桥，即从富顺河路达泸州大江转运各州县。是邓井关实为富荣两县井盐运行之要口，应将该通判移驻于富顺县属邓井关，听其总理通厂盐务，仍管捕务。"③ 该请于乾隆元年（1736）三月壬子获准，"移叙州府分驻新镇之建武厅通判驻富顺县邓井关，总理盐务。改建武归兴文县辖，以宜宾县属横江镇巡检驻其地。改新镇归屏山县辖，以石角营巡检兼管"④。由此政区意义上的建武厅被撤销，通判成为总理富顺、荣县、荣昌、隆昌、大足5县盐务的普通分驻通判。屏山县石角营巡

---

① 《世宗实录》卷63《雍正五年十一月》，《清实录》第7册，中华书局1985年版，第970页。

② 《世宗实录》卷92《雍正八年三月》，《清实录》第8册，中华书局1985年版，第236页。

③ 《题为遵议川省请将潼川府新设通判移驻射洪县总理盐务等项事》，中国第一历史档案馆藏，档号：02-01-03-03300-003。

④ 《高宗实录》卷15《乾隆元年三月下》，《清实录》第9册，中华书局1985年版，第410、411页。

第四章 清代民国四川分驻佐杂辖区升正式政区

检的添设时间虽然与建武通判移驻新镇的时间一样都在雍正八年（1730）三月戊子，但当时添设巡检与新镇地方毫无关系，至此巡检才因通判的再次调整而兼辖新镇地方。

至乾隆二十三年（1758），四川总督开泰奏称："马边营地方距屏山县数百余里，兼又逼近凉山，冈峦崇峻，外来无业民人络绎接踵，良顽不等。该处虽设有都司一员驻扎，但武职专司营务，凡遇人命斗殴、赌窃钱债事件，均须移县查办，其间押送往返牵连佐证多人守候需时，且一切稽查约束相距辽远，更属鞭长莫及，应将宜宾县县丞员缺改为屏山县县丞，移驻马边营，经管钱债、斗殴、赌博事。"① 马边营即新镇，其营署在新镇城内。该请于同年获准，六月壬戌，"吏部议准四川总督开泰奏称，屏山县马边营地方辽阔，民夷杂处，命盗事件移县查办，殊觉莫及，请将宜宾县县丞改入屏山驻扎经管……从之"②。县丞移驻后专管新镇地方，屏山巡检不再兼辖其地。

县丞分辖仅仅维持了六年，至乾隆二十九年（1764），四川总督阿尔泰奏称："叙州府属之屏山县界内大竹堡一带荒地甚多，自明季兵燹废不耕治，积久遂成旷土。经臣饬司勘临，委永宁道孟端会同普安营参将哈廷梁前往查明汉夷界址，率同佐杂逐一查丈，自大竹堡以至土地堡十余处，离腻乃巢、油石洞等处土司夷地二三百里不等。有大山溪河界限，中间土脉水源悉堪种植，共勘可垦土地十万六千六百余亩，较之屏山县原额征粮田地几至倍增。臣遂饬令该道孟端驻堡数日，督同委员安顿垦户，悉心经理，远近贫民闻风报垦者已有一千五百余户，计口较田领票认粮，除分别水旱田地照例题报升科外，将来户口日增，逐渐开辟，自可广收地利。臣与布政使臣张逢尧、按察使臣石礼嘉悉心计议，开辟处距县三百余里，可垦之田倍于县额，招徕既广，烟户

---

① 嘉庆《马边厅志略》卷4《职官》。
② 《高宗实录》卷564《乾隆二十三年六月上》，《清实录》第16册，中华书局1986年版，第154、155页。

日增，一切纳粮输赋、编设保甲、稽查奸匪与夫修筑堰坝、疏通塘渠、酌增盐引、修补桥道，诸凡善后事宜，于招垦有益之事，在在需员委办。该地原设有县丞一员，不足以资弹压。查有叙州府通判管理富顺盐井、批验掣销等事，尚属易简，县丞足可料理。合应仰恳圣恩，准以叙州府通判移驻马边，将勘有应垦之地及附近马边之川秧、荍坝、上下溪一带地方划归管理，其命盗案件由通判审拟解府勘转，粮钱词讼悉由通判。既经移驻管理民务，仓库、监狱、缉捕、巡查需员分理，应请添设照磨一员。查旧有宜宾县分驻宣化巡检，地非繁剧，知县尽可兼理，即将巡检裁汰，改为马边照磨。"①该请于同年九月壬戌获准，"户部等部议准四川总督阿尔泰奏称，叙州府属之屏山县界内大竹堡一带荒地甚多，委员勘明夷汉界址离土司夷巢二三百里，俱有大山溪河界限其间，土脉水泉悉堪种植，共勘有可垦田地十万六千六百余亩，贫民报垦者现有一千五百余户，计口授田领票认粮，分别水旱田地，照例题报升科。惟是该处距县三百余里，可垦之田倍于县额，将来招徕既广，烟户日增，一切纳粮输赋、编设保甲、稽查奸匪、修筑堰坝、酌增盐引等善后事宜，俱需专员妥办。原设马边县丞不足以资弹压，查叙州府通判原管理富顺县盐井，事尚简易，县丞足以料理。请以叙州通判移驻马边，将应垦之地及附近马边之川秧、荍坝、上下溪一带地方划归管理，命盗案由通判审拟解府勘转，田土词讼悉由通判管理……并请将宜宾县分驻宣化巡检裁汰，改设马边厅照磨"②。乾隆《屏山县志》卷四《文职》、嘉庆《马边厅志略》卷四《职官》亦分别载此事云："屏邑向无县丞，乾隆二十三年为县治辽阔，以宜宾县丞移驻马边，二十九年为新辟边荒设马边理民通判，属叙州府，缺遂裁。""二十九年以屏山县界内大竹堡、回龙堡、烟峰等处荒地甚多，共勘有

---

① 嘉庆《马边厅志略》卷5《艺文》。
② 《高宗实录》卷718《乾隆二十九年九月上》，《清实录》第17册，中华书局1986年版，第1009、1010页。

第四章 清代民国四川分驻佐杂辖区升正式政区

可垦田地十万六千六百余亩,照例题报升科。又因县丞微员不足以资弹压,请将驻扎富顺县管理盐井事务之叙州府通判移驻马边为理民督捕通判,并将马边营县丞移驻富顺县县丞管盐井事务。又该通判既经管理民务,仓库、监狱、缉捕、巡查一切需员分理,应请添设照磨一员,将宜宾县分驻宣化巡检一员裁汰,改为马边照磨,专司监狱捕务。"屏山县县丞辖区正式升为厅级政区马边厅,而叙州府通判成为马边厅正印官。

就前后各职的辖区变化而言,雍正五年(1727)原拟移驻并管束"雷波等各土司",但迟至雍正八年(1730)才正式移驻,其间附近情形已发生重大变化,即雷波土司地已归雍正七年(1729)新置的雷波卫管辖。① 又,雍正《四川通志》卷一九《土司上》将泥溪、平夷、蛮夷、沐川4处长官司及凉山乞黑、腻乃巢等土百户记在叙州府属下,其中泥溪等4处长官司下皆有"原管土民即系屏山县承粮百姓,其地亩钱粮仍系屏山县征收"等语,只有冷纪土百户记在马边营属下。由此判断,原拟由建武通判管辖的众土司中,雷波长官司改属了雷波卫,其他土司大部分改属了屏山县,通判实际到任后应仅辖新镇地方及马边营所管冷纪土百户。此后巡检兼辖的区域、县丞的辖区皆应沿而未改。嘉庆《马边厅志略》卷六《夷民》载有明州乐等9土百户,卷二《乡场》云:"马边所属九乡内,官湖、川秧、乔坝、上溪四乡系由屏山县分出,谓之老乡。其余烟峰等乡(烟峰、冈外、回龙、大竹、下溪)系新升科,谓之新乡。"嘉庆《四川通志》卷九八《土司三》将4处长官司记在屏山县(汛)属下,将各土百户记在马边厅(营)属下。② 综上来看,马边厅是以原屏山县县丞的辖区为主体,加上了附近

---

① 嘉庆《四川通志》卷95《边防六》云:"雍正七年六月十二日奉旨依议。"而首任卫守备的实际到任和卫署的建成时间,光绪《雷波厅志》卷8《公署》、卷11《职官》皆云在雍正八年。
② 《中国行政区划通史·清代卷》第466、467页将4长官司及各土百户皆记为属马边厅,误。

新垦地方、屏山县拨来的4乡及各土百户地。

二　从峨眉县主簿辖区到峨边厅

峨边厅于嘉庆十三年（1808）置，治太平堡（今四川省乐山市峨边彝族自治县大堡镇），其前身是峨眉县主簿辖区。

据民国《峨边县志》卷四《边荒·用兵》云，明正德七年（1512）汉民涌入本属土司管辖的普雄乡平夷堡等处，后将其归峨眉县直辖，改为归化乡。1994年《峨边彝族自治县志》追述明代归化乡四界云："东至嘉定老鸦溪、大岗团岩界，南至马湖冷碛关界，西至大板房桅杆凸（《清溪县志》称桅杆凹），北至翔凤、楼子坎、峰桶岗。"① 清初仍属峨眉，雍正九年（1731）改归化乡为峨边甲。乾隆《峨眉县志》卷三《保甲》载此事云，邑宰文于雍正九年八月初五日亲往归化地方查勘，"其田俱在山坡，其地半在陡岭，地多田少，石多土少，刀耕火种，逼近彝地，若定等即较他处下等田地亦不能及"，难以按一乡之制定额，请将归化乡改为峨边甲。嘉庆《峨眉县志》卷五《政绩》亦云："文曙，桃源人……公到任后，详请大府题奏，更归化乡为峨边甲。"由于地邻夷地，万历十五年（1587）曾设平夷、归化、靖远、牛漩四堡及太平、枯木、金口三墩，明末以来屡生汉夷冲突，其地多为夷人占据，清初遂封禁边地，禁止汉民私入。

经过康雍时期的经济恢复后，汉民人口逐渐繁盛。乾隆十八年（1753），朝廷重新于平夷堡自太平墩至冷碛关四十里地方设塘递，汉民趁机请求开垦边地，被朝廷以"查平夷堡田地弃于明时，悉为夷人占据，若夷汉杂处，交涉事繁，恐滋边衅"为由明令禁止。至乾隆三十二年（1767），朝廷终于同意开垦，此口既开，遂不能复止。对此，民国《峨边县志》卷四《边荒·用兵》有详细记载："乾隆二十九年，边民庞立

---

① 峨边彝族自治县志编纂委员会编：《峨边彝族自治县志》，四川辞书出版社1994年版，第38页。

第四章 清代民国四川分驻佐杂辖区升正式政区

万呈请开垦太平墩大堡城一带荒地,以上增国课,下利民生等请,奉峨眉县及建昌道批未准,以该地为夷人踪迹出没不常之所,不得妄行开垦,致滋事端。至乾隆三十二年,庞立万以生齿日繁、民食艰窘且不忍国家疆土沦于夷狄,复据情呈请开垦,乃于是年开辟大火地,三十七年开辟后兰溪,三十九年开垦花楸坪,四十年开垦大堡城,以银钱盐布等项安抚夷人。各支夷酋聚议划分疆土,挨山以花楸坪、大匡岩、老麻柳坝为界,顺河以官料河、双溪口、月呀坪为界,均以木刻存据。至乾隆四十三年正月,峨眉知县刘以汉人私行夷地,恐生事端,严行禁止,毋许耕种,从前垦户逐一追出,及知县回署,垦户耕耘如故。"

乾隆五十三年(1788),汉民刘宗九复行具词呈请勘丈升科,九月,峨眉县知县王赞武亲自到边地向夷人恩威并施,然后丈量田土,分上、中、下计亩升科上报。① 四川总督李世杰因此于乾隆五十四年(1789)向朝廷奏称:"川省嘉定府属之峨眉县境内蛮归冈以西至太平堡一带,原系凉山猓猡夷境,当时俱经封禁。近则生齿日繁,若仍永远封禁,未免地利可惜。是以饬委员役勘明以官料河、冷碛关东北为现垦官地,西南华林坪、米麻林为未垦余荒,此外迤西为夷人之界,明定疆址,取具夷目遵结存案……开垦之处离峨眉县城二百六十余里,知县相离窎远,鞭长莫及,应请添设主簿一员驻扎适中之太平堡。惟添设佐杂,例应改调,查有汶川县分驻桃关县丞一员,先因金川初平,而设为在外升调之缺。现在屯防安静,该县丞缺务简少,应请即以汶川县县丞改为峨眉县太平堡主簿,亦在外升调,一切斗殴等事,责令该主簿承审,遇有盗案,即以该主簿为承缉捕官……所有新垦地方,准其兼管……经理耕垦事宜,所征钱粮应准其解县汇解。"对于已成事实,朝廷一方面不得不予以了承认,"今该督于夷民交界之地,业已招集农户试垦三年,始行奏明升科,与例虽有未符,但既经试有成效,于无业穷民得以藉资口食,而国赋亦复有增益,所有此次报出地一万七千四百六十余亩,相应准其开垦,照

---

① 民国《峨边县志》卷4《边荒·用兵》、卷3《政绩》。

例按年分别升科",但同时也提醒李世杰"惟事关边境,应令该督严饬所属实力查办,详察夷民界址实在情形,毋许奸民私行侵占,滋生事端",并再次强调"查封禁地亩、招民开垦,例应先行奏报……嗣后凡遇垦荒地亩,务须照例先行奏报,始准开垦"①。并于同年七月己酉,"铸给四川峨眉县分驻太平堡督捕主簿关防,从总督李世杰请也"②。嘉庆《峨眉县志》卷五《文秩》云:"黄铣,大兴县人,监生,乾隆五十五年任。黄登陛,大兴县人,监生,五十五年署。"民国《峨边县志》卷二《衙署》又云:"乾隆五十六年主簿黄捐建,太平汛副司张文斑监修。"则首任主簿实际到任与衙署建成时间分别在乾隆五十五年（1790）、五十六年（1791）。该主簿除了兼管太平堡附近新垦地方外,还管理峨边甲,即嘉庆《峨眉县志》卷一《疆域》所云:"乾隆五十五年复置主簿一员,分驻太平堡,管理太平堡及峨边甲事。"

峨眉主簿分驻后,更多汉民入境垦荒,汉夷冲突更加剧烈,到嘉庆十三年（1808）达到顶点。民国《峨边县志》卷四《边荒·用兵》云:"嘉庆十三年三月十二日,峨边猓夷勾通马边夷匪反归化汛,烧马溜岩官卡,连烧牛漩坪、锅石冈、硫磺水、二道坪,又烧赵林溪、堼坪、水田坝、花地、慈竹坪、月咡坪等处一月有余,扰害峨马两边九十余处,逃走居民二千七百余家,掳掠男女财物无算,声势汹汹,川边西南皆震。"战事爆发后,清廷集结大军镇压,四川总督勒保亲自前驻峨眉督师,经数月激战才平定下去。六月十五日,勒保前往归化汛办理善后事宜,"归化与太平堡东西相距百有余里,既阻于水,复阻于山,铜江水势汹涌,非轻舟所能竞渡,硫磺水垭口山岩陡峻,若有夷人盘踞,亦非大兵不能冲决,声势阻阂,救应不灵。不如裁撤太平堡主簿,改设峨边厅通判,使其权责重大,可以节制军旅"。其具体措施为裁去马边通判改为同知,

---

① 《题请铸给新设峨眉县分驻太平堡督捕主簿关防事》,中国第一历史档案馆藏,档号: 02-01-03-07769-009。
② 《高宗实录》卷1335《乾隆五十四年七月下》,《清实录》第25册,中华书局1986年版,第1097页。

第四章 清代民国四川分驻佐杂辖区升正式政区

"将拟裁之马边抚夷通判移驻太平堡,作为峨边厅抚夷通判,主簿一缺改为该厅经历"①。嘉庆《四川通志》卷九五《边防六》载此事更为详细:"至峨眉属之太平堡地方,于乾隆五十四年添设主簿一员,分治峨眉县地,并经征该处钱粮。近日以来,该处汉夷生齿日繁,治理不易,现在投诚赤夷及赶山坪等支降夷均相距甚近,主簿职分较小,应请将拟裁之马边抚夷通判移驻太平堡,作为峨边厅抚夷通判,将峨眉县所管之峨边甲一甲、太平堡一堡地方命盗户婚及征收钱粮等事均由该通判管理……至主簿一缺,本系县丞裁改,应请改为该厅经历。"该请于同年获准,峨眉县主簿辖区因此升为厅级政区峨边厅。嘉庆《峨眉县志》卷五《文秩》云:"主簿一员,自乾隆五十五年添设,至嘉庆十三年奉裁,改为峨边抚夷厅。"同治《嘉定府志》卷二三《文秩三》亦云:"(峨边)厅治本峨眉县太平堡主簿地,嘉庆十三年主簿裁,改设今职。"而同治《嘉定府志》卷九《公署》、卷二三《文秩三》分别云:"峨边厅署,在城内,即太平堡主簿署,嘉庆十四年改设。""通判。戴三锡,直隶通州人,进士,嘉庆十四年任。"民国《峨边县志》卷二《衙署》、卷三《文秩》亦分别云:"嘉庆十四年改为通判署。""戴三锡,直隶通州人,进士,嘉庆十四年任。"则通判署建成及首任通判实际到任时间在嘉庆十四年(1809)。疆域上,峨边厅完全继承原峨眉县主簿辖区的范围,辖太平堡地方及峨边甲1甲。

三 从盐源县巡检辖区到盐边厅

盐边厅于宣统元年(1909)置,治阿所拉(今四川省攀枝花市盐边县渔门镇犀牛社区村西侧河水下),其前身是盐源县巡检辖区。

阿所拉巡检设于嘉庆二十一年(1816),首任巡检实际到任时间在嘉庆二十二年(1817),详见本书第一章第三节。

---

① 《题为议准四川省峨边厅通判并经历二缺注销边俸定为腹俸要缺事》,中国第一历史档案馆藏,档号:02-01-03-08972-011。

至光绪年间，阿所拉附近形势严峻，巡检已不足弹压，当地渐起升厅之念。民国《盐边厅乡土志·职官》载光绪二十五至二十七年（1899—1901）署任巡检的侯其昌的政绩云："每谈及地方利弊，宜改升通判为先务。惜官微言轻，在位不久，未能征诸实效。后适符公言，亦公倡议敷陈，先播之种子耳。"杨松年在该志叙文中又云："（巡检）权轻不足以资治理，势豪滑胥且因缘以为奸利，滋为民害。县官鞭长莫及，自岩口以下水深火热，不见天日者殆数十百年。宣统元年，以盐源县令容谦甫君之请升为厅治。"1999年《盐边县志》亦云："因阿所拉巡检司远距盐源县治，加之又有柏林山阻隔不便管理。'盐源县令容谦甫君之请升为厅。'"①则首先向省上提出设厅者为盐源知县容谦甫。同年，四川总督赵尔巽依此向朝廷奏称："窃查宁远府属盐源县境辽阔，嘉庆年间于所属阿所拉地方添置巡检，专司缉捕，以辅该县治权所不逮。当时夷患未滋，特设分防，不难收辅车之效。今则夷强汉弱，劫掠恣行，匪特汉民受夷凌害莫敢谁何，即汉民自行龃龉亦多弱肉强食。巡检职微权轻，既无理民之责，防捕亦等虚文，非庸懦以求苟安，即猥琐以盈溪壑。盐源虽自考核，又苦边鄙荒阔，鞭长莫及，间有便民呼诉之案，为之惩创申理而道途跋涉，民累已深。迹其种种窳败情形，实因巡检一官权轻禄薄所致。兹拟援嘉庆年间改峨边县丞为通判之案，就阿所拉巡检升改为抚夷通判，定名为盐边厅，仍隶宁远府管辖。综其利益厥有数端，谨为我皇上缕晰陈之。阿所拉距离县四百余里，汉夷诉讼劳费不赀，因此以实力相雄，致多流弊，若设立印官分疆而治，处理即由专官，疾苦易于上达，利一。阿所拉西南地面紧接滇疆，夙称险要，一经设治，既擅形胜，足御边氛，即邻境偶有匪警而防卫不致稍疏，利二。两教争讧，嫌隙易滋，有亲民之官为之调护，位崇则威建，望重则法行，一切教案易资折服，不致酿成交涉，利三。该处水土饶沃，地利未兴，今设专治之官殖民开垦，广兴

---

① 盐边县志编纂委员会编：《盐边县志》，四川科学技术出版社1999年版，第52页。

第四章 清代民国四川分驻佐杂辖区升正式政区

森林农桑之业，无论汉夷，均得自食其力，不至流而为盗，利四。明定公费，裁革随规，举数十年积弊一旦廓清，官常既饬，边治斯进，利五。有此五利，兼擅三便。阿所拉巡检旧治东、西、南三面与西昌县会理州暨云南之华坪县交界，宽广二百余里均有一定界址。今改通判，疆域可毋庸另划。惟西北与盐源县交错，现在业经委员会同盐源县勘定，北自黑箐梁子至大坪子、岩口一带，危岩蜿蜒，生成天堑，拟划岩以上属盐源县，岩以下隶通判。其有土千户暨长官司夷地亦照此分划，各归管辖。至丁粮在岩口以下者，查有正耗银一百一十四两有奇，又碾榨磨课银五两一钱拨归通判征解，其余厘捐各款，俟分治后再行分别征收立案，此便于划疆分赋者也。阿所拉场市开敞适中，居民辐辏，改升通判即就该处为治所，可无迁官而治之繁，于控辖土司各夷地亦形便利，此便于设治者也。阿所拉倚山为城，左右深沟，于建城不甚相宜，然地处四塞，形尚扼要，似可置为后图，其余仓廒祠宇均可从缓，巡检署尚闲敞，将来即以改修通判署所，毋庸另建，惟监狱亟须建造，夷地工廉料广，计亦所费无多，事势之易无逾于此。此便于建置者也。"①

赵尔巽之请经朱批之后于宣统元年（1909）十一月壬戌抄出下到吏部"部议"②，吏部议覆称："查阿所拉地方汉夷杂处，近接滇疆，非事权稍重不足以资镇抚。该督奏称各节为整饬地方慎固边防起见，原奏拟画大坪岩以上属盐源县，岩口以下隶新设之盐边厅，系因地势区画，便于分辖，应如所请办理。"③ 由于《清实录》只记载了"下部议"，并没有交代具体议准的时间，故而产生了宣统元年（1909）置

---

① 《奏请升改阿所拉巡检为盐边厅以资控驭事》，中国第一历史档案馆藏，档号：21-0913-0017。
② 《宣统政纪》卷26《宣统元年十一月》，《清实录》第60册，中华书局1987年版，第479页。
③ 刘锦藻：《清朝续文献通考》卷135《职官考二十一》，商务印书馆1955年版，第8952页。

和宣统二年（1910）置两种说法，并且同一史料中往往自相矛盾。如《清史稿》卷六九《地理志十六》云："宣统元年，增置盐边厅……盐边厅，府西南。盐源县属阿所拉地。嘉庆二十二年增设巡检司。宣统元年升厅，改今名。"而卷二五《宣统皇帝本纪》又云："（宣统二年）五月丙辰，升四川宁远阿（拉）所［拉］巡检为盐边厅抚夷通判。"① 故吴承湜《近六十年全国郡县增建志要》云："宣统元年十一月赵尔巽奏升厅治，二年五月议行。"《中国行政区划通史·清代卷》第439页既参考吴氏之说云："盐边厅，宣统二年析盐源县阿所拉巡检地置。"而第438页又云："宣统元年十一月，析盐源县阿所拉巡检地置盐边厅。"第758页《宁远府县级政区变迁表》亦仍作"宣统元年"②。仍是自相矛盾。按，民国《盐边厅乡土志·建置沿革》云："宣统元年改升通判，始直接宁远府矣。"该志《职官》亦云："通判，宣统元年改升。"并记末任巡检为萧瑞清，宣统元年署；首任通判为黄振坤，宣统元年任。并载黄振坤政绩云："黄振坤，字载卿，优贡生，安徽安庆府怀宁县人，宣统元年奉檄委以全权设治。"则盐边厅于宣统元年年底已设，宣统二年五月是朝廷正式确认的时间。

原设盐源分驻阿所拉巡检是有具体分辖区的，虽没有明确记载，但可根据史料倒推。由于阿所拉地方在盐源县南，赵尔巽在奏文中提到的所谓巡检辖区东、南、西三面与交界各州县的界线，其实就等同于盐源县三面与交界各州县的界线，因此这些界线是很清楚的。只有北面与盐源县的分界，属于盐源县内部分界，这一部分较模糊。民国《盐边厅乡土志·疆域》云："全境略成一仰钟形，西北阔，东南狭。东抵赞子岩与西昌接界，东南至绳、若二水合流处与会理州属之三堆子分界，南以北水江与云南大姚县分界，西南接云南华坪县界，西连云南华坪县、永

---

① 赵尔巽等：《清史稿》卷25《宣统皇帝本纪》，中华书局1976年版，第982页。
② 吴承湜：《近六十年全国郡县增建志要》，商务印书馆1936年版，第68页；周振鹤主编，傅林祥等著：《中国行政区划通史·清代卷》，复旦大学出版社2013年版，第439、438、758页。

北厅及盐源县界，北连盐源县界，东北以黑箐梁子与盐源县分界。东西横广二百二十里，南北纵长三百二十里，面积约七万零四百方里，有盐源全境三分之一。"总体上，盐边厅在原巡检辖区的基础上，东、南、西三面界线都没有变化，只北面与盐源县的分界做了微调。

四　特例：从叙永直隶厅巡检辖区、永宁县县丞辖区到古蔺县

古蔺是个特殊案例，从制度上讲，古蔺县是从永宁县改名而来，与叙永直隶厅巡检辖区、永宁县丞辖区并无升转关系。但他们是疆域上的承转关系，即古蔺县大体是以原叙永直隶厅巡检辖区和原永宁县丞辖区的主体作为县之疆域。

叙永直隶厅巡检署位于厅东古蔺州（今四川省泸州市古蔺县驻地古蔺镇），雍正八年（1730）设，巡检署建成及首任巡检实际到任时间在雍正九年（1731）。嘉庆《直隶叙永厅志》卷三二《职官》云："巡检。张霖潮，山西太平县人，雍正九年任。"光绪《续修叙永永宁厅县合志》卷五《公署》、卷二一《文职表》亦分别云："巡检署，在古蔺场，距厅城一百四十里。雍正九年初设，巡检张潮霖就明宣抚奢氏故宅创修。""张霖潮，山西太平县人，雍正九年任。"厅分为永城、宁静、凤凰、忠义、静化（又作青化）、顺德、太平、乐荣、平定9里，其中，巡检有明确的辖区，嘉庆《直隶叙永厅志》卷三《建置沿革》云："古蔺分驻巡检……国朝雍正九年设立巡检分驻古蔺，乾隆五年前抚部院方题定所管乐荣、平定二里及永十等甲有斗殴死伤人命，就近相验解厅审详。"光绪《续修叙永永宁厅县合志》卷一《沿革》、卷二一《文职表》亦分别云："乾隆五年前抚部院方题定所管乐荣、平定二里及永十甲，有斗殴命案就近相验解厅审详。""乾隆五年题定分管乐荣、平定二里及永十甲，有死伤人命就近相验解厅审讯。"则古蔺州巡检有分辖地自乾隆五年（1740）始，辖乐荣里、平定里各甲以及永城里之十甲。据卷四《市镇》，乐荣里一甲有镇龙山、石峡口、鱼

岔、走马坝、古蔺5场，二甲有二郎滩、核桃坝、太平渡、落用4场，三甲有鱼硐沟、大村、两河口、善人场、彭家营、三元场、丫叉7场，四甲有水落窝1场，五、九甲有三岔河（东）、桂花场（北）、香楠坝（北）、桐梓园（东）、灯盏坪（东）5场，六、七甲有麻线堡（南）、沙红圳（南）、马蹄滩（东）3场，十甲有苏坝1场；平定里一、五、九甲有梻溪、石宝寨、可贝、石板滩、长坪子5场，二甲有养马司（东）、锅厂坝（东）2场，四甲有椒园1场，永城里十甲有铁厂、马湖营、石厢子、分水岭、烂田圳、后山堡6场。《市镇》又云："同治二年发逆乱后，叙永同知葛凤修乃因厅地辽阔，按东南西北分为十六屯，里甲场市附焉。"乐荣里一甲、二甲地分属东一、北一屯，三甲分属东二、东四屯，四甲属北一屯，五甲、九甲俱属北二屯，六甲、七甲俱属南四屯，十甲属南一屯；平定里一甲、五甲、九甲俱属东三屯，二甲属南四屯，四甲属东四屯；永城里十甲分属东一、南一、南二、南三屯。南一、南二、南三屯还分别辖顺德里十甲、九甲、一甲，北二屯还辖太平里二甲。则同治二年（1863）后巡检辖区的乐荣、平定二里及永城里十甲对应屯制为东一、二、三、四、南四、北一6屯全境以及南一、二、三、北二屯4屯部分地。

永宁县丞是清代四川分驻县丞中分辖地较明确且权责较高，长时间拥有钱粮征收的权力。乾隆五十一年（1786）四川总督李世杰在奏设南充主簿时就曾提到，"查有叙永厅属永宁县分驻赤水河县丞一缺，向因该处离县较远，应纳钱粮责令该县丞就近征收"①。嘉庆《直隶叙永厅志》卷三《建置沿革》云："赤水分驻县丞……九年设立县丞分驻，所管长乐、大康二里额征钱粮，县丞就近催征原封解县，各处递解人犯过境一例查察，如遇分驻地方斗殴死伤人命，即行相验牒县审详。"光绪《续修叙永永宁厅县合志》卷一《沿革》、卷二一《文职表》亦分别云：

---

① 《奏为地方情形今昔繁简不同请将永宁县县丞改为简缺等事》，中国第一历史档案馆藏，档号：04-01-12-0218-059。

第四章　清代民国四川分驻佐杂辖区升正式政区

"所管长乐、大康二里额征钱粮，县丞就近催征原封解县，各处递解人犯过境一例查察，如遇分驻地方斗殴命案即行相验牒县审详。""分治长乐、大康二里，就近催缴钱粮原封解县，各处解犯过境一例查察，如遇死伤人命即行相验牒县审详。"关于长乐、大康二里，据该志卷四《市镇》云，永宁县于康熙二十六年设县时即编置四里，长乐里有纳撒堡、礤盘山、风水桥、海螺堡、雪山关5场，大康里有营盘山、摩泥、枧槽沟、许家河、赤水河、麻线堡、沙红圳、白撒8场。

光绪三十四年（1908）以前，叙永直隶厅与永宁县不仅衙署同在一城，疆域边界的分割也十分混乱。光绪三十四年，永宁县移驻古蔺州，后改名古蔺，赵永康《古蔺史》叙此事前后经过较详①，不予赘述。永宁县治移驻的同时，永宁、叙永的疆界也重新划分，此次调整以"画叙永之与黔接壤者改隶永宁，画永宁之与滇接壤者改隶叙永"为标准，调整后"其界下由青化里河中分，过余家山梁子，横过斑鸠石梁子，再横过普市，上抵兔鱼河为界，以西自永宁城合外四里地方与滇接壤者归叙永厅管辖，以东自内四里地方与黔接壤者归永宁县管辖"②，结合里甲更直观来说就是"自永宁县迁古蔺，乃划厅属之顺德、乐荣及太二甲、永十甲、平一甲至九甲等地归古蔺，划县属之永盛、宁和归叙永"③。这里边除了顺德里、太二甲之外都是原巡检辖区，加上本属永宁县丞辖区的长乐、大康二里，因此可以说，调整后的永宁（古蔺）县疆域就是以原县丞辖区和巡检辖区为主体组成的。

第四节　民国初年四川分驻佐杂辖区升县级政区

一　从遂宁县县丞辖区到潼南县

遂宁县丞于雍正八年（1730）添设，并于乾隆二十年（1755）移驻

---

① 赵永康：《古蔺史》，上海古籍出版社2019年版，第435—441页。
② 光绪《续修叙永永宁厅县合志》卷42《艺文一·奏议》、卷1《舆地一·疆域》。
③ 民国《叙永县志》卷1《舆地·镇乡》附记。

梓橦宫。关于清代遂宁县的基层组织，乾隆十二年（1747）《遂宁县志》及乾隆五十二年（1787）《遂宁县志》俱云全县分为忠诚里、在城里、兴贤里、仁信里、上安里、中安里、下安里7里。乾隆五十二年《遂宁县志》卷二《公署》明确提到遂宁县丞分驻梓橦宫后，"分辖上安、中安、下安三里地方，仍设盐关管盘验"。又据该志卷一《疆域附场镇》，遂宁全县分为7里39场，其中上安里有双江镇、大佛镇、梓橦镇、王家场、田家场5场镇，中安里有复兴场、三会场、五桂场、斑竹园4场镇，下安里有漏孔场、花岩场、柏梓镇、塘坝场、富农场5场镇，遂宁县丞共辖3里14场。光绪《遂宁县志》卷四《艺文上之下》载《王梦卿安庆堤记》云："邑之梓橦镇，距城南百里许，面水枕山，居民稠密，商贾云集。邑之少尹分符移驻，俨然一小都会也。"该志卷一《城池附衙署》《里镇》又分别云，县丞仍分辖"上、中、下安三里地方"，田家场改名双龙场，则清末遂宁县丞仍辖3里14场。

遂宁分置新县之事肇自清末，并趁辛亥革命成功之际，借助军政府成功将遂宁县分驻梓橦宫县丞辖区升置新县，关于此事前后经过，民国《潼南县志》卷一《设县本末》记之甚详：

（甲）勘议。前清宣统元年四月，遂宁县令杨汝谐因奉札赴三汇、塘坝等场查案回城禀陈管见，大致谓县属下三里在本县既因距离太远，照料难周，在邻封又相错犬牙，难资防范。拟请援照古宋升县办法，将梓橦镇县丞升为知县，以下三里归其管辖，蓬溪县属之野猫溪距城亦远，近年叠出抢劫大帮重案，每遇勘验案件尚须绕道遂宁，越疆而往，似亦可拨隶新县，以便就近控制等语。奉督部赵次山批饬会同邻封各属详细履勘应如何划户分疆，稽之沿革，参以时宜，分别绘具图说，拟定办法，禀候核明详夺。是年八月，三里东乡士绅杨濬、夏琼、邱建奎、奚湘焘、杨用楫、屈昌等赴省呈称，时势变迁，大非昔比。如遂邑之下三里、蓬溪

第四章 清代民国四川分驻佐杂辖区升正式政区

之下东乡等处,抢劫之案层见叠出,兼以弥望皆山匪,易藏匿,缉捕为难。而遂邑如复兴、斑竹、五桂各场,蓬邑如太平、二郎、野猫溪各场,远距县城二百三四十里不等,一旦失事,赴县呈报,早已分窜无踪。况界连安、大、铜、合、定五邑,犬牙相错,此拿彼窜,出没无常,平时既畛域未化,有事更呼应不灵,地方官绅均势处无何,再四思维,非择两县适中之地设立县治不足以资控驭而策治安。查遂宁之梓潼镇,旧设县丞兼批验大使,地处适中,拟划遂邑之下三里及蓬邑之东乡,合并计算纵横约百余里,即以梓镇为县治,四面相距不过数十里,仓卒有警,朝发夕至,匪焰必不敢再张。且梓镇县丞衙署堂厅皆全,文武衙神城隍各庙、高小校一切完备,则建造之费无庸多筹。并陈为益有四,考古证今,绘图贴说禀请印委会勘各情,旋奉批,事体重大,尚待调查。事虽未行,而分设县治萌芽已肇于此。

(乙)成立。辛亥秋间,川省同志军起,武汉革命同时发生,遂、蓬两县几于遍地皆匪,下三里士绅杨濬、徐廷桢、夏璟、郑楸棪等乃组织治安法团,为互相保卫计,而各里士绅赴议者佥以组织法团不过保一时治安,不如仍照前议分立县治,足规久远。因发函约蓬邑东乡士绅段大成、匡绍镕、谭举正、张骥、李哲卿等订立分县协约。适重庆军政府派王安抚使梦兰来境,士绅等即以分设县治具呈请办。未几,成都军政府所任川北张宣慰使澜至遂邑,士绅亦具呈请分新县。双方均蒙允准,并列入安抚、宣慰两使议约内呈报成渝两军政府立案,当拟县名曰东安,取遂境上安、下安、中安三里及蓬境东乡联合之意。于是分立县治之议乃确定。民国元年二月,张宣慰使详委王君楸林为东安县知事,即就前县丞署视事焉。三年,奉部文改县名曰潼南。

(丙)分界。县治既设,疆界宜分。遂宁上安、中安两里完全分隶尚无问题,惟下安里之花崖场石姓从中作梗,迭次联名赴省呈诉不愿归潼，而安兴场遂邑先有划隶之议亦未果。民国二年，县中因遂界未定、公款未分，公举夏璟为交涉长，龙茂才、郑楙校、徐焕奎、曾国彦、陈国泰、刘鹤皋、吴肇周等为交涉员，赴遂直接交涉，遂宁亦派唐斯盛等八人协同磋商，至三四十日之久，乃议定立约：遂宁在城里之老君岩插入花岩场一带、安兴场全场并在城里之八甲、新二甲旧属漏孔场一带地段，均划入潼南；其遂宁卢家场界内所属潼南下安里八团半则划归遂宁。随由两县交涉员携带粮册粮□挨户清厘界址，凭众对明。而花岩场全场亦于是年解决，仍照原议划归潼南，于是分遂一面之界址大定。蓬溪东乡地方除桂林、古溪、太和、太平、金龟、玉溪、宝龙等场悉数划入勿庸再议外，其蓬、潼边界迭经大府委员屡勘，因两地人民争执甚烈，久未定议，嗣于民国三年阴历五月，嘉陵道尹高派委专员梁铸照会潼绅杨澧栟会同蓬、潼两县曾、吴二知事在宝龙场会勘，是日潼绅谭举正、蓬绅唐炳烈、欧文林等均至会议，先化意见，后始履勘，乃定界址二字号：蓬旧辖共十八团，右九团仍旧，左九团全划归潼，以五里垭为两界中线；蓬南场划蓬国、蓬邻二团附入潼境，一归宝龙场，一隶古溪镇；其米心溪界照旧日与莲米溪接壤界址，自心中团及莲心团之童家板桥溪河直上新桥为界，上属蓬，下属潼。勘划定局会呈批准，随即造对厫册，逐界插标竖石，于是分蓬一面之界址亦大定。

（丁）分款。县治既分，则公产、公款、公物不能不分，遂、潼交涉员等双方会商分划产款，以粮额为标准……当经划定确数，订约二十一条。

因此，潼南县是以原遂宁县县丞辖区为主体，增加了蓬溪县部分地，即民国《潼南县志》卷一《疆域》所云："县之疆域系分划遂宁下三里、蓬溪下东乡各地合并而成。"据其下所附《里镇》的记载，与清代时相比，中安里三会场改名三汇场，下安里漏孔场改名崇龛场，二里所辖场镇数无变化；上安里原梓潼镇成为潼南县治，另外增加了安兴、泰安、兴龙3场。而由原蓬溪县东乡改称的东北里有观音场、太和场、太平场、金龟场、宝龙场、古溪场、人和场、隆德场、米心溪、玉溪镇、桂林场11场镇。新设潼南县全县共4里27场镇。

二 从康定府巡检辖区到泸定县

泸定县的前身是泸定桥巡检，该巡检在清代先后属雅州府打箭炉厅、打箭炉直隶厅、康定府管辖。

（一）打箭炉厅巡检时期

雍正七年（1729）四月雅州直隶州升雅州府后，关于对境西打箭炉一带应如何管理，赵殿最等人提出将"打箭炉人命、盗贼及斗殴、词讼等事请交收税官员审理"，经部议后下发令四川巡抚宪德"将应交何官员管理、作何归结之处详细妥议"。宪德于同年闰七月十九日奏称："查打箭炉系汉番杂处，民事烦多，设官专理，实为紧要。如人命、盗贼、户婚、田土、斗殴等情，非把总所能经理，即关差税员各有所司，亦未便令其兼摄。今雅州改设府治，打箭炉又系雅州所辖，应请添设雅州府同知一员，分驻打箭炉，专司汉番词讼，稽查逃盗，凡审断重情，由同知审移该府解司核转详题完结。至明正司及里塘等各土司营官所辖番粮，向交给化林协征收，今既设有同知，应照叙永同知之例，一应番人粮石即令该同知征收支给兵食，由布政司查核报销。凡各土司袭替事件，亦由同知出结转报。再查泸定桥为打箭炉咽喉要地，人烟凑集，向无文员稽查。并请于泸定桥添设巡检一员，以司巡缉。惟查打箭炉、烹坝、沈村三处，各有驿丞一员，各仅管马六匹、夫三名，外无别事，似属闲冗。请将驿丞三员裁汰，其打箭炉马六匹、夫三名交该同知管理。烹坝、沈村二驿共马一十二匹、夫六名，照绵州魏城驿之例，交与泸定桥巡检经管。该巡检仍听同知管辖……

该同知分防西炉,既有刑名钱谷之责,仍请铸给关防。"①八月二十四日,四川布政使赵弘恩继续奏请添设同知、巡检,并进一步明确同知辖区,"应添设同知一员驻扎打箭炉,抚绥弹压,其外至革达、内至烹坝地方,俱归该同知管辖。至打箭炉既设同知,所有现在驿丞一员,允宜裁省,驿务即交该同知管理。再自雅至炉就中泸定桥地方,系各土司入炉归总之要隘,应设巡检一员,专司稽察,即归同知统属"②。九月癸酉(初二),赵弘恩调任湖南巡抚③,但关于添设泸定桥巡检的奏请仍得到了正面回应,九月癸巳(二十二),"大学士等遵旨议覆湖南巡抚赵弘恩奏,打箭炉地方百番丛集,况今达赖喇嘛移住革达,离炉地甚近,凡西藏番蛮人等赴革达进香,至炉贸易者必多,商民日聚,奸良莫辨。查雅州已改府治,似应添设同知一员驻扎打箭炉,抚绥弹压,其现设驿丞一员,似应裁省归并同知管理。再自雅州往炉及自邛州芦山并各土司入炉者,俱于炉定桥归总,实属扼要之地,应添设巡检一员,专司稽察,即归同知统属,应如所请"④。而三处驿丞的裁撤时间又分为两个阶段,九月丁酉(二十六),"裁烹坝驿驿丞一员。从升任四川布政使赵弘恩请也"⑤。十一月戊寅,"裁四川打箭炉、沈村二驿驿丞各一员,其驿务就近归并雅州府同知及泸定桥巡检管理,从四川巡抚宪德请也"⑥。总体而言,雍正七年(1729)设打箭炉厅及泸定桥巡检的前后过程是比较清楚的。

关于打箭炉厅的设立时间,乾隆《雅州府志》卷二《建置沿革》

---

① 《请添设雅州府同知泸定桥巡检裁汰打箭炉等处驿丞》,《清代吏治史料·吏治改革史料四》,线装书局2004年版,第1650、1651页。
② 雍正朝《朱批谕旨》第57册,点石斋书局1887年版,第6页。
③ 《世宗实录》卷86《雍正七年九月》,《清实录》第8册,中华书局1985年版,第144页。
④ 中国第一历史档案馆编:《雍正朝起居注册》,中华书局1993年版,第3156页。
⑤ 《世宗实录》卷86《雍正七年九月》,《清实录》第8册,中华书局1985年版,第156页。
⑥ 《世宗实录》卷88《雍正七年十一月》,《清实录》第8册,中华书局1985年版,第182页。

第四章 清代民国四川分驻佐杂辖区升正式政区

和乾隆《打箭炉志略·建置》均谓"雍正八年新设分驻打箭炉雅州府同知",应指具体衙署建成和官员上任而言。乾隆《打箭炉志略·廨宇》云:"同知署一所,雍正八年新设同知分驻建署,在南门内河东。乾隆四十一年河徙冲水,移建河西白土坎下。"雍正《四川通志》卷三一《职官中》列首任同知"张泰国,镶白旗监生,雍正八年任",则署建成及首任同知到任皆在雍正八年(1730)。此外,《中国行政区划通史·清代卷》对设厅时间提出异议,该书第455页云:"雍正十一年十一月,添设打箭炉同知衙门照磨,是为打箭炉厅。"并注云:"雍正七年所设同知性质不明。雍正十一年添设照磨,形成县级行政机构,故以该年为设厅年份。"① 这种说法值得商榷。首先,雍正七年(1729)初设时,同知就分驻打箭炉并全面拥有刑名钱谷的权限,并非性质不明。其次,这种以添设照磨作为厅成立标志的认定方法,与该卷第一作者傅林祥的观点一脉相承,傅林祥在其《清代抚民厅制度形成过程初探》《清代地方行政制度专题研究》等文中将设首领官(主要是经历或照磨)作为厅行政机构得到完善的标志。② 但这种认定方法是结合了现代的政区概念加以套用,而且反映的是厅制成熟之后的情况,若以设照磨作为厅成立标志,则雍正前期及更早的厅都不能称为厅级政区。打箭炉同知在设置之始即拥有在其辖区内的全权,因此仍应以雍正七年作为打箭炉厅成立的时间。

与实际上任时间在雍正八年的同知相比,巡检在雍正七年当年即已上任。乾隆《雅州府志》卷八《秩官》云:"巡检。喻宗遵,贵州籍江西人,雍正七年任,驻泸定桥。"关于巡检的隶属问题,民国《泸定县乡土志·建置》云:"隶属雅州知府,光绪三十一年打箭炉加升直隶同知,泸定巡检改属焉。"此说有误。依此则巡检最初直属雅州,直

---

① 周振鹤主编,傅林祥等著:《中国行政区划通史·清代卷》,复旦大学出版社2013年版,第455页。
② 傅林祥:《清代抚民厅制度形成过程初探》,《中国历史地理论丛》2007年第1期;傅林祥:《清代地方行政制度专题研究》,博士学位论文,复旦大学,2010年,第88页。

至打箭炉升为直隶厅，巡检才归厅管辖，这与事实不符。按，宪德、赵弘恩在奏请添设巡检时，两人分别都明确提到"该巡检仍听同知管辖""即归同知统属"。乾隆《雅州府志》卷三《衙署》云："打箭炉。同知署，在城内。监督署，康熙四十二年设建。照磨署，在城内。巡检署，在泸定桥。"也将巡检记在打箭炉之下。乾隆《打箭炉志略·廨宇》、傅嵩炑《西康建省记·沈边冷边咱里改流记》亦分别云："巡检署一所，在泸（东）[定]桥东。""炉定桥旧设有巡检一员，隶于打箭炉厅，经管驿站。"则巡检一直都是在打箭炉厅的辖区内，而不是等到升直隶厅之后。

打箭炉厅的疆域极广，但多是土司地，乾隆《打箭炉志略·建置》云："同知管理口内沈边、冷边、明正司、口外旧附新抚各土司地方。"相较而言，泸定桥巡检的辖区很小。巡检除了驻地泸定桥外，还先后在雍正七年（1729）九月、十一月接管烹坝、沈村驿务。乾隆《打箭炉志略·驿递》载有大烹坝、泸定桥、沈村、化林坪4处驿站，"自烹坝至化林坪四驿，共额设驿马二十，料俱由申泸定桥巡检赴司请领支给"。光绪《打箭厅志》卷上《邮政》云："泸定桥驿站。烹坝设马一十二匹，每马一匹日支草乾银一钱二分，马夫六名，每名日支工食银九分六厘。沈村设马一十二匹，每马一匹日支草乾银六分，马夫六名，每名日支工食银四分六厘。泸定桥巡检经管藩库具领。"民国任乃强也称："雅州升府，始设巡检于此，管理桥工水利、茶榷及沈村、烹坝两驿站，始渐有商店成市街。"① 由于泸定桥巡检并无管辖土司之权，其周边为沈边、冷边、咱里等土司地皆不属巡检所辖。此外化林驿虽然驿马马料是由巡检申领，但化林设有营汛，其地应该也不属巡检所辖。因此巡检应只辖泸定桥及沿大渡河上至大烹坝、下至沈村的河谷地带。

（二）改巡检辖区为县

光绪年间，藏兵在瞻对一带扰动，口外之地不宁，事务艰巨。因

---

① 任乃强：《泸定导游（二）》，《康导月刊》第2卷第3期，1939年。

第四章 清代民国四川分驻佐杂辖区升正式政区

此，四川总督锡良于光绪二十九年（1903）十月二十九日奏称："窃查雍正七年新设雅州府分驻打箭炉同知，令其管辖土司……该同知本系要缺，而现在尤关重要者，则以川、藏相距七千余里，川之察缓急于藏与藏之资馈运于川，二者皆以西炉为枢纽。近年藏务孔棘，所以责任该同知者动关艰巨。且徼外各土司，地势荒阔，族类繁杂，控制本为不易。自瞻对划归藏属，番官侵暴，川边土司弱者慑其威而甘于输纳，强者怙其势而恣为奸横。巴、里塘粮员又以隔川过远，上司耳目难周，非庸懦以求苟安，即猥琐以盈豁蠖。打箭炉就近知其得失，然无考核之责，不当论列是非。前者师旅频兴，推原祸衅之端，罔不由此，而堕误于无形者更难备论……莫若将打箭炉同知升为直隶厅，径隶建昌道，与雅州府划疆分理。关外土司管辖如故。巴、里塘粮员等官，改归该厅察举优劣，核转案牍。前归府属之沈边、冷边等土司暨泸定桥巡检均与厅近而府远，一并归厅转辖。"① 该请于同年获准，光绪《打箭厅志》叙文及卷上《建置沿革》分别云："光绪癸卯秋，锡清弼制府受命治蜀，宏谋远虑，重障边陲，奏升直隶厅管辖巴、里两台，并事权而资捍卫。""光绪二十九年十一月二十四日奉朱批该部议奏钦此。"值得注意的是，既然同知原本就辖巡检及"口内沈边、冷边、明正司、口外旧附新抚各土司地方"，那为什么锡良此时又称"前归府属之沈边、冷边等土司暨泸定桥巡检均与厅近而府远，一并归厅转辖"呢？笔者认为这与打箭炉厅对口内和口外的管理模式不同有关。口内只是监管，口外则隶属关系更为直接，因此雍正《四川通志》卷一九《土司上》将口外新附土司单列为"分驻打箭炉雅州府同知专辖"，与口内区分开来。升直隶厅之后，"关外土司管辖如故"，口内的管理模式也改为一致了。

光绪三十年（1904），英军进入西藏，进一步加剧了边地危机。光

---

① 中国科学院历史研究所第三所主编：《锡良遗稿·奏稿》，中华书局1959年版，第368—369页。

绪三十二年（1906），在镇压巴塘土司叛乱后，设川滇边务大臣主管边地事务，并将口外巴塘、理塘等地改土归流。光绪三十四年（1908）七月初八，四川总督赵尔巽和川滇边务大臣赵尔丰在《会筹边务亟待举办事宜折》一折中提出四项请求，其中在增设官属一项中奏请将打箭炉直隶厅升为康定府，"设知府一员，管理地方钱粮词讼"①。该奏虽然于同年八月丁卯即"下会议政务处议"②，但迟至宣统三年（1911）二月初六日才议准③，至此，巡检才正式成为康定府巡检。

宣统三年（1911）三月，赵尔巽调任东三省总督，改以赵尔丰署四川总督。④赵尔丰在回成都的途中，继续将沿途土司尤其是口内土司改土归流。傅嵩炑《西康建省记》载《沈边冷边咱里改流记》《边务大臣办事记》分别云："宣统三年夏，赵尔丰由边务大臣卸任来署川督，经过其地，查照民政部奏准改流土司之案，将三土司印信号纸收回，奏请将炉定桥巡检改为县。""（宣统三年六月）二十二日，赵入川沿途收咱里、冷边、沈边三土司印。傅驻炉办理明正改流兴革各事。"1995年《康定县志》、1999年《泸定县志》皆载有宣统三年七月初四日发布的《改明正土司所辖之地为各县文告》，该文告云："计改明正所辖之地，以鱼通、木雅、孔玉、木居、城子改为康定府，冷碛、沈村、咱里改为泸定县。"⑤则宣统三年夏赵尔丰就拟设泸定县，但此事还没等到朝廷议准，清廷就覆亡了。

---

① 四川省民族研究所《清末川滇边务档案史料》编辑组编：《清末川滇边务档案史料》，中华书局1989年版，第205—207页。而吴丰培编《赵尔丰川边奏牍》第54页作光绪三十三年八月，误。光绪三十三年赵尔巽还是湖广总督，三十四年二月才调任四川总督。《中国行政区划通史·清代卷》第455、500页引之未改，亦从误也。

② 《德宗实录》卷595《光绪三十四年八月》，《清实录》第59册，中华书局1987年版，第866页。

③ 政治官报局：《奏设政治官报》第42册，文海出版社1965年版，第141—145页。

④ 《宣统政纪》卷51《宣统三年三月下》，《清实录》第60册，中华书局1987年版，第916页。

⑤ 康定县志编纂委员会编纂：《康定县志》，四川辞书出版社1995年版，第609页；泸定县县志编纂委员会编纂：《泸定县志》，四川科学技术出版社1999年版，第612页。

第四章 清代民国四川分驻佐杂辖区升正式政区

进入民国后，川滇边务大臣改为川边镇抚使，继续落实清末川边设县各事，泸定仍设为县。民国《泸定县乡土志·建置》云："宣统三年，川滇边务大臣赵尔丰奉旨改土归流，取销沈边、冷边、咱里三土司。中华民国元年十二月，改设县（志）[治]。"而早在民国元年八月十四日《政府公报》公布《众议院议员各省复选区表》，其中即已有泸定县。① 该表又有化林县。《西康省各县名称区域程站沿革调查录》云："泸定县……该县全境为沈边、冷边、咱里三土司地，前清隶属打箭炉厅。民国元年，川边镇抚府成，区划全边府县疆域，以沈边土司所属化林营防汛地为化林县，泸定桥巡检所属冷、咱两土司属地为泸定县。嗣后以化林防地收入不敷设县，民二遵划一行政区划案，将化林县省，并合三土司之地，改置泸定县。"② 则民国元年（1912）重新落实清末川边设县事时，曾将原拟设泸定县的区域拆分为泸定、化林二县，随即因化林达不到设县标准，又于民国二年（1913）重新将化林并入泸定。总体来看，从制度上而言，泸定县是在泸定巡检的基础上设县；但从疆域上而言，由于泸定巡检辖区本身很小，泸定县县域其实是以原巡检辖区周边的沈边、冷边、咱里3土司地为主体。从这个角度来说，泸定县也算是清代民国佐杂辖区升县中的一个特殊案例了。

第五节　民国中期四川县佐辖区升县级政区

民国中后期川内新设之县、市，有不少都有县佐辖区渊源，如青川、沐川、武隆、旺苍、平昌等县、自贡市。但由县佐辖区直升县级政区者，惟披砂县佐辖区升披砂设治局（宁南县）一例。

---

① 中国第二历史档案馆编：《政府公报》第106号，第4册，上海书店出版社1988年版（影印本），第397页。
② 西康政委会：《西康省各县名称区域程站沿革调查录》，川康边防总指挥部印行：《边政》第3期，1930年，第241页。

一 从会理县县佐辖区到宁南县

会理县披砂县佐的来源在民国四川众多县佐中本就是个另类,该县佐是由设治委员改来,故在民国三年(1914)留裁分知事时并没有提及它。该地在清代大部分时间属披砂土司,嘉庆《四川通志》卷九七《土司二》云:"其地东至凹乌金沙江渡口十五里交云南会泽县巧家厅界,南至凹乌坛罐窑一百四十里交者保土百户界,西至柳溪二百四十里交迷易土千户界,北至三百里交西昌县属阿都长官司界,四至共六百九十五里,所管五十九村。"同治《会理州志》卷七《土司》所载略同。

道光十二年(1832)以会理州苦竹坝巡检移驻洼乌场,规定披砂土司受巡检管辖,这种情况一直维持到光绪年间。至光绪三十一年(1905),披砂土千户禄绍武病故①,因继嗣问题引发土司内部大规模械斗,自宣统元年持续至宣统二年。四川总督赵尔巽趁机废除土司,改土归流,同时奏称:"查披砂地方,为会理州东路繁镇,设治亟为切要。现委县丞李煦前往充设治委员,一俟筹置就绪,另案奏明办理。"②清廷覆称:"披砂地接滇边,且为州属东路大场,地面稍广,居民繁众,应宜委员设治,以资佐理。"同意以李煦为设治委员。③《清史稿》卷五一三《土司二》载此事云:"宣统初,禄绍武死,无后,妻白氏据

---

① 禄绍武的病故时间,《宁南县建置沿革概论》、雷玉泉《宁南土司制始末》(分别载于《宁南文史》第 1 辑,第 1、151 页)、1994 年《宁南县志》第 19 页均称在光绪三十三年。按,民国元年六月丁文江曾经过该地,禄绍武妾方氏亲口对丁文江说其夫"不幸在凉山受了潮湿,得病回来,于光绪三十一年死了";方氏又写了呈子请丁文江转交北京政府,其原呈云其夫"因染潮湿痰瘵,于光绪三十一年回籍夭亡"。分别见载于 1933 年《独立评论》第 42 号第 18 页、第 46 号第 17 页。

② 《奏报收回会理州五土司地方改土归流拿获叛匪及设治清租各情事》,中国第一历史档案馆藏,档号:21-0918-0001。

③ 县志办:《宁南县建置沿革概况》(该文"李煦"误作"李熙"),宁南县文史资料编辑委员会:《宁南文史》第 1 辑,1992 年,第 1 页;宁南县志编纂委员会编:《宁南县志》,成都科技大学出版社 1994 年版,第 19 页;四川省会理县志编纂委员会编纂:《会理县志》,四川辞书出版社 1994 年版,第 60 页。

第四章 清代民国四川分驻佐杂辖区升正式政区

其遗产，禄、自两姓群起争袭，作乱。二年，赵尔巽派兵剿捕，先后擒逆首禄祯祥、严如松等，因移师讨鑪铁梁子侯夷。披砂、会理村、苦竹、者保、通安舟五土司地一律收回，改流设治。"[1] 1994年《宁南县志》亦云，宣统二年，披砂、苦竹、者堡等土司地方被强令改土归流，会理州派李煦为设治委员到披砂建立"会理州披砂分州"，划披砂、新村、松林坪、大福场、山王庙、箕落、底古七场，由分州直接委任人员管理。[2] 委员驻披砂土城，即今四川省凉山彝族自治州宁南县驻地披砂镇。虽然派驻设治委员的初衷是作为设县的铺垫和过渡，但与川西地区的甘孜等委员于民国元年（1912）升县的进程不同，民国成立之初披砂并没有就势成功升设为县，民初仍只是设治委员。至民国三年（1914）《县佐官制》出台后，分知事、设治委员都需依照改为县佐，次年各员回覆改设情况，其中就有"会理县披砂设治委员陈耆年"[3]。由此，委员辖区成为县佐辖区。

但披砂的升县尝试并没有就此停止。至民国十七年（1928）五月，经宁属整理委员会的转呈，四川省政府批准撤销会理县披砂分县分署，改建为"披砂设治局"[4]。据设治局设治委员樊恺查明后的报告，该设治局的边界为"北自拖木沟扯扯街与西昌县交界，东自料熊梁子与昭觉夷地交界，又自钱窝子田山梁迤南簸箕坪子，老沟李子沱大狮子山，凉风坳，雄坪子，喜鹊窝，至雄笔梁子土山梁之东，与云南巧家县夷地连界，西自雄笔梁子，下出水洞云沟南，连云南界，西至杨柳坪，

---

[1] 赵尔巽等：《清史稿》卷513《土司二》，中华书局1976年版，第14241页。《宁南县建置沿革概论》、雷玉泉《宁南土司制始末》（分别载于《宁南文史》第1辑，第1、151页）、1994年《宁南县志》第19页均记成"四川总督赵尔丰"，误。按，赵尔巽、赵尔丰交接四川总督事在宣统三年三月，庚申，"授四川总督赵尔巽为钦差大臣，调任东三省总督"，次日辛酉，"以督办川滇边务大臣赵尔丰署四川总督"，见《宣统政纪》卷51《宣统三年三月下》，《清实录》第60册，中华书局1987年版，第916页。

[2] 宁南县志编纂委员会编：《宁南县志》，成都科技大学出版社1994年版，第3、20页。

[3] 《县佐任用条例及各县知事调取文凭与呈报履历以备查案件》，四川省档案馆藏，档号：民041-04-7446。

[4] 宁南县志编纂委员会编：《宁南县志》，成都科技大学出版社1994年版，第104页。

与西昌所属半站营后山为界，西南至天台山仙人田山梁外，与西昌交界之老碾纸房岔河街一带后山连界，又至苾齐河止交会理洼乌界，四至边线，约计七百余里之谱，因两岸山梁，非夷巢，即深山老林，多人迹罕到之处，故不能详其里数。"① 樊恺与当地士绅认识到："若改成正县，刷新政治……然后加强教育，兴办实业，奖励农商，发展交通，此振兴桑梓不二之途。"② 因此，制定《披砂设治计画》，从内务、团务、交通、教育、实业、财政、司法七个方面拟分三期推行③，四处活动，为尽早将设治局改县积极筹备。至民国十九年（1930），因"距会理县城遥远，山川险阻，呼应不灵，非设治不足以利行政而舒民困"，经四川省政府题请，于四月二十二日奉行政院令准，划定全境面积纵一百五十余里，横二百余里。④ 同月二十六日，国民政府发出第七九三号指令："令行政院：呈据内政部呈准四川省政府请在披沙地方增设宁南县治一案，经部核明，有增设县治之必要，县名亦尚妥协，转请鉴核备案、铸发印信由。呈悉。准予备案。"⑤ 次年元旦，宁南县正式成立，仍由樊恺任县长。⑥ 关于新设宁南县的面积，民国《西昌县志》卷一《沿革》云："十九年划会理之披沙六场，及西昌普格地面之小松林坪，设宁南县。"而1994年《宁南县志》对《国民政府公报》中"纵一百五十余里，横二百余里"的说法有更具体的表述："民国十九年批准建县的同时，将西昌县所属普格地面之小松林坪（今松新上游村）及会理县之阿竹卡（今石梨乡）划归宁南，随即县政府重新上报了县境，其记载是：'东至滇属云南沟，距县城半里；

---

① 樊恺：《披砂地志：设治声中之新调查》，川康边防总指挥部印行：《边政》第1期，1929年，第60、61页。1994年《宁南县志》第605页附录也载有此报告，但其中部分地名与《边政》所载稍有不同。
② 宁南县志编纂委员会编：《宁南县志》，成都科技大学出版社1994年版，第594页。
③ 《披砂设治计画》，川康边防总指挥部印行：《边政》第1期，1929年，第36—38页。
④ 国民政府文官处印铸局：《国民政府公报》第463号，1930年5月8日，第12页。
⑤ 国民政府文官处印铸局：《国民政府公报》第455号，1930年4月28日，第3页。
⑥ 四川省会理县志编纂委员会编纂：《会理志》，四川辞书出版社1994年版，第26、60页；宁南县志编纂委员会编：《宁南县志》，成都科技大学出版社1994年版，第3、104页。

东北至滇属老君山,距县城三十里;东南至会理当差河,距县城八十里;南至螺髻山(按螺髻山在县境西北,此处所指螺髻山应为其南延部分的鲁南山),距县城约一百二十里;西至白水河,距县城一百二十里(白水河在县城北面偏西,距县城仅八十里;西南至大凉山,距县城约一百三十里;西北至县属夷民地区,距县城约一百三十里;北至滇属四胡子山,距县城约四十里;县域横长二百里,纵长一百五十里,总面积约三万平方里)。'"该志认为,县政府所报数据夸张,"上报面积肯定过大"①。综上来看,宁南县的疆域是在原披砂县佐辖区的基础上,增加了西昌、会理的部分地区。

二 有县佐辖区渊源之新设县、市

民国二十五年(1936)川内县佐全部裁完后,至1949年四川大部解放,川内共新设了靖化、青川、沐川、武隆、旺苍、沐爱、平昌7县及自贡市,除靖化、沐爱2县外,其余6处都有县佐辖区渊源。

(一)青川县

民国二十四年(1935)四月,红军进驻青川,分县即废。红军撤离后,八月,平武县开始实施分区设署,于十一月完成,共设三区,原青川县佐辖区大部分都改置为平武县第三区,只有西北的高村场附近改划给了县城所在的第一区。民国三十年(1941)十月六日,国民政府发出渝印字第一六一一号指令:"令行政院:三十年九月二十日勇拾字一五〇七二号呈一件,据内政部呈,为将四川平武县析置新县,命名为青川县等情,呈请备案,并铸发县印由。呈悉。应准备案。"②以平武县第三区全部及昭化插入平武之天皇院、凉水井等地析置,县治暂设乔庄。次年六月,四川省政府发出民一字第二二〇七六号令,

---

① 宁南县志编纂委员会编:《宁南县志》,成都科技大学出版社1994年版,第21页。
② 国民政府文官处印铸局:《国民政府公报》渝字第403号,1941年10月8日,第25页。

令郑国梁代理青川县县长，饬于七月一日起成立，接收辖区。① 至八月，青川正式成立县政府，由于青溪与乔庄争当县治，郑国梁给民政厅长石体元写信称："青溪、乔庄两镇士绅对县府驻地未臻一致，呈请作最后决定。"最后由石体元定夺，县治改设在青溪。② 平武县第三区在原青川县佐辖区的基础上减少了高村场附近地，但青川县又在第三区的基础上增加了附近昭化县的部分地，因此青川县和青川县佐辖区在面积上略微持平，只是所辖范围稍稍向东移了一些。

（二）沐川县

民国二十一年（1932）裁沐川分县后，县佐辖区重新直属屏山县。民国二十四年（1935）七月，屏山县开始实施分区设署，于十二月完成，共设四区，其中第三、第四 2 区在原县佐辖区基础上增加了原第七区团地（含新沽、上大村、下大村 3 乡）。沐川设县佐原本就是屏山迁治失败后的补偿措施，县佐裁撤后，原辖区人士的诉求从原来的迁治改为与屏山县分治。到民国二十九年（1940）十月，四川省政府因之请设沐川设治局，内政部核议认为："四川省屏山县面积广大，民族复杂，雷马屏峨，夙称川南重镇，四川省政府为开发边地便利行政起见，拟将屏山县北部第三第四两区地方，创设沐川设治局，以为改设县治之基础，治所拟设于沐川一节，核与设治局组织条例之规定尚合，所拟沐川设治局名称，与他省县名并无重复，似可准予设置，倘蒙核定，拟请转呈国民政府备案。"③ 再经行政院转呈，十二月五日，国民政府发出渝文字第六六九号指令："令行政院：二十九年十一月二十六日阳壹字二四四六号呈一件，为据内政部呈转四川市政府请设置沐川设治局一案，应准照办，除指令外，检同原件，呈请鉴核备案由。呈

---

① 交通部编印：《交通公报》第 5 卷第 8 期，1942 年，第 14 页。
② 《青川县志》编纂委员会：《青川县志》，成都科技大学出版社 1992 年版，第 28 页。另外，该页云："8 月 1 日，郑国梁到职任县长，青川县政府组成。"第 111 页又云："8 月 10 日宣告成立。"二说中必有一误。
③ 四川省政府秘书处公报室编印：《四川省政府公报》1941 年第 3 期，第 22 页。

件均悉。准予备案。"① 次年二月十五日，沐川设治局正式成立，陈富钢任局长。② 民国三十一年（1942）二月六日，国民政府发出渝文字第一九一号指令："令行政院：三十一年二月四日顺壹字第二零七六号呈一件，为据内政部核转四川省政府请将（沭）[沐]川设治局改升（沭）[沐]川县一案，核属可行，抄同原件，呈请鉴核备案，并饬局铸发新印，以资信守由。呈悉。应准备案。"③ 四月一日，沐川县正式成立，贺崇农任县长。④ 屏山县第三、第四2区在原沐川县佐辖区基础上增加了原第七区团地，因此沐川设治局、县的面积要略大于原沐川县佐辖区所辖范围。

（三）武隆县

民国二十一年（1932）裁武隆、鹤游2分县后，县佐辖区重新直属涪陵县。民国二十四年（1935）五月涪陵县开始实施分区设署，于九月完成，共设五区，原武隆县佐辖除了鸭江镇、庙垭乡划归第一区外，其余都改置为第五区。武隆距涪陵窎远，政令推行不易，民国二十五年（1936）川湘公路修成和次年全面抗战爆发后，武隆形势为之一变，四川省政府认为武隆与涪陵有划分之必要。⑤ 民国三十年（1941）十月十七日，国民政府发出渝文字第一六六四号指令："令行政院：三十年十月十三日勇壹字第一六零四七号呈一件，为据内政部呈转四川省政府拟设武隆设治局一案，核尚可行，除指令外，抄检原件，请鉴核备案由。呈件均悉。准予备案。"⑥ 以涪陵县第五区全部析

---

① 国民政府文官处印铸局：《国民政府公报》渝字第315号，1940年12月7日，第15页。
② 四川省政府秘书处公报室编印：《四川省政府公报》1941年第21期，第12页；四川省沐川县地方志编纂委员会编纂：《沐川县志》，巴蜀书社1993年版，第11页。
③ 国民政府文官处印铸局：《国民政府公报》渝字第438号，1942年2月7日，第22页。
④ 交通部编印：《交通公报》第5卷第6期，1942年，第6页；四川省沐川县地方志编纂委员会编纂：《沐川县志》，巴蜀书社1993年版，第12、377页。
⑤ 《武隆设治局临时参议会成立宣言》，重庆市档案馆藏，档号：0054－0001－00375－0000－116－000。
⑥ 国民政府文官处印铸局：《国民政府公报》渝字第407号，1941年10月22日，第16页。

置，局址设于巷口镇。次年六月，四川省政府令发出民一字第二二〇七六号令，令游泽培代理武隆设治局局长，饬于七月一日起成立，接收辖区。① 七月一日，武隆设治局正式成立，游泽培任设治局长。② 民国三十三年（1944）八月二十九日，国民政府发出渝文字第一一六一号指令："令行政院：三十三年八月十九日义壹字第一七六二八号呈一件，为据内政部呈请将武隆设治局改升为县，仍以武隆为名，区域治所仍旧等情，经院会决议通过，转请鉴核备案，并饬局铸发县印由。呈悉。准予备案。"③ 次年一月一日，武隆县正式成立，游泽培仍任县长。④ 涪陵县第五区在原武隆县佐辖区的基础上减少了鸭江镇、庙垭乡2地，因此武隆设治局、县的面积要略小于原武隆县佐辖区所辖范围。

（四）旺苍县

民国十六年（1927）裁百丈关、神宣驿2分县后，县佐辖区重新直属广元县。民国二十四年（1935）夏，广元县开始实施分区设署，于十二月完成，共设四区，其中第三、第四2区各有半数地方为原百丈关县佐辖区范围。民国三十年（1941）十月十三日，国民政府发出渝文字第一六三八号指令："令行政院：三十年十月七日勇壹字第一五六二〇号呈一件，为据内政部呈，以准四川省政府咨请将广元县属第三第四两区全部及第二区所属郭家乡地方析置旺苍设治局一所，以增进行政效率一案，除指令外，抄检原件，呈请鉴核备案由。呈件均悉。准予备案。"⑤ 次年六月，四川省政府发出民一字第二二〇七六号令，令钱文华代理旺苍设治局局长，饬于七月一日起成立，接收辖区。⑥ 但

---

① 交通部编印：《交通公报》第5卷第8期，1942年，第14页。
② 四川省武隆县志编纂委员会编纂：《武隆县志》，四川人民出版社1994年版，第12、134页；四川省涪陵市志编纂委员会编纂：《涪陵市志》，四川人民出版社1995年版，第97页。
③ 国民政府文官处印铸局：《国民政府公报》渝字第705号，1944年8月30日，第9页。
④ 四川省武隆县志编纂委员会编纂：《武隆县志》，四川人民出版社1994年版，第13、134页。
⑤ 国民政府文官处印铸局：《国民政府公报》渝字第405号，1941年10月15日，第19页。
⑥ 交通部编印：《交通公报》第5卷第8期，1942年，第14页。

迟至八月一日，旺苍设治局才正式成立，钱文华任设治局长。① 民国三十四年（1945）七月十四日，内政部发出民字第八一九二号公函："案查前准四川省政府函，以该省旺苍设治局，自设置以来，推行政务，颇称积极，现设县条件，均已具备，拟请升县，区域名称，均仍其旧，请核转等由。当经本部核议，呈请，行政院赐准在案。兹奉指令略开，案经呈奉，国民政府令准备案。"② 《中国行政区划通史·中华民国卷》据之以七月为旺苍设治局改置为县的时间。③ 但该书中升县时间均以国民政府备案的时间为准，此处却用内政部发出公函的时间，与其体例不符。七月十四日是内政部函告各省市政府的时间，并且提到国民政府已"令准备案"，核准升县的时间应早于此，《中国行政区域简表》云："卅四年五月升县。"④ 则五月才是国民政府核准备案的时间。九月一日，旺苍县正式成立，仍由钱文华任县长。⑤ 广元县第三、第四2区在原百丈关县佐辖区的基础上增加了一倍面积，设治局、县又在第三、第四2区的基础上增加了第二区的近半数地，因此旺苍设治局、县所辖范围比原百丈关县佐辖区要大得多。

（五）平昌县

民国二十二年（1933）红军进驻江口，江口分县即废。民国二十四年（1935）三月红军撤离，五月开始实施分区设署，次年一月完成，共设6区，其中第三、第四2区基本即原县佐辖区范围。同年六月，第三、第四2区又合并为第三区，全县减为5区。民国三十三年（1944），四川

---

① 四川省旺苍县志编纂委员会编纂：《旺苍县志》，四川人民出版社1996年版，第23、388页。
② 国民政府文官处印铸局：《国民政府公报》渝字第835号，1945年8月20日，第4页。
③ 周振鹤主编，傅林祥等著：《中国行政区划通史·中华民国卷》，复旦大学出版社2007年版，第233页。
④ 内政部方域司：《中华民国行政区域简表》（第11版），商务印书馆1947年版，第52页。
⑤ 四川省旺苍县志编纂委员会编纂：《旺苍县志》，四川人民出版社1996年版，第24、388页。

省政府以"巴中县幅员辽阔，该县江口镇地方商业繁盛，交通称便，距县城窎远，治理难周"为由，"拟析置平昌设治局，局址设于江口"①。经内政部、行政院先后核转，十月九日，国民政府发出渝文字第一三四八号指令："令行政院：三十三年十月三日义壹字第二一〇〇三号呈一件，为据内政、财政两部会呈，请将四川省巴中县析置平昌设治局一案，经院会决议通过，抄检原件，请鉴核示遵由。呈件均悉。准如所拟办理，仰即转行办理。"②但平昌设治局迟至民国三十五年（1946）九月一日才正式成立，鲜于挺任局长。③民国三十七年（1948），内政部发出方字第三八四号公函："案查前准四川省政府咨，以该省平昌设治局设置三年有余，一切设施具有轨范，请提升为县等由，当经本部呈院核示在案，兹奉行政院转奉国民政府本年五月十九日令准备案。"④同年十二月一日四川省政府训令："令巴中县政府。查……平昌设治局改县案前准内政部函转行政院令颁县印到府，经提由本府委员会决议，县印分别转发，并饬立即改县。至设……平昌县县长人选，仍以原任……平昌设治局局长……鲜于挺充任，并经分饬县领县印，成立县政府在案。兹据……平昌县政府先后报称已奉到县印，并遵于……十二月一日改县成立县政府，就县长职务等情据此除分令外合行令仰知照。此令。"⑤平昌设治局、县在巴中县第三区的基础上增加了附近第二区、第四区及达县、通江县的部分地，所辖范围比原县佐辖区要大得多。

（六）自贡市

自贡地方因盐而兴，明代在今自贡城区一带开出大量新的盐井，

---

① 《关于四川省巴中县增设平昌设治局致重庆市政府的公函》，重庆市档案馆藏，档号：0053-0029-00256-0000-047-000。

② 国民政府文官处印铸局：《国民政府公报》渝字第717号，1944年10月11日，第9页。

③ 四川省平昌县地方志编纂委员会编：《平昌县志》，四川科学技术出版社1990年版，第12页；四川省巴中志编纂委员会编纂：《巴中县志》，巴蜀书社1994年版，第102页。

④ 南京市政府秘书处编译室编辑：《南京市政府公报》第5卷第3期，1948年，第63页。

⑤ 四川省平昌县地方志编纂委员会编：《平昌县志》，四川科学技术出版社1990年版，第743页。

设厂管理，属富顺县。清雍正八年（1730）分别以自流井、贡井为中心，以今旭水河为界，将盐场分属富顺、荣县，各设县丞分管。即乾隆《荣县志》卷三《官师》、道光《荣县志》卷二三《盐课》所云："贡井旧隶富义厂，属富顺管办盐务。雍正八年分地分井特设县丞一员，分驻贡井。""贡井距富顺自流井仅十里，向系一厂，名富义厂，自雍正八年分贡井属荣县，设县丞。"

自流井、贡井盐场地方距离甚近，经济、文化亦雷同，清末已有自贡之合称，但却始终分属两县，联系颇为不便。因此民国初年趁革命成功之际，当地发起了合置新县的运动。辛亥革命爆发前，四川爆发保路运动，荣县在全国范围内率先独立，保路同志军随即攻占盐场，并成立自贡地方临时议事会。"在自贡地方临时议事会成立后，厂人以自贡地方分隶富、荣两县，政令分歧，拟趁此时机，以自贡两厂为中心，联合附近各场成立一县，命名为新和县，辖境包括：荣县至秀才坡，威远至向家岭，富顺之升平、大山、卫里、太平、舒石五个乡，宜境之双石铺也划入一部分。经议事会议决后，由廖泽宽起草呈文报请省政府送请四川省临时议会通过施行。"设县之请以议事会副议长王恩溥最为积极，并选出议员和代表前往成都，希望通过四川省临时议会的召开实现设县主张。但王恩溥的专横引起代表内部的分裂，同时"富顺、荣县、威远、宜宾四县士绅深恐自贡设县后，县境缩小，加重各该县负担；而家住三多寨，在自贡拥有井灶的李孟麟、李桐垓等人，一方面以设县之后，不能动用盐款，加重地方负担，一方面于又见王恩溥在任副议长以后，已有专权舞弊行为，恐其将来掌握一县大权更不利于地方，也都激烈反对"[①]。设县的提案先于民国元年（1912）七月三十一日交省议会第一读会动议，再于八月十四日交第二读会讨论

---

① 林悦葱等：《自贡地方议事会的回忆》，政协四川省自贡市委员会文史资料委员会编：《自贡文史资料选辑》第1—5辑，1982年，第169页。原载第3辑。《自贡文史资料选辑》于1962年编印出第1辑，出10辑后，因故停止，1981年重新恢复编印，因第1—10辑多所散佚，又于1982年分1—5、6—10两册重印。

并投票,在会上两种观点针锋相对,"或谓,自贡地方为川盐首厂,所出盐税为财赋大宗,该地分隶富顺、威远、荣县,不相统属,非独立县治,则井灶笕运诸事无以资联络而便交通。或谓,民国新立,不宜变更,影响所及,易滋纷扰,只宜先设审判厅,清理词讼事件,不宜骤设县治"。当天共二百十一名议员出席并投票,"除废票不计外,赞成设立县治者百零二票,不赞成设立县治者百零三票",设县之议以一票之差宣告失败。①

设县之举失败后,盐场地方"久无行政机关,群情奂散,庶务废弛,情形亟为危殆",在绅民的再三要求下,暂设自贡地方行政长,"专理两处一切政务,以维持目前急迫,规定简章即日执行,商民以主持有人,异常懽忭。将来如设县议定,自可改照通章办理,否则俟大府规定厂事办法,此项机关即可取消,于政体亦无所触碍",以参赞王晋涵为行政长。②至民国三年(1914)又裁撤行政长,重新设自流井、贡井2处分知事(县佐),仍分属富顺、荣县2县。傅樵斧《自流井》云:"前清自流井县丞一缺……清末设有审判分厅,民国三年裁废,又将行政署改为县佐,设分知事一缺。"又云:"县佐署即旧时之分县署,地址宽敞,房舍亦有四五十间……署虽改为分知事缺,然尚有差役数十人。"③

但自贡本地人士一直未放弃设治的努力,在市制兴起后,又将设县的构想转为设市,并终于趁抗战期间自贡地位的提升而得以实现。民国十七年(1928),自流井县佐被裁撤,民国二十一年(1932),贡井县佐也被裁。这期间,"自流井、贡井两地人士又提出设市之议,因

---

① 中国第二历史档案馆编:《政府公报》第171号,第6册,上海书店出版社1988年版(影印本),第547—548页。
② 《成都近事录:自贡暂设行政长》,成都聚精新社:《报选》第4期第2册,1912年,第11页。
③ 傅樵斧:《自流井》,北碚图书馆编:《北碚图书馆藏方志珍本丛刊》第54册,中华书局2018年版,第290页。

军阀混战未遂,但冠以'自贡市'名义的组织机构,如国民党自贡市党务指导委员会、自贡市商会等不断出现"①。民国二十四年(1935)七月、九月,荣县、富顺先后完成分区设署,原贡井县佐辖区属荣县第二区,原自流井县佐辖区属富顺县第五区。民国二十五年(1936),四川盐运使缪秋杰、自贡市党务指导委员会先后向国民政府军事委员会委员长行营建议划自流井、贡井为工业区域,设立市政府机关以资治理,行营训令四川省政府核议。省政府认为:"自贡地方为全国产盐名区,人口众多,事务繁剧,但自贡盐场现有区域分属本省第二、第七两专员区之富顺、荣县、威远各县,行政无专管机关,一切行政及建设工作均无由推进,允宜及时设治,以应需要。"遂于同年十二月派民政厅服务员徐剑秋、建设厅科长刘丹梧查勘具体情况,又于次年以徐剑秋、余冠群为自贡设市筹备委员,筹备设市事宜,却遇到严重的旱灾而暂缓。全面抗战爆发后,沿海地区相继沦陷,海盐被封锁,自贡地位陡升,"后方资源亟待开发,行政机构之健全,尤为当务之急",设市节奏加快。民国二十七年(1938)五月,省政府委员会召开第二一九次会议,"决议设立自贡市市政筹备处,委任余冠群为处长,陈中岳为副处长,并制定自贡市市政筹备处暂行组织规则,分呈行营、行政院备案"。六月,筹备处拟具市界勘划委员会组织大纲,省政府随即派民政厅视察员周德修前往主持,八月十七日正式成立勘划委员会,八月二十三日勘察完成后,最终将市辖区定为"计划列入市区范围者:一,富顺县属之大山铺、桐垱镇、新垱镇、长垱镇、高硐乡、新又乡、上垱镇全部及太平乡、卫里乡之一部;二,荣县属之贡井乡、敦睦乡、艾叶乡全部。自贡市区界线确定如上总计,东西直径约长五十华里,南北直径约长十华里"。民国二十八年(1939)四川省政府委员会召开第三三〇次会议,"决议自九月一日起成立市政府,任命曹任远代理

---

① 自贡市地方志编纂委员会编:《自贡市志》,方志出版社1997年版,第89页。

市长，咨请内政部转呈核备"①。民国三十一年（1942）六月十五日经行政院核准后，同年八月由国民政府核准备案。② 历时约三十年的自贡设治终于完成。虽然从设县变成了设市，并且没有像民国元年（1912）时那样划入威远、宜宾的毗邻地，因此新设的自贡市面积比起当初预想的新和县来说要略小，但其主体范围始终基本相当于原自流井、贡井 2 县佐的辖区。

本章小结

除了江北厅、潼南县等少数案例外，清代民国四川分驻佐杂辖区升正式政区一般都出现在边地，且以升县级政区为主。中国的政区，尤其县级政区，经过历代的发展，从明代洪武以后，数量一直相对较为稳定。清初四川县级政区变化剧烈主要源于明末清初战乱导致的人口锐减，许多原设的县达不到设县标准。湖广填四川后，四川内地人口、经济基本迅速恢复到原有水平，因此大部分被裁撤的县也就陆续恢复。内地县级政区的划分久已成熟，总体比较合理，一般不需要再进行分割。而边地县级政区一开始往往辖域广而人口稀，随着经济开发和人口增长，原设政区的面积就会显得过于庞大而治理难周，进而需要加以政区分割，使辖域趋于合理。

从比例上来看，清代所增的十余处府级政区中，由分驻佐杂辖区升成的所占比例极小，即使将置而复裁且有直隶之实而无直隶之名的黔彭厅算入，也仅有二例。而县级政区中，抛开因明末清初战乱而在清初裁而复设的，以及清末民初在川滇边务大臣所辖区域内大量由设治委员或理事官升成的，清代至民国二十四年（1935）先后增加了

---

① 《四川省内政年鉴》，中国第二历史档案馆藏，档号：民一二（6）—20140。
② 自贡市地方志编纂委员会编：《自贡市志》，方志出版社 1997 年版，第 89 页；内政部编：《中华民国行政区域简表》（第 11 版），商务印书馆 1947 年版，第 52 页。

（不含增而复裁者）23个州厅县，其中雅安、三台、乐山、达县4处为直隶州亲辖地改成府附郭县，会理、西昌、冕宁、盐源、清溪、雷波、越嶲7处为卫所改州县，天全、秀山、昭觉3处为土司改县。而由分驻佐杂辖区升成的有江北、马边、峨边、城口、古宋、古蔺、盐边、潼南、宁南9处，所占比例近半，基本和卫所、土司改县之和齐平。由此而言，清代民国时期分驻佐杂辖区升县级政区已经成为新设政区的常态化过渡方式。民国二十四年（1935）县佐制度彻底取消后，一直到民国末年，新设的政区仍大多具有分驻佐杂辖区之渊源。

第五章

分驻佐杂的影响因素及其辖区形成后的影响

第一节 分驻佐杂的影响因素

分驻佐杂的目的在于加强地方管控。清代的官方文职系统只下到县级,到了民国,县以下仍长期只被视作基层自治单位,以往所谓的"皇权不下县"即针对这种情况而言。与自下而上的乡绅治理模式不同,佐杂的分驻分辖是自上而下的模式,因此可以说,它是在政区和职官层级不增加的前提下中央加强地方管控的极限变通,是传统社会体制下地方治理的有效手段。由于政区的变迁涉及政治、自然环境、经济、文化等多重因素的影响,作为清代民国政区体系中的一部分,佐杂的分驻及其辖区的划定既受政区变动的直接影响,又与政区设置的影响因素有一定共性。

一 政区变动带来的直接影响

(一)常规政区裁撤的就地改置

1. 清代

清代四川政区的裁撤,除改归属(如东川军民府改属云南,遵义府改属贵州,建始县改属湖北)、改级别或名称(如资县改资州直隶州,绵州改绵州直隶州,达州先后改达州直隶州、绥定府达县)等特

第五章 分驻佐杂的影响因素及其辖区形成后的影响

殊情况外，其事主要集中在清初顺治十年（1653）至康熙九年（1670）间，但清初裁撤的州县大多又于雍正八年（1730）以前被复置。另外，马湖府虽然被裁撤，但同时又保留了附郭县——屏山县，其性质类似于民国二年（1913）的裁府留县，对行政区域而言并未有实质改变，基本也等同于改级别。因此，其裁撤后再未复置者，清代仅安居县、武隆县、大昌县、威州、保县5例而已。对于这5处政区裁撤后的管理，安居、武隆、保县都是添设或改移佐杂驻之，威州以保县县治移驻，只有大昌县是简单裁并。另外，乾隆三十五年（1770）至嘉庆六年（1801）罗江县被裁期间，绵州直隶州移治罗江，以州判移驻原州城，亦是政区裁撤后的连锁善后。

三处移设佐杂驻之的旧县中，安居、武隆是典型的政区改置分驻佐杂辖区，二县分别被裁并入铜梁、涪州，设巡检分驻其地，巡检完全继承原县的管辖范围，与铜梁、涪州的其他地域区别开来。保县则相对特殊，其新县城原本是威州州城，裁威州并入保县是雍正五年（1727）拆成都府添设直隶州系列改置中的一部分。乾隆《保县志》卷一《邑治》附载四川巡抚宪德的疏称："迤西之汶川、威州、茂州、保县等四州县兼有杂谷等土司，番汉杂处，路径又甚险远。茂州尤为咽喉要地，应改茂州为直隶州，威州、汶川、保县属之管辖。但保县独居桥南，止征丁粮银一十八两一钱一分七厘零，似不可必特设一县。其地与威州联属，应将事简之威州裁汰归并保县，以保县知县移驻威城。以保、汶两县属之茂州，并兼管各土司，始能周摄无遗。"威州被裁并入保县后，县治迁至原州城。所以保县的新县城位置极为偏僻，在县的最东部，城的东、南、北三面与汶川县紧紧交界，即乾隆《保县志》卷一《疆域》所云："东至茨玉沟五里交汶川界，西至蒲溪沟一百一十里交县属杂谷土司界，南至沙窝子五里交汶川县界，又西南至木兰里三十里交汶川县属瓦寺土司界，北至姜舍坝二里交汶川县界，又北至扣山寨三十里交茂州界。"虽然后来保县被裁并入理番直隶厅后，以厅照磨移驻其地，但经本书第三章

第三节梳理发现，该照磨只管辖新保城城内，原保县的其余地方皆归厅同知直接负责。由此而言，保县被裁并后，虽然往原县城移驻了佐杂，但该佐杂并没有继承原县的辖区，这与安居、武隆的情况大不一样。

2. 民国

民国四川政区变化有明显的内部差异。四川内地的政区数量较为稳定，民国三年（1914）道以下政区名称统一改为县后，各县全部保留到了民国末年，其间只有归属调整（民国二十七年，即1938年雅安等十四县改属西康省），没有裁撤建置。四川政区的裁撤基本只在川西民族地区，除了有多县被藏军先后攻陷而名存实亡这种特殊情况外，因其设置之初本就纷繁，在大量拟添设的新县中，有些达不到设县标准，因而在民国初年旋设旋撤，如化林县、安良县。分县也是同样命运，道孚县太宁、稻城县贡嘎2分县均在民国二年（1913）裁撤，此后川西地区长时间未设县佐。

但直至民国中期，改置县佐仍然被视为裁县后的一种理所当然的善后方式。如义敦县，即清末之三坝厅，其区域"划定益拉山顶以西，大朔山顶以东，北包冷卡石与曲登土司，及毛丫牧场一部之地"，民国改为义敦县，分为二郎湾、毛丫、东龚、格木、冷卡石5村。义敦县在民国七年（1918）被川边镇守使陈遐龄裁去，"民七汉军战败后，夷人益轻汉官，抗粮抗差，日甚一日，义敦粮税几至全无收入。陈遐龄废义敦县，仍以冷卡石、格木还巴安县，曲登、毛丫、二郎湾、东龚还理化县，立登三坝仍为巴、理界标云"①。民国十三年（1924），陈遐龄被刘成勋击败退出川西，次年北洋政府将川边镇守使改为西康屯垦使，以刘成勋任屯垦使。民国十五年（1926），刘成勋在调整西康行政区域的计划中，将裁义敦县事加以确认，但提出的是另一套善后方案："又查义敦一县，收粮仅一百余石，收税仅藏洋二百余元，而列为中缺，实因巴、理相距太远，中间缉捕转输应有差徭休代之地，故收入虽少，而缺仍列中等。

---

① 任乃强：《西康图经·境域篇》，新亚细亚学会1933年版，第238页。

现长途大批转输多趋北路,该地实无设县之必要,惟喇嘛丫为匪人出没之所,仍不能无官镇慑。拟将该缺降为分县,定名理化县分驻义敦县佐,职司转输、缉捕,而以属地分划理化、定乡,藉省浮费。"将义敦改设县佐并非孤例,刘成勋的调整是统筹规划的,其计划里还有添设泸定县化林坪县佐、康定县安良坝县佐、道孚县泰宁县佐,将原贡嘎分县地重新升设为县等。[①] 其对象基本即之前已裁撤的县、分县。虽然因为刘成勋很快又被刘文辉击败退出川西,改设县佐的事大多不了了之,仅化林成功添设县佐。但这段插曲仍表明了在南京国民政府推行新的基层制度以前,设置县佐仍是管理民族地区的常规应对措施。

(二) 卫所、土司地区的特殊情况

1. 卫所

卫所制度是明代在吸收历代军管型政区的基础上创设的一种管理制度。卫所作为一种非常规政区,主要管理军籍(军户),以与管理民籍(民户)的府州县区别开来。清军入关之后,首先致力于去除卫所的军事化色彩,然后开始逐步裁撤卫所,将其地纳入到常规政区系统中来。清代卫所的裁撤主要有两种方式。一是就近并入附近州县,绝大多数卫所都是以这类方式完成裁撤。二是改置新的政区或佐杂辖区,这类比例较少,而且由于其本身级别的不同,通常来说,卫改置厅县,所改置佐杂辖区。

表 5-1 清代四川裁撤卫所后改置厅县情况

原卫所	裁撤时间	改置州县名称	改置时间
永宁卫	康熙二十六年	永宁县	康熙二十六年
建昌卫	雍正六年	西昌县	雍正六年
宁番卫	雍正六年	冕宁县	雍正六年

---

① 《西康(川边)特别区行政区域划分的文书》,中国第二历史档案馆藏,档号:一〇〇一—(2)—1516。

续表

原卫所	裁撤时间	改置州县名称	改置时间
盐井卫	雍正六年	盐源县	雍正六年
黎大所	雍正七年	清溪县	雍正七年
松潘卫	雍正九年	松潘厅	雍正九年
越嶲卫	乾隆二十六年	越嶲厅	乾隆二十六年
雷波卫	乾隆二十六年	雷波厅	乾隆二十六年

注：永宁改卫为县时属贵州，后划归四川。另有会理州，系康熙二十九年分会川卫地置，雍正六年反过来裁会川卫并入会理州。

表 5-2　　　　　　清代四川裁撤卫所后改置佐杂情况

原卫所	裁撤时间	分驻佐杂名称	分驻时间
青川所	顺治十五年	平武县青川县丞	雍正八年
赤水卫	康熙二十六年	永宁县赤水县丞	雍正八年
礼州所	雍正六年	西昌县礼州县丞	雍正十一年
冕山所	雍正七年	冕宁县冕山县丞	乾隆十年
盐中所	乾隆二十六年	盐源县盐中县丞	乾隆二十六年
黄螂所	乾隆二十六年	雷波厅黄螂巡检	乾隆二十六年
迷易所	乾隆二十六年	会理州迷易巡检	乾隆二十六年
德昌所	乾隆二十六年	西昌县德昌巡检	乾隆二十六年

注：赤水卫裁撤时属贵州，改驻县丞时已属四川。

由以上两表可以看出，卫所在改置州县时，其裁改时间是一致的。而在改置佐杂辖区时分为前后两种情形。早期改置的佐杂辖区，并不是直接将卫所裁改，换句话说，这几处卫所在裁撤时实际是以第一种裁撤方式，即直接就近并入附近州县的方式裁撤的，只是在后来添设佐杂时才借助其原管范围添设，从辖区范围上而言相当于由卫所改置。而后期佐杂辖区制度成熟后，才实现了裁改时间一致，即将卫所直接改置佐杂辖区。

2. 土司

土司制度是元代以降在西南少数民族地区广为设置的一种行政制度，在明代时达到高峰。与卫所的结局不同，清代（主要是雍正乾隆及光绪宣统两个时段）虽然进行了大规模的改土归流，但仍有部分地区保留土司，并延续到民国时期。因此土司与政区的关系比卫所更为复杂。

与卫所的裁撤类似，土司裁撤后一般也是就近并入附近州县。同时也有部分改置政区。如雍正十三年（1735）至乾隆元年（1736），裁平茶、地坝、石耶、邑梅4长官司置秀山县，裁酉阳宣抚司置酉阳直隶州；又如乾隆十七年（1752）平定杂谷宣慰使苍旺的叛乱后，置杂谷直隶厅；乾隆四十一年（1776）平定大小金川后，裁小金川安抚司置美诺直隶厅，裁大金川安抚司置阿尔古直隶厅。这些都是较为有名的案例。光绪末年至民国初年在川西大量新设的政区则是该形式最集中的体现，不过其中有不少都是以委员方式进行了过渡，即先设委员进而再设为县，而且往往将一个土司分成多个县，或从多个土司各分出一部分地合成一县，并不一定成正对应关系。

但不同的是，土司裁撤后一般不直接改置佐杂辖区。胡恒在《厅制起源及其在清代的演变》一文中列举了贵州、湖南、云南、广西的一些直改案例[①]，但总体来说这种情况比较少，四川境内的尤其罕见。比如天全州的始阳州同，雍正七年（1729）裁天全招讨司、宣慰司（原天全副招讨司）改置天全州后，州治设在原杨氏宣慰使署所在地，虽然添设州同分驻原高氏招讨使署所在的始阳，但并未将高土司辖地全部改置为佐杂辖区，州同只负责驻地事务，不辖及高土司原来所管的其他地方。因此这只能算是单纯的分驻佐杂，不能算裁撤土司改置佐杂辖区。又如会理县的披砂县佐，宣统二年（1910）披砂土千户裁撤后，仿照川西之例，将其原辖地先改设设治委员再进而寻求设县，

---

① 胡恒：《厅制起源及其在清代的演变》，《文史》2013年第2期。

设县失败后改为县佐辖区。这是裁撤土司改置政区失败后的后续应对，也不是直接改设佐杂辖区。裁土司直接改置佐杂辖区者，清代民国四川只有清溪县裁常氏土百户改置黄木厂巡检可算一例。

（三）政区边界、治地调整的后续应对

政区边界调整有因政区置废而形成新的政区边界，也有在政区建置不变的情况下单纯的边界调整。由边界调整导致的佐杂分驻大多都属于第一类，分驻佐杂辖区升政区后，与原属政区重新划界，原设分驻佐杂便会相应做出调整。如嘉庆十三年（1808）峨眉县分主簿辖区升设峨边厅，原分驻太平堡主簿移驻沙坪改设为峨边厅分驻沙坪经历；又如道光元年（1821）太平直隶厅复降为县，同时分经历辖区升设城口厅，原分驻城口经历移驻高观场成为城口厅分驻高观场经历。有的甚至跨越相关政区本身，将原设分驻佐杂移驻到省内的其他府州厅县下。如乾隆二十九年（1764）屏山县分县丞辖区升设马边厅，将原驻富顺县邓井关管理盐务的叙州府通判移来作为马边厅的正印官，以一种类似交换的形式，将原分驻马边营县丞移驻邓井关，成为富顺县继自流井县丞之后第二处分驻县丞。

第二类情况比较少，一般情况下政区边界微调不会导致佐杂改驻。这一类中最典型的案例是道光三年（1823）太平县与巴州、通江县边界调整后的佐杂改驻。道光三年五月丁亥，"改太平厅为太平县，以巴州所属锅团圆等处地方改隶之"，同时，通江的竹峪关、黄钟堡等地也划给太平县，见本书第一章第三节。由此导致该年十一月的佐杂改驻。一方面，锅团圆等处地方原为巴州州判所辖，且占州判辖区的 14/18，这些地域划给太平县后，州判形同虚设，不得不重新将更多巴州地方划给州判管辖，将州判以南原属巡检管辖的江口镇等地方改划给州判，州判也顺势移驻到江口镇；另一方面，江口镇巡检既被州判取代，也需要调整安置，正好从通江县划给太平县的黄钟堡等地"地方辽阔，民情犷悍"，于是将江口镇巡检改为太平县黄钟堡巡检加以管控。

第五章　分驻佐杂的影响因素及其辖区形成后的影响

政区治地调整也会对佐杂分驻产生影响。如东乡主簿在嘉庆六年（1801）到嘉庆十九年（1814）的调整。东乡县在嘉庆元年（1796）被白莲教攻陷，县城及公署均遭到焚毁，县治临时移驻到县西七十里的大成寨，嘉庆六年地方初定后，县治仍暂驻大成寨。同时县东的南坝场因人口、商业发展而事务倍增，而大成寨与之相距一百六十里，势难兼顾，便添设主簿分驻南坝场。旧县城得到修复后，东乡县迁回了旧治，距离南坝场相对较近，足以兼顾，而大成寨附近在县治移驻期间已发展壮大，仍需员治理，因此将主簿从南坝场改驻大成寨。又如绵州直隶州在乾隆三十五年（1770）至嘉庆六年的调整，既是政区裁撤的连锁善后，因而也兼有边界、治地双重变化。该州州判本驻州南丰谷井，乾隆三十五年因州城屡遭洪水侵袭，裁罗江县，移绵州州治驻罗江城，为新州城。而旧州城的人口众多，兵民杂处，需员料理民事，遂将州判移驻旧州城兼理附近地方词讼。同时，新州城偏居州之西南，与驿丞兼巡检衔驻地魏城驿所在的东北地方相隔较远，于是又将驿丞辖区改属梓潼县。但由于旧州城的军事战略地位和交通区位优势过于明显，迁治"在实质上弱化了官府对整个州域的管理能力，甚至形成了部分权力真空地带，特别是对涪江流域的控制十分薄弱"①。因此，在抵御白莲教期间旧州城得到修复之后，复治呼声渐起。嘉庆六年遂恢复罗江县，将绵州州治迁回到旧州城，州判的驻地、驿丞的归属也都恢复原状。

二　以人口因素为核心的其他影响因素

除了由政区变动改置的佐杂通常会就地利用旧城和旧域这种特殊情形之外，大多数驻在治城外地方的佐杂一般都会分驻到场镇或关隘上，再划出驻地附近的部分地域加以管理。这涉及地理、经济、民族、

---

① 马剑、张宇博：《洪水与战事中的清代绵州迁治研究》，《历史地理研究》2021年第2期。

军事等多方面的因素，与政区变迁的影响因素颇相类似。各因素之间互有牵扯，而其核心在于人口。

（一）地理因素

地理因素是佐杂分驻最基本、最常见的要素，也是经济、军事等其他因素的基础。地理因素中首先是地理距离，主要是指佐杂分驻地与其所属政区的治城的距离。若二者的距离不远，位于治城的正印官自身就可以进行直接有效的治理，无须另委员分治。因此佐杂分驻多出现在境域辽阔之政区，且其驻地一般都距离治城较远，大多在六十里至一百数十里不等，部分边远地区所设佐杂驻地离治城甚至在两三百里以上。如光绪《越嶲厅全志》卷四《公署》记载越嶲厅经历所驻的大树堡在治北二百八十里，民国《松潘县志》卷一《里镇》载松潘县县佐所驻的南坪距县城有三百六十里之远（由于传统时期的测量精准度问题，这种数字只可作大概参考）。故在奏请佐杂分驻的时候，最为常见的词汇就是"鞭长莫及""离城窎远""势难兼顾"之类，强调由距离过远带来的治理问题，故需以佐杂分驻加以管控。并且总的来看，分驻佐杂驻地距离治城的远近与分驻佐杂辖区的大小多成反比，分驻地距离治城的距离越远，其分辖的范围就越广，距离越近，其分辖的范围就越狭。

其次是地形条件，主要是针对山地地区而言。四川盆地内（主要分为成都平原、川中丘陵、川东平行岭谷三大部分）以平原、浅丘地形为主，这类地区的管控难度相对较低。而山地地形地区的交通不便，居民稀疏，山林易藏奸匪，治理难度就大得多。受制于地形，有的地方即使距离治地不那么远，也容易出现上述问题，盆地周边的高山地区则更是如此。因此佐杂中有不少是分驻在山区里的场镇上，管控所谓"林密山深""深山密箐""深山老林"之地，尤其在川东平行岭谷山区、武陵山区、大巴山区的如大竹、邻水、岳池、东乡（宣汉）、酉阳、太平（万源）等州县分驻佐杂时，通常会使用类似理由。

第五章　分驻佐杂的影响因素及其辖区形成后的影响

除了地理距离和地形条件外，地理因素中还有区位条件（自然资源、交通位置等），与前两者直接产生影响不同，后者一般是通过形成经济等其他因素意义上的区位优势，进而产生影响。

（二）经济因素

经济因素对政区变迁和佐杂分驻都有重要影响，而侧重点稍有不同。政区的变迁往往会涉及多重经济元素的考量，而佐杂的分驻突出在商业发达程度上，其驻地分为因自然资源而兴和因交通位置而兴两种。自然资源方面，四川地区以盐业产地为最主要的类型。在资源导向下，产地附近兴旺与否成为关键，与治城的距离不再是最重要的因素。清代民国时期川内在盐产区所设佐杂中，虽然也有距离远者，如资州罗泉井州判在州西一百二十里，富顺自流井县丞、荣县贡井县丞等也都在一百里以上。但更多的都属距离近者，如盐源白盐井典史、云阳云安场县佐、巫溪大宁场县佐等处在三十至四十里之间，而忠州涂井州判、富顺邓井关县丞、简州石桥井州判等处甚至在二十五里以下。这些距离治城过近的分驻盐场佐杂，其辖区往往很小，一般仅限于盐场附近小范围地方，个别佐杂甚至可能除驻地外别无辖区。

交通位置方面，佐杂大多都分驻在重要的交通节点上，尤其是水陆交汇之地。从本书第二章第二节所绘的《民国三年四川分知事分布图》可以很清楚地看出，川内的分驻佐杂大量都沿长江（包括上游金沙江）及其主要支流乌江（含郁江）、嘉陵江（含渠江、涪江）、沱江（含釜溪河）、岷江（含大渡河）、雅砻江（主要在安宁河）而设，此外还有不少佐杂也是设在各地的中小河流沿线。完全不带水陆交汇因素的很少，即使不临江河，也多在主要陆路交通线的要地或分路之地，如剑州武连驿丞、绵州魏城驿丞的驻地位于金牛道的要地，梁山沙河铺县丞驻地位于小川北道和渝万大道的分路处。这种重要的水陆交汇或大路分路之地，也容易形成商业发达、人烟辐辏的场镇，人口流动大，治理不易，因此以分驻佐杂的形式进行管控。

(三) 民族因素

民族因素是川边民族地区特有的情况,其影响范围早期以川东南、川南为主,后期则主要在川西高原和川西南山地地区。清代民国改土归流的力度虽然很大,但仍保留了不少土司,因此国家对这些民族地区的总体策略是夷汉分治。分驻佐杂作为汉官,其职责主要在管控汉民,一般只设在附近汉夷杂处之地,处理汉民违法和汉夷矛盾问题。川边民族地区的汉夷冲突在明代的时候就屡有发生,到了清初,朝廷有意保持汉民和夷民的距离,将许多边地加以封禁,禁止汉民私入。但随着清政权的稳固,在"湖广填四川"移民的开展、"滋生人丁永不加赋""摊丁入亩"相关赋税制度的刺激、美洲高产作物的引进等多重因素的综合作用下,到了清中期川内人口暴涨。盆地内逐渐从地旷人稀演变为人多地少的局面,原来因战乱荒废的土地全部恢复垦殖,仍不足以缓解人口矛盾。迫于生计,汉民不断向少数民族地区挺进,侵占禁地,造成新的汉夷冲突。对此朝廷不得不进行积极应对,当这些地方汉民日益滋生但又达不到设治要求的时候,佐杂辖区就成了一种新的应对方式,佐杂的分驻正是汉民不断深入民族地区的体现。

由于川内的土司裁撤后一般不直接改置佐杂辖区,民族地区的分驻佐杂往往是在保留了土司的情况下添设,因此土司与佐杂的关系主要呈现为后者对前者的监督管理,以其管理程度的不同,具体又可分为两种类型。一类是佐杂主导型。如以重庆府同知管辖酉阳宣抚司、平茶长官司、地坝长官司、石耶长官司、邑梅长官司,以夔州府同知管辖石砫宣慰司。这类集中在清中前期,多属于改土归流完成前的过渡措施,以级别较高的佐杂全面负责区内汉夷各项事务,土司基本没有什么权力,一般很快就会被裁撤改置政区。一类是土司主导型。如以会理州洼乌场巡检管辖披沙(又作披砂)土千户、会理土百户(又作土千户)、通安土百户、苦竹土百户、者保土百户,以普格经历管辖阿都长官司,以西昌县普威巡检管辖普济长官司、威龙长官司。这类

第五章 分驻佐杂的影响因素及其辖区形成后的影响

集中在清中后期至民国，佐杂级别较低，权力有限，对境内汉人和夷人的管控方式和程度区别明显，像会理洼乌场巡检"遇有命盗案件，如在夷地，仍将该管土司开参；如犯事系在汉地以及汉夷酗酒、赌博、斗殴一切事宜，自应责成该巡检管理"①这种管理模式应是常态，对土司更多只是名义上的监管而已。正是由于佐杂级别和权力有限，以佐杂辖区监管土司并不是民族地区的主流。但这种民族因素的影响一直伴随着相关区域内佐杂辖区的置废，民国三年（1914）分知事整改中建昌道的裁撤比例最小，川西南地区县佐的长期存在，这些都与民族因素大有关系。

（四）军事因素

军事因素在佐杂分驻的各影响因素中相对来说比较特殊和罕见。军事主要影响武职分驻，对佐杂分驻影响不大。对文职系统来说，小规模军事事件影响有限，而大规模军事事件之后一般会直接进行政区改动，单纯分驻佐杂的很少。像嘉庆年间爆发的白莲教运动在四川持续数年，影响巨大，由此，朝廷在嘉庆六年（1801）川内白莲教大军被初步镇压下去后，于相关区域进行了一系列改置，但主要是政区的变动，由该军事事件引发的佐杂分驻只有涪州鹤游坪添设州同勉强可算一例。鹤游坪是一个周围四百余里的台地，台坎相对高差在 80 到 160 米之间，在白莲教军队侵入涪州时期，坪下各地遭到重创，周边居民纷纷逃到坪上，形成了居民数万家。坪上以保和寨为核心，结成大小寨堡群，并在台坎路口险要之处设大小关卡，以抵御白莲教。同治《重修涪州志》卷一三《兵燹》云："嘉庆二年十一月二十五日，白莲教匪王三槐出黄草山入州境，劫掠烧毁，珍溪、李渡蹂躏尤甚。贼三次往来飘忽无定，鹤游坪下四周乡市寨硐杀掠搜刮几无遗类……四年二月，群贼窜川东，涪州鹤游坪几为贼据。坪中白家场李扳弓杆潜通

---

① 《题为遵议川省泸州州判等移驻分拨地界各事宜事》，中国第一历史档案馆藏，档号：02-01-04-20748-013。

贼，初八夜引贼由三伏岭卡入坪，势甚炽。武举谭在榜等急赴勒宫保大营（营在垫江县董家场，离坪三十里）号哭请救，大兵至，贼遁。"鹤游坪有效阻止了白莲教的入侵，在嘉庆六年便设州同分驻。但从民国《涪陵县重修涪州志》卷五《廨署》、卷二六《杂编三·拾遗·官多民扰》所说的"嘉庆初，教匪余党窜入鹤游坪，地方不靖，坪绅张文耀等请设武弁资弹压，时疆吏议裁达州州同，遂以移驻鹤游坪""嘉庆初，鹤游坪绅张文耀等请添汛弹压，时达州因王三槐肇乱降为县，裁州同缺，大吏议：涪州添设武弁，不如即以州同移驻设署"等语来看，原本当地只是提出请设武官，因达州升直隶州为府，上层官员觉得达州州同就此被裁去可惜，才移驻州同到鹤游坪改为涪州州同。因此从这个角度讲，鹤游坪设州同也不是单纯地受军事因素影响。

总的来说，佐杂分驻地的选定通常都不会是单一因素造成，而这些因素又是在变化中的。一般分驻佐杂的地方在其添设之初都有较为充分的理由，但不同地区不同时期的发展状况一直在变化。如果该处发展迅猛，就有升为政区的可能。如果发展同其他地域相比较缓，甚至不进反退，变成"地僻事简"或"地非冲要，事务又极简单"，就会相应取消分驻。所以佐杂的分驻地也一直在动态的调整过程中，尤其以巡检驻地的变化最为明显。明末的巡检分驻地与清雍正八年（1730）的巡检分驻地几乎完全没有重合（仅简州龙泉镇、邛州直隶州火井漕、通江檬坝关、宜宾横江、宜宾宣化驿5处，其中后三处又很快在乾隆元年、乾隆二十九年先后被裁），雍正八年添设的26处巡检又有10处在乾隆元年被调整（其中仅蓬溪蓬莱镇、犍为牛华溪、云阳云安厂3处是驻地不变的官职变化，其他7处都涉及驻地更改，昭化白水、通江檬坝关、宜宾横江、岳池黎梓卫4处更是跨州县甚至跨府更改），民国三年（1914）的分知事名额调整中25处由巡检改设的分知事有8处被裁，这些变化毫无疑问都与相关地区的发展变化有关。而影响佐杂分驻的所有因素归根结底，其核心都在于人口。既然分驻

第五章　分驻佐杂的影响因素及其辖区形成后的影响

佐杂的目的是加强地方管控，而管控的对象是人，则所谓对地方的管控其实本质上都是对人的管控。因此不管距离多遥远或资源多丰富，如果没有足够数量的人口，按一般管理方式足以料理，就没有分驻的意义。只有人口足够多、足够杂，有派驻专人治理的必要，才会考虑分驻佐杂。如崇庆州怀远镇州同的添设，该州"西北一带绵亘三百余里，与瓦寺土司交界，冈连岭复，最为藏奸"，怀远镇一带正好在山前，再往西就进入山区，位置极为重要，在明代一度设过巡检。但经过明末清初的动荡后，人口锐减，清初"该处人户稀少，仅为樵采往来之所"，所以并未设官分理。到乾隆中期的时候，"今则生齿日繁，山溪遍垦，因之莠良杂处，民俗犷顽"①，因而移驻州同管辖。又如会理县巡检驻地的变化，该巡检于雍正八年（1730）设在州东苦竹坝，该处本来地广人稠，但此后"只缘该处地土干燥，于种植不甚相宜，民人渐次迁居，近遗居民仅数十户"，而更东的洼乌场"附近夷地开垦日广，现在流寓汉民已有三万余户，汉夷杂处，必得专员弹压"②，形成了比苦竹坝更适合更需要分驻的条件，因而将巡检移驻洼乌场。

第二节　分驻佐杂辖区形成后的影响

一　常规情况下分驻佐杂辖区内的定位和认同

由于分驻佐杂或多或少分管一些本属正印官的事务，在辖区划定后，佐杂即为辖区内的直接负责人，在上下之间代为转达或处理，与正印官衙门以牒、札等形式进行互动。加上分驻佐杂普遍性的僭越受理案件，其辖区内的民众遇事优先前往分衙门寻求解决的情况成为常

---

① 《题为筹办泸州州同裁汰改设崇庆州怀远镇州同事宜事》，中国第一历史档案馆藏，档号：02-01-03-07845-002。

② 《呈四川省裁改移驻正杂教职各缺清单》，中国第一历史档案馆藏，档号：03-2628-108；《奏为体察重庆等府州县情形分别裁汰改移闲员事》，中国第一历史档案馆藏，档号：04-01-01-0734-006。

态，使其在辖区内虽无正印官之名，而大有正印官之势。虽然代表所属政区的官方试图消除这种影响，但在这种分驻机制下，佐杂辖区与所属政区的离心程度要高于同一政区内其他地域，这种差别是难以抹去的。长期下来，辖区内的民众有单独的认同感，与所属政区下的其他地方不同。这种特殊的认知上升到一定阶段，就会形成从所属政区中独立出来的观念，在政区变动剧烈的年代凸显出来。如清末从佐杂辖区上升为县级政区的古宋县、盐边厅，就是以辖区发展迅速、非改设正印官不足以管理为由，提出更进一步。从境域来讲，新升的政区边界基本就地利用原有的辖区边界，并没有大的改变。民国时期川内有多个原佐杂辖区呈请单独设县的案例，主要分为两个时段。一是民国初年，趁政权更迭之际，多个分驻佐杂辖区曾提出设县要求。目前可知的是简阳龙泉驿、酉阳龙潭、富顺自流井、荣县贡井等处均以失败告终，只有遂宁梓潼宫升设东安（潼南）县成功。二是抗战期间，四川地位大幅提升，川内在 20 世纪 40 年代兴起了一股设县热潮。不仅成功的案例中多有分驻佐杂辖区渊源，如青川、沐川、武隆、旺苍、平昌等县及自贡市。即使未成功者，其在提出设县请求时也多援引历史上曾设佐杂辖区为据。如崇庆怀远镇称："乾隆五十五年川督孙士毅奏请设州同治理，对地方治安及文化、经济均有相当发展。民元以后改设县佐，地方一切仅以粗安。自分区设署以来，区长权责有限，而怀远镇距县五十余里，县府鞭长莫及，一切均感落后，尤以治安方面，常使地方糜烂不堪。又镇属万家坪蕴藏丰富，面积辽阔，与汶川、天全连接，亦因种种关系无从开发，以致生计日蹙，货藏于地。""在废清时代以曾特设分州管辖，只以地处边要，纵横及二百余里，人口达十二万以上，林业、矿产、农作极占重要，而交通不便。"又如绵阳魏城镇称："过去政府未尝不以此地为重要，故前清于州治之下，犹在此地特设巡检、塘汛文武两官。反正后，又改设县佐、巡警、区署一切名目。且今年区长之官，裁而复置，事经我钧座亲莅斯土，已知其此

第五章　分驻佐杂的影响因素及其辖区形成后的影响

非设官不能治也。惟此区长之设置，仅限于指导其下层工作，并无行政权力，何能维持地方一切重务。故非改设县治，不足以资镇慑。盖以此繁剧之地，而设卑小之官，不惟无益，而反有损。"① 又如简阳龙泉驿以清代民国巡检、县佐所辖范围作为划定新县区域的依据。② 可见由分驻佐杂辖区形成的内部区域认同在政区演变中的重要作用。

当然也有另一种情况，即分驻佐杂辖区内部虽然有认同感，但更愿意和所属政区下的其他地方保持一致。最典型的例子就是鹤游坪，作为涪州（涪陵县）的州同（县佐）辖区，当地有内部的认同意识，以分州、分县、坪民、坪人等称呼自居。但从清代到民国，当地人请愿撤销分驻佐杂的诉求就没停止过。这主要源于该处佐杂衙门吏治素来不佳，而当地民众又负担过重，即民国《涪陵县重修涪州志》卷二六《杂编三·拾遗·官多民扰》所说的："计官吏胥役每年糜费数万金，皆取诸十八场，坪人之困，屡控不能裁。"因此，鹤游坪这种情况有其特殊原因，在川内其他佐杂辖区并不多见。

二　政区变动后分驻佐杂辖区对新旧地域认同和融合的影响

清代民国时期，政区裁撤后再未复置的有安居县、武隆县、大昌县、威州、保县5处，并且其裁撤后的后续应对方式各有不同。大昌县是唯一单纯裁撤的。大昌县并入巫山县后，既未出现县治迁移的情况，也未分驻佐杂来管理旧县域。在康熙《巫山县志·疆界》、雍正《巫山县志·疆界》中，都是先记载巫山县的疆界四至、堡、镇、村，其后再记载大昌县的疆界四至、堡，分开来记以示区别。而到了光绪《巫山县志》卷三《疆域》中，不再有旧日区别，而是按全县的疆界

---

① 《临时大会后崇庆县怀远镇绅民林文蔚等请设县治》，档号：049-01-0498；《绵阳崇庆县士绅乡民代表及设县请愿团呈请增设魏城镇怀远镇为县治见言图说与四川省府指令批》，档号：054-04-11109。俱四川省档案馆藏。
② 《一届四次会后龙泉驿请提前改设县治一案》，四川省档案馆藏，档号：049-01-0545。

四至、镇、堡、村依序统一记载，大昌已彻底融入巫山县中。

与大昌的情况相反的是安居、武隆。安居县并入铜梁县后，原县域称为安居乡，单独编为安乐、万安、安正、新兴 4 里，与铜梁县的巴岳、六寅、长安、羊燕 4 里区分开。道光十二年（1832）裁安居巡检后，仍保留训导一员，与外委把总共同维持安居秩序。在光绪《铜梁县志》中，多个条目都将安居乡单独附列，如卷一《地理》下的《沿革》《疆域》《形胜》《山川》《古迹》《茔墓》《义塚》、卷二《建置》下的《城池》《衙署》《坛庙》《津梁》《场镇》《里甲》《寺观》、卷五《职官》下的《题名》《政绩》等。这种情况说明合并之后其内部的割裂感还是很明显的，当地人形成有"安居之与铜梁虽名为一县，其实学额、丁粮及各种负担，划然各别"①的观念。因此，到了民国县佐官制出台后，安居又重新请设县佐，成功恢复到巡检分辖时的局面。

武隆的情况与安居类似。武隆县并入涪州后，也单独编为东、西 2 里，与涪州原有的长滩、白石、罗云 3 里区分开，这种里甲设置历经有清一代未改。通过对各版《涪州志》的比较，可以看出新旧两地的差异在缩小。如对疆界的记载，最初的乾隆《涪州志》卷一《封域》下的《形胜附疆界》将涪州和武隆的疆界分开表述，先在涪州疆界下云"东南八十里至牛皮箐分水岭抵武隆司界"，之后又单列武隆界"东一百三十里至木棕河抵彭水县界，东北九十里至鱼鳞箐分水岭抵酆都县界，西北八十里至牛皮箐分水岭抵州界，南七十里至蒲溪镇抵正安州界，西南一百五十里至高坎抵南川县界"。此后，道光《涪州志》卷一《形胜附疆界》、同治《重修涪州志》卷一《疆域》延续了这一表述。而到了光绪《涪乘启新》卷一《疆界》、民国《涪陵县续修涪州志》卷一《道里》中，已不再分述，而是将全州疆界统一表述为"东

---

① 《綦江县知事铜梁县绅商代表呈请在綦江东溪镇铜梁安居镇增设县佐省道批示》，四川省档案馆藏，档号：民191-01-0036。

第五章　分驻佐杂的影响因素及其辖区形成后的影响

南至木棕河三百六十里，抵彭水界""东南一百六十里至木棕河抵彭水县界"。又如对场市的记载，乾隆《涪州志》卷一《街市》、道光《涪州志》卷一《街市》在"东西里乡市"的各处场镇下除了都记了在州的方位"州东"之外，还附记了各处与武隆司的方向和里程。到了同治《重修涪州志》中则取消了这种表述。应该说，涪州将武隆并入之后，在有意尝试消弭新旧两地的差别。但由于巡检、县佐前后长达260余年的存在，武隆一直都可谓是涪州（涪陵）的特殊区域，这对两地的认同和融合产生了消极影响。因此武隆县佐在民国二十一年（1932）被裁撤后，仅仅过了九年，就于民国三十年（1941）又从涪陵县分离出来设为武隆设治局，进而在民国三十三年（1944）改升为县，此后一直到现在都是县级政区。

威州、保县的情况具有直接关联，但两次后续调整手段不同，效果也相反。威州先于雍正五年（1727）被裁并入保县，将保县县治迁到了原威州州治；乾隆十七年（1752）新设理番直隶厅，将保县旧城作为厅治；保县后又于嘉庆六年（1801）被裁并入理番直隶厅，厅治仍设在保县旧城，同时将原设同城照磨移驻保县新城（新堡关）。对应起来，嘉庆六年以后理番直隶厅的面积相当于雍正五年以前威州加保县再加杂谷土司的面积。威州并入保县后，直接将保县县治迁到了原威州州治，毫无疑问这对加速新旧地域的融合有积极影响。乾隆十七年理番直隶厅初设之时，四川总督策楞、提督岳钟琪原拟在杂谷脑新建城池作为厅治，被朝廷以担心引起远近诸番骇异为由而拒绝，因此次年改定厅域，分割保县旧治附近地方归厅管辖，将保县旧城作为厅治，"旧保县地方汉番及梭磨、大金川等各土目请归新设理番同知管辖，再旧保县城内汉民、满溪十寨熟番及竹克基、松冈、小金川、沃日等地方，并请归该同知兼辖"[①]。保县县域有所缩减，至嘉庆六年为

[①]《高宗实录》卷424《乾隆十七年十月上》、卷453《乾隆十八年十二月下》，《清实录》第14册，中华书局1986年版，第546、902页。

了给罗江复县腾出名额，以"保县所管地方多与杂谷毗连，远者不过一百余里，近者仅止五六十里"①为由，将保县并入理番直隶厅。保县汉民数量原本就极少，乾隆《保县志》卷二《民居》云："汉以里名者九。"各里下又杂有番民，九里之外还另有番寨一百零八。厅县合并之后，汉民所占比例进一步降低。同治《直隶理番厅志》卷一《疆域》云："汉民之居仅在一线官道中，今所谓六里也。其余九枯、十寨、三番、四土、五屯，类皆羌夷各种。"即汉民主要在新堡关至旧保城之间，沿杂谷脑河（又称沱江）呈条状而居。卷六《志存》亦载咸丰八年（1858）同知徐锡金的禀称："卑厅一缺，附郭内外汉民仅二百余户，乡居亦复寥寥。职任专重抚绥夷地，控驭土司。所辖四土，距厅城七八百里、千余里不等；又辖五屯，距厅近则五六十里，远则百余里不等；至六里、九枯、三番、十寨，皆汉番杂处。"厅能直接管理的民户不多，到了民国时期仍是如此，民国二十二年（1933），丁作韶视察川康边区，经过理番时称："夷人在理番县，以人口论，占全民百分之七十，以其面积论，则为四分之三……理番县政府能达到之地方，只有威州，杂谷屯之间，换言之，沿沱江一带的地方。"②因此保县并入理番厅之后，照磨、县佐虽然先后以移驻新保城，但并没有像安居、武隆那样完全继承旧县的原管范围，而是只管辖新堡关城内。应该说，照磨、县佐前后长达130年的分驻在一定程度上对新堡关融入理番产生了消极影响。但新堡关的融入问题有其特殊原因。首先从地理方位而言，新堡关僻居理番东部一隅，东、南、北三面皆接汶川县界，距当时的汶川县治寒水驿（绵虒）也比距理番治地旧保城更近。而更重要的一点在于，新堡关其实在历史上长期都是汶川的县治，明宣德三年（1428）才改为威州州治，因此该地对汶川有特殊的认同感。

---

① 《题报接准部复查办改设绥定府等缺分别繁简酌定官俸等事宜事》，中国第一历史档案馆藏，档号：02－01－03－08504－011。

② 丁作韶：《川康边区视察记（八）》，《大中国周报》1933年第3卷第10期，第30页。

第五章　分驻佐杂的影响因素及其辖区形成后的影响

最终在中华人民共和国成立初期重新被划入汶川县，并成了如今的汶川县县治。

综合以上常规情况下和政区变动后两种情况来看，虽然一方面，分驻佐杂可以避免因地域辽阔而出现的治理鞭长莫及的弊病，起到辅助治理的效果。但另一方面，从某种程度上而言，分驻佐杂会在佐杂辖区内生成一种特殊的自我定位，产生与其所属政区其他地域不同的归属认同感。而在两个政区合并之地，分驻佐杂管辖旧域尤其会强化新旧两地的分裂感，进而阻碍两地的融合。胡恒在研究南部县佐杂时曾注意到佐杂辖区在历史构建中的"失语"现象：虽然档案对南部县丞、巡检的辖区和职能记载颇详，但在《南部县志》和《南部县乡土志》中，"关于上述种种县辖政区的情况，方志中无一语记载"[1]。这不是特例，而是普遍现象，或许这正是和佐杂辖区的负面影响有关。方志一般代表正印官、代表政区治城的意志，强调所在政区是一个整体。对于分驻佐杂，方志通常只会在公署、职官等部分简单列出。而对于分驻佐杂的辖区，方志并不愿意去多加提及，反而甚至有意去抹掉。如江油县巡检，雍正《江油县志》卷上《疆域》有对中坝巡检司四至范围的具体描述，而到了道光《江油县志》、光绪《江油县志》中，关于巡检辖区的记载反而消失了。又如东乡县主簿，嘉庆《东乡县志》在卷三《建置沿革》将主簿前分驻南坝场时"分管十三甲、十四甲、十五甲"和后改驻大成寨时"分管一甲、二甲、八甲、九甲"的辖区前后变化记载得非常详细，而到了光绪《东乡县志》中，关于主簿辖区的记载反而消失了。但其实相关辖区并没有被改变或被取消，这种记载的消失并不是现实变化的真实体现，而是人为地有意抹杀。像江油、东乡这种记载方式多少还能看出前后的痕迹，而更多的方志则是从始至终都不予相关记载，导致复原佐杂辖区的研究难度极大，

---

[1] 胡恒：《皇权不下县？——清代县辖政区与基层社会治理》，北京师范大学出版社2015年版，第186页。

如果没有档案等其他资料的证明，恐怕分驻佐杂辖区曾经存在的事实就将淹没在历史中。

三　分驻佐杂辖区的当代形式

民国中期废除县佐制度，推行分区设署，建立起全新的县辖政区体系，县佐辖区融入其中。县佐的全面裁撤，标志着明清以降分驻佐杂制度在名目上的彻底消亡。但这种分驻官员到特殊地方进行不同程度权力的代管，形成分辖区再进而向政区方向发展的方式对后世仍有较深影响，在当代中国的主要表现形式是以国家级新区为代表的功能区的流变。

我国的宪法规定了全国的行政区域划分法，现行宪法是1982年宪法。中华人民共和国成立之初，1954年第一部《中华人民共和国宪法》第二章第四节第五十三条规定，中华人民共和国的行政区域划分为省、县、乡三级，具体表述为："（一）全国分为省、自治区、直辖市；（二）省、自治区分为自治州、县、自治县、市；（三）县、自治县分为乡、民族乡、镇。直辖市和较大的市分为区。自治州分为县、自治县、市。自治区、自治州、自治县都是民族自治地方。"和历史时期的政区层级相比，新中国最大的变化是在县以下增加一级，正式确立乡一级为政区层级的一部分。1975年第二部宪法取消了对区域划分的表述，只在第二章第三节第二十二条笼统称："地方各级革命委员会是地方各级人民代表大会的常设机关，同时又是地方各级人民政府。"1978年宪法第二章第三节第三十三条恢复了相关表述，并且有两处改变，"县、自治县分为乡、民族乡、镇"变为了"县、自治县分为人民公社、镇"，"直辖市和较大的市分为区"变为了"直辖市和较大的市分为区、县"。1982年宪法第一章第三十条又将"县、自治县分为人民公社、镇"恢复为1954年宪法的"县、自治县分为乡、民族乡、镇"，其余部分仍与1978年宪法相同。此后该

第五章　分驻佐杂的影响因素及其辖区形成后的影响

宪法经1988年、1993年、1999年、2004年、2018年五次修订，但政区划分这一部分都未作调整。①综上，现行宪法跟1954年第一部宪法相比，仅仅有一处变化，即"直辖市和较大的市分为区"变成了"直辖市和较大的市分为区、县"。

虽然同为以政府派驻机构分驻分辖的形式，当代的功能区有清代民国分驻佐杂辖区的影子，但二者的出发点有很大的不同。清代民国分驻佐杂辖区的目的是加强对特殊地域的管控，是被动性的；而当代功能区是以促进经济发展为初衷，是主动性的。随着改革开放以来对经济发展的重视，从20世纪80年代开始，国内出现了一大批不同名目的、以促进经济发展为主要指向的功能区，如经济技术开发区、高新技术产业开发区、新区等，这些功能区一般以政府分驻管委会的形式管理。在众多功能区中，职能最全、面积最大、与政区牵扯最广的非新区莫属，尤其是国家级新区。作为"由国务院批准设立，承担国家重大发展和改革开放战略任务的综合功能区"②，国家级新区面积一般在数百至两千平方公里，横跨多个市区县范围。目前我国的国家级新区有19处，其中四川有1处，重庆有1处。上海浦东新区、天津滨海新区2处已经升为政区。前者在1992年建立时即为国家级新区并获行政区划代码"310115"，2000年撤管委会改设区政府。后者在2006年升国家级新区，2009年获行政区划代码"120116"并撤管委会改设区政府。③除了这两处外，其他国家级新区也大有向政区演变的趋势。以重庆两江新区为例，两江新区成立于2010年，以管委会形式管理。到了2016年，重庆市人民政府出台了《重庆两

---

① 历年宪法之全文参见全国人民代表大会官方网站。
② 国家发展改革委、国土资源部、环境保护部、住房和城乡建设部《关于促进国家级新区健康发展的指导意见》，2015年4月15日，http://www.gov.cn/gongbao/content/2015/content_2897168.htm。
③ 行政区划代码获得年份参见民政部官方网站的相关数据，http://www.mca.gov.cn/article/sj/xzqh/1980。

江新区管理办法》，其中第六章第四十五条称："本办法所称两江新区，是指国务院批准的，包括江北区、北碚区、渝北区3个行政区的部分区域，规划面积1200平方公里。本办法所称直管区，包括鸳鸯、人和、天宫殿、翠云、大竹林、礼嘉、金山、康美、鱼嘴、复盛、郭家沱、龙兴、石船、水土、复兴15个建制镇和街道，以及市人民政府明确的其他区域。"第二章第八条明确规定："两江新区管委会及其职能机构根据职责，负责直管区相关的行政管理工作，行使相应的行政许可、行政处罚等行政管理权。"并根据区域的不同分为两种管理模式，"鸳鸯、人和、天宫殿、翠云、大竹林、礼嘉、金山、康美8个街道的行政管理工作由两江新区管委会负责，疾病防控、征兵工作由渝北区人民政府负责。直管区内其他区域的经济发展和开发建设管理工作由两江新区管委会负责，其他行政管理工作由所在地的三区政府分别负责。两江新区管委会职能机构应当协助三区政府做好有关管理工作"①。可以看出，在由前一种模式管理的8个街道范围内，管委会已经基本代替了所属政区的政府行使职能，两江新区大有像浦东新区、滨海新区一样由功能区走向行政区的趋势。

除了国家级新区外，较为熟知的功能区还有国家级经济技术开发区（目前全国有230处，其中四川有10处，重庆有3处）②、国家级高新技术产业开发区（目前全国有168处，其中四川有8处，重庆有4处）③，这些功能区也存在不同程度地对乡级政区进行代管的情况。相比国家级新区而言，经开区、高新区等功能区职能相对较少，面积也普遍不大，多仅代管两三个街道或镇。但也有例外，如重庆市高新区，

---

① 见重庆市政府官网，http://www.cq.gov.cn/zwgk/zfxxgkml/szfwj/zfgz/zfgz/201606/t2016 0604_ 8836445. html。
② 国家级经济技术开发区见商务部官方网站的统计，http://www.mofcom.gov.cn/xglj/kaifaqu.shtmll。
③ 国家级高新技术产业开发区见科学技术官方网站的统计，http://www.most.gov.cn/zxgzlgxjscykfq/gxjsgxqml。

第五章 分驻佐杂的影响因素及其辖区形成后的影响

2019年重庆市五届人大常委会第十四次会议表决通过了《重庆市人民代表大会常务委员会关于重庆高新技术产业开发区行政管理事项的决定》，明确重庆高新区管委会在高新区管理范围内行使相应的行政审批和行政处罚等行政管理权，并明确其管理范围包括直管园和拓展园，直管园的具体范围包括"沙坪坝区曾家镇、西永街道、虎溪街道、香炉山街道全域，九龙坡区白市驿镇、走马镇、含谷镇、巴福镇、金凤镇、石板镇全域"这3个街道和7个镇，拓展园的范围则更广。[①] 随着时间的推移，重庆高新区会不会将直管辖区继续扩大，进而也向政区方向发展，这是完全有可能的。

另外，重庆市的万盛经开区也是一个非常有意思的案例。万盛经开区只是直辖市级经开区，但代管面积却比多数国家级经开区还广，这有它特殊的历史背景。该处本来是政区万盛区，隶属于四川省重庆市，行政区划代码为"510216"。1997年重庆直辖后，万盛成为直辖市下辖政区，行政区划代码也随之改为"500110"。2011年撤销政区万盛区改设经开区，隶属于綦江区。万盛经开区在设置之初代管万盛、东林2街道和万东、南桐2镇，2012年6月，又增加关坝、青年、丛林、石林、金桥、黑山6镇，共代管2街道8镇，代管面积大体恢复到之前万盛区的政区面积。

正是由于当代政区实际情况的多样和复杂，因此长期以来关于政区改革的言论不绝于耳。其中以将地级市裁撤和省域缩小捆绑在一起的"省直辖县"相关意见最为瞩目，但这种改革意见过度强调行政效率的提升而忽略了我国人口极度不均、经济水平差异大、需要稳定等基本国情，也缺少对剧烈变动可能引发的后续问题的考虑，显得过于理想化，可以在局部以直辖市等形式进行，却不适宜在全国作大规模的更改。因此该意见不仅一直未被采纳，今后若非出现重大变故也仍

[①] 颜若雯：《重庆高新区行政管理事项决定表决通过》，《重庆日报》2019年12月25日第5版。

不会提上日程。相对而言，功能区的模式符合当下的发展需求，可继续在探索中运行，使其趋于成熟。但同时应注重相关名称的统一，以免混淆。一方面应将不同级别的政区单位加以区分，避免出现"成都市都江堰市""乐山市峨眉山市"这类滑稽的称谓。而政区和功能区也应该加以区分，像"新区"之名，既有像沈阳沈北新区这样是纯粹政区的，也有像上海浦东新区、天津滨海新区这样保有功能区名号但现在已经成为政区的，还有像重庆江北新区这样仍只是功能区的，这些不同性质的"新区"应在称谓上有所区别。可以预见的是，未来这些功能区仍不免走向两种结局，一是像滨海新区这样在旧有政区体系中升为正式政区，二是像民国大部分县佐辖区的结局一样，在新的政区体系建立之后融入其中。当然届时也不会是这类变化的终点，政区永远在跟着时代变化，未来类似于分驻佐杂辖区性质的形式会以新的面貌再次出现。

本章小结

总体来看，清代民国分驻佐杂辖区的设置是在政区体系不变的前提下，国家权力向县级政区以下的适度延展。佐杂的分驻分辖既是政区体系的一部分，也是政治、地理、经济、民族、军事等多重因素影响下的结果。其中政治是最直观的影响因素，分驻佐杂既有常规政区、卫所、土司被裁撤后直接就地改置的情况，也受政区边界和治地变迁的影响。其他影响因素中，地理距离远、地形条件复杂、资源或交通区位条件优越、商业发达都是比较常见的因素，而民族因素和军事因素的影响程度相对有限。在所有影响因素中，最核心的是人口，佐杂的分驻常随人口规模（以是否多、是否杂为主要衡量标准）的变化而有所调整。

从分驻佐杂的后续效果来看，既有积极影响也有消极影响。积极层面，分驻佐杂确实能起到辅助正印官治理的效果，在辖区内能强化管控力度。而消极层面在于容易在辖区内形成独立的内部认同的地域观念，进而与所属政区有潜在的分离风险，对于政区合并后新旧地域融合的阻碍作用尤其明显。因此政区中心所在的官方往往想要对这种区域差异和消极影响进行掩盖，甚至不惜对相关信息进行有意抹杀，方志中对分驻佐杂辖区的"失语"现象就是这种行为的典型。正是由于分驻佐杂辖区的非普遍性和由此带来的双面影响，一方面分驻佐杂辖区可以作为政区的一种有效过渡形式，但另一方面，如果不是为了向升为政区的方向发展，则不宜设置过久，应尽早恢复到常规政区体系中。

结　　语

一　全国视阈下清代民国四川分驻佐杂的特点

清代民国分驻佐杂不是四川独有的制度。在清代，分驻佐杂"存在于除西藏、青海、内外蒙古之外几乎所有区域"①。而民国时期，全国也至少有直隶、奉天、黑龙江、山东、河南、山西、福建、湖北、陕西、新疆、四川、云南、贵州13个省曾置有或准备设置县佐。② 和其他地区相比，清代民国四川分驻佐杂既受全国的总体把控，又在某些方面呈现出自身独有的特点。

佐杂分驻分辖制度在清代走向成熟。从时间历程而言，四川佐杂设置和分驻的四个阶段与全国佐杂变化的总体态势基本一致，但川内分驻佐杂置废最剧烈的几个时间节点则与四川自身的情况相关。如雍正八年（1730）的大量添设，是在全川佐杂本身过于缺少的情况下，又恰因乌蒙一带叛乱、极其需员差委而催生；又如乾隆元年（1736）的剧烈置裁，是在四川进行盐政改革、大量添设盐大使等官的同时，对川内原有分驻佐杂分布格局的重新布局；又如嘉庆六年（1801）对川北、川东北的集中变动，是在川内白莲教运动基本被镇压下去后，对受波及的部分州县的一体调整；又如光绪末到宣统时对川西、川南、

---

① 胡恒：《皇权不下县？——清代县辖政区与基层社会治理》，北京师范大学出版社2015年版，第25页。
② 周振鹤主编，傅林祥等著：《中国行政区划通史·中华民国卷》，复旦大学出版社2007年版，第60页。

川西南的调整,是在民族地区大规模推进内地化①进程背景下,对局部地区制度的相应跟进。这些时间节点往往是四川独有的。

而从分辖程度而言,清代广东的分驻佐杂情况是最为瞩目的,不仅几乎每县都设有分驻佐杂(主要是巡检),而且佐杂(包括同城佐杂)将全省州县以下的境域几乎分辖完毕。与之相比,四川佐杂分驻分辖的比例和程度远远不及。虽然在四川部分州厅县内也存在类似于广东的模式,如江油县,雍正《江油县志》卷上《疆域》明确列有位于县南的中坝巡检司的四至边界,其东、南、西三面分别与梓潼县、石泉县、彰明县交界,而北面"交县典史界",这说明江油县的同城典史也有明确的辖区,二者将江油县境域进行了分辖。又如城口厅,同城照磨和分驻在高观场的厅经历各自分管地界,"高观场之七保三、四甲岚溪场、六甲中坝子、袁家庙、上八甲旺乡坝、下八甲后坪、菜子坝等处归高观场经历分管",其他厅域归照磨专管②,将厅境分辖完毕。但总体来说,这类案例在四川比较罕见,没有更多证据表明川内大多数州县也都是以广东模式分辖的。更需要说明的是,像广东的这种情况放到全国也仅此一例,不只是四川,其他也没有哪个省份能够达到这种程度。尽管如此,四川佐杂的分驻分辖也基本做到了类型全面。从辖区范围而言,川内的分驻佐杂既有只负责驻地事务的,也有在驻地外别有辖区的,而且经本文的梳理后,可以明确其中绝大部分都是属于后一种,这种佐杂辖区成了其所属政区内的一个特殊的区域。就职能范围而言,从司法权限(即"刑名")的由低到高,有像崇庆州怀远镇州同、东乡县主簿(分南坝场、大成寨两个时期)这类最普通同时也是最常见的可以处理斗殴、赌博、私盐等一般案件的,也有像泸州直隶州九姓乡州判这类可进一步处理户

---

① "内地化"是学界用以表述历史时期边疆民族地区逐步纳入中央直控进程的一种概念,凸显地域特征及民族特征,相关概念界定可参见周琼《清代云南内地化后果初探——以水利工程为中心的考察》,《江汉论坛》2008年第3期。

② 《奏为太平县新设城口厅应行修建衙署仓厫监狱等工程需银数事》,中国第一历史档案馆藏,档号:03-3625-071。

婚田土案件的。而从"钱谷"的角度来说，也已经有盐源县盐中县丞这类兼管各仓谷米的，甚至有像永宁县赤水县丞、西昌县礼州县丞、松潘厅南坪巡检这类已可代征钱粮赋税的。

民国以县佐制度继承清代的分驻佐杂制度，但民国各省的县佐设置呈现出了明显的差异性。首先是民国建立之初，国家制度未臻统一，各省对原设分驻佐杂的处理方式差异极大。有直接全部废除者，也有予以保留者，而保留了的各省份采取的具体措施也各不相同，"陕西省统一改为县丞；奉天省统一改为分治委员；福建省经多次改名，民国三年统一改为分驻科员。黑龙江省则自行实施《佐治局制》"。其次是在民国中期，国民党中央和南京国民政府决议取消县佐制度之后，边远的四川、陕西、云南、贵州、黑龙江、新疆6省（区）经历了缓裁。① 在这整个过程中，四川是少数的真正推行了这项制度的省份。而且由于自身政局特点，四川在县佐制度的前后演变上也有着与其他省份不同的设置历程。辛亥革命后，各军政府制度不一，直到民国元年（1912）六月，四川都督府才在川内统一改订官制，民国三年（1914）再改为县佐。从名称上前后经历了分驻佐杂→分州（厅、县）知事→分知事→县佐四个阶段。而民国中期南京国民政府决议取消县佐制度时，四川正值军阀分立的防区制时代，刘湘的二十一军军部实控区积极响应，刘文辉的省政府实控区则请求缓裁，使得川内的县佐以分区域、分阶段的形式完成裁撤。直到刘湘击败刘文辉，全面掌控四川之后，才将这项政策完全落实。

与许多内地省份不同，四川地处汉民族聚居区与少数民族聚居区的交界地带，因而四川的分驻佐杂有内地和边地两种特性。在少数民族聚居区设置的分驻佐杂，往往在主管辖区内汉民的同时，还具有兼管土司的职责。虽然因为各种分驻佐杂行政级别的不同，其真正起到的作用有大小之别。但这种特性在漫长的改土归流过程中仍发挥了一

---

① 周振鹤主编，傅林祥等著：《中国行政区划通史·中华民国卷》，复旦大学出版社2007年版，第59页。

定影响力,在此背景下,佐杂的分驻其实反映的是当地居民的内地化进程,这也使得四川民族地区的分驻佐杂具有强烈的以制度化来推进民族边地走向内地化的色彩。

二 分驻佐杂的两面性与地方治理

鉴于最初制度史、社会史领域相关研究对佐杂地位的普遍看低,近些年,学界尤其是历史地理学界,用不同的视角和方法,结合更多史料和案例对佐杂进行了更细致的研究,产生了不少新的创见,在一定程度上改变了原有的轻视佐杂作用的观念。关于同城佐杂在明清主官负责制下逐渐沦为闲冗这一点,基本已是共识,因此这些研究重点落在了分驻佐杂上。

清中期开始在全国普遍展开的佐杂分驻分辖,是清政府在地方治理实践上的创造性手段。虽然清代以前就有过类似的形式,但历来规模很小,直到清中期才大规模、长时段、全类型地下沉到基层组织。就当时的情形而言,一方面,赋税制度刺激、农作物升级等多重因素导致了人口剧烈膨胀,使得地方治理难度大幅增加;另一方面,清政府又需要保持政区体系大的框架不变,并固定官缺员额以稳定相关财政开支。在这两大背景下,清政府以分驻佐杂这样一种变通的形式,既解决同城佐杂的闲冗境地,又达到加强地方治理的效果。整体来看,这种形式是比较成功的,大多数的分驻佐杂都起到了设想中的作用。分驻佐杂在相当程度上辅助了正印官治理,作为一种补充的官方力量,在其辖区内能强化管控力度。尤其是在司法案件上,一般的案件分驻佐杂可以直接审理查拿,命盗大案也可以就近相验,缩短治城往返路程,提升了办案效率。从这一点来讲,分驻佐杂制度毫无疑问是合格的,这是这项制度能够长期延续的一大原因。同时,分驻佐杂及其辖区作为政治制度、政区体系的一部分,在地区发展向政区升级的过程中屡次成功扮演过渡角色,佐杂辖区升县级政区因此成为一种常态化的政区过渡方式。

但我们也不能过分夸大分驻佐杂的实际情况。首先，清代民国分驻佐杂从本质上来说不能算新的制度，而是一种在旧制度不变前提下的变通治理方式，因此佐杂分驻分辖模式不被记载在法典条文中。这类官员群体始终权力有限，想要真正在地方上发挥重要作用，只能要么靠设置时被单独授予相关权力的公文，要么靠有被处分风险的僭越受理。其次，虽然与前代相比，清代民国分驻佐杂的规模空前庞大，但还没有到形成一个全面完整的独立体系的地步。就全国而言，各省的分驻佐杂比例非常不均衡，以胡恒据《嘉庆重修一统志》所列的反映嘉庆末年情况的《各省佐杂官分驻乡村数量表》为例，直隶、江苏、江西、湖北、福建、广东六省在一百员以上，广东甚至接近两百，而大多省份都仅在三十一到六十一之间。① 就省而言，分驻佐杂的政区以县级政区为主，但并不是每一个县级政区都分驻佐杂，清末四川分驻有佐杂的县级政区只占全部县级政区的三分之一左右，民国名额整改后所占比例就更低了。更重要的一点，从县级政区以下而言，佐杂分驻分辖的也仅仅是所属政区的一部分，同一政区内的其他区域则由正印官直接管理或其他同城官员（可理解为今天的局长一类）负责管理。分辖区的非普遍性导致分驻佐杂产生一定的消极影响，即分驻佐杂会在佐杂辖区内生成一种特殊的自我定位，产生与所属政区其他地域不同的归属认同感，进而与所属政区有潜在的分离风险。而在两个政区合并之地，分驻佐杂管辖旧域尤其会强化新旧两地的分裂感，进而阻碍两地的融合。这种由佐杂分驻数量及其辖区的非普遍性带来的负面影响，也使其不宜长期游离于常规政区体系外。

而且值得讨论的是，佐杂的分驻分辖意味着基层建设的开始吗？胡恒将二者联系在一起，并认为，"国家权力在乡村的政权建设始于清初，尤其是雍正中期以后"，但受限于传统社会资源的不足而无法全面深入，

---

① 胡恒：《皇权不下县？——清代县辖政区与基层社会治理》，北京师范大学出版社2015年版，第312—313页。

结　语

清末以后县以下的基层划分借助了佐杂辖区的原有的范围和界限。[①] 这种说法是可商榷的。实际上，除了广东省外，包括四川在内的其他各省佐杂分驻分辖的低数量和低比例，都决定了它们根本不足以成为后世基层划分的主要依据。从四川的情况来看，分驻佐杂的初衷并不是国家权力想要向乡村扩张，它只是为了在极少部分的人口庞杂的区域进行更强力的监管，从来就不是想要在县以下全面推行这种模式以形成一种普遍的行政层级。因此只能说，佐杂在分驻分辖的过程中，与乡村基层有了更多联系，造成了国家权力向基层渗透的事实，但分驻佐杂和基层建设并不主观对应。

如果说清代的分驻佐杂是传统时期地方治理手段的极限变通，那到了民国时它还能够继续以县佐的形式延续二十余年，则与近代地方基层建设的滞后有关。清末到民国的行政组织变革具有上层先动、下层后动的特征。从清末新政开始，国家就尝试在县以下生成一级政区，但直到北洋政府时期，地方基层仍然是新旧混杂模糊的状态，"各种生成之中的区乡行政因政局动荡分裂而缺乏划一性和连续性，因此旧的乡地区划和组织仍然大量存在，构成了这一时期中国区乡行政（或准行政）的重要部分"[②]。南京国民政府成立后，分两步在县以下统一建立起区乡制度，传统基层制度才正式终结。突出地方自治性质的《县组织法》被全面推行落实后，基层组织区域和权限逐渐清晰合理，虽然以四川为代表的少数省份延缓裁撤县佐，但保留下来的县佐的权力已基本被架空，从本书第三章第二节涪陵县武隆县佐的案例中就可窥一斑。而分区设署办法拟定之后，弱化自治性质，地方形成自上而下的行政体系，由上级委任的各区长将县域完全分辖，县佐分驻也就彻底失去了应有的意义，最终被完全裁撤。

[①] 胡恒:《皇权不下县？——清代县辖政区与基层社会治理》，北京师范大学出版社2015年版，第319—323页。

[②] 魏光奇:《官治与自治——20世纪上半期的中国县制》，社会科学文献出版社2004年版，第131页。

附 图

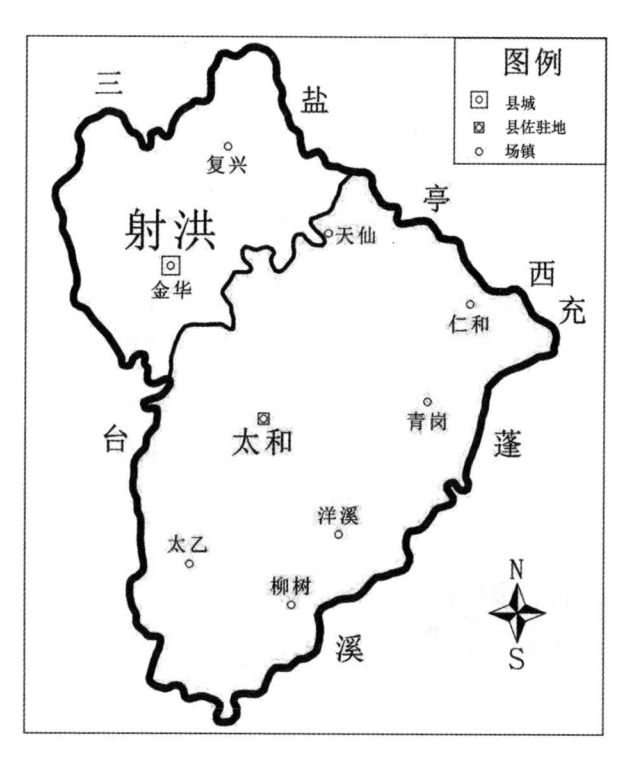

附图1 民国十六年至二十年（1927—1931）射洪县佐实控范围

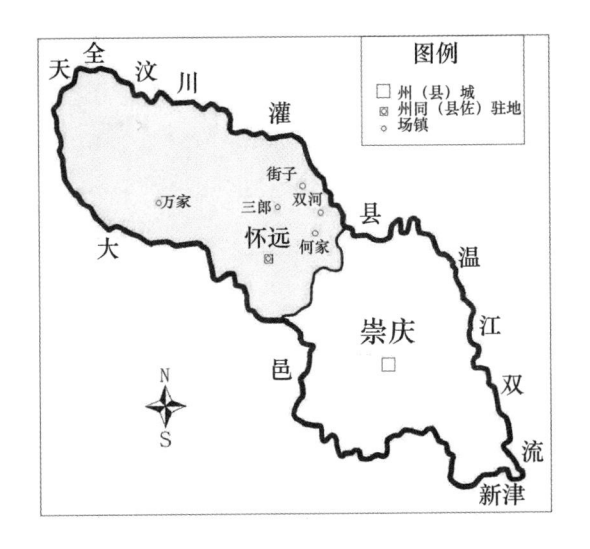

附图2 清代民国崇庆州同（县佐）辖区

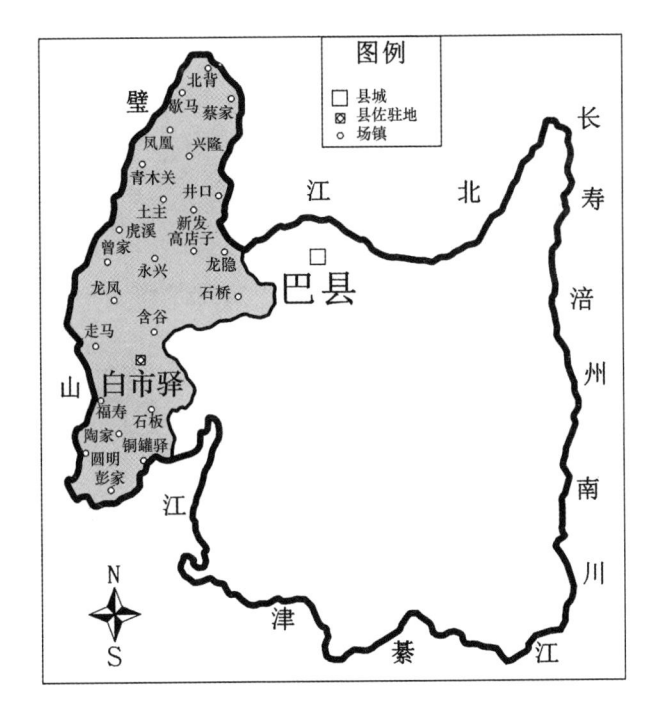

附图3 清代巴县县丞辖区

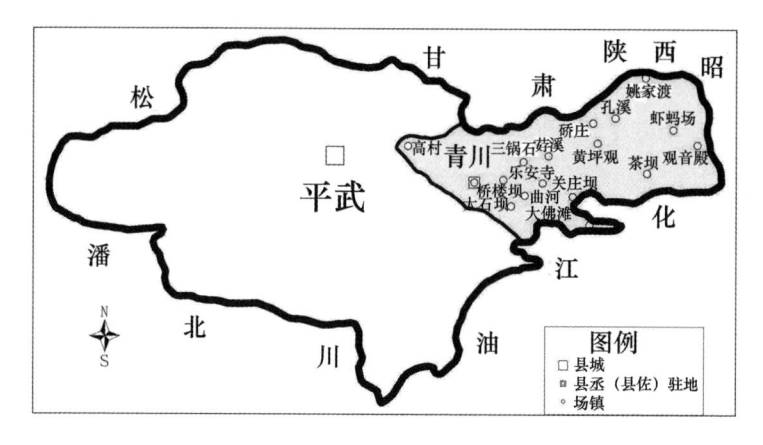

附图 4　清代民国平武县丞（县佐）辖区

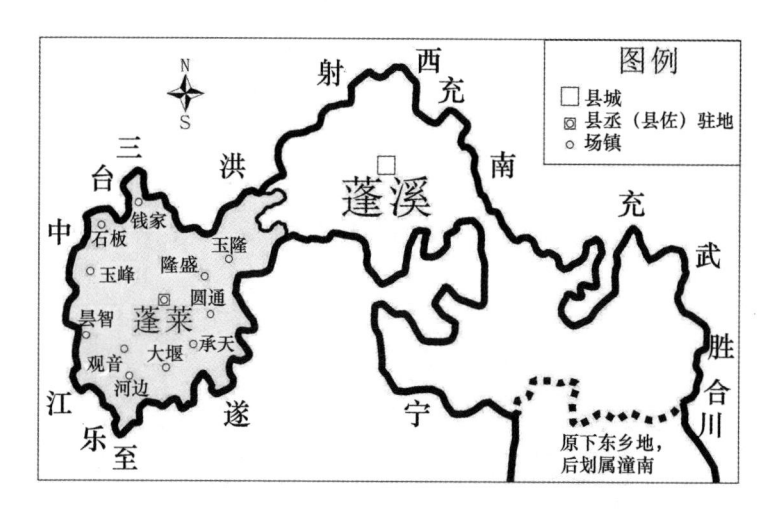

附图 5　清代民国蓬溪县丞（县佐）辖区

附　图

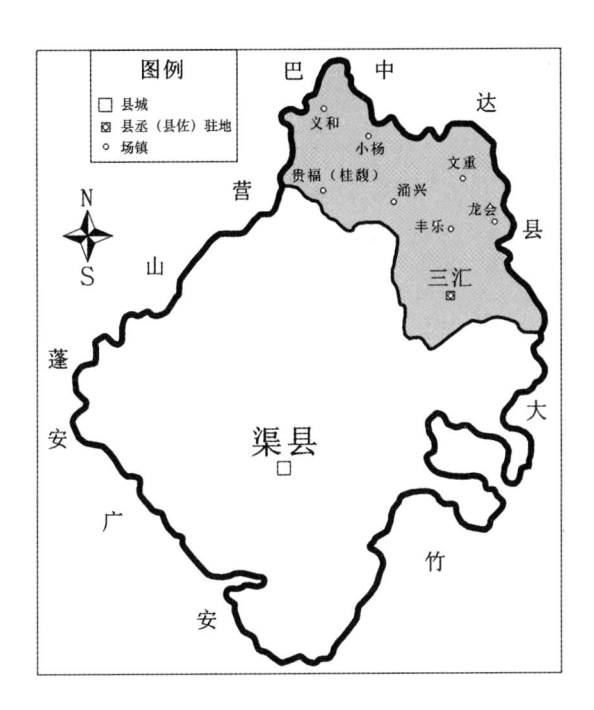

附图6　清代民国渠县县丞（县佐）辖区

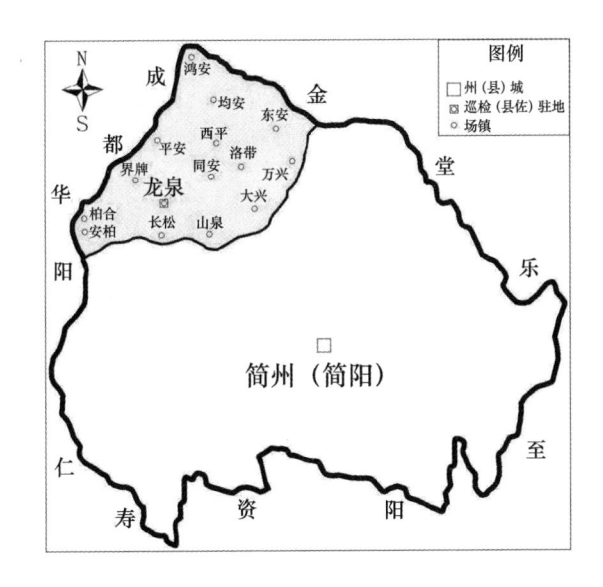

附图7　清代民国简州巡检（简阳县佐）辖区

·315·

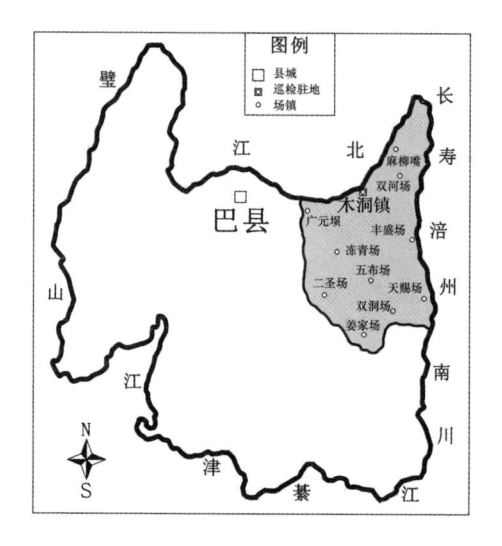

附图8　清代巴县巡检辖区

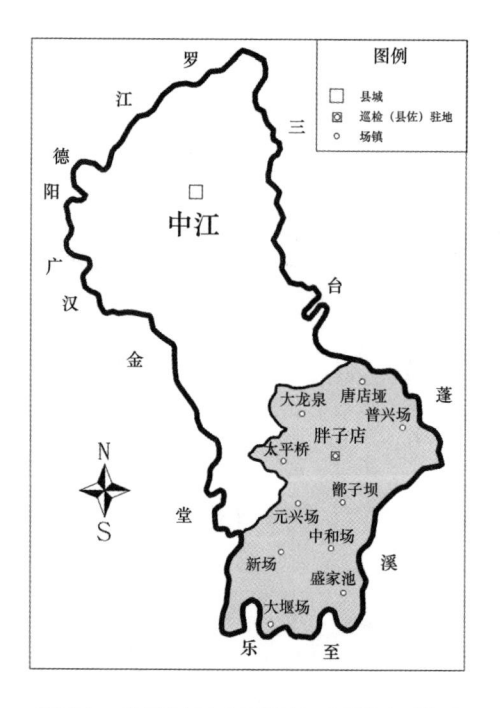

附图9　清代民国中江巡检（县佐）辖区

附　图

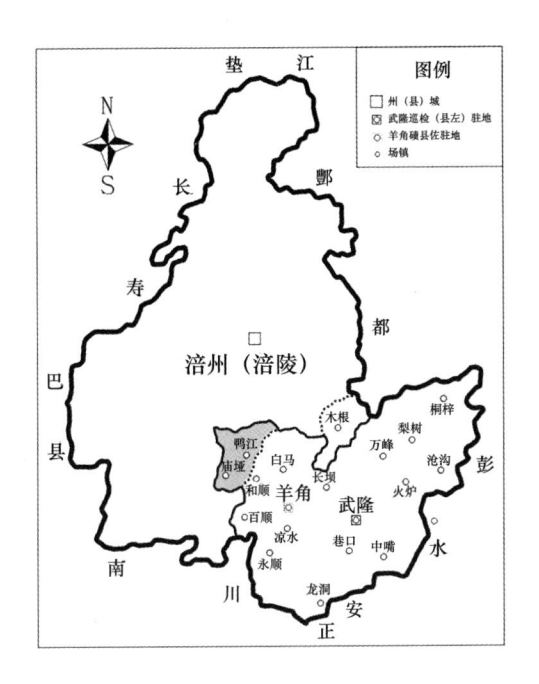

附图10　清代民国涪州巡检（涪陵县佐）辖区

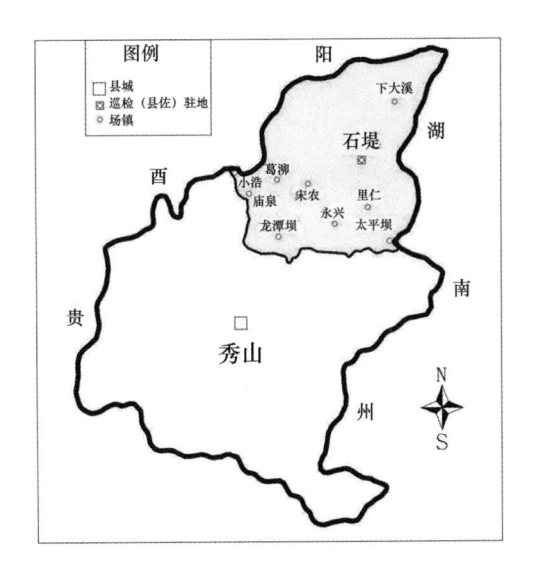

附图11　清代民国秀山巡检（县佐）辖区

· 317 ·

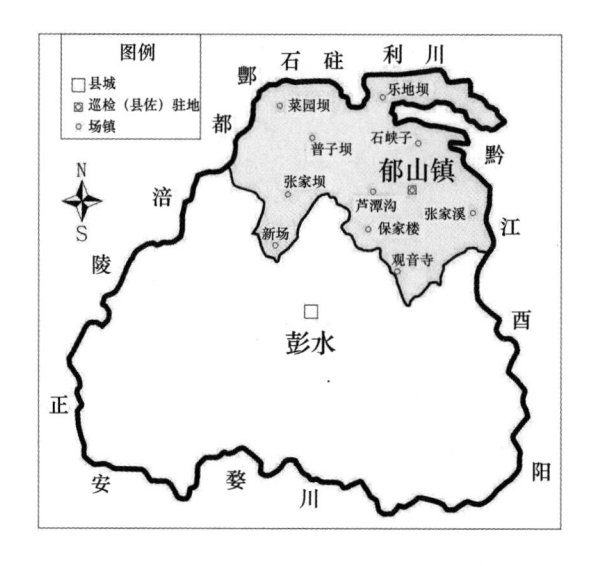

附图12　清代民国彭水巡检（县佐）辖区

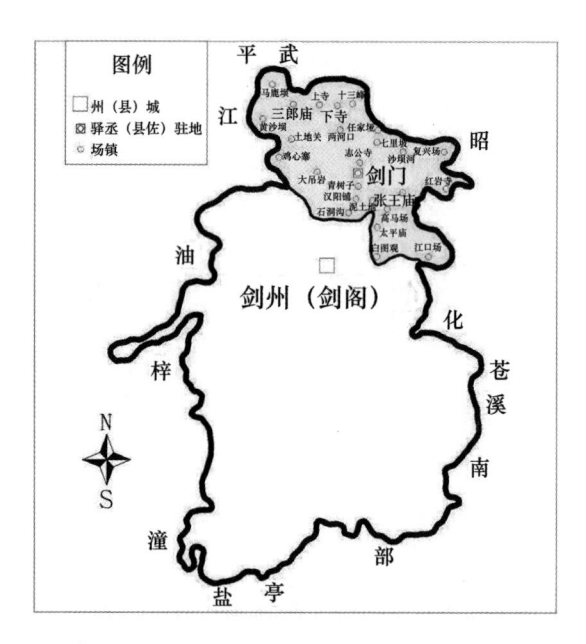

附图13　清代民国剑州剑门关驿丞兼巡检衔（剑阁县佐）辖区

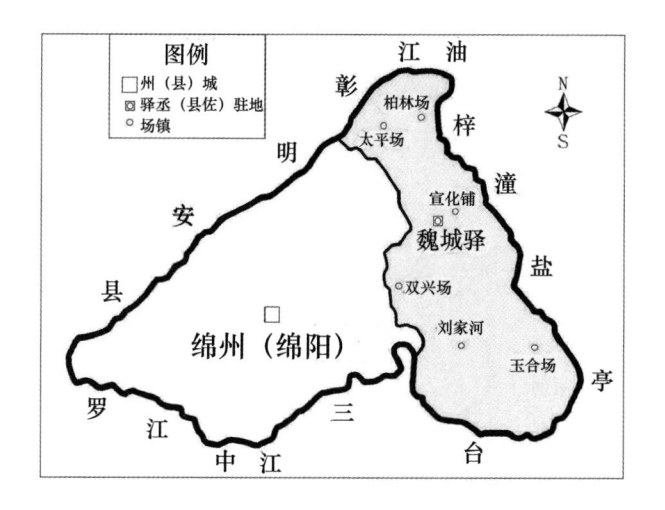

附图 14 清代民国绵州驿丞兼巡检衔（绵阳县佐）辖区

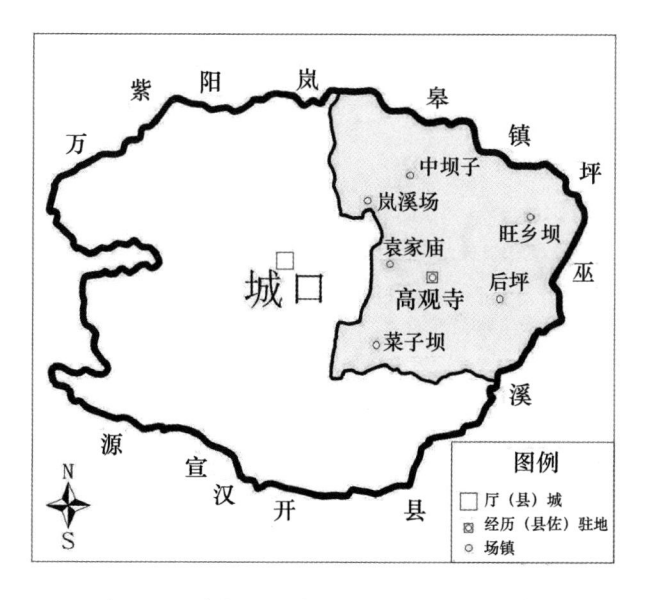

附图 15 清代民国城口厅经历（县佐）辖区

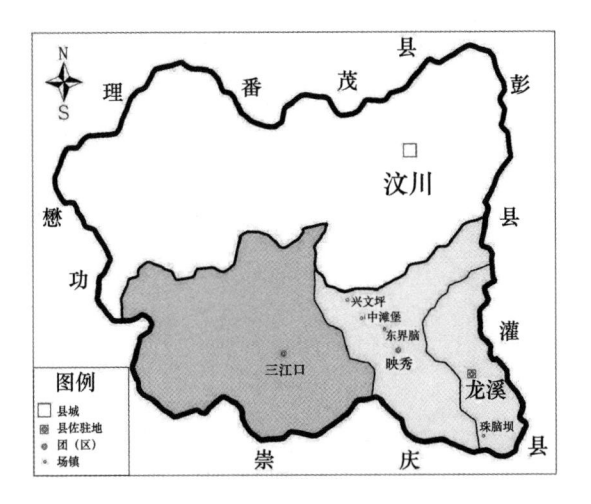

附图 16　民国汶川县佐辖区

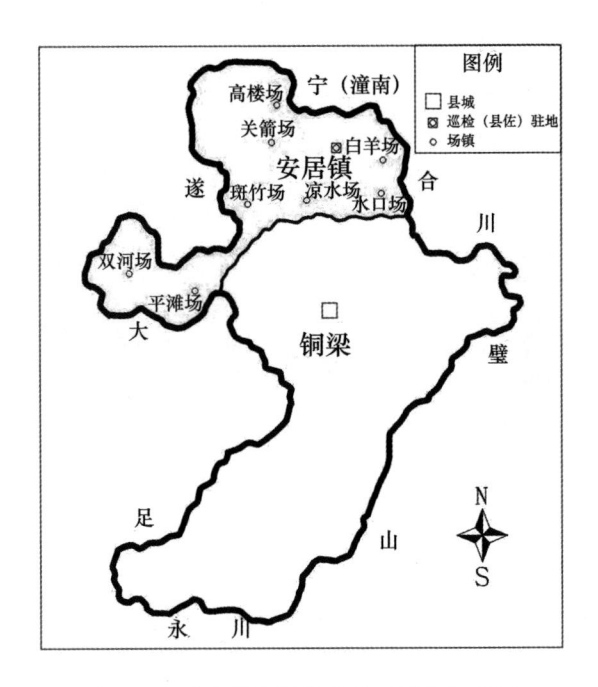

附图 17　清代民国铜梁巡检（县佐）辖区

附 图

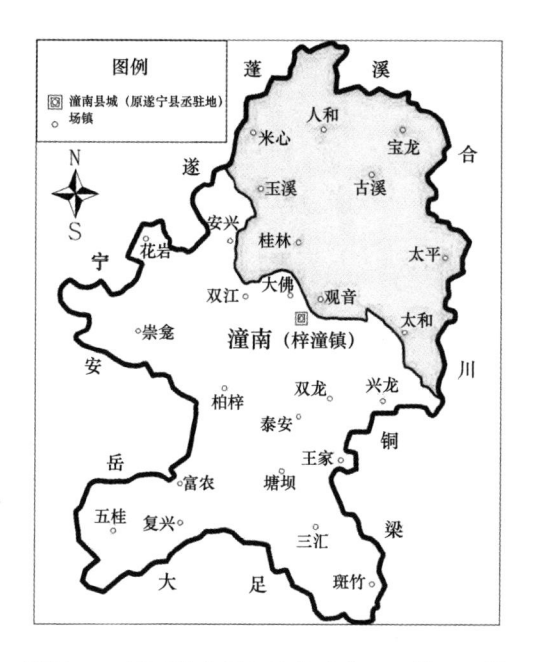

附图 18　民国潼南县与清代遂宁县丞辖区比较

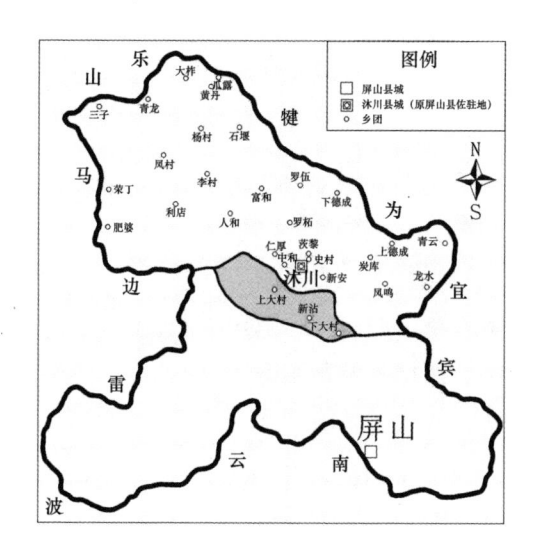

附图 19　民国沐川县与屏山沐川县佐辖区比较

参考文献

一 清代民国文献

（一）档案

巴县档案，四川省档案馆藏。

重庆市政府档案，重庆市档案馆藏。

东川邮政管理局档案，重庆市档案馆藏。

录副奏折，中国第一历史档案馆藏。

民政部档案，中国第一历史档案馆藏。

内阁题本，中国第一历史档案馆藏。

内务部档案，中国第二历史档案馆藏。

内政部档案，中国第二历史档案馆藏。

《清代吏治史料》，线装书局 2004 年版。

四川东川道尹公署档案，四川省档案馆藏。

四川省参议会档案，四川省档案馆藏。

四川省民政厅档案，四川省档案馆藏。

四川省民族研究所《清末川滇边务档案史料》编辑组编：《清末川滇边务档案史料》，中华书局 1989 年版。

四川省南充市档案局（馆）编：《清代四川南部县衙门档案》，黄山书社 2015 年版。

四川省政府秘书处档案，四川省档案馆藏。

雍正朝《朱批谕旨》，点石斋书局1887年版。

中国第一历史档案馆编：《雍正朝汉文朱批奏折汇编》，江苏古籍出版社1988—1991年版。

中国第一历史档案馆编：《雍正朝内阁六科史书·吏科》，广西师范大学出版社2002年版。

中国第一历史档案馆编：《雍正朝起居注册》，中华书局1993年版。

朱批奏折，中国第一历史档案馆藏。

（二）官报、公报

财政部盐务署编译处编辑：《盐务公报》，1929—1931年。

川康边防总指挥部印行：《边政》，1929—1932年。

涪陵县政周刊编辑处编辑：《涪陵县政周刊》，1931—1932年。

国民政府文官处印铸局：《国民政府公报》，1927—1948年。

交通部编印：《交通公报》，1927—1948年。

南京市政府秘书处编译室编辑：《南京市政府公报》，1946—1948年。

内阁印铸局：《内阁官报》，文海出版社1965年版。

四川官报书局：《四川官报》，1904—1911年。

四川省政府秘书处公报室编印：《四川省政府公报》，1931—1949年。

铜梁县政公报社编辑：《铜梁县政公报》，1932—1934年。

行政院秘书处印行：《行政院公报》，1928—1945年。

政治官报局：《奏设政治官报》，文海出版社1965年版。

中国第二历史档案馆整理编辑：《政府公报》，上海书店出版社1988年版。

中国国民党中央执行委员会宣传部印行：《中央周报》，1928—1937年。

（三）旧方志

（清）阿麟修，王龙勋等纂：《新修潼川府志》，光绪二十三年刻本。

（清）白汝衡等修，熊世璁等纂：《岳池县志》，道光三十年刻本。

（清）蔡毓荣等修，钱受祺等纂：《四川总志》，康熙十二年刻本。
（清）曹抡彬修，曹抡翰纂：《雅州府志》，乾隆四年修成、光绪年间补刻本。
（清）常明等修，杨芳灿等纂：《四川通志》，嘉庆二十一年刻本。
（清）陈觐光修，杨尔式等纂：《邻水县志》，乾隆二十二年刻本。
（清）陈克绳纂修：《保县志》，乾隆十一年抄本。
（清）陈庆门纂修，宋立名增补：《直隶达州志》，乾隆七年修成、十二年增刻本。
（清）陈仕林纂修：《大竹县志》，乾隆五十二年刻本。
（清）陈松龄等纂修：《天全州志》，咸丰八年刻本。
（清）德恩修，石彦恬等纂：《涪州志》，道光二十五年刻本。
（清）邓存咏等纂修：《龙安府志》，道光二十二年刻本。
（清）邓仁垣等修，吴钟仑等纂：《会理州志》，同治十三年刻本。
（清）邓元鏸等修，万慎纂：《续修叙永永宁厅县合志》，光绪三十四年铅印本。
（清）段玉裁等纂修：《富顺县志》，乾隆四十二年修成、光绪八年重刻本。
（清）多泽厚修，陈于宣等纂：《涪州志》，乾隆五十年刻本。
（清）恩成修，刘德铨纂：《夔州府志》，道光七年修成、光绪十七年补刻本。
（清）房星著修，杨维孝等纂：《峨眉县志》，康熙二十四年刻本。
（清）冯绍文修，洪锡畴纂：《城口厅志》，道光二十四年刻本。
（清）符永培纂修，艾釴增补：《梁山县志》，嘉庆十三年修成、同治六年增刻本。
（清）福珠郎阿修，宋煊等纂：《江北厅志》，道光二十四年刻本。
（清）傅嵩炑编：《西康建省记》，民国元年铅印本。
（清）高维岳修，魏远猷等纂：《大宁县志》，光绪十一年刻本。

（清）辜培源等修，曹永贤等纂：《盐源县志》，光绪三十一年刻本。

（清）桂星纂修：《江油县志》，道光二十年刻本。

（清）韩清桂等修，陈昌等纂：《铜梁县志》，光绪元年刻本。

（清）何东铭纂：《邛㟙野录》，咸丰年间纂成、民国初抄本。

（清）何其泰等修，吴新德纂：《岳池县志》，光绪元年刻本。

（清）何庆恩修，贾振麟等纂：《渠县志》，同治三年刻本。

（清）何远庆纂修：《松潘记略》，同治十二年刻本。

（清）和珅：乾隆《大清一统志》，光绪二十八年石印本。

（清）贺守典等编：《涪乘启新》，光绪三十一年刻本。

（清）侯若源等修，柳福培纂：《忠州直隶州志》，同治十二年刻本。

（清）黄大本纂修：《荣县志》，乾隆二十一年刻本。

（清）黄廷桂等修，张晋生等纂：《四川通志》，雍正十三年修成、乾隆元年刻本。

（清）黄文理纂修：《隆昌县志》，乾隆二十九年刻本。

（清）霍为棻等修，熊家彦纂：《巴县志》，同治六年刻本。

（清）蒋廷锡：康熙《大清一统志》，道光九年木活字本。

（清）黎学锦修，史观纂：《保宁府志》，道光二十三年补刻本。

（清）李梅宾修，杨端纂：《剑州志》，雍正五年刻本。

（清）李英粲修，李昭纂，林骏元等增补：《冕宁县志》，咸丰七年修成、光绪十七年增刻本。

（清）李元等纂修：《昭化县志》，乾隆五十年刻本。

（清）李云骦等修，李祖芘等纂：《渠县志》，乾隆五年刻本。

（清）李在文等修，潘相等纂：《直隶绵州志》，嘉庆十九年刻本。

（清）刘传经修，陈一洭纂：《清溪县志》，嘉庆五年刻本。

（清）刘高培修，赵志本等纂：《万县志》，乾隆十一年刻本。

（清）刘炯修，张怀渭等纂，黄济等增补，罗廷权等再增补：《资州直隶州志》，嘉庆二十年修成、同治三年增刻、光绪二年再增刻本。

（清）刘廷恕纂：《打箭厅志》，光绪末抄本。

（清）鲁凤辉等修，王廷伟等纂：《达县志》，嘉庆二十年刻本。

（清）吕绍衣等修，王应元等纂：《重修涪州志》，同治九年刻本。

（清）罗廷权等修，吕上珍纂：《富顺县志》，同治十一年刻本。

（清）马忠良修，孙锵等续修：《越嶲厅全志》，光绪三十二年铅印本。

（清）穆彰阿：《嘉庆重修一统志》，民国二十三年影印本。

（清）彭阯纂修，翟缉曾增补：《江油县志》，雍正五年修成、乾隆二十六年增刻本。

（清）濮瑗修，陈治安等纂：《简州志》，咸丰三年刻本。

（清）戚延裔修，王前驱等纂：《邛州志》，康熙三十四年刻本。

（清）秦云龙修，万科进纂：《雷波厅志》，光绪十九年刻本。

（清）任启烈纂修：《九姓司志》，乾隆四十五年修成、民国十九年传抄本。

（清）任五采修，车登衢纂：《泸州九姓乡志》，光绪八年刻本。

（清）如柏等纂修：《东乡县志》，光绪二十八年刻本。

（清）邵陆纂修：《酉阳州志》，乾隆三十九年刻本。

（清）沈恩培等修，胡麟等纂：《增修崇庆州志》，光绪三年刻本。

（清）沈昭兴修，余观和等纂：《直隶泸州志》，嘉庆二十五年刻本。

（清）沈昭兴纂修：《三台县志》，嘉庆二十年刻本。

（清）书纶修，王至权等纂：《冕宁县志》，道光年间抄本。

（清）宋鸣琦修，陈一泗等纂：《嘉定府志》，嘉庆八年刻本。

（清）孙海等修，李星根纂：《遂宁县志》，光绪五年刻本。

（清）田朝鼎修，周彭年纂：《遂宁县志》，乾隆十二年刻本。

（清）田秀栗等修，华国清等纂：《直隶泸州志》，光绪八年刻本。

（清）王道履编：《南部县乡土志》，光绪三十二年抄本。

（清）王尔鉴纂修：《巴县志》，乾隆二十六年修成、嘉庆二十五年重刻本。

（清）王槐龄纂修：《补辑石砫厅新志》，道光二十三年刻本。

（清）王鳞飞等修，冯世瀛等纂：《增修酉阳直隶州总志》，同治二年刻本。

（清）王梦庚等纂修：《犍为县志》，嘉庆二十一年刻本。

（清）王梦庚修，寇宗纂：《重庆府志》，道光二十三年刻本。

（清）王培荀等纂修：《荣县志》，道光二十五年修成、光绪三年增刻本。

（清）王瑞庆修，徐畅达等纂，承绶等增补：《南部县志》，道光二十九年修成、同治九年增刻本。

（清）王寿松修，李稽勋等纂：《秀山县志》，光绪十八年刻本。

（清）王燮修，张希缙等纂：《峨眉县志》，嘉庆十八年刻本。

（清）王萦绪纂修：《石砫厅志》，乾隆四十年刻本。

（清）文良等修，陈尧采等纂：《嘉定府志》，同治三年刻本。

（清）文启等修，伍肇龄等纂：《直隶绵州志》，同治十二年刻本。

（清）文曙修，张弘映纂：《峨眉县志》，乾隆五年刻本。

（清）吴羹梅修，周祚峄纂：《直隶理番厅志》，同治七年刻本。

（清）吴巩修，王来遴纂：《邛州直隶州志》，嘉庆二十三年刻本。

（清）吴友篪修，熊履青纂：《忠州直隶州志》，道光六年刻本。

（清）吴章祈等修，顾士英等纂：《蓬溪县志》，道光二十五年刻本。

（清）武丕文等修，欧培槐等纂：《江油县志》，光绪二十九年刻本。

（清）夏梦鲤修，董承熙纂：《垫江县志》，道光八年修成、咸丰八年重刻本。

（清）夏云程编：《铜梁县乡土志》，光绪三十一年抄本。

（清）夏诏新纂修：《直隶泸州志》，乾隆二十四年刻本。

（清）谢必铿修，李炳灵纂：《垫江县志》，光绪二十六年刻本。

（清）熊葵向修，周士诚等纂：《富顺县志》，乾隆二十五年刻本。

（清）徐陈谟纂修：《东乡县志》，嘉庆二十年修成、道光元年增刻本。

（清）徐连纂修：《西昌县志略》，道光年间抄本。

（清）阳丽中纂：《冕宁县志清册》，乾隆六十年抄本。

（清）杨霈修，李福源等纂：《中江县新志》，道光十九年刻本。

（清）杨汝偕等纂修：《太平县志》，光绪十九年刻本。

（清）杨应玑等编：《石砫厅乡土志》，宣统元年刻本。

（清）佚名纂：《巴州志略》，乾隆六十年修成、民国二十一年传抄本。

（清）佚名纂：《打箭炉志略》，乾隆年间修成、1979年中央民族学院图书馆油印本。

（清）佚名纂：《九姓志略》，嘉庆二十五年刻本。

（清）佚名纂：《西昌县志》，乾隆年间修成、民国二十一年传抄本。

（清）佚名纂：《忠州志》，乾隆年间修成、民国二十一年传抄本。

（清）游夔一编：《中江县乡土志》，光绪末抄本。

（清）袁凤孙修，陈榕等纂，洪璋等增补：《南充县志》，嘉庆十八年修成、咸丰七年增刻本。

（清）曾潘哲修，严尔譓纂：《会理州志》，乾隆六十年刻本。

（清）翟琭修，王怀孟等纂：《大竹县志》，道光二年刻本。

（清）张赓谟纂修：《四川保宁府广元县志》，乾隆二十二年刻本。

（清）张九章修，陈藩垣等纂：《屏山县续志》，光绪二十四年修成、民国二十年铅印本。

（清）张利贞修，黄靖图纂：《富顺县志》，道光七年刻本。

（清）张松孙修，寇赉言等纂：《遂宁县志》，乾隆五十二年刻本。

（清）张松孙修，谢泰宸等纂：《蓬溪县志》，乾隆五十一年刻本。

（清）张松孙修，郑璇纂：《三台县志》，乾隆五十一年刻本。

（清）张曾敏等纂修：《屏山县志》，乾隆四十三年修成、民国二十年铅印本。

（清）钟莲纂修：《太平县志》，乾隆六十年修成、民国十九年抄本。

（清）周斯才等纂修：《马边厅志略》，嘉庆十二年刻本。

（清）周伟业修，褚彦昭等纂：《直隶叙永厅志》，嘉庆十七年刻本。

（清）周学铭修，熊祥谦等纂：《蓬溪县续志》，光绪二十五年刻本。

（清）朱锡谷修，陈一津等纂：《巴州志》，道光十三年刻本。

（清）朱言诗等纂修：《梁山县志》，光绪二十年刻本。

（清）庄定域修，支承祜等纂：《彭水县志》，光绪元年刻本。

陈世虞修，罗绶香等纂：《犍为县志》，民国二十六年铅印本。

龚煦春纂：《四川郡县志》，民国二十四年刻本。

赖佐唐等修，宋曙等纂：《叙永县志》，民国二十四年石印本。

蓝炳奎等修，吴德准等纂：《达县志》，民国二十七年铅印本。

李良俊修，王荃善纂：《新修南充县志》，民国十八年刻本。

李青廷等修，汪金相等纂：《简阳县续志》，民国二十年铅印本。

李宗锽等修，李仙根等纂：《峨边县志》，民国四年铅印本。

廖世英等修，赵熙等纂：《荣县志》，民国十八年刻本。

林志茂等修，汪金相等纂：《简阳县志》，民国十六年铅印本。

林志茂等纂修：《三台县志》，民国二十年铅印本。

刘夐等修，宁缃等纂：《邛崃县志》，民国十一年铅印本。

刘裕常修，王琢等纂：《汉源县志》，民国三十年铅印本。

刘赞廷编：《稻城县图志》，1961年民族文化宫图书馆油印本。

刘子敬修，贺维翰纂：《万源县志》，民国二十一年铅印本。

彭文治等修，卢庆家等纂：《富顺县志》，民国二十年刻本。

蒲殿钦等修，崔映棠纂：《绵阳县志》，民国二十一年刻本。

谭毅武等修，陈品全纂：《中江县志》，民国十九年铅印本。

唐受潘修，黄镕等纂：《乐山县志》，民国二十三年刻本。

汪承烈修，邓方达等纂：《宣汉县志》，民国二十年石印本。

王安镇等修，夏璜纂：《潼南县志》，民国四年刻本。

王鉴清等修，施纪云等纂：《涪陵县续修涪州志》，民国十七年铅印本。

王禄昌等修，高觐光等纂：《泸县志》，民国二十七年铅印本。

王世瑀等编：《泸定县乡土志》，民国年间抄本。

吴鸿仁等修，黄清亮纂：《资中县续修资州志》，民国十八年铅印本。

伍彝章等修，曾世礼等纂：《蓬溪近志》，民国二十四年刻本。

谢开来等修，王克礼等纂：《重修广元县志稿》，民国二十九年铅印本。

谢汝霖等修，罗元黼纂：《崇庆县志》，民国十五年铅印本。

杨松年编：《盐边厅乡土志》，民国元年刻本。

杨维中等修，钟正懋纂：《渠县志》，民国二十一年铅印本。

佚名纂：《古宋县志初稿》，民国二十四年石印本。

张典等修，徐湘等纂：《松潘县志》，民国十三年刻本。

张政纂修：《剑阁县续志》，民国十六年铅印本。

张仲孝等修，马文灿等纂，余震等续纂：《巴中县志》，民国十六年石印本。

张佐周编：《铜梁县地理志》，民国三十三年铅印本。

郑国翰等修，陈步武等纂：《大竹县志》，民国十七年铅印本。

郑少成等修，杨肇基等纂：《西昌县志》，民国三十一年铅印本。

朱世镛等修，刘贞安纂：《云阳县志》，民国二十四年铅印本。

朱之洪等修，向楚等纂：《巴县志》，民国二十八年修成、三十二年重印本。

祝世德纂修：《汶川县志》，民国三十三年铅印本。

（四）其他文献

（清）包世臣：《艺舟双楫》，黄山书社1993年版。

（清）花沙纳编：《德壮果公（楞泰）年谱》，《近代中国史料丛刊》第22辑。

（清）蒋攸铦：《绳枻斋年谱》，《近代中国史料丛刊》第20辑。

（清）昆冈：光绪《钦定大清会典》，商务印书馆1936年版。

（清）托津：嘉庆《钦定大清会典》，《近代中国史料丛刊三编》第64辑。

参考文献

（清）伊桑阿：康熙《大清会典》，《近代中国史料丛刊三编》第72辑。

（清）尹泰：雍正《大清会典》，《近代中国史料丛刊三编》第77辑。

（清）允祹：乾隆《钦定大清会典》，文渊阁《四库全书》本。

财政部统计科：《税务月刊》，1914—1916年。

常隆庆等：《雷马峨屏调查记》，1935年。

成都聚精新社：《报选》，1912年。

重庆地方史资料组编：《重庆蜀军政府资料选编》，1981年。

重庆中国银行：《川边季刊》，1935—1936年。

重庆中国银行：《四川月报》，1932—1938年。

邓锡侯编：《四川松理懋茂汶屯区屯政纪要》，1936年。

丁文江：《漫游散记》，《独立评论》第5—85号，1932—1934年。

丁作韶：《川康边区视察记》，《大中国周报》第3卷第1期—第4卷第5期，1933年。

傅樵斧：《松潘游记》，民国四年铅印本。

傅樵斧：《自流井》，北碚图书馆编：《北碚图书馆藏方志珍本丛刊》，中华书局2018年版。

顾廷龙、朱庆祚主编：《明志阁遗著》，上海远东出版社1995年版。

林振翰编：《川盐纪要》，商务印书馆1919年版。

刘锦藻：《清朝续文献通考》，商务印书馆1955年版。

内阁印铸局编：《宣统三年冬季职官录》，《近代中国史料丛刊》第29辑。

内务部方域司：《中华民国行政区域简表》（第11版），商务印书馆1947年版。

内政部年鉴编纂委员会：《内政年鉴》，商务印书馆1936年版。

《清实录》，中华书局1985—1987年版。

任乃强：《泸定导游》，《康导月刊》第2卷第2—9期，1939—1940年。

任乃强：《西康图经·境域篇》，新亚细亚学会1933年版。

尚诚：《康北的圣地——泰宁》，《康导月刊》第5卷第5期，1943年。

《申报》（上海），1872—1937年。

田倬之：《未开发的宝藏——雷马峨屏》，《东方杂志》1927年第8号。

吴承湜：《近六十年全国郡县增建志要》，东亚印书局1936年版。

吴丰培编：《赵尔丰川边奏牍》，四川民族出版社1984年版。

谢培筠编：《川西边事辑览》，新民书局1935年版。

赵尔巽等：《清史稿》，中华书局1976年版。

中国科学院历史研究所第三所主编：《锡良遗稿·奏稿》，中华书局1959年版。

中国社科院近代史所编：《近代史所藏清代名人稿本抄本（第三辑）》，大象出版社2017年版。

钟天石等：《西南旅行杂写》，《近代中国史料丛刊》第92辑。

二 新中国文献

（一）地名录、地方文史资料

会东县地方志办公室等：《会东史志资料》第2期（总第4期），1990年。

会东县文化馆编：《会东文化馆志》，1993年。

宁南县文史资料编辑委员会：《宁南文史》第1辑，1992年。

彭水县地名领导小组编印：《四川省彭水县地名录》，1984年。

平武县政协文史资料委员会编：《平武文史资料选辑》第12辑，2001年。

屏山县各界人士学委会文史组编：《屏山文史研究资料》第4辑，1983年。

黔江县地名领导小组编印：《四川省黔江县地名录》，1985年。

射洪县政协会文史组编：《射洪文史资料》第1辑，1983年。

四川省阿坝藏族自治州马尔康县地名领导小组编印：《四川省阿坝藏族自治州马尔康县地名录》，1982年。

四川省汉源县地名领导小组编印：《四川省汉源县地名录》，1982年。

四川省三台县地名领导小组编印：《四川省三台县地名录》，1986年。

四川省万源市政协文史资料编辑委员会：《万源文史资料》第1辑，1994年。

四川省资中县地名领导小组编印：《四川省资中县地名录》，1991年。

秀山县地名领导小组编印：《四川省秀山县地名录》，1986年。

酉阳土家族苗族自治县地名领导小组编印：《酉阳土家族苗族自治县地名录》，1985年。

政协峨边彝族自治县委员会文史资料研究委员会编：《峨边文史》第8辑，1988年。

政协广元市朝天区委员会文史资料委员会：《广元市朝天区文史资料》第4辑，1999年。

政协乐山市五通桥区文史资料研究委员会：《五通桥文史资料》第1辑，1987年。

政协普格县委员会文史资料委员会编：《普格县文史资料选辑》第1辑，1990年。

政协四川省南部县委员会文史资料委员会编：《南部文史资料选辑》第5辑，1994年。

政协四川省自贡市委员会文史资料研究委员会编：《自贡文史资料选辑》第1—5辑，1982年。

中共涪陵市委党史研究室：《大革命时期的涪陵》，1991年。

中国人民政治协商会议射洪县委员会文史资料委员会编：《射洪文史资料》第6辑，1988年。

中国人民政治协商会议射洪县委员会文史资料委员会编：《射洪文史资料》第7辑，1989年。

中国人民政治协商会议四川省广元市委员会文史资料研究委员会编：《广
元市风物资料选辑》，1988 年。
中国人民政治协商会议四川省乐山市市中区委员会文史资料委员会编：
《乐山市市中区文史资料选辑》第 3 辑，1990 年。
中国人民政治协商会议四川省汶川县委员会文史资料委员会编：《汶川县
文史资料选辑》第 3 辑，1989 年。
中国人民政治协商会议四川省汶川县委员会文史资料委员会编：《汶川县
文史资料选辑》第 5 辑，1996 年。
中国人民政治协商会议酉阳土家族苗族自治县委员会、酉阳土家族苗族
自治县县志编纂委员会编：《酉阳文史资料选辑》第 3 辑，1984 年。
中国人民政治协商会议酉阳土家族苗族自治县委员会、酉阳土家族苗族
自治县县志编纂委员会编：《酉阳文史资料选辑》第 6 辑，1985 年。
中国人民政治协商会议酉阳土家族苗族自治县委员会、酉阳土家族苗族
自治县县志编纂委员会编：《酉阳文史资料选辑》第 8 辑，1986 年。
中国人民政治协商会议越西县委员会文史资料征集委员会编：《越西文史
资料》第 3 辑，1988 年。

（二）新方志

德昌县地方志编纂委员会编纂：《德昌县志》，四川人民出版社 1998
年版。
峨边彝族自治县志编纂委员会编：《峨边彝族自治县志》，四川辞书出版
社 1994 年版。
古蔺县志编纂委员会编：《古蔺县志》，四川科学技术出版社 1993 年版。
广元市朝天区地方志编纂委员会编：《朝天区志（1986—2005）》，方志
出版社 2007 年版。
广元市地方志编纂委员会编：《广元县志》，四川辞书出版社 1994 年版。
汉源县志编纂委员会编著：《汉源县志》，四川科学技术出版社 1994
年版。

理县志编纂委员会编纂：《理县志》，四川民族出版社1997年版。

泸定县县志编纂委员会编纂：《泸定县志》，四川科学技术出版社1999年版。

绵阳市地方志编纂办公室编：《绵阳（县级）市志》，四川辞书出版社1999年版。

绵阳市志编纂委员会编：《绵阳市志（1840—2000）》，四川人民出版社2007年版。

南坪县地方志编纂委员会编：《南坪县志》，民族出版社1994年版。

宁南县志编纂委员会编：《宁南县志》，成都科技大学出版社1994年版。

彭水县志编纂委员会编纂：《彭水县志》，四川人民出版社1998年版。

蓬溪县志编纂委员会编：《蓬溪县志》，四川辞书出版社1995年版。

平武县志编纂委员会编：《平武县志》，四川科学技术出版社1997年版。

屏山县志编纂委员会编纂：《屏山县志》，四川人民出版社1998年版。

《青川县志》编纂委员会：《青川县志》，成都科技大学出版社1992年版。

射洪县县志编纂委员会编：《射洪县志》，四川大学出版社1990年版。

石柱县志编纂委员会编：《石柱县志》，四川辞书出版社1994年版。

四川省阿坝藏族羌族自治州松潘县志编纂委员会编：《松潘县志》，民族出版社1999年版。

四川省阿坝藏族羌族自治州汶川县地方志编纂委员会编：《汶川县志》，民族出版社1992年版。

四川省巴中县志编纂委员会编纂：《巴中县志》，巴蜀书社1994年版。

四川省城口县志编纂委员会编纂：《城口县志》，四川人民出版社1995年版。

四川省崇庆县志编纂委员会编纂：《崇庆县志》，四川人民出版社1991年版。

四川省达县志编纂委员会编纂：《达县志》，四川辞书出版社1994年版。

四川省大竹县志编纂委员会编：《大竹县志》，重庆出版社1992年版。

四川省道孚县志编纂委员会编纂：《道孚县志》，四川人民出版社1998年版。

四川省地方志编纂委员会编纂：《四川省志·大事纪述》，四川科学技术出版社1999年版

四川省涪陵市志编纂委员会编纂：《涪陵市志》，四川人民出版社1995年版。

四川省富顺县志编纂委员会编纂：《富顺县志》，四川大学出版社1993年版。

四川省灌县志编纂委员会编纂：《灌县志》，四川人民出版社1991年版。

四川省会东县志编纂委员会编纂：《会东县志》，四川人民出版社1996年版。

四川省会理县志编纂委员会编纂：《会理县志》，四川辞书出版社1994年版。

四川省剑阁县志编纂委员会编纂：《剑阁县志》，巴蜀书社1991年版。

四川省康定县志编纂委员会编纂：《康定县志》，四川辞书出版社1995年版。

四川省《雷波县志》编纂委员会编：《雷波县志》，四川民族出版社1997年版。

四川省马尔康县地方志编纂委员会编纂：《马尔康县志》，四川人民出版社1995年版。

四川省冕宁县地方志编纂委员会编纂：《冕宁县志》，四川人民出版社1994年版。

四川省沐川县志编纂委员会编纂：《沐川县志》，巴蜀书社1993年版。

四川省南部县志编纂委员会编纂：《南部县志》，四川人民出版社1994年版。

四川省平昌县地方志编纂委员会编：《平昌县志》，四川科学技术出版社

1990 年版。

四川省邛崃县志编纂委员会编纂：《邛崃县志》，四川人民出版社 1993 年版。

四川省渠县地方志编纂委员会编：《渠县志》，四川科学技术出版社 1991 年版。

四川省三台县志编纂委员会编纂：《三台县志》，四川人民出版社 1992 年版。

四川省天全县志编纂委员会编纂：《天全县志》，四川科学技术出版社 1997 年版。

四川省万源县志编纂委员会编纂：《万源县志》，四川人民出版社 1996 年版。

四川省旺苍县志编纂委员会编纂：《旺苍县志》，四川人民出版社 1996 年版。

四川省武隆县志编纂委员会编纂：《武隆县志》，四川人民出版社 1994 年版。

四川省西昌市志编纂委员会编纂：《西昌市志》，四川人民出版社 1996 年版。

四川省喜德县志编纂委员会编：《喜德县志》，电子科技大学出版社 1992 年版。

四川省中江县志编纂委员会编纂：《中江县志》，四川人民出版社 1994 年版。

四川省资中县志编纂委员会编纂：《资中县志》，巴蜀书社 1997 年版。

巫溪县志编纂委员会编：《巫溪县志》，四川辞书出版社 1993 年版。

盐边县志编纂委员会编纂：《盐边县志》，四川科学技术出版社 1999 年版。

《盐源县志》编纂委员会编：《盐源县志》，四川民族出版社 2000 年版。

《酉阳县志》编纂委员会编：《酉阳县志》，重庆出版社 2002 年版。

越西县志编纂委员会编：《越西县志》，四川辞书出版社 1994 年版。

云阳县志编纂委员会编纂：《云阳县志》，四川人民出版社 1999 年版。

忠县志编纂委员会编：《忠县志》，四川辞书出版社 1994 年版。

自贡市标准计量管理局编：《自贡市标准计量志》，四川人民出版社 1992 年版。

自贡市地方志编纂委员会编：《自贡市志》，方志出版社 1997 年版。

自贡市自流井区地方志编纂委员会编：《自贡市自流井区志》，方志出版社 2013 年版。

（三）著作

柏桦：《明清州县官群体》，天津人民出版社 2003 年版。

蔡东洲等：《清代南部县衙档案研究》，中华书局 2012 年版。

胡道修编著：《巴蜀历史政区地理研究》，重庆出版社 2021 年版。

胡恒：《边缘地带的行政治理：清代厅制再研究》，社会科学文献出版社 2022 年版。

胡恒：《皇权不下县？——清代县辖政区与基层社会治理》，北京师范大学出版社 2015 年版。

瞿同祖著，范忠信等译：《清代地方政府》，法律出版社 2003 年版。

吕进贵：《明代的巡检制度：地方治安基层组织及其运作》，明史研究小组 2002 年版。

马振犊主编：《民国行政区划研究》，金城出版社 2020 年版。

毛亦可：《清代卫所归并州县研究》，社会科学文献出版社 2018 年版。

那思陆：《清代州县衙门审判制度》，文史哲出版社 1982 年版。

牛平汉主编：《清代政区沿革综表》，中国地图出版社 1990 年版。

蒲孝荣编：《四川历代政区治地今释简表（初稿）》，四川省哲学社会科学研究所 1978 年版。

蒲孝荣：《四川政区沿革与治地今释》，四川人民出版社 1986 年版。

任乃强、任新建：《四川州县建置沿革图说》，巴蜀书社 2002 年版。

魏光奇：《官治与自治：20世纪上半期的中国县治》，社会科学文献出版社2004年版。

魏光奇：《有法与无法：清代的州县制度及其运作》，商务印书馆2010年版。

魏秀梅：《清代之回避制度》，"中央研究院"近代史研究所1992年版。

吴吉远：《清代地方政府的司法职能研究》，中国社会科学出版社1998年版。

吴滔：《清代江南市镇与农村关系的空间透视——以苏州地区为中心》，上海古籍出版社2010年版。

张研：《清代县级政权控制乡村的具体考察——以同治年间广宁知县杜凤治日记为中心》，大象出版社2011年版。

赵永康：《古蔺史》，上海古籍出版社2019年版。

郑宝恒：《民国时期政区沿革》，湖北教育出版社2000年版。

周勇：《辛亥革命重庆纪事》，重庆出版社1986年版。

周振鹤主编，傅林祥等著：《中国行政区划通史·清代卷》，复旦大学出版社2013年版。

周振鹤主编，傅林祥等著：《中国行政区划通史·中华民国卷》，复旦大学出版社2007年版。

周振鹤主编，郭红等著：《中国行政区划通史·明代卷》，复旦大学出版社2007年版。

（四）论文

陈俊宇：《清代四川巡检司时空分布补正——以方志和档案为中心》，《中国地方志》2021年第4期。

陈业新：《清代皖北地区行政区划及其变迁》，《清史研究》2010年第2期。

丁天立：《"非正印者，不得受民词乎？"——清代州县佐杂官"滥受民词"现象刍议》，《中西法律传统》2017年第1期。

董嘉瑜：《改土归流与区划调整：以清代酉阳直隶州为例》，《云南大学学报》2019年第5期。

杜汇：《清代山西地区的佐杂分防与基层社会控制》，硕士学位论文，山西大学，2013年。

傅林祥：《古代上海地区的次县级行政机构》，载《上海市历史博物馆馆刊》第1辑，上海社会科学院出版社2002年版。

傅林祥：《清初直隶州的推广与行政层级的简化》，《历史档案》2010年第4期。

傅林祥：《清代的次县级政权与辖区》，孙进己主编：《东北亚历史地理研究》，中州古籍出版社1994年版。

傅林祥：《清代地方行政制度专题研究》，博士学位论文，复旦大学，2010年。

傅林祥：《清代抚民厅制度形成过程初探》，《中国历史地理论丛》2007年第1期。

傅林祥：《清代州县佐杂官司法审理权探析》，《史学月刊》2019年第9期。

傅林祥：《清雍正年间的次县级行政机构及其职能探析》，《清史研究》2011年第2期。

郭克文：《明清湖北地区府州分防佐贰分布研究》，硕士学位论文，暨南大学，2016年。

贺跃夫：《晚清县以下基层行政官署与乡村社会控制》，《中山大学学报》1995年第4期。

胡恒：《清代福建分征县丞与钱粮征收》，《中国社会经济史研究》2012年第2期。

胡恒：《清代甘肃分征佐贰与州县分辖》，《史学月刊》2013年第6期。

胡恒：《清代江南佐杂分防与市镇管理献疑——以苏松二府为例》，刘昶等主编：《水乡江南：历史与文化论集》，上海古籍出版社2014年版。

胡恒：《清代太湖厅建置沿革及其行政职能变迁考实》，《苏州大学学报》2014年第5期。

胡恒：《清代巡检司地理研究》，硕士学位论文，中国人民大学，2008年。

胡恒：《"司"的设立与明清广东基层行政》，《清史研究》2015年第2期。

胡恒：《厅制起源及其在清代的演变》，《文史》2013年第2期。

黄忠鑫、姚雪丽：《晚清贵州黎平府东南部的基层政治格局探微——光绪九年洪州吏目衙门碑考释》，《原生态民族文化学刊》2019年第4期。

金如委：《清代政区"厅"探析》，《历史教学》（下半月刊）2018年第8期。

鞠枭磊：《清代州县佐贰杂职官员惩戒研究》，硕士学位论文，西南大学，2017年。

李凤鸣：《清代州县官吏的司法责任》，博士学位论文，中国政法大学，2006年。

廖望：《明清粤西州县佐杂的布局与辖区研究》，硕士学位论文，暨南大学，2020年。

林勃：《清代典史研究——以〈南部档案〉为中心》，硕士学位论文，西华师范大学，2018年。

林涓：《清代行政区划变迁研究》，博士学位论文，复旦大学，2004年。

林移刚、刘志伟：《清代四川石砫直隶厅建置时间考辨》，《重庆交通大学学报》2012年第6期。

刘娇艳：《清嘉庆二十五年至二十世纪末四川藏区的政区变迁》，硕士学位论文，云南大学，2011年。

刘洋：《清代基层权力与社会管理研究》，博士学位论文，南开大学，2012年。

刘志伟：《清代四川石砫直隶厅建置时间考辨》，《三峡论坛》（三峡文学

·理论版）2012 年第 2 期。

鲁延召：《海防地理学视野下官富巡检司建置沿革研究——基于广东新安县的考察》，《中国历史地理论丛》2014 年第 3 期。

陆韧：《清代直隶厅解构》，《中国历史地理论丛》2010 年第 3 期。

罗雪梅：《明清四川同知通判研究》，硕士学位论文，复旦大学，2019 年。

马剑、张宇博：《洪水与战事中的清代绵州迁治研究》，《历史地理研究》2021 年第 2 期。

茆巍：《万事胚胎始于州县乎？——从命案之代验再论清代佐杂审理权限》，《法制与社会发展》2011 年第 4 期。

彭晓丹：《晚清民国时期西康区域变迁研究》，硕士学位论文，复旦大学，2012 年。

申立增：《清代州县佐贰杂职研究》，硕士学位论文，首都师范大学，2006 年。

王泉伟：《从分职到分防：明清州县佐贰略论》，《四川师范大学学报》2015 年第 6 期。

王泉伟：《明代州县僚属与幕友研究》，博士学位论文，南开大学，2014 年。

王伟凯：《试论明代的巡检司》，《史学月刊》2006 年第 3 期。

魏秀梅：《清代任官之籍贯回避制度》，《中央研究院近代史研究所集刊》1989 年第 18 期。

温艺：《清代县丞研究》，硕士学位论文，南昌大学，2009 年。

吴宏郡：《明代四川地区巡检司分布变迁考》，硕士学位论文，西南大学，2011 年。

吴佩林：《明断：清代佐贰杂职司法——以〈南部档案〉为中心》，载《近代法评论》第 1 卷，法律出版社 2008 年版。

吴佩林：《万事胚胎于州县乎：〈南部档案〉所见清代县丞、巡检司法》，

《法制与社会发展》2009 年第 4 期。

吴滔：《明清江南基层区划的传统与市镇变迁——以苏州地区为中心的考察》，《历史研究》2006 年第 5 期。

席会东：《清代厅制初探》，张萍主编：《西北地区城乡市场结构演变的历史进程与环境基础》，三秦出版社 2011 年版。

杨伟兵、董嘉瑜：《资控驭而重地方：清代四川总督对九姓土司政治地理的整合》，载《历史地理》第 36 辑，上海人民出版社 2017 年版。

尹章义：《新庄巡检之设置及其职权、功能——清代分守巡检之一个案研究（上）》，《食货月刊》1981 年第 8 期。

尹章义：《新庄巡检之设置及其职权、功能——清代分守巡检之一个案研究（下）》，《食货月刊》1981 年第 9 期。

余蔚：《宋代的县级政区和县以下政区》，《历史地理》第 21 辑，上海人民出版社 2006 年版。

张浩：《清代巡检制度研究》，硕士学位论文，东北师范大学，2007 年。

张万东：《明清王朝对渝东南土司统治研究》，博士学位论文，吉林大学，2016 年。

张研：《对清代州县佐贰、典史与巡检辖属之地的考察》，《安徽史学》2009 年第 2 期。

张研：《清代县以下行政区划》，《安徽史学》2009 年第 1 期。

赵思渊：《明清时代江南巡检司体制与社会控制——以苏州府的考察为中心》，硕士学位论文，华东师范大学，2009 年。

赵思渊：《屏盗之迹、拯民之恫：明清苏州地区的巡检司》，载《中国社会历史评论》第 11 卷，天津古籍出版社 2010 年版。

郑宝恒：《民国时期行政区划变迁述略（1912—1949）》，《湖北大学学报》2000 年第 2 期。

郑秦：《清代县制研究》，《清史研究》1996 年第 4 期。

左平：《清代县丞初探——以〈清代南部县衙档案〉为中心》，《史学月刊》2011年第4期。

左平:《清代州县佐贰杂职官员研究述论》,《西华师范大学学报》2012年第6期。

[日]太田出:《清代江南三角洲地区的佐杂"分防"初探》,载《中国社会历史评论》第2卷,天津古籍出版社2000年版。

[日]真水康树:《清代"直隶厅"与"散厅"的"定制"化及其明代起源》,《北京大学学报》1996年第3期。

后　　记

　　本书是在我博士学位论文基础上修改而成。这个选题源自 2017 年下半年开始的对垫江县鹤游坪以分州古城为核心的寨堡考察，又经张亮师兄对这一领域研究的介绍，我对此产生了浓厚兴趣。由分驻佐杂而产生的"分州""分县"等佐杂辖区，在史料记载中多处于失语状态，因此相关研究在政治史、历史地理等学科中并非主流，除了少数学者专门研究外，其他的多是附带提及的泛泛而谈。与学界已有成果相比，本书在结构体例上有着自己的特点，除了对"分驻"内容的还原，即梳理佐杂分驻地的时空演变过程外，把重点放在了"分辖"内容上，充分利用档案、地方文献等资料，突出了对分驻佐杂辖区的划分及前后空间变化的复原。

　　本书的研究目标，一是复原清代民国四川各类分驻佐杂及其辖区的时空分布变化，二是通过分驻佐杂辖区与政区的变动分析相关影响因素。从上述目标看，基本上达到了研究设想。清代佐杂分驻地的时空变化过程基本还原，民国的变化过程也大致无误，梳理了各分驻佐杂辖区的地域范围及其与正式政区之间的转换案例，并探讨了分驻的影响因子和分驻分辖后的后续影响。但受限于史料的不足，仍有两方面继续深化的空间。关于分驻地方面，民国县佐的裁撤时间还不够精确，不少当代论著的追述都存在疑点；而分驻辖区方面，一些分驻佐杂的辖区还不能明确，部分古今地名的转换也有困难，这些都阻碍了辖区的精确和绘制出更多的辖区示意图。本书以四川为案例，以小见大，对于其他省域和全国性的研究都能起到推动作用。从本书的研究实践看，分驻佐杂大多拥有辖区得到进一步确认，分驻佐杂并非闲冗，它在清代到民国初年的大部分时间里确实起到了积极作用。但与此同时，也可以看出前些年学界相关研究对这一套体系的过高评价有些矫枉过正。包括四川在内的绝大多数省份，无论是朝廷把佐杂分驻的初衷，还是这些分驻佐杂的数量和比例，将其和国家基层建设、后世基层划分渊源联系起来显得颇为牵强。

本书的选题确定、谋篇布局至最后成型，离不开恩师蓝勇教授的辛勤指导。我在求学期间，深深地被老师的巴蜀家乡情结所触动，最后选择了以四川为题也是受此影响。对此选题，老师特别强调一定要相当了解制度，要有空间支撑，树立问题意识和话语意识，把复杂的问题搞简单。可以说，老师全程的指导教诲是本书能够面世的关键因素，我也尽力在书中把老师的建设性思想予以体现，谨再次表达谢意。我的硕士导师郑维宽教授虽然具体研究方向与本书内容稍异，但一直以来关心我的成长，对于本书的研究方法、学术参考等都提出了许多宝贵建议。在开题写作、答辩修改过程中，杨光华、马强、朱圣钟、马剑、张文、陈宝良、张明富、郑家福、王元林、粟品孝等老师也均提出了中肯意见。

本书的付梓，首先要非常感谢四川轻化工大学马克思主义学院王玉珏院长的推动，王院长在任职人文学院时一直叮嘱我早日出书，并给予经费支持。在这个过程中，历史系同事张强教授帮忙联系出版社，王潇帮助我一起整理各项材料。本书最终能够获批并顺利出版，则离不开中国社会科学出版社的宋燕鹏、石志杭等老师和其他编校、设计人员的付出，今亦一并在此感谢。

最后在此感谢家人的陪伴，如果没有他们的支持，读博阶段的艰辛岁月恐怕不那么好走过来，谨以此书献给他们。

陈俊宇

2023年5月13日写于南充